高等职业教育护理专业新形态一体化系列教材

基础护理（第2版）

◎

主编 李辉 陈细曲

中国教育出版传媒集团

高等教育出版社·北京

内容提要

　　本书根据高等职业教育护理专业教学标准及"基础护理"课程标准的基本要求和课程特点编写。全书从岗位工作出发，整合和序化护理领域的理论、知识和能力等教学内容，按患者入院治疗期间需接受的护理服务分为四个模块，即日常护理、生活护理、治疗护理、给药护理。每个模块均以实际护理任务及工作过程划分项目和任务，循序渐进，由浅入深，既体现护理工作过程的整体性，又便于学生逐步深入掌握。同时，融入全国职业院校技能大赛护理技能赛项和护士执业资格考试、1+X 老年照护职业技能等级证书考核要求，推进"岗课赛证"融通。

　　本书配套建设有一体化的教学资源，包括授课用 PPT、思维导图、视频、在线测试习题等，可通过扫描二维码在线学习，在提升学习兴趣的同时，也为学习者提供自主学习的空间。教师如需获取本书授课用 PPT，请登录"高等教育出版社产品信息检索系统"（http://xuanshu.hep.com.cn/）免费下载。

　　本书可作为高职护理及助产专业教学用书，也可作为护士执业资格考试参考书，还可供相关从业人员参考。

图书在版编目（ＣＩＰ）数据

　　基础护理／李辉，陈细曲主编 . --2 版 . --北京：高等教育出版社，2025. 1. -- ISBN 978-7-04-062968-2

　　Ⅰ. R47

　　中国国家版本馆 CIP 数据核字第 2024KA6079 号

JICHU HULI

策划编辑	吴　静	责任编辑	吴　静	封面设计	贺雅馨	版式设计	徐艳妮
责任绘图	马天驰	责任校对	陈　杨	责任印制	刁　毅		

出版发行	高等教育出版社	网　　址	http://www.hep.edu.cn
社　　址	北京市西城区德外大街 4 号		http://www.hep.com.cn
邮政编码	100120	网上订购	http://www.hepmall.com.cn
印　　刷	天津嘉恒印务有限公司		http://www.hepmall.com
开　　本	787mm×1092mm　1/16		http://www.hepmall.cn
印　　张	26		
字　　数	550 千字	版　　次	2018 年 9 月第 1 版
插　　页	1		2025 年 1 月第 2 版
购书热线	010-58581118	印　　次	2025 年 1 月第 1 次印刷
咨询电话	400-810-0598	定　　价	68.00 元

本书如有缺页、倒页、脱页等质量问题，请到所购图书销售部门联系调换

版权所有　侵权必究

物　料　号　62968-00

《基础护理》(第2版)编写人员

主　编　李　辉　陈细曲
副主编　叶景芳　孙　伟　关　颖
编　者　(按姓氏拼音排序)

陈　琴(三明医学科技职业学院)

陈细曲(泉州医学高等专科学校)

陈小晶(泉州医学高等专科学校)

陈玉青(漳州卫生职业学院)

高腊梅(三明医学科技职业学院)

关　颖(广东云浮中医药职业学院)

黄敏杰(广东云浮中医药职业学院)

赖明霞(三明医学科技职业学院)

李　辉(泉州医学高等专科学校)

李　伟(福建医科大学附属协和医院)

林彩霞(泉州市第一医院)

林晓琼(福建卫生职业技术学院)

林艳红(闽西职业技术学院)

孙　伟(黑龙江护理高等专科学校)

汪美华(漳州卫生职业学院)

许家萍(保山中医药高等专科学校)

叶丁箐(云南工商学院)

叶景芳(泉州医学高等专科学校)

朱　静(上海济光职业技术学院)

前　言

本教材以党的二十大精神为指引,紧跟《"健康中国 2030"规划纲要》《健康中国行动(2019—2030 年)》中对高等学校护理专业人才培养的时代要求,结合护理专业人才培养目标,在继承《基础护理》第 1 版成熟内容及保留教材基本框架的基础上调整教材内容,使其与不断发展的临床护理实践密切结合。以注重"三基"(基本理论、基本知识、基本技能)、坚持理论与实践相结合为立足点;根据人才培养目标和课程教学目的,从专业能力、社会能力和应用能力综合考虑,密切结合岗位实际,以工作过程及岗位典型工作任务为基础设计课程,并融入护理技能大赛、护士执业资格考试、1+X 老年照护职业技能等级证书考核要求,促进"岗课赛证"融通,力求达到培养适应现代护理岗位需求的技术技能人才目标。

本教材运用基于工作过程的"项目导入、任务驱动"优化课程结构,整合和序化护理领域的理论、知识和能力等教学内容,按护理服务对象入院治疗期间所提供的护理工作全过程分四个模块,即日常护理、生活护理、治疗护理、给药护理。每个模块均以实际护理工作任务及其工作过程划分项目和任务,循序渐进,由浅入深,既体现护理工作过程的整体性,又便于学生逐步深入掌握。

本教材由全国高职医药卫生类院校的骨干教师和医院临床护理专家共同编写完成。教材具有以下特点:① 结合护士执业资格考试及护理学卫生专业技术资格考试大纲要求,将护理专业必须掌握的"三基"内容列为教材的重点。增加了本专业的新知识、新理论、新技术、新方法,具有较强的实用性和可操作性。② 在阐述本学科新知识的同时,有机融入人文学科知识,并在各项技术操作中加以运用,力求在学科教学的同时培养学生良好的职业道德和职业情感。③ 将教材中重要的知识点及基础护理的常用操作技能用表格的形式进行描述,在每一项具体操作流程后附操作说明及注意点。④ 附有大量的演示实拍图片,使操作更加直观,纲目简洁明晰、一目了然,便于学生学习、理解和记忆。⑤ 充分发挥信息技术优势,以二维码的形式嵌入思维导图、视频等资源,使表达更加生动形象,有助于学生更好地学习教材内容。⑥ 在每个项目末尾,增加二维码在线测试,主要包括重点内容习题、护理技能大赛理论赛题、护士执业资格考试题、1+X 老年照护职业技能等级证书考题等。

尽管我们在本教材的编写过程中付出了许多辛苦和汗水，但由于能力和水平有限，教材中难免会有疏漏之处。我们真诚地希望所有使用本教材的教师、学生以及临床护理人员及时给予批评指正，我们将虚心听取大家的意见和建议，不断完善教材，提高教材质量。

编者

2024 年 7 月

目 录

第二模块　生活护理

第三模块 治疗护理

第四模块　给 药 护 理

二维码数字资源目录

第一模块　日常护理

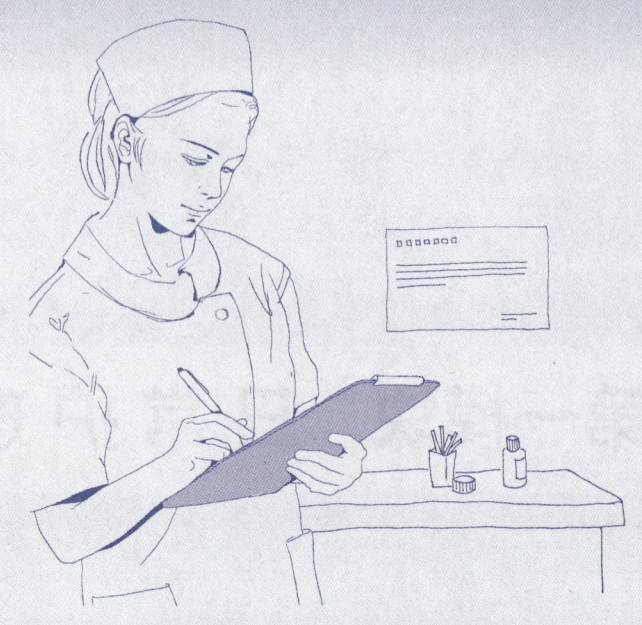

项目一　医院和住院环境

思维导图：
医院和住院
环境

学习目标

◇ **知识目标**

1. 能正确描述医院的性质、任务和种类。

2. 能正确陈述门诊部与急诊科的护理工作。

3. 能正确理解病区的物理环境要求。

4. 能正确理解各种铺床法的种类、目的与注意事项。

◇ **技能目标**

能运用铺床技术为患者准备整洁、美观、安全、舒适的床单位。

◇ **素质目标**

具备人文关怀素养,树立关爱生命、全心全意为护理对象服务的精神。

任务一 认识医院

环境与人类健康是相互依存的,而医院是社会系统中的一个组成部分,是为人民群众提供健康照顾的场所。作为护士必须掌握医院环境和健康的相关知识,充分利用医院环境中对人群健康有利的因素,消除和改善环境中不利的因素,提高人群的健康水平。

一、医院的概念、性质与任务

医院是对人民群众或特定人群进行治病防病的场所,具备一定数量的病床设施、医务人员和必要的医疗设备,通过依法获得有执业资格的医务人员的集体协作,运用医学科学理论和技术,对门诊或住院患者实施诊治与护理的机构。

《全国医院工作条例》中明确了医院的基本性质:"医院是治病防病,保障人民健康的社会主义卫生事业单位,必须贯彻国家的卫生工作方针政策,遵守政府法令,为社会主义现代化建设服务"。同时,还确定了医院的任务是"以医疗工作为中心,在提高医疗质量的基础上,保证教学和科研任务的完成,并不断提高教学质量和科研水平。同时做好扩大预防,指导基层和计划生育的技术工作"。医院的具体任务有以下几种:

1. 医疗　医院的主要任务是诊疗与护理工作。在医技部门的密切配合下形成一个服务整体,为患者提供优质的诊疗和护理,促进患者早日康复。

2. 教学　医学教育与其他专业教育不同,需要经历学校课堂理论学习和临床实践两个不同阶段。即使是在职医务人员,也需要不断接受新知识、新技术、新业务的学习和培训,才能跟上医学科学发展的步伐,满足广大人民群众的医疗保健需求。因此,教学工作也是医院的一项重要任务。

3. 科学研究　医院是医学科学研究的重要实践场所,通过开展医学科学研究,解决临床上的疑难问题,从而不断创新技术,提高医疗水平和质量,推动医学科学不断发展。

4. 预防保健和社区卫生服务　随着医院职能的不断扩大,医院不仅要对患者进行医疗服务,还要为社区群众提供预防和卫生保健服务。通过开展社区健康教育、健康咨询和家庭医疗卫生服务,提高广大人民群众的健康保健意识和防病意识,延长寿命,提高生活质量。

二、医院的种类与分级

(一)医院的种类

1. 按收治范围分类

(1)综合性医院:收治各类疾病的患者。医院内设有内科、外科、儿科、妇产科、重症医学科、眼科、耳鼻喉科、口腔科、肿瘤科、皮肤科、感染科、中医科等各类疾病的诊疗科室，以及药剂科、检验科、影像诊断科、超声医学科、内镜检查室、功能科、病理科等医技部门，并配有相应的医务人员和设备。

（2）专科医院：专门收治某一类疾病的患者，以便集中人力、物力和技术设备等优势，开展某类疾病的预防、治疗和护理。如传染病医院、肿瘤医院、口腔医院、康复医院、妇产科医院、胸科医院、眼科医院、结核病防治院、精神病防治院、职业病防治院等。

2. **按特定任务分类**　根据特定任务和特定服务对象分为军队医院、企业医院、教学医院、科研医院等。

3. **按产权归属分类**　根据所有权不同分为公立医院、私立医院、股份制医院、股份合作制医院、中外合资医院等。

4. **按经营目的分类**　分为非营利性医院和营利性医院。非营利性医院在我国的医疗服务体系中占主导和主体地位。

（二）医院的分级

为了提高医院的科学管理水平和医疗卫生服务质量，更好地为人民群众的健康服务，我国于 1989 年实施医院标准化分级管理。医院分级管理可促进我国三级医疗卫生网络的进一步发展，合理分流患者，合理利用有限的卫生资源，促进医院综合水平的提高。根据《医院分级管理办法》，按医院的功能和相应的规模、任务、技术建设、设施条件、医疗服务质量和科学管理的综合水平，将医院划分为三级（一级、二级、三级）十等（每级设甲、乙、丙三等，三级医院增设特等）。

1. **一级医院**　指直接向具有一定人口（其半径人口在 10 万以下）的社区提供预防、保健、医疗、康复服务的基层医院。如农村乡镇卫生院、城市街道医院等。

主要功能是提供社区初级卫生保健，管理社区中的多发病、常见病患者并做好将疑难重症患者向上一级医院转诊的工作。

2. **二级医院**　指向多个社区（其半径人口在 10 万以上）提供综合医疗卫生服务，并承担一定教学、科研任务的地区性医院。如一般的县医院、市医院、省辖市的区级医院和一定规模的厂矿、企事业单位的职工医院。

主要功能是对患者进行诊治及护理，对高危人群进行监测，接受一级医院转诊的患者，对一级医院进行业务指导，进行一定程度的教学和科研活动。

3. **三级医院**　指向几个地区提供高水平、专科性医疗卫生服务及执行高等教学、科研任务的区域性以上医院，为国家高层次的医疗卫生服务机构，如全国、省、市直属的市级大医院及医学院校的附属医院等。

主要功能是接受二级医院的转诊，诊治及护理疑难、危重患者，对下级医院进行业务指导和培训，承担教学与科研任务。

三、医院的组织结构

我国医院的类型和级别不同，其社会职能和服务功能亦有所不同，但在医院的组织结构设置上则基本相同。根据我国现状,医院的组织结构大致分为三大系统:诊疗部门、辅助诊疗部门、行政后勤部门,实行党委领导下的院长负责制(图1-1-1)。

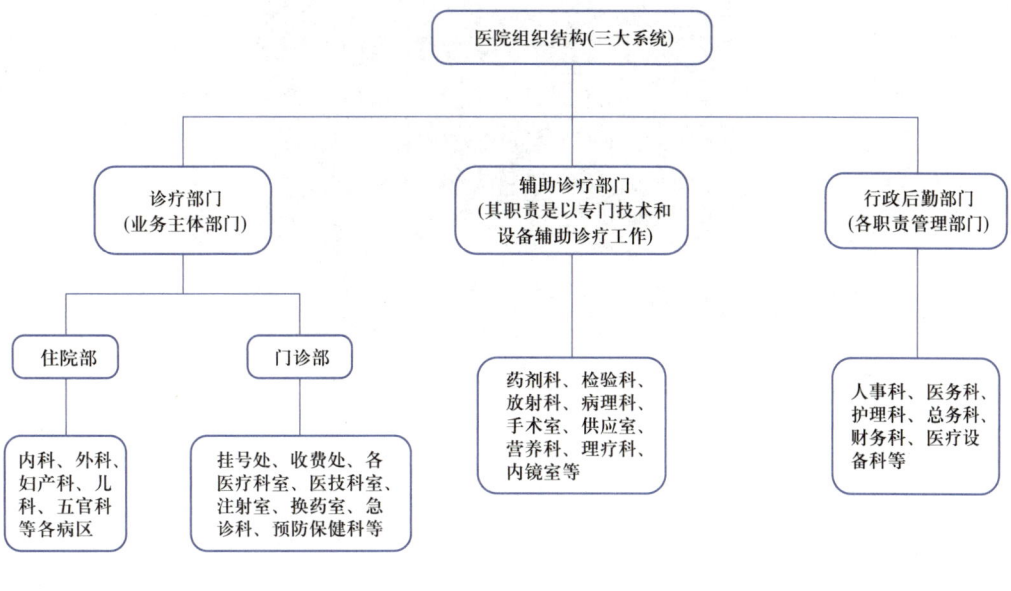

图1-1-1 医院组织结构

知识链接

医院的护理组织结构

一种是由护理部主任—科护士长—护士长三级负责制,另一种是总护士长—护士长二级负责制。护理部在院党委、院领导(护理副院长)领导下,负责组织全院的护理、教学、科研、护理管理工作。

任务二 认识门诊部

门诊部是直接对人民群众进行诊断、治疗、护理和预防保健的场所,是医疗工作的第一线,是医院面向社会的窗口(图1-1-2)。门诊部的工作直接反映医院的医疗、护理质量及综合管理水平。因此,门诊部的医护人员应努力为患者创造良好的就诊环境,提供优质的医疗、护理服务,使之得到及时的诊治和护理。门诊部主要包括各专科门诊、急诊科、预防保健科等科室。

图 1-1-2　门诊部

一、门诊

（一）门诊的设置与布局

门诊的主要工作是对常见病、多发病进行检诊和治疗,对疑难病例进行会诊或转诊。由于门诊具有患者集中、病种复杂、流动性大、交叉感染的可能性大、患者就诊时间有限等特点,这就要求医院要为患者创造良好的门诊环境,即以方便患者为目的,突出公共卫生为原则,做到布局合理,设施安全,标识醒目,并保持环境整洁、安静、美化、绿化,以使患者产生亲切感、安全感、信任感,易于主动合作。

门诊设有挂号处、收费处、咨询服务台、导医服务、各科诊察室与候诊厅、化验室、影像检查室、药房、注射室、综合治疗室、手术室、预防保健科等。

诊察室内备有诊察桌、座椅、诊察床、洗手池。诊察床前有遮隔设备,诊察桌应保持整洁,各种检查用具、化验单、检查单、处方等应放置有序,方便使用。

候诊厅设在诊察室附近,空气流通,光线充足,配有候诊座位及健康教育设施如电子显示屏、触摸屏等。

综合治疗室内设有必要的急救设备和物质,如电动吸引器、氧气、急救药品、人工呼吸机、心电监护仪等。

门诊还应有便民服务设施,如轮椅、休息椅、手机充电站等。

（二）门诊的护理工作

1. 预检分诊　预检护士在扼要询问病史、观察病情的基础上,对患者作出初步评估与判断,给予合理的分诊指导和传染病管理。先预检分诊后挂号诊疗,可缩短患者的就诊时间;同时,通过预检分诊还可对疑似传染病或传染病患者实行严格的隔离措施,防止传染病传播扩散。预检分诊工作需由经验丰富且有良好职业素质的护士担任,预检护士应主动、热情地接待来门诊就诊的患者(图 1-1-3)。

图 1-1-3　导诊台

2. 安排候诊与就诊　患者挂号或预约挂号后,分别到各科候诊厅等候就诊。为了维持好诊察室的诊疗秩序,护士应做好候诊、就诊患者的护理工作。

（1）开诊前准备好各种用物及检查器械,保持良好的诊疗环境和候诊环境。

（2）分理初诊和复诊病案,收集、整理化验单及检查报告等。

（3）根据病情为患者测量体温、脉搏、呼吸、血压等,并记录于门诊病案上。

（4）按挂号的先后次序安排患者就诊或电子叫号,必要时护士应协助医生进行诊查工作。

（5）随时观察候诊患者的病情,遇有呼吸困难、休克、剧痛、出血、高热等患者应立即安排提前就诊或送急诊科处理;对病情较重或年老体弱的患者可适当调整就诊顺序。

（6）指导门诊患者正确留取标本,耐心、热情地解答患者及家属提出的有关问题。门诊结束后,回收门诊病案,整理、消毒环境。

3. 健康教育　门诊护士应充分利用候诊时间对患者开展形式多样的健康教育。如采用口头宣传、图片、宣传栏或板报、电视录像、健康教育处方、电子触摸屏等方式介绍疾病防治常识。

4. 治疗护理　有些患者需在门诊接受治疗,门诊护士应按医嘱为患者执行诸如注射、穿刺、换药、灌肠、导尿等操作。治疗中,护士应严格遵守查对制度及操作规程,以确保治疗安全、有效。

5. 消毒隔离　门诊人群流动性大,患者集中,易发生交叉感染,门诊护士需认真做好消毒、隔离工作。对传染病或疑似传染病患者,应分诊到隔离门诊就诊,并按规定做好疫情报告。门诊地面、墙壁、空气、桌椅、诊察床、平车等应定期进行清洁和消毒。各种治疗后物品应按要求立即进行处理。

6. 做好保健门诊的护理工作　护士经过培训可直接参与健康体检、疾病普查、预防接种、健康教育等保健工作。

（三）预防保健科

预防保健是门诊护理工作的重要组成部分,预防保健科是医院开展预防保健工作、提供社会医疗服务的场所,其主要任务是对社会人群进行预防接种、健康咨询和健康体检以及传染病疫情报告,开展院内工作人员的防病、保健、体检工作,承担心脑血管疾病、癌症等疾病的普查工作,进行妇幼保健指导、卫生宣传和教育、家庭病床的访视及护理等工作。

二、急诊科

急诊科是医院诊治急、危、重症患者的场所,是抢救患者生命的第一线。急诊科 24 h 开放,当发生意外灾害事件或遇有危及生命的患者时,急诊科医务人员应立即组织人力、物力,按照急救程序分秒必争地进行抢救。由于急诊科具有危重患者多、病情急、变化快、时间紧、突发事件多、不可预测性等特点,要求急诊科护士应具有良好的职业素养、高度的责任心、严格的时间观念、娴熟的抢救技术,以便高质量、高效率、安全、准确、及时、有效地抢救患者生命。急诊科护理的组织管理和技术管理应达到最优化、标准化、程序化、制度化。

(一)急诊科的设置与布局

急诊科一般设有预检处、诊疗室、抢救室、监护室、观察室、清创室、输液中心等,并配有挂号室、药房、化验室、心电图室、X 线室、收费室等,形成一个相对独立的单元。

急诊科的布局应以方便急诊患者就诊为目的,最大限度地缩短就诊前的时间为原则。急诊科应设有专用通道和宽畅的出入口,路标及其他醒目标识,夜间有明显的灯光。室内光线明亮,空气流通,安静整洁,物品放置整齐、有序(图 1-1-4)。

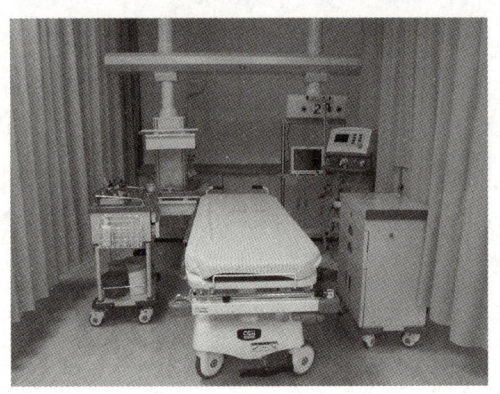

图 1-1-4 急诊抢救室

(二)急诊科的护理工作

1. 预检分诊 患者被送到急诊科,应有专人负责出迎。预检护士要掌握急诊就诊标准,做到一问、二看、三检查、四分诊、五登记。遇有危重患者应立即通知值班医生及抢救室护士;遇有意外灾害事件应立即通知护士长和有关部门组织抢救;遇有法律纠纷、刑事案件、交通事故等应迅速与医院保卫部门或直接与公安部门取得联系,并请家属或陪送者留下,以便了解情况。

2. 抢救工作 急诊护士的抢救护理工作包括抢救物品准备和配合抢救。

(1) 物品准备:备好各种急救药品、物品及抢救设备是挽救患者生命的关键,一切抢救物品应做到"五定一率",即定品种数量、定点放置、定人保管、定期消毒灭菌、定期检查维修,抢救物品的完好率应达到 100%。护士要熟悉抢救物品的性能和使用方法,能排除一般性故障,以保证抢救工作的顺利进行。始终保持各种设备处于良好的应急状态。

1) 急救药品:主要有各种中枢神经兴奋剂、强心剂、镇静剂、镇痛剂、急救用激素、抗心律失常药、抗心力衰竭药、抗休克药、抗过敏药、抗惊厥药、升压药、抗高血压药、止血药、麻醉药、解毒药、平喘药、脱水利尿药以及纠正水、电解质紊乱及调节酸碱平衡药等。

2) 一般物品:主要有血压计、听诊器、开口器、压舌板、舌钳、手电筒、止血带、输液架、氧气管、吸痰管、胃管、三腔二囊管等。

3) 无菌物品:主要有各种容量的注射器、各种型号的针头、留置针、输液器、输血器、静脉切开包、气管插管包、气管切开包、开胸包、导尿包、各种穿刺包、无菌手套及各种无菌敷料、各种引流袋等。

4) 抢救设备:主要有中心供氧装置或氧气筒、中心负压吸引装置或电动吸引器、心电监护仪、输液泵或微量注射泵、电击除颤器、心脏起搏器、呼吸机、超声波诊断仪、洗胃机等。有条件的可备移动式 X 线机、手术床、多功能抢救床等。

5) 通信设备:主要有自动传呼系统、电话、对讲机等。

(2) 抢救配合:对危、急、重症患者的抢救需要医护人员的有效配合,协调一致地按抢救程序和操作规程实施抢救,才能赢得宝贵时间,提高抢救的成功率,降低伤残率和死亡率。

1) 争分夺秒地实施抢救:在医生未到达之前,护士应根据病情作出初步的评估与判断,给予紧急处理,如给氧、吸痰、止血、测血压、配血、建立静脉输液通道、进行人工呼吸及胸外心脏按压等;医生到达后,立即汇报处理情况和效果,积极配合医生进行抢救,正确执行医嘱,密切观察病情变化,及时为医生提供有关资料和信息。

2) 做好抢救记录:记录要求文字清晰、及时、准确。必须注明时间,包括患者和医生到达的时间、抢救措施落实的时间,如用药、给氧、人工呼吸等的执行时间和停止时间;记录医嘱的执行情况及病情的动态变化。在抢救过程中,凡口头医嘱必须向医生复诵一遍,双方确认无误后方可执行。抢救完毕后,应请医生及时补写医嘱和处方。

3) 认真执行查对制度:各种急救药品的空安瓿需经两人核对后方可弃去。输液空瓶或空袋等应集中放置。输血空袋送回输血科保存 24 h,以便进行统计和查对。

另外,急诊科护士还必须承担院前的急救护理工作。

3. 留观室 急诊科(室)设有一定数量的观察床,主要收治已明确诊断、暂不能确诊、病情危重但暂时住院有困难者或需短时间观察后可返家者。留观时间一般为 3~7 日。

留观室护理工作包括患者入室登记，建立病历；观察患者，并认真详细填写观察记录，书写病情观察报告；及时正确执行医嘱；做好晨晚间护理和心理护理；做好出入室患者及家属的管理工作，保持留观室良好的秩序等。

知识链接

输液中心

随着医学科学的发展，人们的就医观念和就医时的需求与心理也发生了巨大变化，他们要求在最短的时间内得到治疗，最大限度地减轻病痛，早日康复。随着急诊治疗的输液患者越来越多，在急诊科分流出一个输液中心分支。由于输液中心 24 h全天开放，具有患者流动性大，陪伴、探视者多，患病种类多、病情复杂、工作量大的特点，输液中心护士不仅要掌握娴熟的操作技能，还要服务态度好；不仅要及时准确地完成治疗任务，还要有的放矢地对患者进行健康指导，解释答疑并告知输液注意事项，以满足患者的健康需求。输液中心应配备输液椅子、椅背、椅垫、电视机等，有条件的输液中心还应配备空调。

任务三 创造良好的休养环境

病区是医院的重要组成部分，是住院患者接受诊疗、护理及康复休养的场所。病区的设置、布局和管理质量直接影响医疗、护理、教学、科研任务的完成。护士应为患者创造一个安静、整洁、舒适、安全的物理环境及身心愉悦、温馨和谐的社会环境，促进患者早日康复。

一、病区的设置与布局

（一）病区的设置

每个病区设有病室、危重病室或抢救室、治疗室、医生和护士办公室（护士站）、配膳室、库房、盥洗间、浴室、厕所、污物处置室、医护休息室、示教室、开水房、洗澡间等。有条件的病区还可设置患者学习室、娱乐室、会客室及健身室等。

1. 护士站　护士站设在各病区的适中位置，便于护士观察各病室患者情况，缩短往返病室的距离。要求物品放置固定简洁，保持清洁，有计算机、打印机、传呼系统、电话、工作日志、体重秤等。

2. 治疗室　是护士进行治疗准备、药液配制的专用场所。室内设有空气消毒装置、操作台、药柜，各类注射用物及护理治疗用物等。要求分区明确，物品放置固定，符合消毒隔离原则等。

3. 危重病室或抢救室　配有中心供氧装置、中心负压吸引装置、急救药品、监护仪、除颤器、呼吸机等急救设备和应急灯、空气消毒设备。要求物品定点放置、定人保管、定期消毒灭菌、定期检查维修。

4. 换药室　外科系统配有换药室,要求分区明确,符合医院感染管理要求。备有医疗仪器、设备、换药器材、敷料、洗手设施、浸泡消毒设施。

5. 污物处置室　备有洗手池、医用垃圾分类处置桶、器械浸泡消毒设备等。

（二）病区的布局

病区实行科主任、科护士长领导下的主治医生、护士分工负责制。每个病区设30~40张床位较为适宜,每间病室设1~6张床位,尽量配有卫生间、储物柜,房顶安置输液轨道。两床之间距离不小于1 m,床间应有床帘,以便在治疗、护理时遮挡患者,保护患者隐私。

二、病区的环境管理

病区环境是影响患者身心健康和精神状态的重要因素之一,环境的性质不仅影响患者的心理状态,而且关系到治疗的效果及疾病的康复,因此加强环境管理是护士的重要职责之一。

（一）病区的物理环境

1. 安静　声音是人类生活不可缺少的刺激物,绝对的安静会使人产生寂寞感。因此,一般人在健康状态下需要一定的声音刺激。但当健康状况不良、心理不舒适时,对声音的耐受能力下降,即使是美妙的音乐也会被视为噪声,噪声会对健康造成影响。

噪声是指不悦耳、不想听或能引起人们生理、心理上不愉快的声音。衡量声音强弱的单位是分贝(dB),一般人耳能听到的声音强度为20 dB,当声音在30 dB以下时,环境显得非常安静;40 dB为环境中的正常声音。世界卫生组织(WHO)规定,白天医院内较理想的噪声强度为35~40 dB。

(1) 噪声对患者的影响:50~60 dB的声音会对人产生相当大的干扰。人若长时间处于90 dB以上的噪声环境中可产生疲倦、不安、眩晕、耳鸣、头痛、失眠、血压波动等症状。当声音高达或超过120 dB时,可造成听力丧失或永久性失聪。噪声还能影响心血管系统、内分泌系统、神经系统、消化系统等。

(2) 保持环境安静的方法:虽然病区周围环境的噪声不是护士所能控制的,但护士应尽可能地为患者创造一个安静的病区环境。为更好地控制噪声,护理人员在工作中应做到"四轻":说话轻、走路轻、操作轻、关门轻;病室的桌、椅脚应钉上橡皮垫;推车的轮轴应定期滴注润滑油;电话、手机、呼叫系统尽量将音量调到最低;护士应向患者及家属宣传保持病室安静的重要性,以取得他们的配合,共同创造一个安静的休养环境。

在控制噪声的同时,为了避免过于安静的病室环境使患者产生孤寂感,可鼓励患者使用带耳塞的收音机或随身听,也可在患者床头设置耳机装置,让病情较轻及恢复期的患者可以随时收听新闻、音乐及各种信息,以丰富住院生活,减少孤独、寂寞感,提高治疗效果。

2. 整洁　主要指病区护理单元、患者及工作人员的整洁。整洁的环境可以满足患者的视觉需要,有利于患者休养,并可预防医源性感染的发生。

（1）病室设施齐全,物品规格统一,摆放整齐划一,合理布局,方便患者使用。

（2）患者的口腔、皮肤、头发要保持清洁,被服要定期更换。

（3）工作人员的仪表应端庄,服装应整洁、大方、得体。

（4）治疗后应及时撤去治疗用物,患者的排泄物、污敷料等应及时清除,并按规定进行消毒处理。

（5）做到物有定位,用后归位,及时清理,湿式清扫。

3. 舒适

（1）温度:适宜的温度使人感觉舒适、安宁,有利于患者休息以及治疗、护理工作的进行。一般病室温度以 18～22℃ 为宜,婴儿室、产房、手术室以 22～24℃ 为宜。室温过高不利于机体散热,并可干扰消化及呼吸功能,使人烦躁,影响体力恢复;室温过低则使人畏缩,肌肉紧张,缺乏动力,患者在治疗和护理时容易着凉。

病室内应设有室温计,以便观察和调节。护士可根据季节变化采取不同的护理措施。夏季可采用空调或电风扇调节室温,冬季可采用暖气或其他取暖设备保持适宜的室温;根据气温变化增减患者的盖被及衣服;在实施护理措施时应尽可能地减少不必要的暴露,防止患者着凉。

（2）相对湿度:病室的相对湿度是指在单位体积的空气中,一定温度条件下所含水蒸气的量与其达到饱和时含量的百分比。病室相对湿度以 50%～60% 为宜。相对湿度过高,空气潮湿,细菌容易繁殖,同时,人体水分蒸发减少,使患者感到气闷不适,尿液排出增加,对心、肾疾病患者尤为不利;相对湿度过低,室内空气干燥,人体水分大量蒸发,可引起口干舌燥、咽痛烦渴等不适,对气管切开或呼吸道疾病的患者尤为不利。

病室内应设有湿度计,以便观察和调节。当室内的相对湿度过低时,夏季可在地上洒水,冬季可使用加湿器。当相对湿度过高时,可打开门窗使空气流通或使用空气调节器、除湿器等。

（3）通风:通风可使室内空气流通,保持空气新鲜,并可调节室内的温、湿度,降低室内空气中二氧化碳及微生物的密度,减少呼吸道疾病传播。

1）污浊的空气对患者的影响:污浊的空气中氧气不足,患者可能出现烦躁、疲乏、头晕、食欲减退等表现。

2）通风方法:病室应每日定时开窗,通风换气。通风时间可根据病室内外温差大小而变化,一般每次通风 30 min 左右。通风时应避免对流风直吹患者,冬季通风时应注意为患者保暖。有条件病室可安装空气调节器。有特殊要求的病室应定期进行紫外线消毒、空气培养,监测病室内空气质量以达到要求。

知识链接

医院感染管理要求

普通病室空气中细菌菌落总数卫生标准为 $\leqslant 500$ cfu/m^3。普通手术室、产房、婴儿室、烧伤病房、重症监护病房、保护性隔离病房、供应室无菌区空气中细菌菌落总数卫生标准为 $\leqslant 200$ cfu/m^3。层流洁净手术室、层流洁净病房空气中细菌菌落总数卫生标准为 $\leqslant 10$ cfu/m^3。

（4）采光:病室采光来自自然光源和人工光源,护士可根据治疗、护理需要以及不同患者对光线的不同需求予以满足。适当的日光照射可增加患者的舒适感,因此应经常打开病室门窗,使日光能直接照进病室,但应避免日光直接照射患者眼睛,以防引起目眩。午休时应用窗帘遮挡日光,夜间应采用地灯或可调节床头灯,既方便护士夜间巡视工作,又不影响患者睡眠。但破伤风患者的病室光线宜暗。

知识链接

日光的作用

日光的照射可减少患者与外界的隔离感,适量的日光照射可使照射部位温度升高,血管扩张、血流加快,改善皮肤和组织的营养状况。另外,日光中的紫外线有强大的杀菌作用,可杀死细菌及病毒,还可促进机体内生成维生素 D,预防佝偻病与软骨病。

（5）装饰:优美的环境、合理的布局可使人精神愉快、身体舒适。因此,病区的美化和绿化是病区环境管理的一个重要环节。病室内外及走廊上适当摆放鲜花和绿色植物不仅能够美化环境,令人赏心悦目,还能增强患者战胜疾病的信心(过敏性疾病病室除外)。

色彩对人的情绪、行为和健康均有一定影响,现代医院多根据病室的不同需求来选择适当的颜色:如儿科病房多采用粉色等暖色调,以减少儿童恐惧感,增加温馨甜蜜感;手术室常选用绿色或蓝色,给人以安静、舒适、信任的感觉;一般病室墙壁上方可涂成白色或米黄色,下方可涂成浅蓝色或浅绿色,以避免使人产生单调、冷漠的感觉。

（二）病区的社会环境

病区是一个特殊的社会环境,关系着人的生、老、病、死。对初次住院的患者来说,病区里的特殊人际关系和规章制度会使之感到不适应而产生不良的心理反应。为了保证患者能获得安全、舒适的治疗环境,恢复正常的心理状态,更好地配合治疗与护理,护士应帮助患者尽快转变角色,以适应病区这一特殊的社会环境。

1. 人际关系　人际关系是指人与人之间的心理关系,通过交往和联系而建立,反映人与人之间在心理上的亲疏远近距离。良好的人际关系有利于患者保持良好的心理状态,最大限度地发挥潜能,促进疾病早日康复。

（1）建立良好的护患关系:护患关系指护士与患者之间的关系,是一种服务者和被服务者的关系,其中护士占主导地位。因此,护士应尊重患者的人格与权利,维护他们的自尊,使之感受到自己是受欢迎、受尊重与被关心的。护士通过端庄的仪表、稳重的举止、和蔼的态度、得体的言谈、良好的职业道德、丰富的专业知识、娴熟的技术给予患者心理安慰,使之产生安全感和信任感。护士根据患者的年龄、性别、民族、文化程度、职业及病情轻重不同,给予不同的身心护理,满足其身心需要。

（2）建立良好的群体关系:群体关系指同病室患者之间的关系。同住一室的患者有着共同的心理倾向,自然地构成了一个新的群体,病友之间的相互帮助与照顾有利于消除新患者的陌生感和不安情绪。护士是患者群体中的调节者,有责任协助患者建立良好的情感交流,引导病室内的群体气氛向着积极的方向发展,调动患者的乐观情绪,更好地配合治疗与护理。

（3）建立良好的患属关系:患属关系指患者与家属之间的关系。家属的支持是患者社会支持系统中的重要组成部分,是患者心理情绪稳定的重要因素,家属对患者病情的理解与关心及对患者的心理支持,可增强患者战胜疾病的信心和勇气,解除患者的后顾之忧。因此,护士应加强与患者家属的沟通,取得他们的信任与理解,共同做好患者的身心护理。

2. 医院规则　主要指医院的各种规章制度,如入院须知、探视制度、陪住制度等。合理的规章制度可保证病区内医疗、护理工作正常有序地展开,便于预防和控制医院感染等工作的实施。同时,也为患者提供了良好的休养环境。但医院规则对患者在一定程度上是一种约束,如患者必须遵从医护人员的指导,不能完全按照自己的意愿进行活动;与外界接触减少,只能在规定的探视时间内见到家属和亲友,易产生孤寂感、焦虑感。因此,护士应根据患者不同情况和适应能力,主动给予热情帮助、耐心解释和健康指导,及时提供有关信息和心理支持,使之逐渐适应并自觉遵守医院规则,减少不良情绪的产生,促进早日康复。

三、病区的护理工作

病区护理工作应以患者为中心,运用护理程序实施整体护理,满足患者生理、心理、社会等方面的需求,促进患者早日康复。

1. 运用护理程序准确评估患者的身心健康状况。正确提出护理诊断,针对患者实际情况制订个性化的护理计划及健康教育计划,认真落实护理措施,适时进行健康教育,及时评价护理效果,随时补充和修改护理计划。

2. 认真执行医嘱,协助医生完成各项诊疗和抢救工作,严格遵守护理操作规程,杜绝发生医疗差错事故。

3. 严格按要求书写护理病历和保管各种医疗护理文件。

4. 加强病区环境管理,避免和消除一切不利于患者康复的环境危险因素。

5. 按照分级护理要求,经常巡视病室,随时观察和了解患者的病情动态及疗效。

6. 及时了解患者的心理需求及变化,认真做好心理护理。

7. 为患者提供日常生活的护理,满足其清洁、舒适、安全等方面的需要。

8. 做好患者入院、出院、转院的护理工作及临终患者的身心护理。

9. 做好病区消毒隔离工作,预防医院内交叉感染的发生。

10. 开展健康教育,对患者用药、饮食、功能锻炼等进行指导。

11. 开展临床护理科研工作,不断提高临床护理质量和水平。

四、病床单位与设施

病床单位是指医疗机构提供给患者使用的家具与设备,是患者住院期间休息、睡眠及接受治疗、护理与康复的基本生活单位。病床单位的固定设施包括床、床垫、床褥、枕芯、棉胎或毛毯、大单(必要时加铺橡胶单及中单)、被套、枕套、床旁桌、床旁椅及床上桌。床头墙壁上配有照明灯、呼叫装置、供氧及负压吸引管道等(图 1-1-5)。有条件的医院,每个房间应配有卫生间和储物柜。

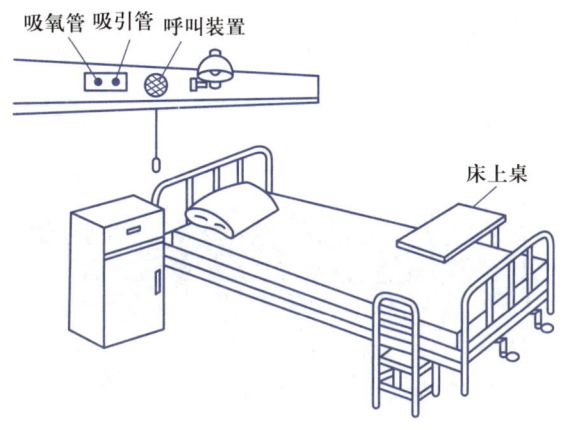

图 1-1-5 病床单位

1. 病床 一般病床长 200 cm,宽 90 cm,高 60 cm。一般有金属钢丝床,不锈钢床,可移动(带护栏、不带护栏)多功能折叠床(二折叠、三折叠)。多功能的病床有可抬高床头、床尾及升降床高度的手摇柄,床脚有轮子,以方便患者更换卧位及护士进行护理操作,床的两侧有可活动的床挡,以保证患者卧床安全。电动多功能床则可通过电按钮进行调节和控制。

2. 床垫 长和宽与床的规格相同,厚 10 cm。可用棕丝、木棉或海绵等做垫芯,垫的包布应选择牢固的布料制成。

3. 床褥 长和宽与床垫相同。一般以棉花做褥芯,棉布做褥面,铺于床垫上可防床单滑动。

4. 枕芯 长 60 cm,宽 40 cm,内装木棉、中空棉、海绵或羽绒等,用棉布做枕面。

5. 棉胎　长 210 cm,宽 160 cm,多用棉花胎,也可用人造棉或羽绒。

6. 大单　长 250 cm,宽 180 cm,用棉布制作。

7. 被套　长 230 cm,宽 170 cm,用棉布制作。开口处钉上布带或尼龙搭扣。

8. 枕套　长 70 cm,宽 45 cm,用棉布制作。

9. 中单　长 170 cm,宽 85 cm,以棉布制作为宜,亦可使用一次性成品。

10. 橡胶单　长 85 cm,宽 65 cm,两端加白布 40 cm。

五、铺床法

病床是患者休息及睡眠的用具,尤其是卧床患者,其饮食、排泄、活动等都在床上,所以病床一定要符合实用、耐用、舒适、安全的原则。床单位要保持整洁,床上用物要定期、及时更换。

(一) 铺备用床法(被套式)

【目的】　保持病室整洁、美观,准备迎接新患者(图 1-1-6)。

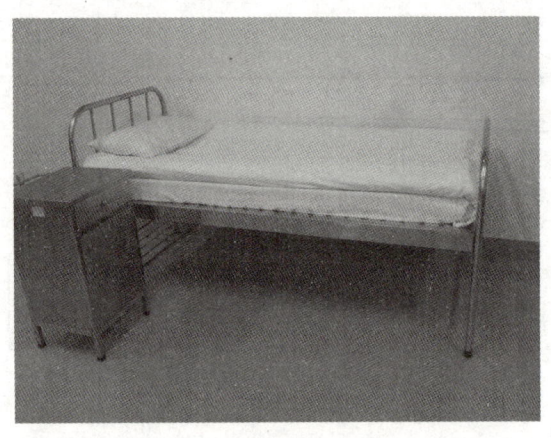

图 1-1-6　备用床(被套式)

【评估】

1. 病床单位设施及性能是否完好。

2. 床上用物是否洁净、齐全,符合季节需要。

3. 有无影响周围患者治疗或进餐。

【计划】

1. 护士准备　着装整洁,洗手,戴口罩。

2. 用物准备　床、床垫、枕芯、枕套、棉胎或毛毯、被套、大单,按需备床褥。

3. 环境准备　周围无患者治疗或进餐,开窗。

【实施】　见表 1-1-1。

表 1-1-1 铺备用床法 (被套式)

操作流程	操作步骤	要点说明
1. 备物	按使用顺序备齐用物,放置在护理车上携至床旁	节省时间和体力
	有脚轮的床应予以固定,调整好床的高度	避免床移动,便于操作
2. 移开桌椅	移开床旁桌,离床约 20 cm,移椅至床尾正中,离床约 15 cm	留有空间,方便操作
	用物置椅上或置推车上	便于拿取
3. 翻床垫	翻转床垫,上缘紧靠床头,按需铺床褥	避免床垫局部经常受压而凹陷
4. 铺大单	将大单中缝与床中线对齐,分别向床头、床尾展开:先铺近侧床头,一只手托起床垫一角,另一只手伸过床头中线,将大单平整塞入床垫下;在距床头约 30 cm 处向上提起大单边缘,使其与床沿垂直,呈一等腰三角形。以床沿为界将三角形上半部置于床垫上,下半部分平整地塞入床垫下;再将上半部分翻下平整地塞入床垫下(图 1-1-7)	护士身体靠近床边,双脚分开,保持上身直立,两膝稍弯曲,使用肘部力量,动作平稳、连续,减少来回走动
	同法铺好床尾大单:拉平、拉紧大单中部边缘,平整地塞入床垫下;转至对侧,同法铺好对侧大单	包折床角,使大单平、紧、美观、不易松散
5. 套被套	将被套正面向外,平铺床上,中缝与床中线对齐,封口端齐床头,开口端朝向床尾。将被套开口端上层打开至 1/3 处,将折好的 S 形棉胎放于开口处	便于放入棉胎
	拉棉胎上缘至被套封口处,分别套好两上角,使棉胎两侧与被套侧缘平齐,于床尾处拉平棉胎及被套,系好带子	棉胎上端与被套封口端平齐,使被头充实,不留虚边
6. 折被筒	盖被上缘与床头齐,边缘向内折叠与床沿齐,折成被筒,尾端平整塞入床垫下或向内折与床尾齐	盖被中缝与床中线对齐,平整、美观
7. 套枕套	于床尾处套好枕套,轻拍枕芯使之松软,系好带子,开口背门,横放于床尾,再平拖至床头	枕头平整、四角充实,开口背门,使病室整齐、美观
8. 移回桌椅	将床旁桌、椅移回原处。用快速手消毒液擦拭双手	病室整齐划一

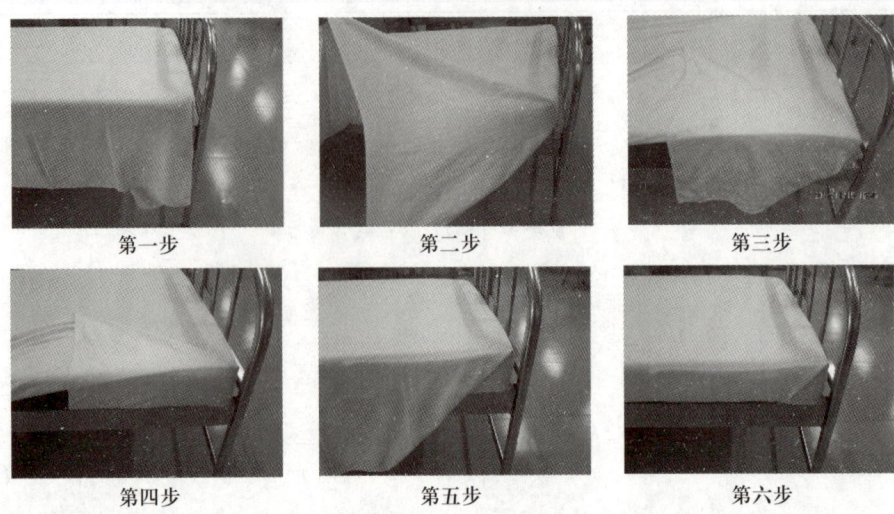

第一步　　　　　　　　第二步　　　　　　　　第三步

第四步　　　　　　　　第五步　　　　　　　　第六步

图1-1-7　铺床单法

知识链接

卷筒式套被套法

　　将被套反面向外,齐床头放置,分别向床尾、床两侧打开,开口向床尾,中缝与床中线对齐。将棉胎铺于被套上,上缘齐床头。将棉胎与被套一并自床头卷向床尾,再由开口端翻转至床头,于床尾处拉平棉胎及被套,系好带子,折叠被筒。

【评价】

1. 病床符合实用、耐用、舒适、安全的原则。

2. 病室及病床单位整洁、美观。

3. 护士操作时未影响其他患者的治疗和进餐。

【注意事项】

1. 患者进餐或做治疗时应暂停铺床。

2. 遵循节力原则,避免多余无效动作,减少走动次数。

3. 操作中避免抖动大单、被套,以免尘埃飞扬。

(二) 铺暂空床法(被套式)

【目的】　保持病室整洁、美观,供新入院患者或暂离床活动的患者使用。

【评估】

1. 患者入院诊断、病情、意识、心理状态、自理能力、理解与合作程度。

2. 病床单位设施及性能是否完好。

3. 床上用物是否洁净、齐全,符合季节需要。

4. 是否会影响周围患者治疗或进餐。

【计划】

1. 护士准备　着装整洁,洗手,戴口罩。

2. 用物准备　同被套式备用床,必要时加橡胶单及中单。

3. 环境准备　周围无患者治疗或进餐。

【实施】　见表1-1-2。

表1-1-2　铺暂空床法(被套式)

操作流程	操作步骤	要点说明
1. 折叠盖被	将备用床盖被上端向内折1/4,再扇形三折于床尾,使之与床尾平齐(图1-1-8)	方便患者使用,保持病室整齐、美观
2. 铺橡胶单及中单	根据病情需要加铺橡胶单及中单,中线与床中线对齐,上缘距床头45~50 cm,两侧边缘平整塞入床垫下 转至对侧,同法铺好对侧橡胶单及中单	保护床褥免受污染 在橡胶单上铺中单,可避免橡胶单直接接触患者皮肤而引起不适
3. 整理用物	整理用物,用快速手消毒液擦拭双手	避免交叉感染

【评价】

1. 同被套式备用床。

2. 方便患者上、下床,躺卧时感觉舒适。

3. 病床单位设施及性能完好,便于抢救、治疗和护理。

【注意事项】

1. 同被套式备用床。

2. 中单应遮盖住橡胶单,防止橡胶单直接与患者皮肤接触而引起不适。

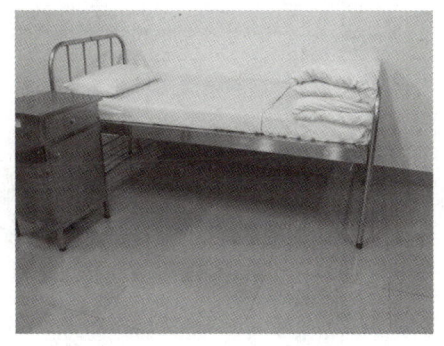

图1-1-8　暂空床(被套式)

(三)铺麻醉床法

【目的】

1. 便于接收和护理全麻手术后的患者。

2. 使患者安全、舒适,预防并发症。

3. 保护被褥不被血液或呕吐物污染。

【评估】

1. 患者病情、手术部位及麻醉种类。

2. 病床单位设施及性能是否完好。

3. 床上用物是否洁净、齐全,符合季节需要。

4. 是否会影响周围患者治疗或进餐。

【计划】

1. 护士准备　着装整洁,洗手,戴口罩。

2. 用物准备　① 同被套式备用床,另加橡胶单和中单各两条(图1-1-9)。
② 麻醉护理盘:无菌巾内置开口器、压舌板、舌钳、牙垫、治疗碗、镊子、纱布数块;无
菌巾外置血压计、听诊器、一次性吸氧管、
一次性吸痰管、弯盘、棉签、胶布、手电筒、
护理记录单和笔等。③ 其他:输液架、引
流袋或瓶,必要时备氧气表和吸痰器(连
接于床头供氧及负压吸引管道接口处)、
心电监护仪、胸腹带、胃肠减压器,天冷时
按需准备毛毯、热水袋及套各两个。

3. 环境准备　周围无患者治疗或
进餐。

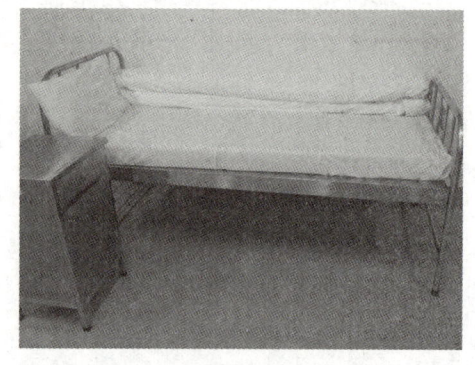

图1-1-9　麻醉床

【实施】　铺麻醉床操作见表1-1-3。

表1-1-3　铺麻醉床操作

操作流程	操作步骤	要点说明
1. 撤除原物	拆除原有枕套、被套、大单等于污衣袋内	减少感染机会
2. 备物	同被套式备用床	
3. 移开桌椅	同被套式备用床	
4. 翻床垫	同被套式备用床	
5. 铺好各单	铺好一侧大单(同被套式备用床) 铺好一侧橡胶单及中单(同暂空床) 根据手术部位将另一橡胶单及中单对好中线,铺于床头或床尾。铺床头时,上缘齐床头,下端压在床中部橡胶单及中单上,边缘平整地塞入床垫下。铺床尾时,下端齐床尾,余同上 转至对侧,同法铺好对侧各单	保护大单及床褥免受排泄物、呕吐物、血液污染 颈、胸部手术时铺于床头,下肢手术时铺于床尾 各单平、紧、美观
6. 套被套	套好被套(同被套式备用床)。盖被上缘与床头齐,两侧缘向内折叠与床沿齐,尾端向内折叠与床尾齐 将盖被扇形三折于一侧床边,开口处向门 天冷时可在盖被上加盖毛毯,热水袋置盖被内	盖被平整、美观 便于将患者从平车移至床上 应在患者回病室前1 h放置热水袋,使患者温暖舒适
7. 套枕套	于床尾处套好枕套,轻拍枕芯使之松软,系好带子,开口背门,横立于床头	枕头平整、四角充实 防患者躁动撞伤头部
8. 还原桌椅	将床旁桌移回原处,椅置于折叠被同侧	便于将患者从平车移至床上
9. 置盘整理	麻醉护理盘置床旁桌上,输液架置床尾,其他物品妥善放置。用快速手消毒液擦拭双手	便于术后抢救和护理,使病室整齐划一

【评价】

1. 病床符合实用、耐用、舒适、安全原则。

2. 床单位整洁、美观。

3. 患者感觉舒适、安全。

4. 护理术后患者用物准备齐全,患者能及时得到抢救和护理。

【注意事项】

1. 同被套式暂空床。

2. 冬季置热水袋于盖被内应防止烫伤患者,并应做好交班。

3. 指导患者家属正确使用枕头。

附:

被单式备用床

【目的及用物】 同被套式,将被套改为大单两条,作衬单和罩单用。

【操作步骤】

(1)铺大单:方法同被套式。

(2)铺衬单:将衬单反面铺于床上,中缝与床中线对齐,上端反折25 cm与床头齐,床尾部分按铺床法折好床角。

(3)铺棉胎或毛毯于衬单上,上端与床头齐,床尾部分按铺床法折好床角。

(4)铺罩单:将罩单正面向上铺于床上,中缝与床中线对齐,上端向内反折15 cm包住棉胎或毛毯并与床头齐,床尾部分按铺床法折成45°斜角垂于床边。转至对侧同法铺好对侧衬单、棉胎及罩单。

(5)套枕套:方法同被套式(图1-1-10)。

床垫罩铺床法

目前临床上趋向于用棉布制成床垫罩,从床头套向床尾代替大单,其余操作同被套式备用床。此法操作简单,节力、省时。

被单式暂空床

将床头衬单向上反折25 cm包在棉胎和罩单外面,将罩单、棉胎、衬单一并三折于床尾与床尾齐,按需铺橡胶单及中单,方法同被套式(图1-1-11)。

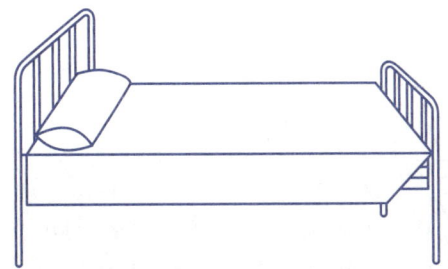

图1-1-10 备用床(被单式)

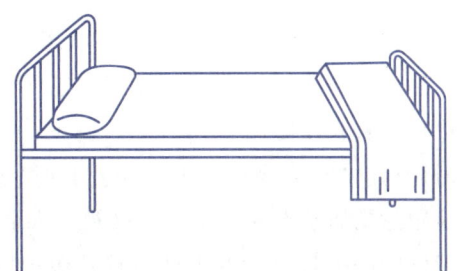

图1-1-11 暂空床(被单式)

任务四　力学原理在护理工作中的应用

人体力学是指运用力学原理研究如何维持和掌握身体的平衡,以及人体从一种姿势变换成另一种姿势时,身体如何有效协调的一门科学。

正确的姿势有助于维持人体正常的生理功能,而且只需消耗较小的体力就能取得较大的工作效能。不正确的姿势和体位易使肌肉产生紧张和疲劳,甚至造成肌肉、肌腱损伤,影响人体健康。

护士在工作中正确运用力学原理不仅可以帮助患者维持良好的姿势和体位,避免肌肉过度紧张,增加舒适、安全感,而且可以减轻自身肌肉的紧张及疲劳,减少体力消耗,防止肌肉损伤,提高工作效率。

一、常用力学原理

1. 杠杆作用　杠杆是指利用直杆或曲杆在外力作用下,围绕杆上某一固定点转动的一种简单机械。使杠杆转动的力为动力,其力点称为动力点;固定点称为支点;阻碍杠杆转动的力为阻力,其力点称为阻力点;支点到动力点作用线的垂直距离称为动力臂;支点到阻力点作用线的垂直距离称为阻力臂。当动力臂大于阻力臂时则省力,动力臂小于阻力臂时则费力。杠杆作用体现在人体的活动与运动中,此时,骨骼好比杠杆,关节是运动的支点,骨骼肌是运动的动力,在神经系统的调节和其他系统的配合下完成各种活动与运动。因此,在活动与运动中,正确地运用杠杆原理可对身体起保护、支持作用。

根据杠杆上的支点、动力点、阻力点所处的位置不同,将杠杆分为 3 类。

(1)平衡杠杆:支点位于阻力点和动力点之间。例如,人的头部在寰枕关节上进行前屈和后仰动作时,利用的是平衡杠杆的作用。此时,寰椎为支点,支点前后的两组肌群收缩产生动力,用 F 表示,头部的重量为阻力,用 L 表示(图 1-1-12)。当动力臂等于阻力臂时,头部维持平衡状态。

(2)省力杠杆:阻力点位于支点和动力点之间,因动力臂长于阻力臂而省力。例如,人用足尖站立时,利用的是省力杠杆的作用。此时,足尖是支点,足跟后的肌群收缩产生动力(F),体重(L)落在两者之间的距骨上。由于动力臂较阻力臂长,所以只需用较小的力即可支撑体重(图 1-1-13)。

(3)速度杠杆:动力点位于阻力点和支点之间,因动力臂短于阻力臂而费力,但可获得较快的运动速度和较大的移动距离。此类杠杆作用在人体中最常见。例如,

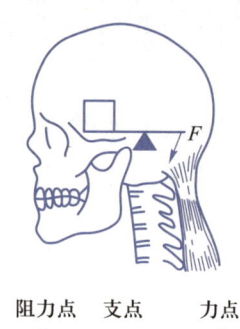

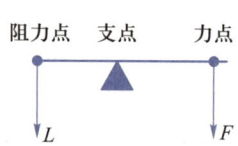

L 为头的重量,F 为肌肉产生的作用力。

图 1-1-12　头部平衡杠杆作用

用手臂举起重物时,利用的是速度杠杆作用。此时,肘关节是支点,手臂肌群收缩产生的动力用 F 表示,手中重物为阻力,用 L 表示。由于 F 位于支点和重物 L 之间,动力臂短于阻力臂,要举起手中的重物就需用较大的力,虽然费力,却赢得了速度和移动距离(图 1-1-14)。

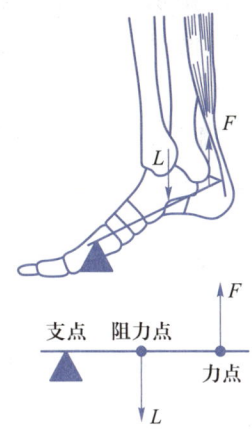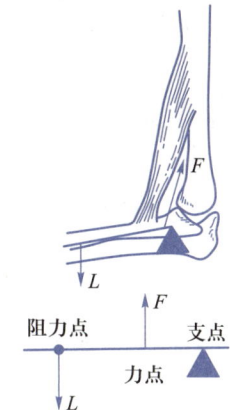

L 为体重,F 为足后跟的肌肉收缩产生的作用力。

图 1-1-13　足部省力杠杆作用　　　　图 1-1-14　手臂速度杠杆作用

2. 摩擦力　是指一个物体在另一个物体表面上运动或有相对运动的倾向时所产生的阻碍其运动的力。摩擦力的方向与物体相对运动的方向相反。摩擦力与垂直于接触面的正压力及摩擦系数成正比关系。摩擦系数与物体的材料及接触面的粗糙程度有关,接触面越粗糙,摩擦系数越大;反之,则越小。摩擦力有以下 3 种。

(1) 静摩擦力:是指两个互相接触的物体,在外力作用下,有相对滑动的趋势时所产生的阻碍物体开始滑动的力。例如,在手杖下端加上橡胶,因橡胶的摩擦系数较大而使静摩擦力增加,从而可以防止手杖打滑,保证使用安全。

(2) 滑动摩擦力:是指一个物体在另一个物体表面上滑动时所产生的阻碍其滑动的力。在护理工作中,有时需要增加滑动摩擦力以防滑倒。例如,在轮椅的车轮上增设车闸,当车闸制动时可增加车轮的摩擦力,防止患者上、下轮椅时因车轮滑动而跌倒。有时则需要减少滑动摩擦力,以节省体力。例如,定时给病床、轮椅、推车等的轮轴加油,可减少摩擦系教,便于移动。

(3) 滚动摩擦力:是指一圆形物体在另一物体上滚动时所产生的阻碍其滚动的力,滚动摩擦力的摩擦系数最小,所以省力。如推动有轮的床比没轮的床需要的力要小得多。

3. 平衡与稳定　平衡是指物体的重力与支持力在同一直线上,且大小相等,方向相反。稳定是指物体维持平衡的状态。物体的平衡与稳定是由物体的重量、支撑面、重心的高度及重力线是否通过支撑面内等因素所决定的。

(1) 物体的重量与稳定度成正比:物体重量越大,稳定度越好。推倒一把轻椅子比推倒一把重椅子所需的力要小。在护理操作中,若要把患者移到较轻椅子上,应注意应用其他力量的支持,如将椅子靠墙,可防止椅子较轻、不稳定而致患者跌倒。

(2)支撑面的大小与稳定度成正比:支撑面是指物体与地面接触的面积与作用范围。支撑面越小,物体的稳定度越差。例如,当人体两腿伸直、并拢侧卧时,由于支撑面较小而不稳定,易向前或向后倾倒。若将上腿向前屈膝,使小腿与床面接触,由于支撑面扩大而使卧位稳定。老年人站立或行走时使用手杖,可扩大支撑面,增加身体的稳定度。

(3)物体的重心高度与稳定度成反比:如果物体的组成成分均匀,重心位于其几何中心,当物体的形状发生变化时,重心的位置也会随之变化。人体重心的位置随着躯干和四肢的姿势变化而改变,人在垂臂直立时,重心位于骨盆的第二骶椎前约 7 cm 处(图 1-1-15),如果把手臂举过头顶,重心随之升高;身体下蹲时重心下降。物体的重心越低,稳定度越好。

(4)重力线必须通过支撑面物体才能保持稳定:重力线是指物体重量的作用线,是通过重心垂直于地面的线。物体的重力线必须在支撑面内才能保持平衡。例如,当人从座椅上站起来时,必须先将身体向前倾,一只脚向后移,使身体的重力线落在两只脚的支撑面内就可以平稳地站起来(图 1-1-16A)。如果身体的重力线落在两只脚的支撑面以外,身体的重量将会产生一个阻碍站起的力矩而使人跌回座椅中(图 1-1-16B)。

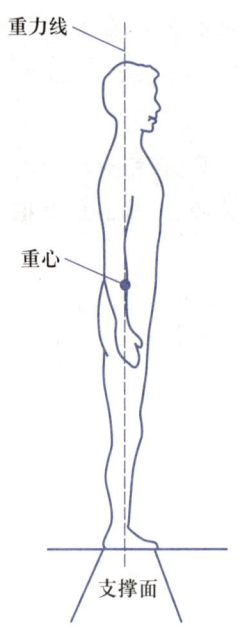

图 1-1-15　人直立时重心在骨盆中部

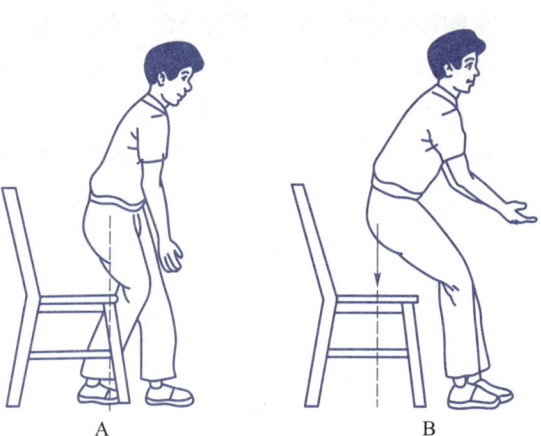

A. 起立时,重力线落在支撑面内,姿势正确;B. 起立时,重力线落在支撑面外,身体有向后落座的趋势,不易站起。

图 1-1-16　人从坐位变立位时,重力线改变

二、人体力学在护理工作中的应用

1. 利用杠杆作用 护士在操作中应尽量靠近操作物体;双手持物品时,两肘靠近身体两侧,上臂下垂,前臂与上臂呈 90°所持物品靠近身体,因阻力臂缩短而较省力。提重物时,最好把重物分成相等的两部分,分别由两手提拿。若重物由一只手提拿时,另一只手臂应向外伸展以保持身体平衡。

2. 扩大支撑面 护士在操作中应根据需要使两脚前后或左右分开,以扩大支撑面。协助患者侧卧时,应使其两臂屈肘,一手放于枕旁,一手放于胸前,两腿前后分开,上腿向前弯曲,下腿稍伸直,以扩大支撑面,保持卧位稳定。

3. 降低重心 护士在低平面操作或取物时,双脚应前后或左右分开,以扩大支撑面,同时屈膝屈髋,降低身体重心,并使重力线在支撑面内以保持身体的稳定。

4. 减少身体重力线的偏移程度 护士在提取物体时应尽量将物体靠近身体;抱起或抬起患者移动时,应将患者靠近自己,使重力线落在支撑面内。

5. 尽量使用大肌肉或多肌群 护士进行护理操作时,能使用整只手操作的,尽量避免只用手指操作。能使用躯干和下肢肌肉力量的,尽量避免只使用上肢肌肉的力量。例如,端治疗盘时应五指分开,托住治疗盘并与手臂一起用力,因多肌群用力不易疲劳。

6. 用最小的肌力做功 移动重物时应注意平衡,以直线方向移动,尽量用推或拉的方式代替提取。

将人体力学应用于护理工作中,可以有效地减少护理工作中不必要的力的付出和损伤,起到省力、协调的作用,提高工作效率。同时,运用人体力学原理可以保持患者良好的姿势和体位,增进患者的舒适感,促进其早日康复。

思考题

1. 何谓医院? 医院的任务是什么?

2. 医院的等级是如何划分的? 三级医院的功能是什么?

3. 门诊护理工作的内容有哪些?

4. 什么是抢救室的"五定一率"? 在抢救过程中如何执行口头医嘱?

5. 为控制病区噪声,应采取哪些有效措施?

6. 比较备用床、暂空床、麻醉床的目的和注意事项。

7. 某男,47 岁。候诊时突然感到腹痛难忍,出冷汗,呼吸急促。如果你是一名门诊护士,你看到这样的患者,你应怎样帮助他就诊?

8. 护士在铺床的操作过程中如何节省体力?

9. 李先生,60 岁。因喉头阻塞行气管切开,为其安置病室环境时应特别注意什么? 适宜患者休养的环境是什么?

10. 林某,女,56 岁。因交通意外致颅脑损伤、昏迷,被肇事司机送到医院急诊科。如果你是一位急诊科护士应如何配合抢救？患者病情稳定后送入手术室进行开颅手术，术后你要为该患者准备什么床？同时，应采取哪些安全措施？

赛证聚焦

请扫描二维码完成在线测试。

（林艳红　林彩霞　朱　静）

在线测试：
医院和住院
环境

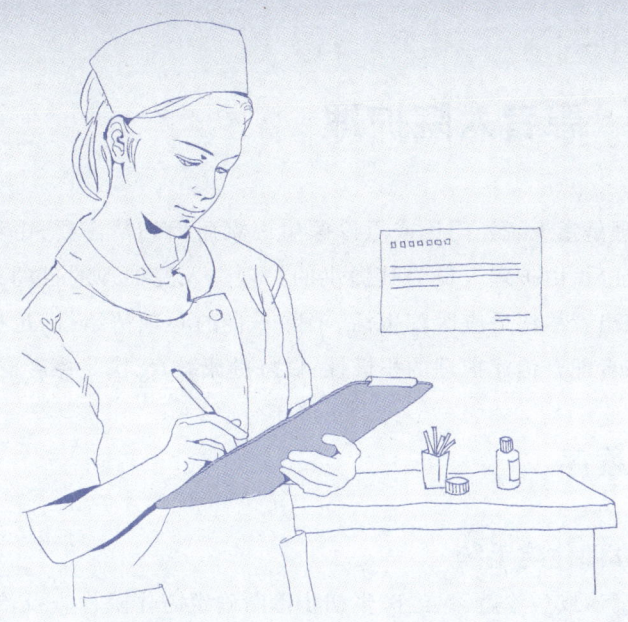

项目二　患者入院和出院的护理

思维导图：
患者入院和
出院的护理

学习目标

◇ **知识目标**

1. 能正确说出患者入院程序。

2. 能正确解释分级护理的基本概念。

3. 能正确陈述患者入院护理和出院护理的目的。

4. 能正确描述分级护理的级别、适用对象及相应的护理要点。

◇ **技能目标**

1. 能根据患者不同病情做好出入院护理工作。

2. 能运用轮椅、平车、担架运送技术，正确安全地运送患者。

◇ **素质目标**

具备人文关怀素养，树立关爱生命、全心全意为护理对象服务的精神。

任务一　患者入院护理

入院护理是指患者经门诊或急诊医生诊察后因病情需要,由诊察医生建议住院并签发住院证后,由护理人员为其提供的护理。入院护理的目的是协助患者了解和熟悉环境,使患者尽快适应医院生活,消除不良的心理情绪;满足患者的各种合理需求,以调动患者配合治疗护理的积极性;做好健康教育,满足患者对疾病知识的需求。

一、入院程序

(一)办理住院手续

患者在门诊或急诊就诊,经医生初步诊断确定需住院检查及治疗时,由医生签发住院证。患者或亲属持住院证到住院处办理住院手续,如填写入院登记表、缴纳住院保证金等。对于病情危重或需要急诊手术的患者,则应先收入病房或先手术,后办理入院手续。

住院处接收患者后,立即通知病区值班护士根据病情做好接纳新患者的准备。

(二)进行卫生处置

根据患者的病情及身体状况,在卫生处置室对其进行卫生处理,如给患者理发、沐浴、更衣、修剪指甲等。危、重、急症患者或即将分娩的产妇可酌情免浴。对有虱虮者,应先灭虱虮,再进行卫生处置;对传染病患者或疑似传染病患者,应送隔离室处置。患者换下的衣服和不需用的物品(包括贵重钱物)可交给家属带回或按手续暂时存放在住院处。

(三)护送患者入病区

住院处护士携门诊病案,根据患者的病情选用步行、轮椅、平车等方法护送患者入病区。护送中应注意患者的安全,安置合适卧位,不中断应有的治疗(如吸氧、输液等)。护送入病区后,与病区值班护士就患者的病情、已采取或需要继续的治疗和护理措施、个人卫生以及物品等进行交接。

二、患者入病区后的初步护理

(一)一般患者的入院护理

1. 准备床单位　病区护士接住院处通知后,应立即根据患者病情需要安排床位。将备用床改为暂空床,备齐患者所需用物,如面盆、热水瓶、痰杯等;根据病情可在床上加橡胶单、中单或气垫。传染病患者应安置到隔离病室。

气 垫 床

气垫床具有预防压力性损伤的作用。年老体弱、昏迷、瘫痪等长期卧床的患者易产生压力性损伤，护理该类患者时需使用气垫床，以预防压力性损伤的产生(图1-2-1)。

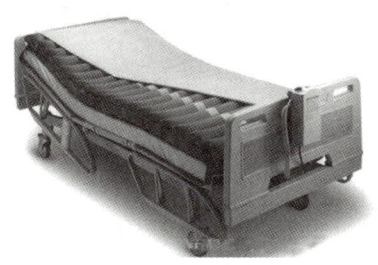

图1-2-1 气垫床

2. 迎接新患者 值班护士应热情迎接患者至指定床位，协助患者上床休息，妥善安置好日常用品。向患者作自我介绍，说明自己将为患者提供的服务及工作职责，为患者介绍邻床病友等，以自己的言行消除患者的不安情绪，使患者有宾至如归的感觉。

3. 通知医生诊察患者 通知主管医生诊视患者，必要时协助体检、治疗或抢救。

4. 测量生命体征 协助患者戴好腕带标识，为患者测量体温、脉搏、呼吸、血压，对能站立的患者还应测量身高、体重，并记录。

5. 填写住院病案和有关表格

（1）排列住院病案，按体温单、医嘱单、入院记录、病史及体格检查、病程记录、各种检验及检查报告单、护理病案、住院病案首页、门诊病案顺序排列，并用蓝黑或碳素墨水钢笔逐页填写住院病案眉栏。

（2）用红色钢笔在体温单40~42℃横线的相应时间栏内竖写入院时间，并在体温单上按要求记录首次体温、脉搏、呼吸、血压、身高及体重值。

（3）填写入院登记本、诊断卡（插入患者一览表上）、床尾卡（置于病床床尾牌夹内）。

6. 介绍与指导 发放入院告知书，向患者或家属介绍相关的医生、护士；介绍病区环境、相关规章制度（如探视、陪护、作息制度）；床单位及其设备的使用方法；指导常规标本（粪、尿）的留取方法；耐心听取并解答患者的咨询。

7. 执行入院医嘱 通知营养室准备膳食，并认真处理医嘱，执行各项治疗护理措施。

8. 进行入院护理评估 责任护士对患者的健康状况进行评估，了解其基本情况和身心需要，填写患者入院护理评估单，拟订初步护理计划。

（二）急诊患者的入院护理

病区接收的急诊患者多由急诊室直接送入或由急诊室经手术室手术后转入，值班护士接到通知后应立即做好以下工作。

1. 准备床单位 危重症患者应安置于危重病室或抢救室，为患者戴好腕带标识，床上加铺橡胶单和中单。对急诊手术患者，需铺好麻醉床。

2. 做好急救准备 备齐急救器材及药品，如急救车、氧气、吸引器、输液器具等，通知医生做好抢救准备。

3. 配合抢救　患者入病室后,密切观察病情变化,积极配合医生进行抢救,做好护理记录。

4. 暂留陪送人员　对意识不清的患者或婴幼儿,暂留陪送人员,以便询问病史等有关情况。

三、分级护理

分级护理是根据患者病情的轻、重、缓、急及自理能力的不同,给予不同级别的护理措施,可分为特级护理、一级护理、二级护理和三级护理,其适用对象及护理内容见表1-2-1。

表 1-2-1　分 级 护 理

护理级别	适用对象	护理内容
特级护理	① 病情危重,随时可能发生病情变化需要进行抢救的患者 ② 重症监护患者 ③ 各种复杂或者大手术术后的患者 ④ 严重创伤或大面积烧伤的患者 ⑤ 使用呼吸机辅助呼吸,并需要严密监护病情的患者 ⑥ 实施连续性肾脏替代治疗(CRRT),并需要严密监护生命体征的患者 ⑦ 其他有生命危险,需要严密监护生命体征的患者	① 严密观察患者病情变化,监测生命体征 ② 根据医嘱,正确实施治疗、给药措施 ③ 根据医嘱,准确测量出入量 ④ 根据患者病情,正确实施基础护理和专科护理,如口腔护理、压力性损伤护理、气道护理及管路护理等,实施安全措施 ⑤ 保持患者的舒适和功能体位 ⑥ 实施床旁交接班
一级护理	① 病情趋向稳定的重症患者 ② 手术后或者治疗期间需要严格卧床的患者 ③ 生活完全不能自理且病情不稳定的患者 ④ 生活部分自理,病情随时可能发生变化的患者	① 每小时巡视患者,观察患者病情变化 ② 根据患者病情,测量生命体征 ③ 根据医嘱,正确实施治疗、给药措施 ④ 根据患者病情,正确实施基础护理和专科护理,如口腔护理、压力性损伤护理、气道护理及管路护理等,实施安全措施 ⑤ 提供护理相关的健康指导
二级护理	① 病情稳定,仍需卧床的患者 ② 生活部分自理的患者	① 每 2 h 巡视患者,观察患者病情变化 ② 根据患者病情,测量生命体征 ③ 根据医嘱,正确实施治疗、给药措施 ④ 根据患者病情,正确实施护理措施和安全措施 ⑤ 提供护理相关的健康指导

护理级别	适用对象	护理内容
三级护理	① 生活完全自理且病情稳定的患者 ② 生活完全自理且处于康复期的患者	① 每3h巡视患者一次,观察患者病情变化 ② 根据患者病情,测量生命体征 ③ 根据医嘱,正确实施治疗、给药措施 ④ 提供护理相关的健康指导

任务二　患者出院护理

　　出院护理是指护士对经过住院期间的治疗与护理,病情好转、稳定、痊愈,需出院的患者,需转院(科)的患者,或不愿接受医生的建议而要求自动离院的患者所进行的一系列护理工作。出院护理的目的是对患者进行出院指导,协助其尽快适应原工作和生活,并能遵医嘱按时接受治疗或定期复诊;指导患者办理出院手续;清洁、整理床单位。

一、出院前护理

　　1. 通知患者和家属　医生根据患者康复情况,决定出院日期,开写出院医嘱,护士按出院医嘱,将出院日期通知患者及家属,使其做好出院准备,如备好交通工具等。

　　2. 做好心理护理　注意患者的情绪变化,给予鼓励和安慰,以增强患者的信心,减轻因离开医院所产生的恐惧和焦虑。自动出院的患者应在出院医嘱上注明"自动出院",并要求患者或家属签名认可。

　　3. 进行健康教育　护士应帮助患者了解自己所患疾病的防治知识;根据患者的现状,指导出院后的注意事项,如饮食、用药、休息、功能锻炼及定期复查等,必要时可为患者或家属提供有关的出院指导书面资料;协助患者制订治疗休养计划,指导患者学会自我护理、家属学会家庭护理,使患者在原有健康的基础上,达到更高水平的身心健康。

　　4. 征求患者意见　虚心征求患者对医疗、护理等工作的意见和建议,以便不断提高护理工作质量。

二、出院时护理

　　1. 填写患者出院护理评估单。

　　2. 执行出院医嘱

　　(1)填写出院通知单,通知患者或家属到住院处结账、办理出院手续。

（2）患者出院后需继续服药时，护士凭出院处方到药房领取药物，交给患者，并告知用药方法和注意事项。

（3）用红色钢笔在体温单40~42℃的相应时间栏内竖写出院时间。

3. 协助患者整理用物　护士收到出院证，帮助患者清理个人用物，归还所寄存的物品，并收回住院期间借用的衣服和物品。

4. 护送患者出院　患者办完所有出院手续后，护士酌情用轮椅、平车或步行护送患者至病区门口或医院门口。

三、出院后护理

1. 有关文件处理

（1）填写出院患者登记本。

（2）注销各种执行单及卡片，如诊断卡、床尾卡、输液单、注射单、服药单、饮食单等。

（3）整理病案，按住院病案首页、出院记录或死亡记录、入院记录、病史及体格检查、病程记录、会诊记录、各种检验检查报告单、护理病案、医嘱单、体温单顺序排列出院病案，并交病案室保存。

2. 床单位的处理

（1）撤下床上的污被服，放入污衣袋，送洗衣房处理。床垫、床褥、棉胎、枕芯放在日光下曝晒6 h或用紫外线照射消毒。

（2）病床，床旁桌、椅用消毒溶液擦拭，面盆、痰盂用消毒液浸泡。

（3）病室开窗通风。

（4）铺好备用床，准备迎接新患者。

（5）传染病患者离院后，按传染病终末消毒法进行处理。

任务三　运送患者

视频：患者的运送方法

凡不能自行行动的患者在入院、出院、接受检查、治疗、手术或到室外活动时，均需护理人员根据患者病情选用不同的运送工具，如轮椅、平车或担架等运送患者。在运送患者过程中，护理人员应将人体力学原理正确运用于操作中，以避免发生损伤，减轻双方疲劳，提高工作效率，减少患者痛苦，并保证患者安全与舒适。

一、轮椅运送

【目的】

1. 运送能坐起但不能行走的患者入院、出院、检查、治疗或到室外活动。

2. 协助患者进行适当的活动，以促进血液循环及体力的恢复。

【评估】

1. 患者病情、意识状态、体重、躯体活动能力、损伤部位与合作程度。

2. 室外的温度情况。

3. 轮椅各部件的性能是否良好。

【计划】

1. 护士准备　着装整洁,洗手,熟悉轮椅运送的操作方法,向患者解释轮椅运送中的注意事项。

2. 患者准备　了解轮椅运送的方法和目的,能主动配合。

3. 用物准备　轮椅,根据季节备外衣或毛毯、别针,需要时备软枕。

4. 环境准备　移开障碍物,保证环境宽敞。

【实施】　轮椅运送操作见表1-2-2。

表1-2-2　轮椅运送操作

	操作流程	操作说明	注意点
上轮椅	1. 核对解释	推轮椅及用物至床旁,认真核对患者并做好解释	确认患者,建立其安全感,取得配合
	2. 安置轮椅	将轮椅椅背与床尾平齐,面向床头,拉起车闸固定车轮,并翻起脚踏板。如无车闸,则护士站在轮椅后面固定轮椅 如需要用毛毯,将毛毯铺于轮椅上,两侧对等,使毛毯上端高于患者颈部15 cm左右	缩短距离,便于患者入座,防止轮椅滑脱 寒冷季节注意保暖
	3. 扶助起床	护士协助患者坐于床边,并嘱其用手掌撑住床面以维持坐姿;协助患者穿袜、鞋,根据天气变化提醒患者穿外衣	观察和询问患者有无眩晕和不适
	4. 协助坐椅	护士面对患者,双脚分开站稳,双手环抱患者腰部,请患者双手置于护士肩上,协助患者下床(图1-2-2A) 嘱患者用近轮椅侧之手,扶住轮椅外侧把手,转身坐入轮椅中;或由护士环抱患者,协助坐入轮椅中(图1-2-2B) 翻下脚踏板,让患者双脚置于踏板上,双手扶住两侧扶手,嘱患者身体尽量向后靠,坐稳 用毛毯者,将毛毯上端边向外翻折10 cm,围住患者颈部,用别针固定;两侧围着两臂做成两个袖筒,分别用别针在腕部固定;再用毛毯将患者上身、腰部、双下肢及脚包裹,露出双手(图1-2-3) 整理床单位,铺暂空床	支撑面大,稳定性好,确保患者安全 病情允许时,护士可站在轮椅背后固定轮椅,患者自行坐入轮椅 确保安全。如患者下肢水肿、溃疡或关节疼痛,应在脚踏板上垫软枕,以抬高双脚

操作流程		操作说明	注意点
上轮椅	5. 运送患者	确认患者无不适后,松开车闸,嘱患者抬头,不可前倾、自行站起或下轮椅,推轮椅送患者至目的地	运送过程中,应观察、询问患者;下坡应减速,并嘱患者抓紧扶手;过门槛时翘起前轮,避免过大振动,保证患者安全
下轮椅	1. 固定轮椅	将轮椅推至床尾,轮椅椅背与床尾平齐,固定车闸,翻起脚踏板	
	2. 扶助回床	护士面对患者,双脚前后分开,屈膝屈髋,双手环抱患者腰部,患者双手置于护士肩上,协助患者站立,慢慢坐回床沿,脱鞋,协助患者移至床正中	患者能自行下轮椅时,护士可固定轮椅,协助患者坐于床边
	3. 安置患者	协助患者取舒适卧位,盖好盖被	询问患者有无其他需要
	4. 整理	整理床单位,轮椅放回原处。洗手,需要时做记录	

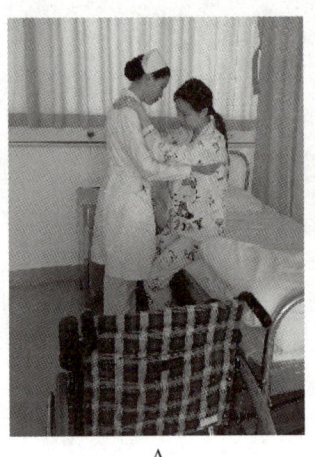 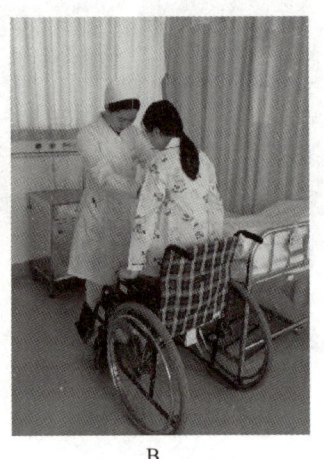 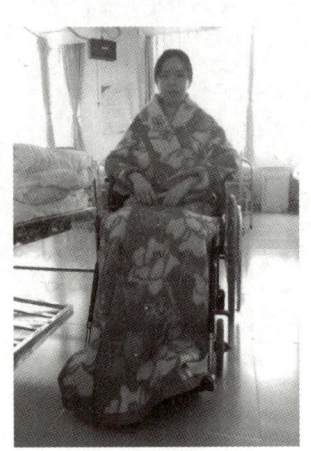

A　　　　　　　　　　　　　　　B

图 1-2-2　协助患者上轮椅法　　　　图 1-2-3　轮椅上患者毛毯保暖法

【评价】

1. 搬运是否安全、顺利,患者有无病情改变。

2. 患者坐于轮椅上是否舒适,有无疲劳、不适,患者能否配合。

【注意事项】

1. 使用轮椅前认真检查轮椅各部件功能是否完好,保证安全。

2. 推轮椅时,速度要慢,避免患者产生不适或发生意外。

3. 运送过程中,随时观察病情,询问患者感觉。如有不适及时处理。

二、平车运送

【目的】 运送不能起床的患者入院、检查、治疗、手术或转运患者。

【评估】

1. 患者病情、意识状态、体重、躯体活动能力及局部有无病损,患者的合作程度。

2. 室外温度情况。

3. 平车各部件的性能是否良好。

【计划】

1. 护士准备 着装整洁,根据患者情况决定搬运人数,熟悉搬运和平车运送的操作。

2. 患者准备 了解平车运送的方法和目的,能主动配合。

3. 用物准备 平车(上置以布单和橡胶单包好的垫子和枕头),带套棉被或毛毯,如为颈椎、腰椎骨折或病情较重的患者,应备帆布兜或中单;如为骨折患者,车上应垫木板。

4. 环境准备 清洁宽敞,便于操作。

【实施】 平车运送常见方法:挪动法,一人、二人、三人、四人搬运法。

1. 平车运送技术(挪动法) 适用于病情许可,能在床上配合的患者(表1-2-3)。

表 1-2-3 平车运送技术(挪动法)

操作流程	操作说明	注意点
1. 核对解释	将平车及用物推至床旁,核对患者并做好解释	确认患者,取得合作
2. 安置导管	妥善安置患者身上的导管,如各种引流管、输液管等	避免导管脱落、受压或液体反流,保持通畅
3. 移患者	移开床旁桌、椅,松开盖被 协助患者移至床边	便于患者靠近平车
4. 放置平车	将平车推至紧靠床边,其头端靠床头,调整平车或病床高度,车闸制动	如平车一端为大轮,另一端为小轮,则以大轮端为头端,因小轮转弯灵活,推送时在前,大轮转动次数少,可减轻患者在运送过程中的不适
5. 挪动上车	协助患者将上半身、臀部、下肢依次向平车挪动,让患者头部睡大轮端。下车回床时,应先协助其移动下肢,再移上半身	搬运者应固定平车,防止平车移动
6. 整理病床	整理床单位,铺暂空床	保持病室整齐
7. 运送患者	松开车闸,推送患者至指定地点	

2. 平车运送技术(一人法) 适用于体重较轻,且病情允许的患者(表1-2-4)。

表 1-2-4　平车运送技术(一人法)

操作流程	操作说明	注意点
1. 核对解释	将平车及用物推至床旁,核对患者并做好解释	确认患者,取得合作
2. 安置导管	妥善安置患者身上的导管,如各种引流管、输液管等	避免导管脱落、受压或液体反流,保持通畅
3. 放置平车	将平车推至床尾,使平车头端与床尾成钝角,车闸制动	缩短搬运距离
4. 患者准备	移床旁椅至对侧床尾,松开盖被,协助穿好衣服	注意保暖
5. 搬运患者	护士立于床边,两脚前后分开,稍屈膝,一手臂自患者腋下伸至对侧肩外侧,另一手臂伸至患者大腿下,嘱患者双臂交叉依附于护士颈部(图 1-2-4A) 抱起患者,移步转身将患者轻放于平车中央(图 1-2-4B、C)	两脚分开并屈膝,可扩大支撑面,降低重心,增加稳定性
6. 整理病床	整理床单位,铺暂空床	保持病室整齐
7. 运送患者	松开车闸,推送患者至指定地点	

　　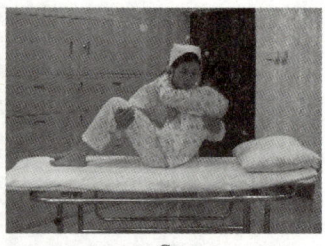

A　　　　　　　　　B　　　　　　　　　C

图 1-2-4　一人搬运法

3. 平车运送技术(二人法、三人法)　适用于病情较轻,但自己不能活动而体重又较重的患者(表 1-2-5)。

表 1-2-5　平车运送技术(二人法、三人法)

操作流程	操作说明	注意点
1. 核对解释	将平车及用物推至床旁,核对患者并做好解释	确认患者,取得合作
2. 安置导管	妥善安置患者身上的导管,如各种引流管、输液管等	避免导管脱落、受压或液体反流,保持通畅
3. 放置平车	将平车推至床尾,使平车头端与床尾成钝角,车闸制动	缩短搬运距离
4. 患者准备	移床旁椅至对侧床尾,松开盖被,护士协助患者穿好衣服	注意保暖

操作流程	操作说明	注意点
5. 搬运患者	护士依次站在患者床边,将患者双手交叉置于胸腹部,护士协助患者移至床边	将患者尽量靠近护士,减少重力线的偏移,缩短重力臂以达到平衡、省力的目的
	二人搬运时,护士甲一手臂托住患者头、颈、肩部,另一手臂托住腰部;护士乙一手臂托住臀部,另一手臂托住腘窝处	护士从床头按身高排列,身高高者托患者的上半身,使患者头处于高位,减轻不适
	三人搬运时,护士甲一手臂托住患者头、颈、肩部,另一手臂置胸背部;护士乙一手臂托住腰部,另一手臂置臀部;护士丙一手臂托住膝部,另一手置小腿处(图 1-2-5A)	
	一人喊口令,二人或三人同时抬起患者并使患者的身体向护士倾斜,移步向平车,同时屈膝,将患者轻放置平车中央(图 1-2-5B、C、D)	按口令同时用力,以保持平稳,减少意外损伤的发生
6. 整理病床	整理床单位,铺暂空床	保持病室整齐
7. 运送患者	松开车闸,推送患者至指定地点	

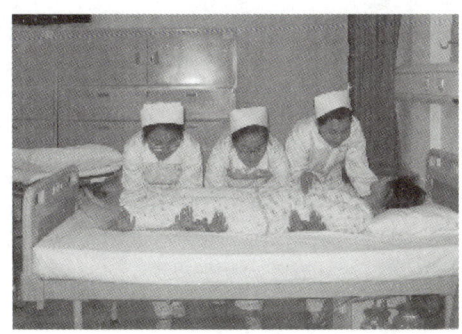
A

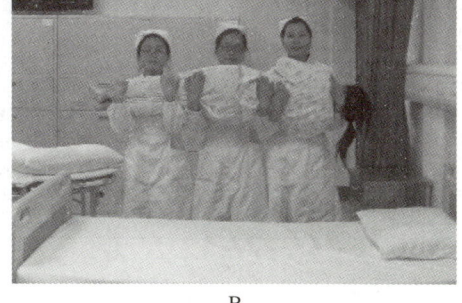
B

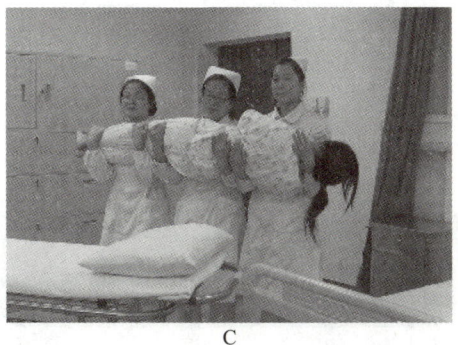
C

D

图 1-2-5 三人搬运法

4. 平车运送技术（四人法）　适用于颈、腰椎骨折或病情较重的患者（表1-2-6）。

表1-2-6　平车运送技术（四人法）

操作流程	操作说明	注意点
1. 核对解释	将平车及用物推至床旁，核对患者并做好解释	确认患者，取得合作
2. 安置导管	妥善安置患者身上的导管，如各种引流管、输液管等	避免导管脱落、受压或液体反流，保持通畅
3. 患者准备	移开床旁桌、椅，松开盖被 在患者腰、臀下铺帆布兜或中单，将患者双手交叉置于胸腹部	颅脑损伤及昏迷的患者，应将头转向一侧 中单一定要能承受患者的体重
4. 放置平车	将平车紧靠床边，其头端靠床头，车闸制动	
5. 搬运患者	护士甲站在床头托住患者头、颈、肩部；护士乙站在床尾托住患者双小腿；护士丙和护士丁分别站在病床和平车两侧，分别紧抓住帆布兜或中单四角 由一人喊口令，四人同时用力将患者抬起，轻稳放置于平车中央（图1-2-6） 患者仰卧位时，在颈下垫小枕或衣物，头颈两侧用小枕或沙袋加以固定，保持头颈中立位	对颈椎损伤或怀疑颈椎损伤的患者，如搬运不当会引起脊髓损伤，发生高位截瘫，甚至导致死亡。因此，搬运时务必保持患者的头部处于中立位，并沿身体的纵轴向上略加牵引颈部或由患者自己用双手托起头部，缓慢移至平车中间
6. 安置患者	安置患者于舒适卧位，用盖被包裹患者，先盖足部，然后两侧，上层边缘向内折叠（图1-2-7）	注意保暖，整齐美观
7. 整理病床	整理床单位，铺暂空床	保持病室整齐
8. 运送患者	松开车闸，推送患者至指定地点	

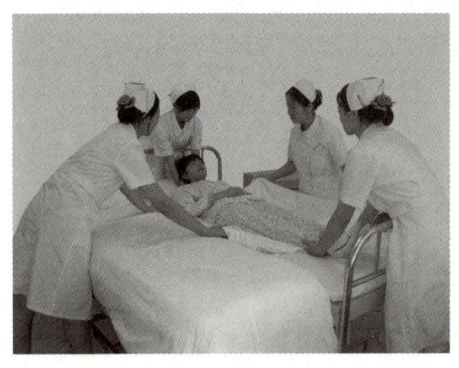

图1-2-6　四人搬运法

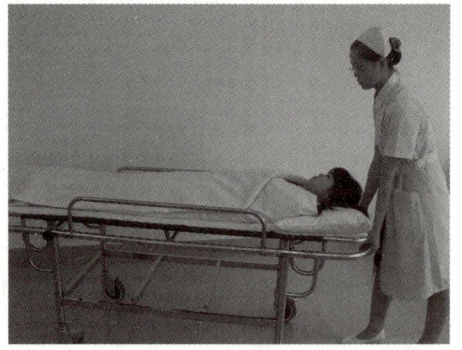

图1-2-7　平车运送患者包盖法

【评价】

1. 运送中患者感觉平稳、舒适、安全,无并发症发生。

2. 护士搬运患者动作正确、轻稳、节力,配合协调,持续性治疗不受影响。

3. 护患沟通有效,患者愿意配合。

【注意事项】

1. 使用平车前检查平车各部件性能,确保安全无误。

2. 搬运时动作应轻稳、协调一致,尽量使患者身体靠近搬运者,达到省力的目的。

3. 运送过程中车速要适宜,护士应站在患者头侧,便于观察病情,注意患者面色、呼吸、脉搏的变化。

4. 上下坡时,始终保持患者头部位于高位一端,以免引起不适;搬运骨折患者时,车上需垫木板并固定好骨折部位;有输液及引流管的患者,应保持其管道通畅;推车进出门时,应先将门打开,不可用车撞门,避免振动患者及损坏建筑物。

三、担架运送

【目的】 运送不能起床的患者做检查、治疗等。特别是在急救过程中,担架是运送患者最基本、最常用的工具,其特点是运送患者舒适平稳,乘各种交通工具上下时比较方便,对体位影响较小。

【评估】 同平车运送技术。

【计划】

1. 护士准备 着装整洁,根据患者情况决定搬运人数和搬运方法。

2. 患者准备 了解搬运步骤及配合方法。

3. 用物准备 担架一副(通常使用帆布担架,如在现场急救缺少担架的情况下,可使用木板等代用品),所有结构须牢固,尤其是简易担架。担架上须铺有软垫,其他用物同平车运送技术。

4. 环境准备 宽敞,便于操作。

【实施】 担架运送技术见表1-2-7。

表 1-2-7　担架运送技术

操作流程	操作说明	注意点
1. 核对解释	将担架及用物推至床旁,核对患者并做好解释	确认患者,取得合作
2. 搬运患者上担架	根据评估结果选择搬运方法: (1) 三人搬运法 护士依次站在患者床边同一侧,将患者双手交叉置于胸腹部,协助患者移至床边 搬运时,护士甲一手托起患者头、颈、肩部,另一手托起患者的腰部;护士乙、护士丙分别托起患者的臀部和双下肢	担架运送常见方法有:三人搬运法、滚动搬运法、平托搬运法 三人须配合协助,正确运用人体力学的原理 患者四肢不可靠近担架边缘,以免碰撞造成损伤

操作流程	操作说明	注意点
2. 搬运患者上担架	清醒患者嘱其用双手环抱护士甲的颈部,三人同时用力,将患者轻抬慢放于担架上 盖好盖被,患者取平卧位 颅脑损伤、颌面部外伤及昏迷患者应将头偏向一侧 (2) 滚动搬运法 将患者四肢伸直,并拢,向床边移动,将担架放置于患者身旁 护士依次站在患者同一侧,护士甲扶持患者的头、颈及胸部,护士乙扶持患者的腰及臀部,护士丙扶持患者的双下肢,三人同时像卷地毯或滚圆木样使患者成一整体向担架滚动(图1-2-8) 使患者位于担架中央,采取仰卧位,盖好盖被 (3) 平托搬运法 护士站在患者和担架的同一侧,将担架移至患者身旁 由一人或两人托起患者的头、颈部,另外两人分别托住患者的胸、腰、臀及上、下肢,将患者水平托起,头部处于中立位,并沿身体纵轴向上略加牵引颈部或由患者自己用双手托起头部,缓慢移至担架上(图1-2-9) 患者应采取仰卧位,并在颈下垫相应高的小枕或衣服,保持头部中立位。头、颈两侧应用衣服或沙袋加以固定(图1-2-10)	保持呼吸道通畅,防止舌后坠堵塞呼吸道或分泌物、呕吐物吸入气管而引起窒息。随时注意观察运送途中发生的病情变化 适用于胸、腰椎损伤者 胸、腰椎损伤患者使用硬板担架 患者采取仰卧位,受伤的胸腰椎下方垫一约10 cm厚的小枕或衣服,如为帆布担架,应让患者采取仰卧位,使脊柱伸直 适用于颈椎损伤的患者 患者移动时确保安全,避免损伤 注意移动中病情变化 注意保持头颈中立位,防止头、颈左右旋转活动
3. 运送患者	抬送患者至指定地点	注意安全

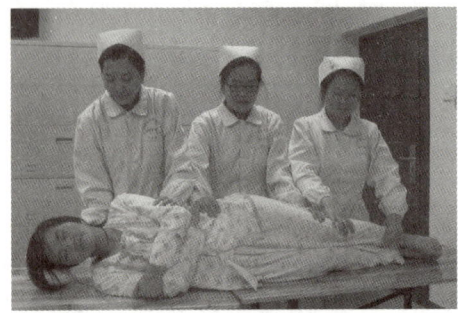

图 1-2-8 滚动搬运法

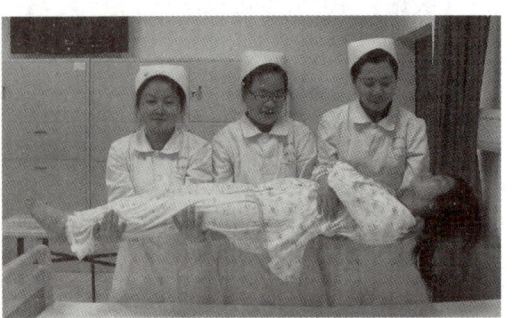

图 1-2-9 平托搬运法

【评价】

1. 患者移动是否安全、准确,有无损伤发生。

2. 患者移动中有无病情变化。

【注意事项】

1. 搬运时,动作轻稳,确保患者安全。

2. 胸、腰椎损伤患者用硬板担架。

3. 上下交通工具或上下楼时,患者头部处于高处。

4. 运送时,患者头在后,便于观察病情。

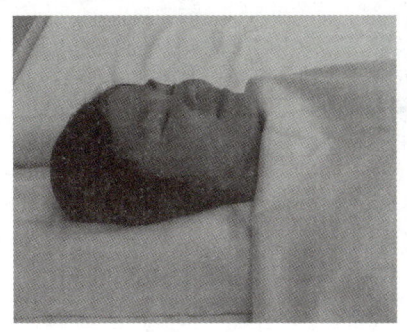

图 1-2-10 颈椎损伤患者
搬运中颈部固定法

知识链接

医用过床易

医用过床易(图 1-2-11)是通过过床板与过床板外套之间的摩擦滑动而使过床板外套循环滚动,从而使患者轻松转移到另外一张床上(或其他设备)。过床易是将患者从手术台、推车、病床、CT 台之间换床、移位的有效工具,使患者平稳、安全地过床,并减轻其被搬运时所产生的痛苦,既避免在搬运患者过程中造成不必要的损伤,又提高了护理质量,极大地降低医护人员的劳动强度。

图 1-2-11 医用过床易

思考题

1. 一般患者入院和急诊患者入院的护理工作步骤有何异同?

2. 患者出院时,护士应做好哪些护理工作?

3. 使用平车运送患者过程中,如何保证患者的安全舒适?

4. 患者刘某,男,35 岁。车祸后,120(救护车)急诊送入院。护理人员小王立即给予吸氧、心电监护、静脉输液等处理,经医生完善相关检查,确诊为"多发性骨折伴创伤性休克",需立即手术。在平车运送入手术室途中,应注意哪些问题?

赛证聚焦

请扫描二维码完成在线测试。

(陈小晶)

在线测试:
患者入院和
出院的护理

项目二 患者入院和出院的护理

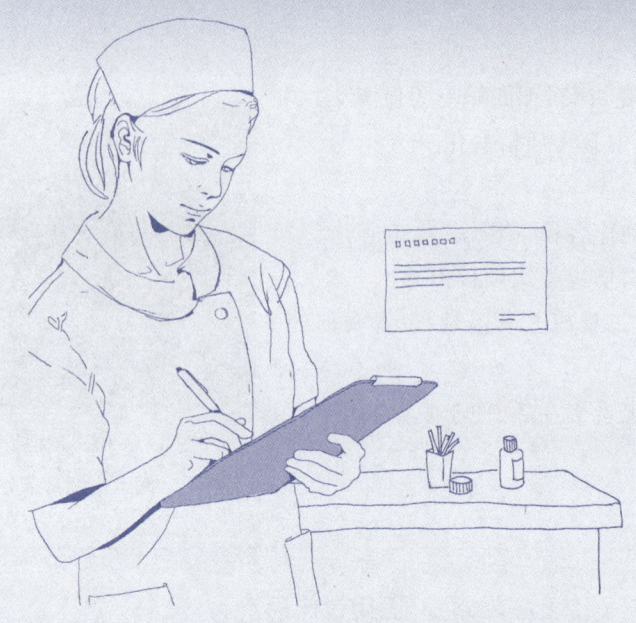

项目三　生命体征的观察与护理

思维导图：
生命体征的
观察与护理

学习目标

◇ 知识目标

1. 能正确说出体温、脉搏、呼吸、血压的正常值。

2. 能正确阐述体温、脉搏、呼吸、血压的生理变化。

3. 能正确描述体温过低及脉搏、呼吸、血压异常的护理。

4. 能正确理解并解释下列概念：体温、脉搏、呼吸、血压、体温过高、体温过低、稽留热、弛张热、间歇热、不规则热、心动过速、心动过缓、间歇脉、脉搏短绌、洪脉、细脉、水冲脉、奇脉、高血压、低血压、呼吸过速、呼吸过缓、深度呼吸、潮式呼吸、间停呼吸。

5. 能正确识别异常体温、脉搏、呼吸、血压。

◇ 技能目标

1. 能正确测量和记录体温、脉搏、呼吸、血压。

2. 能运用所学知识，为体温过高患者制订护理措施。

◇ 素质目标

在生命体征测量和护理操作过程中，具备慎独精神，保证测量数值的客观准确，并能够体现出对患者的尊重和关爱。

生命体征(vital signs)是体温、脉搏、呼吸和血压的总称。生命体征是机体内在活动的客观反映,是衡量身心状况的可靠指标。正常情况下,生命体征在一定范围内相对稳定且相互之间有一定的关系和影响;病理情况下,生命体征能极其敏感地发生变化。医护人员通过认真细致地观察生命体征,可以了解机体重要脏器的功能活动情况,了解疾病的发生、发展及转归,为预防、诊断、治疗和护理提供依据。因此,掌握生命体征的观察及护理是临床护理工作的重要内容之一。

任务一 体温的观察与护理

体温(body temperature,T)也称为体核温度,通常是指身体内部(胸腔、腹腔和中枢神经)的温度。其特点是相对稳定且较皮肤温度高,如人体肝和脑的温度在38℃左右。皮肤温度也称为体表温度,常受环境温度和衣着情况的影响,且低于体核温度。

知识链接

体温的产生与调节

一、体温的产生

人体不断进行着物质代谢,糖、脂肪、蛋白质三大营养物质在人体内通过氧化分解而释放能量。其总量的50%以上迅速转化为热量,用以维持体温,并不断以热能的形式散发到体外;其余不足50%的能量贮存于三磷酸腺苷(ATP)内,以供机体利用,经过能量的转换与利用,最终转化为热能散发到体外。

二、产热与散热

1. 产热过程　人体通过化学方式产热。机体产热的过程是细胞新陈代谢的过程,主要的产热部位是肝和骨骼肌。安静时,肝产热量最大;运动时,骨骼肌成为主要产热器官。机体的总产热量主要包括基础代谢、食物特殊动力作用和肌肉活动所产生的热量。使产热增加的因素有进食、骨骼肌运动、交感神经兴奋、甲状腺素分泌增多等;使产热减少的因素有禁食、肌肉运动减少等。

2. 散热过程　人体通过物理方式散热。人体散热的最主要部位是皮肤,占总散热量的70%,其余散热途径为呼吸和排泄。人体散热的方式主要有辐射、传导、对流、蒸发四种。当外界环境温度低于体温时,前三种散热方式发挥作用,当外界环境温度高于体温时,蒸发是人体唯一的散热方式。

三、体温的调节

人体的体温是相对恒定的,维持体温相对恒定依赖于生理性体温调节和行为性体温调节。生理性体温调节是在下丘脑体温调节中枢控制下,通过发汗、寒战等一系列生理反应,调节机体的产热和散热,将体温维持在相对稳定水平(称为调定点)。行为性体温调节是以自主性体温调节为基础,人们根据环境温度和个体对冷热的不同感觉,所产生的有意识的行为活动,如开窗通风、增减衣服、搓手跺脚等可随意控制的行为,从而达到调节体温的目的。一般所说的体温调节是指生理性体温调节。

一、正常体温及生理变化

1. 正常体温　体温可用摄氏温度（℃）和华氏温度（℉）来表示。摄氏温度和华氏温度的换算公式为：

$$℉=℃×1.8+32 \qquad ℃=（℉-32）÷1.8$$

体核温度（深部温度）不易测试，临床上常以口腔、直肠、腋下等部位的温度来代表体温。三种测量方法中，直肠温度最接近于人体深部温度，受外界环境影响小，但日常工作中，采用口腔、腋下测量体温更为方便而常用。正常体温并不是一个固定的数值，而是一个温度范围。成年人正常体温平均值及正常范围见表 1-3-1。

表 1-3-1　成年人正常体温平均值及正常范围

部位	平均值	正常范围
口腔	37.0℃（98.6℉）	36.3~37.2℃（97.3~99.0℉）
腋下	36.5℃（97.7℉）	36.0~37.0℃（96.8~98.6℉）
直肠	37.5℃（99.5℉）	36.5~37.7℃（97.7~99.9℉）

2. 生理变化　人体体温可受多种因素影响而发生变化，但波动范围很小，且基本在正常范围内。体温生理变化常见的影响因素有以下几种。

（1）昼夜：正常人体温在 24 h 内呈周期性波动，清晨 2:00—6:00 时最低，午后 13:00—18:00 时最高，但变化范围不大，在 0.5~1℃。这种周期性的变化与机体昼夜活动的生物节律有关。

（2）年龄：婴幼儿体温略高于成年人，老年人体温略低于成年人，主要是由于基础代谢水平不同。新生儿尤其是早产婴儿，由于体温调节中枢发育不完善，调节功能差，其体温变化易受外界环境的影响而变化，所以应当加强新生儿防寒保暖的护理。

（3）性别：女性平均体温比男性略高，可能与女性皮下脂肪层较厚，散热少有关。成年女性的基础体温随月经周期出现规律性的变化，即排卵后体温上升，这与体内孕激素水平周期性变化有关，孕激素具有升高体温的作用。

（4）活动：体力劳动或运动可使骨骼肌紧张并强烈收缩，产热增加，导致体温升高。

（5）药物：麻醉药可抑制体温调节中枢并能扩张血管，增加散热，使机体对寒冷环境的适应能力降低。因此，手术患者在术中、术后应注意保暖。

此外，环境温度、情绪激动、紧张、进食等都会对体温有影响，在测量体温时，应加以考虑。

二、异常体温的观察

（一）体温过高

体温过高又称发热。发热是指机体在致热原的作用下，使体温调节中枢的调定点上移而引起调节性体温升高,体温超出正常范围。发热的原因很多,根据致热原的来源和性质不同,分为感染性发热和非感染性发热两类。感染性发热较多见,如细菌、病毒、真菌、螺旋体、支原体、寄生虫等病原体引起的发热;非感染性发热主要包括无菌性坏死物质的吸收所致发热、变态反应性发热、体温调节中枢功能紊乱引起的中枢性发热等。

1. 发热的程度　以口腔温度为例,发热程度的划分如下。

低热:37.3~38.0℃(99.1~100.4℉)。

中等热:38.1~39.0℃(100.6~102.2℉)。

高热:39.1~41.0℃(102.4~105.8℉)。

超高热:41℃以上(105.8℉以上)。

2. 发热的过程

(1)体温上升期:此期特点是产热大于散热。主要表现为皮肤苍白、干燥无汗、畏寒、寒战。体温上升可有两种方式:骤升和渐升。骤升是指体温突然升高,在数小时内升至高峰,多见于肺炎球菌性肺炎、疟疾等。渐升是指体温逐渐上升,在数日内达到高峰,多见于伤寒等。

(2)高热持续期:此期特点是产热和散热在较高水平上趋于平衡。体温维持在较高状态,此期可持续数小时、数天,甚至数周,因疾病治疗效果而异。主要表现是颜面潮红、皮肤灼热,呼吸和心率加快,口唇干燥,头晕、头痛,食欲减退,全身乏力。

(3)退热期:此期特点是散热大于产热,体温逐渐恢复至正常水平。主要表现是皮肤潮湿、大量出汗。退热方式可有骤退和渐退两种。骤退是指体温在数小时内降至正常,多见于肺炎球菌性肺炎、疟疾等。体温骤退者,由于大量出汗,体液丧失,年老体弱及心血管疾病患者,易出现血压下降、脉搏细数、四肢湿冷等虚脱或休克现象。在体温下降过程中,应密切观察患者,配合医生给予及时处理。渐退是指体温在数日内恢复至正常水平,多见于伤寒等。

3. 热型　将所测体温数值绘制在体温单上,各点相互连接,构成了体温曲线的形态,称为热型。某些疾病的热型具有独特性,对协助疾病诊断和了解疾病转归有重要意义(图1-3-1)。但由于抗生素的广泛使用(包括滥用)或不适当使用解热药等,使热型变得不甚典型。

(1)稽留热:体温可在39~40℃,持续数日或数周,24 h内波动范围不超过1℃。多见于大叶性肺炎、伤寒等。

(2)弛张热:体温在39℃以上,24 h内波动范围达1℃以上,体温最低时仍高于正常水平。多见于败血症、风湿热、化脓性疾病等。

(3)间歇热:体温骤然升高至39℃以上,持续数小时或更长,随后下降至正常或正常以下,经过一个间歇,体温再次升高,如此反复发作,即高热期和无热期交替出现。见于疟疾等。

(4)不规则热:体温在24 h内变化不规则,持续时间不定,波动范围不定。见于流行性感冒、恶性肿瘤等。

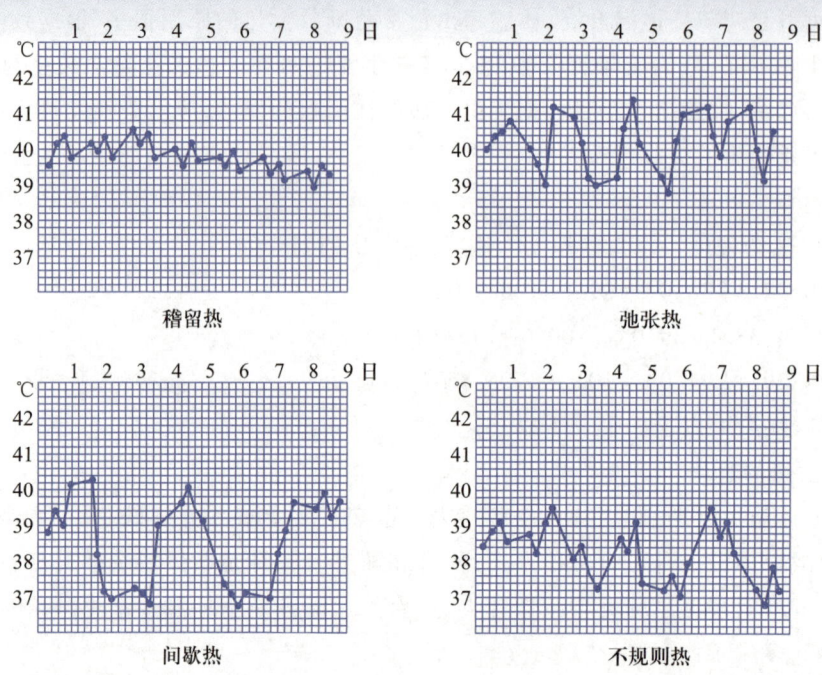

图 1-3-1 常见热型

4. 伴随症状 发热是很多疾病的症状之一,在体温升高的同时,常有伴随症状,如寒战、淋巴结肿大、出血现象、肝脾大、关节肿痛、意识障碍等,应密切观察。

(二) 体温过低

体温低于35℃称为体温过低。发生的原因可能是长时期暴露在低温环境中,使机体散热过多、过快;早产儿体温调节中枢未发育完善;全身衰竭的危重患者末梢循环不良;在寒冷环境中大量饮酒,使血管过度扩张,热量散失;严重营养不良、极度衰竭,使机体产热减少;中枢神经系统功能不良,如颅脑外伤、脊髓受损、药物中毒等。体温过低的患者可出现寒战、心搏和呼吸频率减慢、血压下降、皮肤苍白冰冷、嗜睡、意识障碍等,晚期可能出现昏迷等症状。

三、异常体温的护理

(一) 体温过高患者的护理

1. 降温 可选用物理降温或药物降温。物理降温有局部冷疗和全身冷疗。体温超过39℃可局部冷疗,常用冰袋、冷毛巾冷敷;体温超过39.5℃可全身冷疗,常用乙醇拭浴、温水拭浴。药物降温是指应用退热药物加速散热而达到降温目的,年老体弱及心血管疾病患者应注意药物的剂量,防止出现虚脱或休克现象。行降温措施30 min后应测量体温,并将所测得的体温绘制在体温单上。

2. 加强观察 一般每日测量体温4次,高热时应每4 h测量1次,待体温恢复正常3天后,改为每日2次。注意热型及伴随症状,同时注意患者的面色、呼吸、脉搏和

血压的变化等。体温上升期,患者如伴寒战,应及时调节室温,注意保暖,必要时可饮热饮料。小儿高热易出现惊厥,如有异常及时报告医生。

3. 补充营养与水分　鼓励患者进食高热量、高蛋白质、高维生素且易消化的流质或半流质食物,可少量多餐,以补充高热的消耗,提高机体的抵抗力。鼓励患者多饮水,以每日2 500～3 000 ml 为宜,以补充高热时消耗的大量水分,并促进毒素和代谢产物的排出。

4. 保证休息　低热者可酌情减少活动,适当休息;高热者绝对卧床休息,减少能量的消耗,有利于机体康复。为患者提供安静、室温适宜、通风良好的休息环境。

5. 保持清洁舒适

(1) 口腔护理:发热时唾液分泌减少,口腔黏膜干燥,且抵抗力下降,有利于病原体生长、繁殖,易出现口腔感染。应在晨起、餐后、睡前协助患者漱口。

(2) 皮肤护理:患者退热期大量出汗,应随时擦干汗液,及时更换衣服和床单,防止受凉,保持皮肤的清洁、干燥。对长期持续高热且呈被动体位的患者,应协助其改变体位,防止压力性损伤、肺炎等并发症出现。

6. 心理护理　在发热过程中,由于出现不同的临床症状,患者会产生紧张、焦虑、害怕等心理反应,护士应经常巡视患者,耐心地解答各种问题,尽量满足患者的需要,给予精神安慰。

（二）体温过低患者的护理

1. 提高环境温度　调节室温在 22～24℃。

2. 注意保暖措施　给予毛毯、棉被、电热毯或热水袋,防止体热丧失;给予热饮,提高机体温度。新生儿置于恒温箱内。

3. 密切观察病情　监测生命体征的变化,至少每小时测量 1 次,直至体温恢复至正常且稳定。

4. 加强病因治疗　去除引起体温过低的原因,使体温恢复正常。

5. 做好心理护理　应经常巡视患者,尽量满足患者的需要,给予精神安慰。

四、体温的测量

（一）体温计的种类与构造

1. 汞(水银)体温计　又称为玻璃体温计,是最常用的体温计。它是一根真空毛细管外带有刻度的玻璃棒;玻璃棒末端贮存水银,当水银遇热会膨胀沿毛细管上升,其上升高度与受热程度成正比;体温计毛细管的下端和水银槽之间有一凹陷处,使水银柱不受外界环境影响,不能自动回缩,可保证数值准确并便于检视。

根据温度的单位不同,体温计有摄氏体温计和华氏体温计两种。摄氏体温计的刻度为 35～42℃,每 1℃ 之间分成 10 小格,每小格为 0.1℃,在 0.5℃ 和 1℃ 的刻度处用较粗的线标记。在 37℃ 刻度处则以红色表示,以示醒目。华氏体温计的刻度为 94～

108℉,每2℉之间分成10格,每小格0.2℉(图1-3-2)。

　　根据测量体温的部位不同,体温计有口表、肛表、腋表三种。口表的水银端呈圆柱形较细长;腋表的水银端长而扁;肛表的水银端圆钝,较粗短。口表和肛表的玻璃棒呈三菱形,腋表的玻璃棒呈扁平状(图1-3-3)。临床上口表可以代替腋表使用。

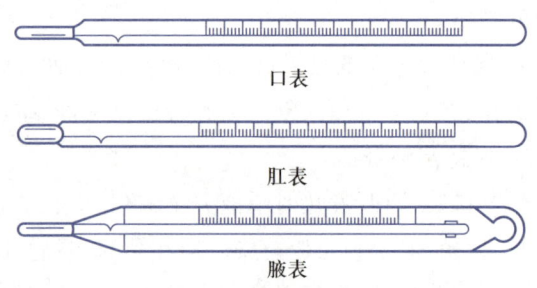

口表

肛表

腋表

图1-3-2　华氏体温计　　　　　　　图1-3-3　摄氏玻璃体温计

　　2. 电子(数字)体温计　采用电子感温探头测量体温,测得温度由数字显示,直观读数,使用方便,适合家庭或个人卫生保健备用(图1-3-4)。

　　3. 可弃式化学体温计　为一次性使用的体温计。其构造为一含有对热敏感的化学指示点薄片,测温时点状薄片颜色随机体的温度而变化,当颜色从白色变成蓝色时,最后蓝点的位置即为所测温度(图1-3-5)。

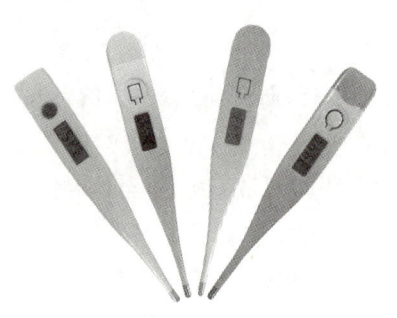

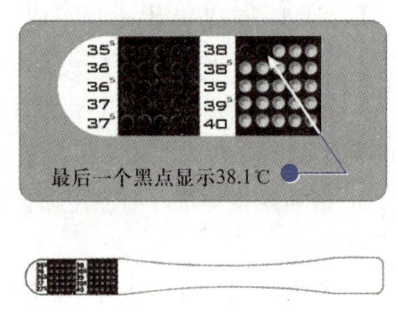

最后一个黑点显示38.1℃

图1-3-4　电子体温计　　　　　　　图1-3-5　可弃式化学体温计

(二) 体温计的消毒与检查法

　　1. 消毒法　为防止在测量体温的过程中引起交叉感染,测量后的体温计应进行消毒处理。常用的消毒液有75%乙醇、1%过氧乙酸、1%消毒灵等。集体测温后的体温计全部放入消毒液中浸泡,5 min后取出用清水冲洗,擦干后放入另一容器中进行第2次浸泡,30 min后取出冲净、擦干,放入清洁干燥容器中备用。消毒液应定时更换,盛放消毒液和体温计的容器应定期消毒。口表、腋表、肛表分别消毒、清洗与存放。切忌把体温计放入热水中清洗或放在沸水中煮,以防爆裂。

　　2. 检查法　为保证测量体温的准确性,应定期对体温计进行检查。操作方法:将全部体温计的水银柱甩至35℃以下,于同一时间放入已测好的40℃以下的水中,

3 min后取出检视,凡误差在 0.2℃以上、玻璃棒有裂隙者或水银柱自动下降的体温计则取出,不能再使用。合格体温计用纱布擦干,放入容器内备用。

（三）体温的测量技术

【目的】

1. 判断体温有无异常。

2. 观察体温变化,了解疾病的发生、发展及转归。

3. 协助诊断,为预防、治疗和护理提供依据。

【评估】

1. 患者年龄、病情、意识、治疗等情况。

2. 患者在 30 min 内有无活动、进食、淋浴等影响测量体温准确性的因素存在。

3. 患者的心理状态、合作程度。

【计划】

1. 护士准备　着装整洁,洗手,戴口罩。

2. 患者准备　了解体温测量的目的、方法及配合要点。体位舒适,情绪稳定。

3. 用物准备　治疗盘内备已消毒的体温计、盛放污体温计的容器、消毒液、纱布、秒表、记录本、笔、弯盘。若测肛温,另备润滑油、棉签、卫生纸。

4. 环境准备　整洁、安静、安全。

【实施】　体温测量操作见表 1-3-2。

表 1-3-2　体温测量操作

操作流程	操作说明	注意点
1. 核对解释	备齐用物至床旁,做好核对、解释	清点体温计数目,检查体温计水银柱是否在 35℃ 以下 取得患者合作
2. 测量体温	（1）口温测量法:将体温计水银端斜放于舌下热窝(图 1-3-6A)	视患者年龄、病情选择方法,方便准确,但易引起交叉感染
	嘱患者口唇紧闭,用鼻呼吸,勿用牙咬体温计(图 1-3-6B)	舌下热窝在口腔中温度最高,在舌系带两侧
	测量 3 min,取出体温计用纱布擦干,检视数值,记录。将体温计放于消毒液中	此时可同时测脉搏、呼吸
	（2）腋温测量法(图 1-3-7):擦干腋下汗液,将体温计水银端放于腋窝,紧贴皮肤,嘱患者屈臂过胸,夹紧体温计。测量 10 min,取出体温计用纱布擦干,检视数值,记录。将体温计放于消毒液中	防止交叉感染,保证测量准确性 保证测量准确性

操作流程	操作说明	注意点
2. 测量体温	（3）肛温测量法（图 1-3-8）：侧卧或俯卧，用 20% 肥皂水或液状石蜡润滑水银端，将肛表轻轻地插入肛门 3~4 cm，测量 3 min，取出体温计用纱布擦干净，检视数值，记录。将体温计放于消毒液中	与体核温度接近。适用于婴儿、昏迷和精神异常者暴露测量部位 婴幼儿测温时护士应协助
3. 整理记录	帮助患者取舒适卧位，整理床单位 洗手、记录	准确、及时记录

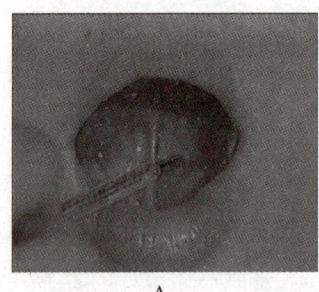 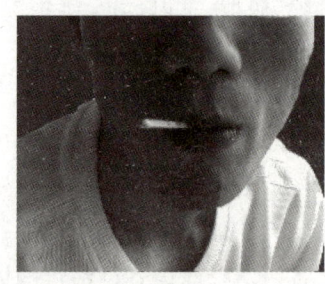

A   B

图 1-3-6　口温的测量

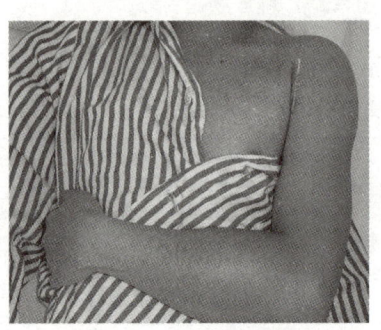 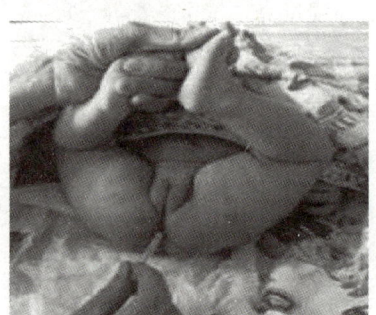

图 1-3-7　腋下测温　　　　　　　　图 1-3-8　肛门测温

【评价】

1. 患者配合，理解测量体温的意义。

2. 患者了解体温正常值及测量过程中的注意事项。

3. 护士测量方法正确，测量结果准确，测量过程中患者有安全感。

【注意事项】

1. 婴幼儿、精神异常、昏迷、口腔疾患、口鼻手术、呼吸困难的患者不宜采用口腔测量法，且由专人看护以免发生意外；刚进食或面部冷热敷者 30 min 后方可测量口温。

2. 腋下有创伤、手术、炎症、腋下出汗多、消瘦者不宜采用腋下测量法，运动或沐浴者 30 min 后方可测量腋温。

3. 直肠肛门手术、腹泻、心肌梗死患者不宜采用直肠测量法；热水坐浴或灌肠者 30 min 后方可测量肛温。

4. 如患者不慎咬碎体温计，首先应清除玻璃碎屑，防止损伤口腔黏膜，然后口服蛋清液或牛奶,延缓汞的吸收,病情允许可服用粗纤维食物促进汞的排泄。

5. 发现体温与病情不符时,应重新测量并在床旁监测。必要时同时测口温和肛温作对照。

6. 测量体温前后,应清点体温计总数。

附:

新型测温工具

1. 感温胶片　对体温敏感的胶片,可置于前额或腹部,根据其颜色的改变可以知道体温的变化,无具体的体温数值,只能判断是否在正常范围(图1-3-9)。适用于小儿。

2. 额温仪　利用远红外的感应功能,快速测试人体温度(图1-3-10)。常用于人员聚集较多而又需快速测体温时,如车站、机场、码头等。

3. 红外线耳温枪　采用最新红外线技术原理测量耳道内鼓膜的温度。将耳温枪伸入耳道,轻按按钮,1 s即能测出正确体温

图 1-3-9　感温胶片

(图1-3-11)。可连续测量,没有使用次数的限制,但每次测量时,都必须更换体温计的探头套。适用于体弱多病的卧床老人,哭闹或睡眠中的孩子。如果耳道内耳垢较多,会影响测量数据的准确性。中耳炎和耳道手术、出血及有瘢痕者不能使用耳温测量法。

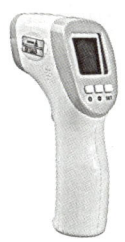

图 1-3-10　额温仪

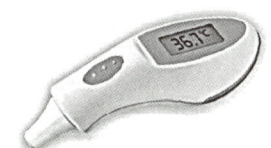

图 1-3-11　红外线耳温枪

任务二　脉搏的观察与护理

随着心脏有节律地收缩和舒张,动脉管壁会产生相应的搏动,称为动脉脉搏,简称脉搏(pulse,P)。

一、正常脉搏及生理变化

(一)脉搏的产生

脉搏的产生是由于心脏窦房结的自律细胞发出兴奋冲动,传至心脏各部,使心脏

收缩。心脏收缩时,左心室将血液射入主动脉,主动脉内压力骤然升高,动脉管壁随之扩张;心脏舒张时,动脉管壁弹性回缩。这样动脉管壁随着心脏的收缩和舒张,出现周期性的起伏搏动而形成动脉脉搏。正常情况下,脉率和心率是一致的,当脉率微弱难以测定时,应测听心率。正常脉搏与呼吸的比率为(4~5):1。

(二)正常脉搏及生理变化

1. 脉率　是指每分钟脉搏的次数。正常成年人在安静状态下脉率为60~100次/分。脉率的生理波动受许多因素影响。

(1)年龄:一般新生儿、幼儿的脉率较快,随年龄增长而逐渐减慢,到老年时轻度加快。各年龄段的平均脉率见表1-3-3。

表1-3-3　各年龄段的平均脉率

年龄组	平均脉率/(次·分⁻¹)	年龄组	平均脉率/(次·分⁻¹)
1~11个月	120	14岁	80
1~2岁	116	20~40岁	70
4~6岁	100	80岁以上	75
8~10岁	90		

(2)性别:通常女性脉率比男性稍快,平均每分钟快5次。

(3)体型:体表面积越大,脉率越慢,所以身材高瘦者比矮胖者稍慢。

(4)活动:一般人运动、进食后或情绪激动时脉率较快,休息、禁食时稍慢。

(5)药物、食物:使用兴奋药、饮浓茶或咖啡可使脉率增快,使用镇静药、洋地黄类药物使脉率减慢。

2. 脉律　是指脉搏的节律性,是左心室收缩情况的反映。正常脉律是均匀规则、间隔时间相等的。但正常小儿、青年和自主神经功能紊乱者可出现与呼吸周期有关的窦性心律不齐,吸气时增快,呼气时减慢,一般无临床意义。

3. 脉搏的强弱　是指触诊时血液流经血管的主观感觉。正常情况下脉搏强弱相同。脉搏的强弱取决于动脉充盈度和周围血管的阻力,即与心搏量和脉压大小有关。

4. 动脉管壁的情况　触诊时感觉到的动脉管壁性质。正常动脉管壁柔软、光滑、有弹性。

二、异常脉搏的观察与护理

(一)异常脉搏的观察

1. 脉率异常

(1)心动过速(速脉):成年人在安静状态下,脉率每分钟超过100次,称为心动过速或速脉。常见于发热、甲状腺功能亢进症、心力衰竭、血容量不足等患者,心脏代偿性增加排血量来满足机体代谢的需要。一般体温每升高1℃,成年人脉率增加约

10 次/分,儿童增加约 15 次/分。

（2）心动过缓（缓脉）：成年人在安静状态下脉率每分钟少于 60 次,称为心动过缓或缓脉。常见于颅内压增高、房室传导阻滞、甲状腺功能减退症等患者。

2. 节律异常

（1）间歇脉：是指在一系列正常规则的脉搏中,出现一次提前而较弱的脉搏,其后有一较正常延长的间歇（代偿间歇）,称为间歇脉。发生机制是心脏异位起搏点过早发生冲动。如每隔一个正常脉搏后出现一次期前收缩,称为二联律;如每隔两个正常脉搏后出现一次期前收缩,称为三联律。常见于各种器质性心脏病,如心肌病、心肌梗死等。

（2）脉搏短绌:也称为"绌脉"。在同一单位时间内脉率少于心率称为脉搏短绌,简称绌脉。其特点是心率快慢不一,心律完全不规则,心音强弱不等。发生机制是由于心肌收缩力强弱不等,心排血量少的心脏搏动可产生心音,但不能引起周围血管的搏动,出现了脉率低于心率,常见于心房颤动的患者。绌脉越多,心律失常越严重;若病情好转,则绌脉可消失。

3. 强弱异常

（1）洪脉:当心肌收缩有力,心排血量增加,周围动脉阻力小,动脉充盈度高,脉压较大时,脉搏强而大,称为洪脉。常见于高热、甲状腺功能亢进症、主动脉瓣关闭不全等患者。

（2）细脉或丝脉:当心肌收缩力弱,心排血量减少,周围动脉阻力较大,动脉充盈度降低,脉压较小时,脉搏弱而小,触之如细丝,称为细脉。常见于大出血、休克、主动脉瓣狭窄等患者。

（3）交替脉:是指脉搏强弱交替出现而节律正常的脉搏。主要由心室收缩强弱交替引起,是心肌损害的表现之一,可见于高血压心脏病、冠状动脉粥样硬化性心脏病（简称冠心病）等患者。

（4）水冲脉:是指脉搏骤起骤落,急促而有力。主要由心排血量大,收缩压偏高,舒张压偏低,使脉压增大所致。常见于主动脉瓣关闭不全、甲状腺功能亢进症等患者。触诊时,将患者手臂抬高过头并紧握其手腕掌面,就可感到急促有力的冲击。

（5）奇脉:在吸气时脉搏明显减弱或消失称为奇脉。主要与吸气时左心室的搏出量减少有关。奇脉是心脏压塞的重要体征之一,常见于心包积液和缩窄性心包炎。

4. 动脉壁的异常　由于动脉壁的弹力纤维减少,胶原纤维增多,管壁变硬,失去弹性,呈条索状,不光滑。常见于动脉硬化的患者。

（二）异常脉搏患者的护理

1. 休息　嘱患者卧床休息,以减少心肌的耗氧量。

2. 给氧　根据患者具体病情给予氧气吸入。

3. 观察　密切观察患者生命体征,指导服药,观察反应。

4. 急救准备　备好抗心律失常药物及各种设备。

5. 健康教育　指导患者要情绪稳定,戒烟限酒,饮食清淡,排便通畅,学会自我观察药物反应及自救技巧等。

三、脉搏的测量技术

（一）测量部位

凡是表浅、靠近骨骼的大动脉均可作为测量脉搏的部位,如颞浅动脉、颈动脉、肱动脉、桡动脉、股动脉、腘动脉、足背动脉和胫骨后动脉(图1-3-12)。临床上,最常选择的诊脉部位是桡动脉。

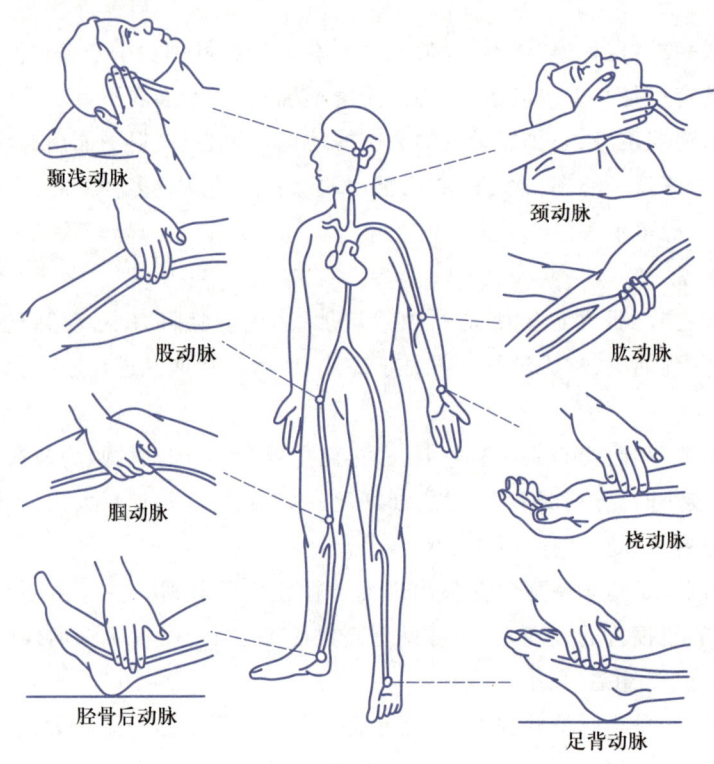

颞浅动脉
颈动脉
股动脉
肱动脉
腘动脉
桡动脉
胫骨后动脉
足背动脉

图1-3-12 常用诊脉部位

（二）测量方法

【目的】

1. 判断脉搏有无异常。

2. 观察脉搏变化,了解疾病的发生、发展及转归,间接了解心脏状况。

3. 协助诊断,为预防、治疗和护理提供依据。

【评估】

1. 患者年龄、病情、意识、治疗等情况。

2. 患者在30 min内有无活动、进食等影响测量脉搏准确性的因素存在。

3. 患者的心理状态、合作程度。

【计划】

1. 护士准备　着装整洁,洗手,戴口罩。

2. 患者准备　了解脉搏测量的目的、方法及配合要点。体位舒适,情绪稳定。

3. 用物准备　治疗盘内备秒表、记录本、笔,必要时备听诊器。

4. 环境准备　整洁、安静、安全。

【实施】　脉搏测量操作见表1-3-4。

表1-3-4　脉搏测量操作(以桡动脉为例)

操作流程	操作说明	注意点
1. 核对解释	备齐用物至床旁,做好核对、解释	取得患者合作
2. 体位	卧位或坐位,手腕伸展,手臂放于舒适位置	患者舒适,护士便于操作
3. 测量脉搏	护士以示指、中指、环指指腹按压桡动脉处(图1-3-13)	力量适中,以清楚触及脉搏为准
4. 计数	一般情况测量30 s,测得数值乘以2 危重患者或异常脉搏者应测1 min	同时注意脉律、脉搏强弱和动脉管壁弹性
5. 绌脉测量	由两名护士同时测量,一人听心率,另一人测脉率 由听心率者发出"起"和"停"口令,计时1 min(图1-3-14)	将听诊器放在患者心尖区听心率
6. 记录	将脉率数记录在本上,单位为:次/分 绌脉记录为:心率/脉率	

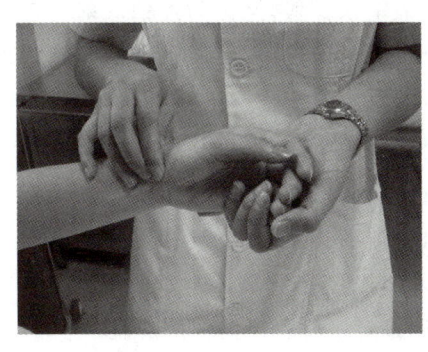

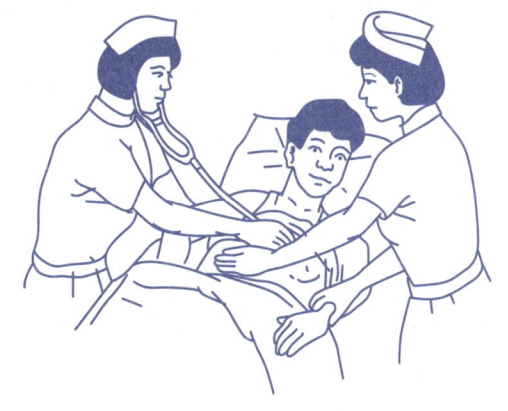

图1-3-13　脉搏的测量　　　　　图1-3-14　绌脉的测量

【评价】

1. 患者配合,理解测量脉搏的意义。

2. 患者了解脉搏正常值及测量过程中的注意事项。

3. 护士测量方法正确,测量结果准确。

【注意事项】

1. 不可用拇指测量脉搏,因拇指小动脉搏动明显,易与患者动脉搏动相混淆。

2. 为偏瘫患者测量脉搏时,应在健侧肢体测量。

3. 诊脉前,患者有剧烈活动或情绪激动时,应休息 20~30 min 后再测。

任务三 呼吸的观察与护理

机体不断地从外界环境中摄取氧气,并把自身产生的二氧化碳排出体外,这种机体与环境之间进行气体交换的过程称为呼吸(respiration,R)。呼吸是维持机体新陈代谢和其他功能活动所必需的基本生理过程之一,呼吸一旦停止,生命活动也将终结。

一、正常呼吸及生理变化

(一)呼吸的调节

呼吸运动是一种节律性活动,受呼吸中枢调节,具有随意性和自主性。呼吸运动由许多呼吸肌协同完成,主要的呼吸肌有膈肌和肋间肌,辅助肌是腹肌和颈肌。

1. **呼吸中枢** 是指中枢神经系统内支配和调节呼吸运动的神经细胞群,它们分布于脊髓、延髓、脑桥、间脑、大脑皮质等部位,各级中枢在呼吸的调节中发挥各自不同的作用,相互协调和制约。延髓和脑桥是产生基本呼吸节律性的部位,大脑皮质可随意控制呼吸运动。

2. **呼吸的反射性调节**

(1)肺牵张反射:当肺扩张时可引起吸气动作的抑制而产生呼气;当肺缩小时可引起呼气动作的终止而产生吸气,这种反射称为肺牵张反射,又称为黑伯反射。这是一种负反馈调节机制。其生理意义是使吸气不至于过长、过深,促使吸气及时转为呼气。它与呼吸中枢共同维持正常的呼吸节律。

(2)呼吸肌本体感受性反射:指呼吸肌本体感受器传入冲动引起的反射性呼吸变化。其生理意义是随着呼吸肌负荷增加,呼吸运动也相应地增强。

(3)防御性反射:包括咳嗽反射和喷嚏反射。咽喉、气管和支气管黏膜上皮的感受器受到机械或化学刺激时,可引起咳嗽反射。鼻黏膜受到刺激时,可引起喷嚏反射,能排出呼吸道有害刺激物和异物。因此,它们是对机体有保护作用的反射。

3. **呼吸的化学性调节** 动脉血氧分压(PaO_2)、二氧化碳分压($PaCO_2$)和氢离子浓度($[H^+]$)对呼吸运动的影响称为化学性调节。当血液中 $PaCO_2$ 升高,$[H^+]$ 升高,PaO_2 降低时,刺激化学感受器,从而作用于呼吸中枢,引起呼吸加深、加快,维持 PaO_2、$PaCO_2$ 和 $[H^+]$ 的相对稳定。其中,$PaCO_2$ 在呼吸调节过程中起很大作用。

(二)正常呼吸及生理变化

1. **正常呼吸** 正常成年人在安静状态下呼吸频率为 16~20 次/分,节律规则,运动均匀,不费力。男性与儿童以腹式呼吸为主,女性以胸式呼吸为主。

2. 生理变化

(1)年龄:年龄越小,呼吸越快。

(2)性别:同年龄段的女性呼吸稍快于男性。

(3)运动:剧烈运动后可使呼吸加快、加深。

(4)情绪:强烈的情绪波动(如恐惧、愤怒、悲伤等情绪)可使呼吸加快。

(5)其他:如高温环境、海拔增高可使呼吸加快、加深。

二、异常呼吸的观察与护理

(一)异常呼吸的观察

1. 频率异常

(1)呼吸过速:呼吸每分钟超过 24 次称为呼吸过速,也称气促。常见于高热、缺氧、甲状腺功能亢进症等。一般体温每升高 1℃,呼吸频率增加 3~4 次/分。

(2)呼吸过缓:呼吸每分钟低于 12 次,称为呼吸过缓。常见于呼吸中枢受抑制的疾病,如颅内压增高、巴比妥类药物中毒等。

2. 节律异常

(1)潮式呼吸:又称为陈-施呼吸(Cheyne-Stokes respiration)。呼吸特点是呼吸由浅慢逐渐到深快,然后再由深快到浅慢,再经过一段时间的呼吸暂停(5~20 s)后,又开始重复以上的周期性呼吸,其形态就如潮水起伏(图 1-3-15)。潮式呼吸的周期可达 30 s 至 2 min。多见于中枢神经系统疾病,如颅内压增高、脑炎、脑膜炎等。产生机制是由于呼吸中枢的兴奋性降低,只有当缺氧严重,二氧化碳积聚到一定程度,才能刺激呼吸中枢,使呼吸恢复或加强;当积聚的二氧化碳呼出后,呼吸中枢失去有效的刺激,呼吸又再次减弱,继而暂停,从而形成周期性变化。

(2)间停呼吸:又称为比奥呼吸(Biot respiration)。呼吸特点是有规律地呼吸几次后,突然停止呼吸,间隔短时间后又开始呼吸,即呼吸和呼吸暂停现象交替出现,如此周而复始(图 1-3-16)。其产生机制同潮式呼吸,但比潮式呼吸更严重,预后更不佳,常在呼吸停止前发生。常见于颅内病变、呼吸中枢衰竭等患者。

图 1-3-15 潮式呼吸   图 1-3-16 间停呼吸

3. 深度异常

(1)深度呼吸:又称库斯莫尔呼吸(Kussmaul respiration),是一种深大而规则的呼吸。见于糖尿病酮症酸中毒和尿毒症酸中毒等患者,由于[H^+]升高刺激化学感受器而引起。

(2)浮浅快呼吸:呼吸浅表而不规则,有时呈叹息样。可见于呼吸肌麻痹、某些肺与胸膜疾病,也可见于濒死的患者。

4. 声音异常

（1）蝉鸣样呼吸：声带附近阻塞，空气吸入困难，使吸气时发出高音调的似蝉鸣样声响。常见于喉头水肿、喉头异物等。

（2）鼾声呼吸：气管或支气管内有较多的分泌物积蓄，使呼气时发出粗大的鼾声。多见于昏迷患者。

5. 形态异常

（1）胸式呼吸减弱，腹式呼吸增强：正常女性以胸式呼吸为主。当胸部或肺部疾病时，如肺炎、胸膜炎、肋骨骨折、肋骨神经痛等产生剧烈的疼痛，均可使胸式呼吸减弱，腹式呼吸增强。

（2）腹式呼吸减弱，胸式呼吸增强：正常男性及儿童以腹式呼吸为主。当腹部疾病时，如腹膜炎、大量腹水、肝脾极度增大、腹腔内巨大肿瘤等，使膈肌下降受限，造成腹式呼吸减弱，胸式呼吸增强。

6. 呼吸困难

呼吸困难是指呼吸频率、节律、深浅度均出现异常。患者主观上感到空气不足、胸闷，客观上表现为呼吸费力、烦躁，可出现发绀、鼻翼扇动、端坐呼吸。呼吸困难是一个常见的症状及体征，临床上可分为以下几种。

（1）吸气性呼吸困难：其特点是吸气困难，吸气时间延长，有显著的三凹征（吸气时胸骨上窝、锁骨上窝、肋间隙出现凹陷）。主要是上呼吸道部分梗阻，气流不能顺利进入肺部，呼吸肌收缩增强，肺内负压极度增高所致。常见于气道阻塞、气管异物、喉头水肿等。

（2）呼气性呼吸困难：其特点是呼气费力，呼气时间延长。主要原因是下呼吸道部分梗阻，气流呼出不畅。常见于支气管哮喘、阻塞性肺气肿。

（3）混合性呼吸困难：其特点是吸气、呼气均感费力，呼吸频率增加。主要是广泛性肺部病变使呼吸面积减少，影响换气功能所致。常见于重症肺炎、广泛性肺纤维化、大片肺不张、大量胸腔积液等。

（二）异常呼吸患者的护理

1. **心理护理**　消除患者紧张情绪，配合治疗及护理。
2. **舒适环境**　调节病室的温度和湿度，保持空气新鲜，保证良好的休息。
3. **合适体位**　根据病情可取半坐卧位或端坐卧位，减轻呼吸困难。
4. **氧气吸入**　保持呼吸道通畅，及时清除呼吸道分泌物，给予氧气吸入。
5. **给药治疗**　按医嘱给予药物治疗，并注意观察疗效及不良反应。
6. **健康教育**　指导患者戒烟限酒，教会患者正确呼吸及有效咳嗽的方法。
7. **心理护理**　根据患者反应，有针对性地做好患者的心理护理，消除恐惧与不安，使患者情绪稳定，有安全感，主动配合治疗及护理。

三、呼吸的测量技术

【目的】

1. 判断呼吸有无异常。

2. 观察呼吸变化,了解患者呼吸状况。

3. 协助诊断,为预防、治疗和护理提供依据。

【评估】

1. 患者年龄、病情、意识、治疗等情况。

2. 患者在 30 min 内有无活动、情绪波动等影响测量呼吸准确性的因素存在。

【计划】

1. 护士准备　着装整洁,洗手,戴口罩。

2. 患者准备　了解呼吸测量的目的、方法及配合要点。体位舒适,情绪稳定。

3. 用物准备　治疗盘内备秒表、记录本、笔,必要时备棉花等。

4. 环境准备　整洁、安静、安全

【实施】　呼吸测量操作见表 1-3-5。

表 1-3-5　呼吸测量操作

操作流程	操作说明	注意点
1. 体位	护士测脉搏后手仍保持诊脉姿势	患者放松,保持自然呼吸
2. 测量呼吸	观察胸部或腹部起伏(一起一伏为 1 次)	
3. 计数	一般情况测量 30 s,测得数值乘以 2;危重患者、小儿或异常呼吸者应测 1 min	同时注意节律、深浅度及有无呼吸困难
4. 呼吸微弱的测量	用少许棉花置于患者鼻孔前,观察棉花纤维被吹动的次数,计数 1 min	
5. 记录	将呼吸次数记录在本上,单位:次/分	
6. 整理	帮助患者取舒适卧位,洗手	体温、脉搏、呼吸都需测量时,测完呼吸后洗手

【评价】　护士测量方法正确,测量结果准确。

【注意事项】　测量时要分散患者注意力,使其呼吸状态自然,保证测量的准确性。

任务四　血压的观察与护理

血液在血管内流动,其对血管壁的侧压力称为血压(blood pressure,BP)。血压分动脉血压和静脉血压,一般说的血压是指动脉血压,如无特别注明,则指的是肱动脉血压。

在一个心动周期中,动脉血压随着心室的收缩和舒张而发生规律性的变化。当心室收缩时,流经动脉的血液对动脉管壁所形成的最大压力称为收缩压。当心室舒张时,血液对血管壁所产生的最低压力称为舒张压。收缩压与舒张压之差称为脉压。在一个心动周期中,动脉血压的平均值称为平均动脉压,约等于舒张压+1/3 脉压,或 1/3 收缩压+2/3 舒张压。

一、正常血压及生理变化

心脏射血和外周阻力是形成血压的基本因素。此外,大动脉的弹性对血压的形成也有重要的作用。

(一)影响血压的因素

1. 每搏输出量　当每搏输出量增大,而心率和外周阻力变化不大时,主要表现为收缩压升高,舒张压升高不明显,故脉压增大。因此,收缩压的大小主要反映每搏输出量的大小。

2. 心率　如果心率加快,而每搏输出量和外周阻力不变时,则由于心舒期缩短,在心舒期内流向外周的血量减少,故心舒末期主动脉内存留的血量增多,舒张压明显升高。动脉血压升高可使血流速度加快,因此心缩期内仍有较多的血液从主动脉流向外周,但收缩压升高不如舒张压显著,故而脉压减小。因此,心率主要影响舒张压。

3. 外周阻力　如果外周阻力增大而心排血量不变时,心舒期中血液向外周流动的速度减慢,心舒末期存留在主动脉中血量增多,舒张压明显升高。在心缩期,由于动脉血压升高使血流速度加快,收缩压的升高不如舒张压明显,脉压相应减小。因此,舒张压的高低主要反映外周阻力的大小。

外周阻力的大小受阻力血管(小动脉和微动脉)口径以及血液黏稠度的影响。阻力血管口径变小,血液黏稠度大,外周阻力则增大。

4. 主动脉和大动脉管壁的弹性　大动脉管壁的弹性扩张可缓冲血压。随着年龄的增长,血管弹性减弱,缓冲力下降,心脏泵血对抗较大阻力;同时血管的可扩张性减小,弹性储器作用减弱。因此,收缩压升高,舒张压降低,脉压增大。

5. 循环血量和血管容积　正常情况下,循环血量和血管容积相适应,才能使血管系统足够充盈,产生一定的体循环充盈压,正常值约为 7 mmHg(0.93 kPa),它是形成血压的重要前提。如果循环血量减少或血管容积增大,可造成血压下降。

上述对血压的影响因素,都是在假设其他因素不变的情况下,分析某一因素对血压的影响。实际上,在不同的生理情况下,血压可能同时受多种因素影响而改变,因此血压的变化是各种因素相互作用的综合结果。

(二)正常血压及生理变化

1. 正常血压　临床上测量血压一般以肱动脉血压为标准。正常成年人安静状态下的血压范围:收缩压 90~139 mmHg(12~18.5 kPa),舒张压 60~89 mmHg(8~11.9 kPa),脉压30~40 mmHg(4~5.3 kPa)。血压采用分式记录法:收缩压/舒张压。

mmHg 与 kPa 换算公式:1 kPa=7.5 mmHg　　1 mmHg=0.133 kPa

2. 生理变化　正常人的血压可在一定范围内波动,但波动范围小并保持相对恒定。常见的影响血压的因素如下。

（1）年龄：随着年龄的增长，血压会升高，但收缩压的升高比舒张压的升高更为显著（表1-3-6）。

表1-3-6　各年龄组的平均血压值

年龄组	血压/mmHg	年龄组	血压/mmHg
1月	84/54	14~17岁	120/70
1岁	95/65	成年人	120/80
6岁	105/65	老年人	140~160/80~90
10~13岁	110/65		

（2）性别：女性在更年期前血压低于男性；更年期后血压逐渐升高，与男性差别不大。

（3）昼夜和睡眠：血压在清晨2:00—3:00最低，上午6:00—10:00及下午16:00—20:00各有一个高峰，晚上20:00后血压呈缓慢下降趋势。睡眠不佳时血压可稍升高。

（4）环境：外界气温低则血管收缩，血压可略有升高；外界气温高则血管扩张，血压可略下降。

（5）体型：高大、肥胖者血压较高。

（6）体位：一般情况下，卧位血压低于坐位血压，坐位血压低于立位血压，与重力代偿机制有关。长期卧床或使用某些抗高血压药物的患者，若突然由卧位改为立位，则可出现头晕、眩晕、血压下降等直立性低血压的表现。

（7）部位：健康人双上肢血压不等，一般右上肢高于左上肢，因为右侧肱动脉来自主动脉弓的第一大分支无名动脉，而左侧肱动脉来自主动脉的第三大分支左锁骨下动脉，由于能量消耗，右侧血压比左侧高10~20 mmHg（1.33~2.67 kPa）。下肢血压高于上肢20~40 mmHg（2.67~5.33 kPa），因为股动脉的管径较肱动脉粗，血流量大。

（8）其他：情绪激动、紧张、恐惧、兴奋、剧烈运动、吸烟、饮酒、摄盐过多、药物等对血压也有一定的影响。

二、异常血压的观察与护理

（一）异常血压

1. 高血压　在未使用抗高血压药物的情况下，18岁以上成年人非同日3次测量收缩压≥140 mmHg和/或舒张压≥90 mmHg，称为高血压。根据《中国高血压防治指南（2024年修订版）》基于诊室血压的血压分类和高血压分级见表1-3-7。

2. 低血压　血压低于90/60 mmHg（12/8 kPa）称为低血压。常见于大量失血、休克、急性心力衰竭等患者。

3. 脉压变化

（1）脉压增大：常见于主动脉硬化、主动脉瓣关闭不全、甲状腺功能亢进症患者。

（2）脉压减小：常见于心包积液、缩窄性心包炎患者。

表 1-3-7 基于诊室血压的血压分类和高血压分级

分级	收缩压/mmHg		舒张压/mmHg
正常血压	<120	和	<80
正常高值	120～139	和/或	80～89
高血压	≥140	和/或	≥90
1 级高血压（轻度）	140～159	和/或	90～99
2 级高血压（中度）	160～179	和/或	100～109
3 级高血压（重度）	≥180	和/或	≥110
单纯收缩期高血压	≥140	和	<90
单纯舒张期高血压	<140	和	≥90

注：当收缩压和舒张压分属于不同级别时，以较高的分级为准。

（二）异常血压患者的护理

1. 心理护理　消除患者紧张情绪，使其主动配合治疗和护理。

2. 观察病情　密切观察血压变化，观察药物治疗效果及不良反应。

3. 休息与体位　注意休息，减少活动，根据病情取适当体位。服用抗高血压药物期间改变体位应缓慢，防止因直立性低血压而晕倒，注意保护患者的安全。

4. 环境　提供安静、舒适的休息环境。

5. 饮食　高血压患者进食易消化、低盐、低脂、低胆固醇、高纤维素饮食，避免进食辛辣食物。

6. 情绪　保持情绪稳定，减少引起患者情绪激动的因素。

7. 健康教育　指导患者戒烟限酒，养成良好的生活规律，保持大便通畅；学会控制情绪，保持良好的情绪状态；学会自我监测血压的方法。

三、血压的测量

　　血压的测量可分为直接测量血压法和间接测量血压法（有创和无创）。直接测量法是指在动脉内插管，通过换能器接监护仪，显示血压数值，直接监测主动脉的压力。这种方法精确可靠，但操作复杂，属于创伤性检查。

　　临床上广泛应用血压计间接测量血压：血压计是根据血液通过狭窄的血管形成涡流时发出响声的原理而设计的。测量血压时，是以血压和大气压作比较，用血压高于大气压的数值表示血压的高度。如测得的动脉血压是 100 mmHg，即表示动脉内血液对血管壁的侧压力比大气压高 100 mmHg。

（一）血压计的种类与构造

1. 水银血压计　又称汞柱式血压计，分为台式（图 1-3-17）和立式（图 1-3-18），立式血压计可随意调节高度。主要由输气球、调节压力的活门、袖带、水银测压计组成。

 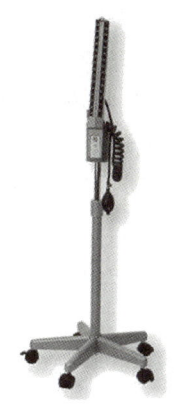

图 1-3-17　台式水银血压计　　图 1-3-18　立式水银血压计

（1）输气球和调节压力的活门：向袖带内输气并调节水银柱下降的速度。

（2）袖带：为长方形扁平的橡胶袋，外层是布套，一般袖带长 24~28 cm，宽 12~14 cm。橡胶袋上有两根橡胶管，一根与加压气球相连，另一根与压力表相通。袖带的宽度和长度一定要符合要求：宽度比被测肢体的直径宽 1/5，长度应能完全包绕肢体。

（3）测压计：由玻璃管、标尺、水银槽三部分组成。在血压计盒盖内面固定一根能充水银的玻璃管，管面上标有双刻度（标尺）0~300 mmHg 和 0~40 kPa，每小格相当于 2 mmHg 和 0.5 kPa，玻璃管上端盖以金属帽和大气相通，下端和水银槽（贮有水银 60 g）相通。水银血压计的优点是测得数值准确可靠，但体积较大，且玻璃管部分易碎裂。

2. 弹簧式血压计　又称无液血压计或压力表式血压计（图 1-3-19）。外形呈圆盘表状，正面盘上标有刻度，盘中央有一指针提示血压数值。其优点是携带方便，但欠准确。

3. 电子血压计　其袖带内有一换能器，将信号经数字化处理，在显示屏上直接显示收缩压、舒张压、脉搏数值（图 1-3-20）。此种血压计操作方便，清晰直观，不用听诊器，但欠准确。

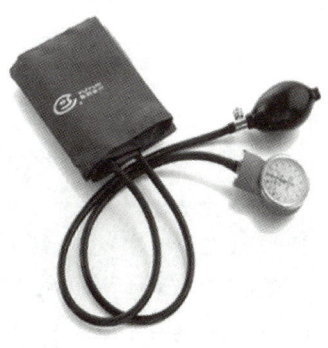 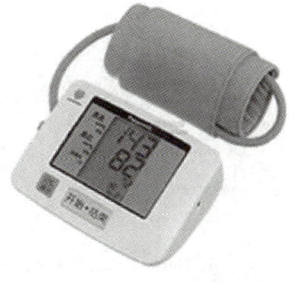

图 1-3-19　弹簧式血压计　　　　图 1-3-20　电子血压计

（二）血压测量技术

【目的】

1. 判断血压有无异常。

2. 监测血压变化，间接了解循环系统的功能状况。

3. 协助诊断，为预防、治疗、护理提供依据。

【评估】

1. 患者年龄、病情、意识、治疗等情况。

2. 患者在 30 min 内有无活动、情绪波动等影响测量血压准确性的因素存在。

【计划】

1. 护士准备　着装整洁，洗手，戴口罩。

2. 患者准备　了解血压测量的目的、方法及配合要点，体位舒适，情绪稳定。

3. 用物准备　血压计、听诊器、记录本、笔。

4. 环境准备　整洁、安静、光线充足。

【实施】　血压测量操作见表 1-3-8。

表 1-3-8　血压测量操作

操作流程	操作说明	注意点
1. 选择血压计	根据年龄选择合适的血压计及袖带	袖带的宽窄可影响血压数值
2. 核对解释	备齐用物至床旁，做好核对、解释	取得患者合作，安静休息 5 min
3. 测量血压	（1）上肢血压测量法（图 1-3-21） 患者取坐位或仰卧位：手臂在坐位时平第 4 肋骨，在仰卧位时平腋中线 卷袖，露臂，手掌向上，肘部伸直 放妥血压计，开启水银槽开关 驱尽袖带内空气，平整缠于上臂中部，其下缘在肘窝上 2～3 cm，松紧能伸入一指为宜 将听诊器胸件放于肱动脉搏动最明显处（图 1-3-22），一手固定，一手握输气球，关闭压力活门 充气至动脉搏动消失后再上升 20～30 mmHg（2.6～4 kPa） 缓慢放气，以每秒 4 mmHg（0.5 kPa）的速度为宜，注意水银刻度和动脉声音变化	肱动脉与心脏在同一水平，若手臂位置高于心脏，测得血压偏低；反之，则偏高 血压计避免倾倒 袖口不宜过紧，以能容一指为宜，以免阻断血流，影响血压数值，袖带过松或过紧均可影响血压数值 不可将听诊器放于袖带内 WHO 规定：舒张压应以动脉搏动音的消失作为判断标准 打气不可过快过猛 放气速度太慢，使静脉充血，测得舒张压偏高；放气太快，不易看清数字

操作流程	操作说明	注意点
3. 测量血压	当闻及第一声搏动声时水银柱所对刻度即为收缩压；随后搏动逐渐减弱，当搏动声突然减弱或消失，此时水银柱所对刻度即为舒张压 （2）下肢血压测量法（图1-3-23） 患者取仰卧位、俯卧位或侧卧位 脱去一侧裤腿，露出大腿部 放妥血压计，开启水银槽开关 将袖带缠于大腿下部，其下缘在腘窝上3~5 cm 将听诊器胸件放于腘动脉搏动处（图1-3-24） 余法同上肢血压测量法	视线与水银柱弯月面保持在同一水平 第一声搏动声出现表示袖带内压力降至与心脏收缩压相等，血流能通过被阻的肱动脉 应使用下肢袖带
4. 整理用物	测量结束，排尽袖带内空气，整理袖带放入盒内，将血压计盒右倾45°，关闭水银槽开关，盖盒，放妥 协助患者穿衣，取舒适体位，洗手	防止玻璃管破碎 水银全部流回槽内
5. 记录	分数式记录：收缩压/舒张压（mmHg） 当变音与消失音之间有差异时，两读数都应记录：收缩压/变音/消失音 mmHg（kPa），如 110/80/60 mmHg	如果是下肢血压应注明

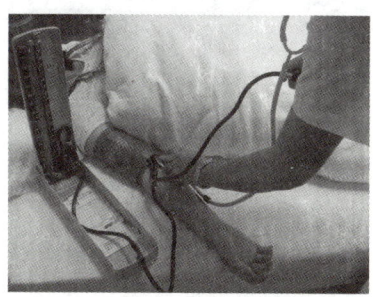

图1-3-21　上肢血压的测量

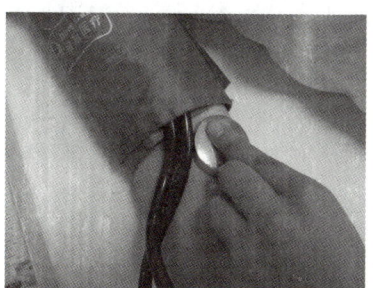

图1-3-22　上肢袖带和胸件的位置

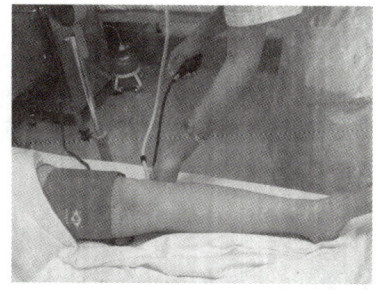

图1-3-23　下肢血压的测量

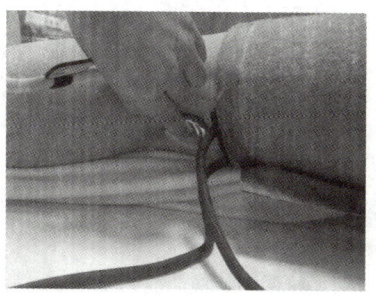

图1-3-24　下肢袖带和胸件的位置

【评价】

1. 患者了解血压的正常值及测量血压过程中的注意事项。

2. 护士测量方法正确,测量结果准确。

【注意事项】

1. 对于需密切观察血压的患者,测量血压应做到四定:定时间、定部位、定体位、定血压计。这样有助于测定的准确性和对照的可比性。

2. 为偏瘫、肢体有损伤或手术的患者测血压时应选择健侧肢体。因患侧肢体血液循环障碍,不能真实反映血压的动态变化。

3. 排除影响血压准确性的外界因素 ① 袖带缠得太松,呈气球状,有效面积变窄,测得血压偏高;袖带缠得太紧,使血管在未充气前已受压,测得血压偏低。② 袖带太宽,使大段血管被阻,测得数值偏低;袖带太窄,必须用较大力量才能阻断动脉血流,测得数值偏高。

4. 当血压听不清或有异常需重新测量时,必须将水银柱降至"0"点,稍候片刻后再测量。

5. 测量前应检查血压计,符合要求方可使用。如水银不足,可使测得的血压值偏低。充气不可过猛、过高,以免水银溢出影响测量结果及患者舒适度。水银柱出现气泡时,应及时调节、检修。

知识链接

心电监护仪

心电监护仪是医院使用的精密医学仪器,能同时监护患者的动态心电图(一般为五导联心电图)、呼吸、体温、血压、血氧饱和度、脉率等生理参数,可检出变化趋势,通过报警系统指出临危情况,提供应急处理和治疗的依据。主要用于各种危重患者的生命体征监护(图1-3-25)。

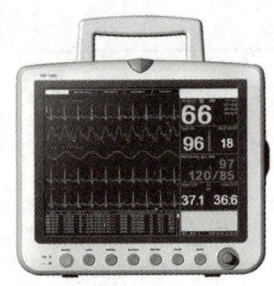

图 1-3-25 心电监护仪

思考题

1. 测量体温应注意哪些事项?

2. 简述测量口温时不慎咬破体温计的护理措施。

3. 绌脉的基本特征是什么?如何测量?

4. 引起血压测量误差的原因有哪些?

赛证聚焦

请扫描二维码完成在线测试。

（孙 伟 赖明霞 高腊梅）

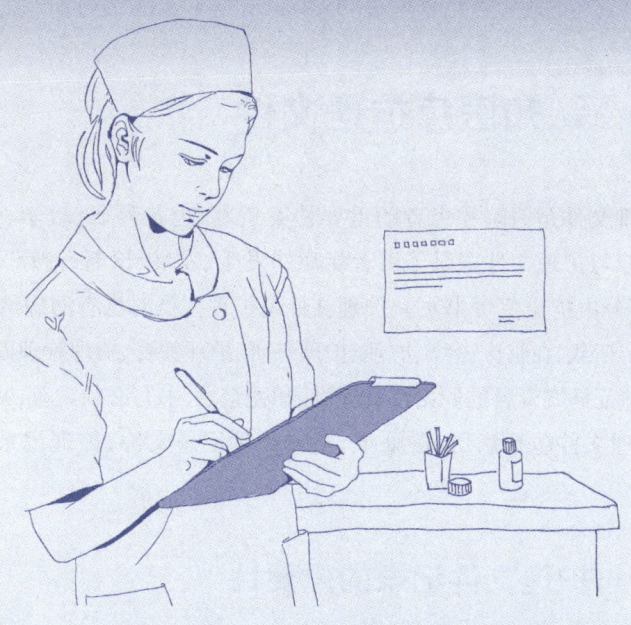

项目四　医疗与护理文件记录

思维导图：
医疗与护理
文件记录

学习目标

◇ **知识目标**

1. 能正确描述医疗与护理文件记录的基本要求及管理要求。

2. 能正确区分医嘱的种类。

3. 能正确叙述医嘱处理的原则及注意事项。

4. 能正确陈述病区报告书写顺序及要求。

◇ **技能目标**

1. 根据所提供的资料，正确绘制体温单和处理各种医嘱单、病区交班报告。

2. 能准确书写出入液记录单、特殊护理记录。

◇ **素质目标**

1. 树立以患者为中心的理念，关心患者、尊重患者。

2. 正确认识医疗与护理文件记录的重要性、规范性，具备慎独精神，保证记录数值的准确性。

任务一 认知医疗护理文件

医疗护理文件是医院和患者的重要档案资料，也是科研、教学、管理及法律上的重要资料。医疗与护理文件记录了患者疾病的发生、发展、诊断、治疗、康复或死亡的全过程，其中一部分由护士负责书写。护理文件是护理人员对患者的病情观察和实施护理措施的原始文字记载，在临床医疗、护理、护理科研、护理教育、护理管理以及法律上均有重要价值。为了保证病案资料的原始性、正确性和完整性，书写必须规范，并妥善保管。

医疗护理文件包括病历、医嘱单、整体护理记录文件、护理记录单、病室护士交班报告。

一、医疗与护理文件记录的重要性

1. 提供患者的信息资料　各种医疗与护理文件是关于患者病情变化、诊断治疗和护理全过程的记录。便于各级医护人员全面、及时、动态地了解患者情况，保证诊疗、护理工作的完整性和连贯性，加强医护间的合作与协调。

2. 提供教学与科研资料　标准、完整的医疗和护理资料体现了理论在实践中的具体应用，是医学教学的最好教材，可以供学生进行个案分析与讨论；也是开展科研工作的重要资料，特别是在回顾性研究、流行病学调查方面有重要的参考价值。

3. 提供法律依据　医疗护理记录属合法文件，为法律认可的依据。在法庭上可作为医疗纠纷、保险索赔、犯罪刑事案的证明。

知识链接

举证倒置

从举证倒置谈护理文件书写的重要性。在临床护理中，按规定正确书写护理文件，以证明医疗护理行为与患者损害结果无因果关系，且通过护理文书证明自己无医疗过错和实施的护理行为合法，护理文件是其主要依据。

4. 提供评价依据　完整的医疗、护理资料在一定程度上反映了医院的医疗护理质量、学术及技术水平，是衡量医院医疗护理管理水平的重要标志之一。

二、医疗与护理文件记录的基本要求

1. 及时　医疗护理记录必须及时，不得拖延或提早，更不能漏记，以保证记录的时效性。如因抢救未能及时记录的，应在抢救结束后 6 h 内据实补记，同时说明抢救完成时间和补记时间。

2. 准确、真实　记录内容必须真实，应为客观事实，书写简明扼要，医学术语应用确切。字体要清楚端正,不得涂改、剪贴或滥用简化字。有书写错误时,应在相应文字上画双横线,就近书写正确文字并签全名。

3. 完整　医疗、护理记录应包括患者的所有信息。眉栏、页码填写要完整,各项记录必须有完整的日期及时间,每项记录后不留空白,记录者签全名,以示负责。如果患者出现病危、拒绝治疗或护理、有自杀倾向、发生意外、请假外出等特殊情况,应详细记录,及时汇报并做好交接班。

4. 简要　记录内容应尽量简洁、流畅、重点突出,使用医学术语和公认的缩写,避免笼统、含糊不清或过多修辞,以方便医护人员快速获取所需信息,节约时间。

三、医疗与护理文件的保管

(一) 保管要求

1. 各种医疗与护理文件应按规定放置,记录和使用后必须放回原处。患者和患者家属不得随意翻阅,也不能擅自带出病区。

2. 必须保持医疗护理文件的整洁、完整,不得外借,防止污染、破损、拆散和丢失。

3. 患者出院或死亡后将病案整理好送交医院病案室保存,按卫生行政部门规定的保存期限保管。门诊病案交还患者保管。

(二) 病历的排列顺序

1. 住院病案的排列顺序　体温单、医嘱单、入院记录、病史及体格检查、病程记录、各种检验和检查报告单、护理病案、住院病案首页、门诊病案。

2. 出院(转院、死亡)病案的排列顺序　住院病案首页、出院记录或死亡记录、入院记录、病史及体格检查、病程记录、各种检验和检查报告单、护理病案、医嘱单、体温单。

任务二　医疗与护理文件记录

一、体温单

体温单用于记录患者的体温、脉搏、呼吸、血压及其他情况,如液体出入量、大便、手术与出入院时间等。为便于查阅,患者在住院期间,体温单应排列在住院病历的首页(见书末彩插)。

(一) 体温单的内容

体温单的内容包括患者的姓名、科别、病室、床号、入院日期、住院号;体温、脉搏、呼吸、血压;出入院、手术、分娩、转科或死亡时间;患者出入液量、体重、药物过敏及其他情况等。

（二）体温单的填写方法

1. 眉栏

（1）用蓝黑或碳素墨水钢笔填写姓名、年龄、科别、病室、入院日期和住院号等项目。

（2）填写入院日期一栏时,每页的第一日应填写年、月、日,中间用点隔开(如2010.4.30),其余6天只写日,如在6天内遇到新的年份或月份开始,则应填写年、月、日或月、日。

（3）"住院日数"栏:自入院日起连续写至出院日,用阿拉伯数字"1、2、3……"表示,转科患者的住院日数不间断。

（4）"术后日数"栏:以手术(分娩)次日为第1日,用阿拉伯数字"1、2、3……"连续写至14日止。若在14日内行第2次手术,则第1次手术作分母,第2次手术作分子,依次填写至第14日(有的地区用红钢笔填写)。

2. 40～42℃填写　此部分内容用红钢笔填写。

（1）填写内容:在体温单40～42℃相应时间栏内纵行填写入院、手术、分娩、转科、出院、死亡的时间;记录入院、分娩、转入、死亡时间应当具体到分钟,使用24 h制。转入时间由转入科室填写;每字占一格。

（2）填写方法及位置:在相应时间栏内纵行填写如"入院八时二十分"。如果时间与体温单上的整点时间不相等时,填写在靠近侧时间栏内,如"11时入院",则填写在"10"栏内,下午"1时"手术,则填写在"2"栏内。

3. 体温、脉搏、呼吸曲线的绘制

（1）体温曲线的绘制:所测体温用蓝色笔绘制在体温单上。① 符号:口温为蓝"●",腋温为蓝"⊗",肛温为蓝"⊙"。相邻两次体温用蓝线相连。患者因某种原因未查体温而出现符号中断,相邻的两点不可连线(未测体温原因应记录在护理记录单上,患者回病房后补测,并请其签名)。② 高热患者做物理降温30 min后需重测体温,测得体温以红色"○"表示,画在物理降温前温度的同一纵格内,并用红虚线与降温前温度相连,下次测得体温仍与降温前温度相连。③ 体温不升时,可将"不升"二字用红笔写在35℃线下。④ 需密切观察体温的患者,如医嘱为"每1 h测体温1次",其中体温单上规定时间的照常填写,其他时间测得的体温则记录在护理记录单上。⑤ 遇拒测、外出时,前后2次体温曲线应断开不连。⑥如体温与前次差异较大或病情不符,应重新测量,无误后在原体温符号上方用蓝黑或碳素墨水笔写上一小写英文字母"v"(verfied 核定)。

（2）脉率(心率)曲线的绘制:所测脉率用红色笔绘制在体温单上。① 符号:脉率以红色"●"、心率以红色"○"表示,相邻脉率或心率用红线相连。② 脉搏短绌时,在脉率和心率两曲线之间用红笔画直线充满。③ 体温如与脉搏在同一点上,则先绘制蓝色体温符号,外用红笔画一红圈表示脉搏。④ 脉率与心率在同一点上,先画上红点,再于其外画上红圆圈。⑤ 如患者因故未测或需多次测量,处理方法同体温。

（3）呼吸曲线的绘制:所测得呼吸用以红色水笔绘制在体温单上。① 符号:"○"表示,相邻两次呼吸以同色相连。② 呼吸与脉搏重叠时,先画脉搏符号,再用黑笔在外画黑圈(也可用阿拉伯数字记录)。

4. 底栏填写　此部分内容全部用蓝黑或碳素墨水笔填写;数据用阿拉伯数字表示;免写计量单位。

（1）血压:测量患者血压并记录在相应时间栏内,如每日测量次数大于 2 次,可填写在护理记录单上。

（2）体重:单位为"kg"。患者入院时,护士应当测量体重并记录在相应时间栏内。如病情许可,在住院期间,每周测量 1 次并记录。病情危重或不宜、不能走动者,可不测量,体重栏内可填上"卧床"。

（3）大便次数:每 24 h 记录 1 次,记前 1 日大便次数,如未排便,则记录为"0";大便失禁记录为"※";灌肠符号为"E"(enema 灌肠),"1/E"表示灌肠后大便 1 次。0/E 表示灌肠后无大便;"☆"表示人工肛门。

（4）尿量:根据医嘱记录尿量。导尿(持续导尿)后的尿量以"C"表示,如持续导尿的尿量为 3 200 ml,记录为:3 200/C。

（5）出入液量:早 7:00 夜班护士将护理记录单上液体出入量记录总结后,写到体温单前 1 日的相应栏内。

（6）药物过敏:用蓝黑或碳素墨水笔填写皮内过敏试验阳性药物或发生过敏反应药物的名称,用红墨水笔在括号中标注阳性反应"(+)"。

（7）页码按页数连续填写。

二、医嘱单

医嘱是医生根据患者病情需要拟订的书面嘱咐,由医护人员共同执行。医嘱单是医生直接开写医嘱所用,有的医院直接将医嘱输入计算机,各有不同,也是护士执行医嘱的依据。

（一）医嘱的内容

医嘱的内容包括日期、时间、床号、姓名、护理常规、护理级别、饮食、卧位、药物及其剂量和用法、各种检查、治疗、术前准备,以及医生、护士签名。

（二）医嘱的种类

1. 长期医嘱　有效时间在 24 h 以上,医生开出停止医嘱方失效。如二级护理、低盐饮食、药物治疗等。

2. 临时医嘱　有效时间在 24 h 以内,应在短时间内执行,一般只执行 1 次。如阿托品 0.5 mg H st。有的需要在限定时间内执行,如手术、会诊及各项特殊检查等。此外,出院、转科、死亡等也列入临时医嘱。

3. 备用医嘱　根据病情需要分为长期备用医嘱和临时备用医嘱两种。

(1) 长期备用医嘱(prn):有效时间在 24 h 以上,病情需要时才执行,医生开出停止医嘱方失效。每执行 1 次应在临时医嘱栏内记录 1 次,两次执行之间必须有间隔时间。如哌替啶 50 mg im q6h prn。

(2) 临时备用医嘱(sos):仅在 12 h 内有效,病情需要时才执行,只执行 1 次,过期未执行则失效。如地西泮 5 mg po sos。

(三) 医嘱的处理

医生开出医嘱后,由护士进行处理。

1. 处理原则

(1) 先急后缓:处理多项医嘱时,应首先判断需执行医嘱的轻重缓急,合理、及时地安排执行顺序。

(2) 先临时后长期:临时医嘱为需即刻执行的医嘱,应立即安排执行。

(3) 执行者签全名:医嘱执行者必须在医嘱单上签全名。

2. 处理方法

(1) 长期医嘱:医生开写在长期医嘱单上,并注明日期和时间。护士将长期医嘱分别转抄至各种执行单上(如服药单、注射单、治疗单等),并在医嘱单上注明执行时间,签全名(表 1-4-1)。

(2) 临时医嘱:医生开写在临时医嘱单上,并注明日期和时间。护士执行后,必须写上执行时间并签全名(表 1-4-2)。

(3) 备用医嘱:① 长期备用医嘱,医生开写在长期医嘱单上,护士将其转抄至执行单上,在执行栏内注明时间并签全名。每次执行后,在临时医嘱单上记录执行时间并签全名,供下一班参考。② 临时备用医嘱,医生开写在临时医嘱单上,可暂不处理,待患者需要时执行。执行后按临时医嘱处理,过时未执行,护士应用红墨水笔在该项医嘱栏内写"未用"两字。

(4) 停止医嘱:医生停止长期医嘱后,护士在相应的执行单上注销有关项目,然后在医嘱单该项医嘱的停止日期栏内注明停止的日期与时间,并签全名。

(5) 重整医嘱:当医嘱调整项目较多时应重整医嘱。重整医嘱时,在原医嘱最后一行下面画一红色横线,在红线下正中用红钢笔写"重整医嘱",红线上、下均不得有空行。再将红线以上有效的长期医嘱按原日期、时间顺序抄于红线下。抄录完毕必须两人核对无误,并填写重整者姓名。

当患者手术、分娩或转科后,也需重整医嘱,即在原医嘱最后一行下面画一红色横线,并在其下用红钢笔写上"术后医嘱"或"分娩医嘱"或"转入医嘱",然后再由医生开写新医嘱,红线以上医嘱自行停止。

表 1-4-1　长期医嘱单

姓名:陈×　　性别:女　　科室:神经内科　　床号:1　　诊断:脑梗死　　住院号:856789

起始 日期(年月日)	时间	医嘱内容	医师签名	执行时间	护士签名	核对者签名	停止 日期	停止 时间	医师签名	护士签名	核对者签名
2022-04-02	10:43	神经内科入院常规	李×	10:53	张×	刘×					
		二级护理	李×	10:53	张×	刘×					
		低盐低脂饮食	李×	10:53	张×	刘×					
	13:08	0.9%氯化钠注射液　100 ml　奥扎格雷[丹奥]　80 mg　一日一次,静脉输液	李×	13:18	张×	刘×	2018-04-13	15:00	王×	郑×	刘×
		0.9%氯化钠注射液　100 ml　脑甘肌肽注射液[欧迪美]　6 ml　一日一次,静脉输液	李×	13:18	张×	刘×					
	13:27	苯磺酸氨氯地平[络活喜]　5 mg　一日一次,口服	李×	13:18	张×	刘×	2018-04-13	15:00	王×	郑×	刘×
2022-04-03	09:16	阿司匹林[拜阿司匹灵]　100 mg　一日一次,口服	徐×	09:26	陈×	王×					
		阿托伐他汀钙[立普妥]　20 mg　一日一次,口服	徐×	09:26	陈×	王×					

表 1-4-2　临时医嘱单

姓名:陈×　　性别:女　　科室:神经内科　　床号:1　　诊断:脑梗死　　住院号:856789

日期（年月日）	时间	医嘱内容	医师签名	执行时间	护士签名	核对者签名
2022-04-02	10:30	血常规	李×	04-03　07:17	刘×	齐×
		凝血六项检查	李×	04-03　07:17	刘×	齐×
		肾功能	李×	04-03　07:17	刘×	齐×
		肝功能	李×	04-03　07:17	刘×	齐×
		血脂	李×	04-03　07:20	刘×	齐×
		心肌酶	李×	04-03　07:20	刘×	齐×
		血同型半胱氨酸测定	李×	04-03　07:20	刘×	齐×
		血清尿酸测定	李×	04-03　07:20	刘×	齐×
		尿液分析+尿沉渣流式仪法	李×	04-03　07:20	刘×	齐×
		床旁标测心电图	李×	04-02　10:59	张×	刘×
	10:45	磁共振颅脑平扫	李×	04-02　11:00	张×	刘×
		磁共振血管成像	李×	04-02　11:00	张×	刘×
	10:48	多层螺旋 CT 其他扫描	李×	04-02　11:03	张×	刘×
2022-04-07	19:22	动态心电图/心率变异	刘×	04-07　19:37	周×	郑×

（四）注意事项

1. 处理医嘱时要精神集中、认真细致、及时准确、字迹清楚。如有疑问,必须询问或核对清楚后再执行。

2. 医嘱必须经医生签名后方为有效。一般情况下不执行口头医嘱,在抢救或手术过程中医生提出口头医嘱时,执行护士应先复诵一遍,双方确认无误后方可执行,事后由医生及时补写在医嘱单上。

3. 医嘱必须每班、每日核对,每周总查对,查对后签全名。

4. 凡需下一班执行的临时医嘱要交班,并在护士交班记录上注明。

5. 凡已写在医嘱单上而又不需执行的医嘱,不得贴盖、涂改,应由医生在该项医嘱栏内用红钢笔写"取消",并在医嘱后用蓝黑或碳素墨水钢笔签全名。

三、护理记录单

凡危重、抢救、大手术后、特殊治疗和需严密观察病情者,必须做好护理记录,以便及时了解和全面掌握患者情况,观察治疗或抢救后的效果。

（一）记录内容

主要内容为患者的体温、脉搏、呼吸、血压、意识、瞳孔、出入液量、用药、病情动态，以及给予的各种检查、治疗和护理措施及其效果等（表1-4-3）。

（二）记录方法

1. 用蓝黑或碳素墨水钢笔填写眉栏项目，所有括号均用圆括号，各种护理记录单首行空两格，护士签全名（表1-4-3）。

2. 日间（晨7:00时至晚19:00时）用蓝黑或碳素墨水钢笔记录，夜间（晚19:00时至次晨7:00时）用红钢笔记录。

3. 及时准确地记录患者的体温、脉搏、呼吸、血压、出入液量等，详细记录患者的病情变化，治疗、护理措施以及效果，每次记录后应签全名。计量单位应写在标题栏内，记录栏内只填写数字。记录出入液量时，除填写液量外，还应记录液体的颜色、性状等。

4. 分别于12 h、24 h就患者的总入液量、总出液量、病情、治疗、护理等做一次小结或总结。

5. 患者出院或死亡后，危重患者护理记录单应归入病案保存。

四、病室报告

病室报告是由值班护士将值班期间病室情况及患者的病情动态变化等书写成书面交班报告（表1-4-4）。通过阅读病室报告，接班护士可了解病室全天工作情况与重点，做到心中有数，便于开展工作。

（一）书写要求

1. 应在经常巡视和了解病情的基础上书写。患者动态内容的书写要求各班之间应空一行。

2. 书写内容应全面、真实、简明扼要、重点突出。书写字迹清楚，不得涂改。

3. 日间用蓝黑或碳素墨水钢笔书写，夜间用红钢笔书写，并签全名。

4. 填写时，先写床号、姓名、诊断；后报告生命体征，并注明测量时间；再简要记录病情、治疗和护理等情况。

5. 对新入院、转入、手术、分娩的患者在诊断的下方分别用红钢笔注明"新""转入""手术""分娩"，危重患者做红色标记"※"。

6. 书写完毕，注明页数并签全名。

（二）书写顺序

1. 填写眉栏　用蓝黑或碳素墨水钢笔填写眉栏项目，如病室、日期、时间、患者总数，入院、出院、转出、转入、手术、分娩、死亡人数等。

表 1-4-3 护理记录单

姓名:王×   性别:男   科室:普外科   床号:22   诊断:胆管结石   住院号:356726

日期	时间	体温/℃	脉搏/(次·分⁻¹)	呼吸/(次·分⁻¹)	血压/mmHg	入量		出量		病情与措施	签名
						项目	量/ml	项目	量/ml		
2022-02-06	9:00	36.5	94	22	90/60	米汤	200				
	12:30					低分子右旋糖酐	250	尿	130	无特殊主诉,精神尚可	李×
	13:00					牛奶	100				
	14:00					新鲜血	200				
	14:20							尿	175		
	17:00	36.2	90	20	96/64	平衡液	500				
	17:50							胆汁	100	胆汁色泽正常,管周皮肤无炎症反应,敷料已更换	李×

表 1-4-4　病室日夜报告

病室　内3　　　　　　　　　　　　　　　　　　　　　　　　　　　　　　　　　　日期　2022-04-18

病人姓名	床号	诊断	上午8:00时至下午17:00时	下午17:00时至夜24:00时	夜24:00时至晨8:00时
			总数51　入院1　出院2	总数51　入院0　转入0　出院0　转出0	总数51　入院0　转入0　出院0　转出0　死亡0
			转入0　转出1		
			手术0　分娩0　婴儿0　病重1	手术0　分娩0　婴儿0　病重1	手术0　分娩0　婴儿0　病重1
3床	陈××	冠心病	于9:00出院		
6床	李××	心肌炎	于10:00出院		
8床	赵××	风心病	于14:00转心外科治疗		
14床　刘××		病毒性心肌炎 "新"	患者男性,20岁,因"心慌、气急、胸闷1周,加重1天"于10:20步行入科。T 37.2℃,P 92次/分,R 22次/分,BP 126/84 mmHg,意识清楚,精神欠佳。给予:一级护理,半流质饮食,吸氧,5%葡萄糖注射液500 ml加丹参静脉滴注,输液已结束,无不良反应	20:00时 T 36.8℃,P 88次/分,R 20次/分,患者主诉心慌、入睡困难。21:30时遵医嘱给予地西泮5 mg口服,患者已安静入睡,病情稳定	7:00时 T 36.5℃,P 80次/分,R 20次/分,BP 110/70 mmHg。患者夜间睡眠好。病情稳定,无不适主诉,已采集血标本
28床　孙××		急性前壁心肌梗死 "×"	16:00时 T 36.8℃,BP 130/92 mmHg。今日心肌梗死发作后第4天,16:30主诉胸闷及疼痛,遵医嘱舌下含硝酸甘油1片后缓解。患者仍需卧床休息,请加强病情观察	20:00时 T 37.1℃,P 84次/分,R 20次/分,BP 126/84 mmHg。患者病情稳定,无不适主诉,持续低流量吸氧	7:00时 T 36.5℃,P 80次/分,R 20次/分,BP 120/80 mmHg。患者夜间睡眠好。病情稳定,无不适主诉,仍持续低流量吸氧
			签名　王红	签名　李小娟	签名　黄萍萍

2. 根据下列顺序按床号先后书写病室报告

（1）先写离开病室的患者，如出院、转出、死亡的患者。

（2）再写进入病室的患者，如入院、转入的患者。

（3）最后写病室内需重点观察及护理的患者，如手术、分娩、危重及有异常情况的患者。

（三）交班内容

1. 出院、转出、死亡患者　出院者，需写明离开时间；转出者，需注明转往何院、何科；死亡者，需简明扼要地记录抢救过程及死亡时间。

2. 新入院及转入患者　应写明入院（转入）时间、方式（步行、平车、轮椅），主要症状及体征，以及给予的治疗、护理措施和效果等。

3. 危重患者　应写明生命体征、神志、病情动态，以及特殊的抢救、治疗、护理措施及效果等。

4. 手术患者　手术前的患者应写明术前准备和术前用药情况等；手术后的患者需写明麻醉种类，手术名称及过程，清醒时间、回病室后血压、伤口、引流、排尿及镇痛药使用情况等。

5. 产妇　应写明胎次、产式、产程、分娩时间、会阴切口及恶露等情况。

6. 老年、小儿和生活不能自理的患者　应报告生活护理情况，如口腔护理、压力性损伤护理及饮食护理等。

此外，还应报告上述患者的心理状态和需要接班者重点观察及完成的事项。夜间记录应注明患者睡眠情况。

五、护理病历

在临床应用护理程序过程中，有关患者的健康资料、护理诊断、护理计划、护理措施和效果评价等，均应有书面记录，这些记录构成了护理病历。主要包括患者入院护理评估单（表 1-4-5）、护理计划单（表 1-4-6）、护理记录单（表 1-4-7）和患者出院护理评估单（表 1-4-8）等。

表 1-4-5　患者入院护理评估单

姓名＿＿＿＿　科别＿＿＿＿　病室＿＿＿＿　床号＿＿＿＿　住院号＿＿＿＿
一、一般资料
姓名＿＿＿＿　性别＿＿＿＿　年龄＿＿＿＿　职业＿＿＿＿　婚姻＿＿＿＿　民族＿＿＿＿　籍贯＿＿＿＿
文化程度＿＿＿＿＿＿　宗教信仰＿＿＿＿　入院诊断＿＿＿＿＿＿＿＿
联系地址＿＿＿＿＿＿＿＿＿＿　联系人＿＿＿＿＿＿　电话＿＿＿＿＿　＿＿＿＿＿
主管医生＿＿＿＿＿＿　护士＿＿＿＿＿＿　收集资料时间＿＿＿＿＿
入院时间＿＿＿＿年＿＿＿＿月＿＿＿＿日＿＿＿＿时＿＿＿＿分　入院方式：步行、扶行、轮椅、平车
入院原因（主诉和简要病史）＿＿＿＿＿＿＿＿＿＿＿＿＿＿＿＿＿＿＿＿＿＿＿
既往史：＿＿＿＿＿＿＿＿＿＿＿＿＿＿＿＿＿＿＿＿＿＿＿＿＿＿＿＿＿
过敏史：无　有（药物＿＿＿＿＿　食物＿＿＿＿＿　其他＿＿＿＿＿）

家族史:高血压、冠心病、遗传病、糖尿病、肿瘤_____癫痫、精神病、传染病_____
其他_____

二、生活状况及自理程度

1. 饮食

基本膳食:普食、软食、半流食、流食、禁食

食欲:正常 增加 亢进_____日/周/月 下降/厌食_____日/周/月

近期体重变化:无 增加/下降_____kg/_____月(原因_____)

其他_____

2. 睡眠/休息

睡眠:正常 入睡困难 易醒 早醒 多梦 噩梦 失眠 需用药入睡

休息后体力是否容易恢复:是 否(原因_____)

3. 活动

自理:全部 障碍(进食 沐浴/卫生 穿着/修饰 如厕)

活动能力:正常 他人帮助 轮椅活动 卧床(自行翻身:是 否)

步态:稳 不稳(原因_____)

医疗/疾病限制:医嘱卧床 静脉输液 石膏 牵引 瘫痪

4. 排泄

排便:习惯_____次/日 性状:正常/便秘/腹泻/失禁/造瘘

排尿:正常/失禁/潴留/尿管 颜色_____性状_____量_____ml/24 h

5. 嗜好 烟 酒 浓茶 咖啡

吸烟:无 偶尔吸烟 经常吸烟_____年_____支/天 已戒_____年

饮酒/酗酒:无 偶尔饮酒 经常饮酒 年 ml/d 已戒 年

6. 其他_____

三、体格检查

T_____℃ P_____次/分 R_____次/分 BP_____mmHg

身高_____cm 体重_____kg

1. 神经系统

意识状态:清醒 意识模糊 嗜睡 谵妄 昏迷

语言表达:清楚 含糊 语言障碍 失语 聋

定向能力:准确 障碍(自我 时间 地点 人物)

2. 皮肤黏膜

皮肤颜色:正常 潮红 苍白 发绀 黄染

皮肤温度:温 凉 热

皮肤湿度:正常 干燥 潮湿 多汗

完整性:完整 皮疹 出血点 其他_____

压力性损伤:部位_____面积_____分度:Ⅰ度、Ⅱ度、Ⅲ度、Ⅳ度

口腔黏膜:正常 充血 出血点 糜烂 溃疡 疱疹 白斑 其他_____

3. 呼吸系统

呼吸方式:自主呼吸 机械呼吸

节律:规则 异常 频率_____次/分 深浅度:正常 深 浅

呼吸困难:无　轻度　中度　重度

咳嗽:无　有

咳痰:无　容易咳出　不易咳出　痰(色_____量_____黏稠度_____)

其他_____

4. 循环系统

心律:规则　心律不齐　心率_____次/分

水肿:无　有(部位/程度_____)

其他_____

5. 消化系统

胃肠道症状:恶心　呕吐(颜色_____性质_____次数_____总量_____)

嗳气　反酸　烧灼感　腹胀　腹痛(部位/性质_____)

腹部:软　肌紧张　压痛/反跳痛　可触及包块(部位/性质_____)

腹水(腹围_____cm)其他_____

6. 生殖系统

月经:正常　紊乱　痛经　月经量过多　绝经　其他:_____

7. 认知/感受

疼痛:无　有　部位/性质_____

视力:正常　远/近视　失明(左/右/双侧)

听力:正常　耳鸣　重听　耳聋(左/右/双侧)

触觉:正常　障碍(部位_____)

嗅觉:正常　减弱　缺失

思维过程:正常　注意力分散　远/近期记忆力下降　思维混乱

其他_____

四、心理社会状况

1. 情绪状态　镇静　易激动　焦虑　恐惧　悲哀　无反应

2. 就业状态　固定职业　丧失劳动力　失业　待业

3. 沟通　希望与更多的人交往　语言交流障碍　不愿与人交往

4. 医疗费用来源　自费　公费　医疗保险　其他

5. 与亲友的关系　和睦　冷淡　紧张

6. 遇到困难最愿向谁倾诉　父母　子女　其他

7. 入院介绍

负责医生、护士姓名、病室环境、病室制度(查房、用膳、探视、作息时间)及粪、尿常规标本留取法。

护士签名_____　年　月　日

表 1-4-6 护理计划单

姓名：　　　性别：　　　科室：　　　床号：　　　诊断：　　　住院号：

日期	时间	护理诊断	预期目标	护理措施	措施依据	评价	日期	时间	签名

表 1-4-7 护理记录单

姓名：　　　　性别：　　　　科室：　　　　床号：　　　　诊断：　　　　住院号：

日期	时间	护理记录（PIO）	签名

表 1-4-8　患者出院护理评估单

姓名_____科室_____病室_____住院号_____

入院日期_____出院日期_____住院天数_____

出院小结(护理过程与效果评价):_____

_____

_____

_____

_____

_____

出院指导:

1. 饮食

饮食类型:普食　软食　半流食　　流食

糖尿病饮食　　低盐饮食　高蛋白饮食　　高维生素饮食

低蛋白饮食　　少渣饮食　低脂饮食　　　其他

限制饮食:

2. 药物(药名、药理作用、剂量、用法、时间、不良反应、用药注意事项)

3. 日常活动

无限制

活动形式

活动量

限制活动

4. 特殊指导

5. 如出现下列症状,需及时就医

6. 复诊时间_____地点_____

评价(由护士长全面了解情况后负责评价)

1. 患者评价:　　　　优　　良　　中　　　差

2. 整体护理效果评价:　　优　　良　　中　　　差

护士长签名_____　　护士签名_____

年　　月　　日

83

护士执业资格考试考点

1. 临时医嘱有效时间在 24 h 以内。

2. 临时备用医嘱为 12 h 内有效,病情需要时才执行,只执行 1 次,过期尚未执行则自动失效。

3. 医嘱处理原则为应先执行即刻执行的医嘱;先急后缓;先临时后长期。

4. 外文缩写:prn 为需要时(长期),sos 为需要时(限用 1 次),st 为立即,hs 为临睡前,qn 为每晚 1 次,qod 为隔日 1 次。

5. 书写病区报告顺序为先写离开病室的患者(出院、转出、死亡),再写进入病室的患者(入院、转入),最后写本班重点患者(手术、分娩、危重及有异常情况的患者)。

思考题

1. 护理文件在书写上有哪些要求?

2. 长期备用医嘱和临时备用医嘱处理时如何区别?

3. 简述处理医嘱的注意事项。

4. 病例分析 患者李明,因急腹症于 2022 年 1 月 28 日上午 11:20 时平车送入外科,住 302 病室 2 床,住院号:378654。测 T 39.8℃,P 120 次/分,R 26 次/分,BP 135/90 mmHg。遵医嘱用药及给予物理降温,30 min 后测 T 39.2℃,P 100 次/分,R 22 次/分。于当日 12:50 时在硬膜外麻醉下行剖腹探查术。

请将以上病历相关内容分别填写(绘制)在体温单上,要求字迹清楚、准确、不涂改,绘制符号规范,位置、颜色正确。

赛证聚焦

请扫描二维码完成在线测试。

(孙 伟 陈 琴 黄敏杰)

在线测试:
医疗与护理
文件记录

第二模块 生活护理

项目一　卧位与安全

思维导图：
卧位与安全

学习目标

◇ 知识目标

1. 能正确陈述舒适卧位的基本要求。

2. 能正确陈述卧位、主动卧位、被动卧位、被迫卧位的概念。

3. 能正确陈述临床上常用卧位、保护具的适用范围及临床意义。

4. 能正确解释变换卧位法的目的。

5. 能正确说明协助患者变换卧位的注意事项。

◇ 技能目标

1. 通过角色扮演，能正确为患者安置各种卧位及协助患者变换卧位。

2. 能根据患者的病情及需要，正确选择和科学使用各种保护具及辅助器具，保证患者安全。

3. 能针对医院内常见的不安全因素，采取有效的防范措施。

◇ 素质目标

能有效沟通，尊重、关心患者，动作规范、轻柔，使患者安全、舒适。

任务一 为患者提供舒适卧位

一、卧位的概念及意义

（一）卧位的概念

卧位是指患者休息和适应医疗护理需要所采取的卧床姿势。

（二）卧位的意义

1. 正确的卧位能增加患者的舒适感和安全感。

2. 对治疗疾病、减轻症状、协助各种检查、预防并发症等均有积极的作用。

护士在临床护理工作中常根据患者的病情、治疗与护理需要，指导并协助患者调整相应安全、舒适的卧位。

二、卧位的性质

（一）卧位的自主性

根据卧位的自主性，通常将卧位分为主动卧位、被动卧位和被迫卧位三种类型。

1. 主动卧位　患者身体活动自如，能根据自己的意愿和习惯随意改变体位和卧床姿势，称为主动卧位。常见于术前、恢复期患者及轻症患者。

2. 被动卧位　患者自身无变换卧位的能力，卧于被他人安置的卧位，称为被动卧位。常见于极度衰弱、昏迷、瘫痪的患者。

3. 被迫卧位　患者意识清晰，也有变换卧位的能力，但为了减轻疾病所致痛苦或因治疗所需而被迫采取某种卧位，称为被迫卧位。如哮喘急性发作或急性心力衰竭的患者，由于呼吸极度困难而被迫采取端坐位。

（二）卧位的平衡性

卧位的平衡性与人体的重量、支撑面成正比，与重心高度成反比。根据卧位的平衡性分为稳定卧位和不稳定卧位两种类型。

1. 稳定卧位　支撑面大，重心低，平衡稳定，患者感到舒适（图 2-1-1）。

2. 不稳定卧位　支撑面小，重心较高，难以平衡。为保持一定卧位，极易造成肌肉紧张、疲劳，患者感到不舒适（图 2-1-2）。

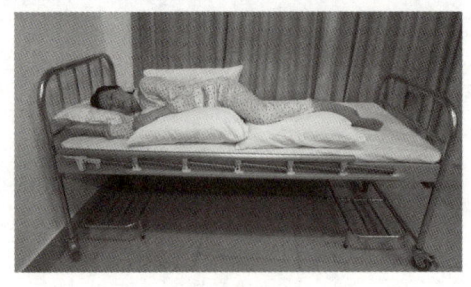
图 2-1-1　稳定卧位

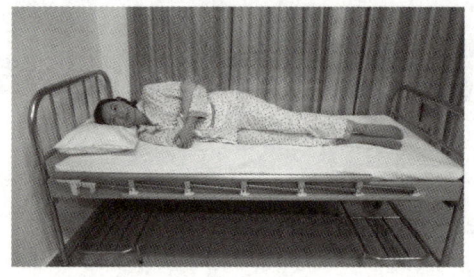
图 2-1-2　不稳定卧位

三、舒适卧位的基本要求

1. 正确卧床姿势　应符合人体力学原理及要求,维持身体各部位处于良好的功能位置。

2. 及时更换体位　至少每 2 h 改变体位一次,并加强受压部位皮肤护理,预防压力性损伤并发症。

3. 适当进行活动　根据病情需要有计划地协助患者进行活动,并适当地进行全范围关节运动。

4. 关爱患者,保护隐私　协助患者取舒适卧位时,应注意遮盖,给予保暖和保护隐私,以增进身心舒适。

知识链接

全范围关节活动

全范围关节活动(range of motion ,ROM)是指根据每一特定关节可活动的范围,进行屈曲和伸展的运动,是维持关节可动性,防止关节挛缩和粘连,恢复和改善关节功能的有效锻炼方法。ROM 可分为主动性 ROM 和被动性 ROM。

四、常用卧位

1. 仰卧位　见表 2-1-1。

表 2-1-1　仰　卧　位

类型	安置方法	适用范围	临床意义
去枕仰卧位	协助患者去枕仰卧,头偏向一侧,两臂放于身体两侧,两腿自然放平,将枕头横立于床头(图 2-1-3)	昏迷或全身麻醉未清醒的患者 椎管内麻醉或脊髓腔穿刺后的患者	可避免呕吐物误入气管而引起窒息或肺部感染 可预防颅内压降低引起的头痛

类型	安置方法	适用范围	临床意义
中凹卧位（休克卧位）	抬高患者头胸部 10°~20°，抬高下肢 20°~30°（图 2-1-4）	休克患者	抬高头胸部，保持气道通畅，有利于通气，从而改善缺氧症状 抬高下肢，有利于静脉血液回流，增加心排血量而缓解休克症状
屈膝仰卧位	患者仰卧，头下垫枕，两臂放于身体两侧，两膝屈曲，并稍向外分开（图 2-1-5）	胸腹部检查、实施导尿术及会阴冲洗的患者	该卧位可使腹部肌肉放松，便于检查或暴露操作范围 检查或操作时注意保暖及保护患者隐私

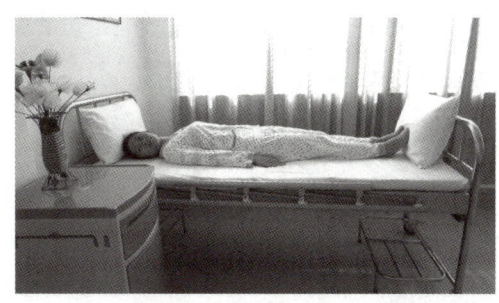

图 2-1-3　去枕仰卧位

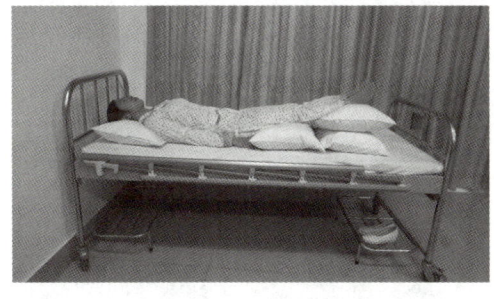

图 2-1-4　休克卧位

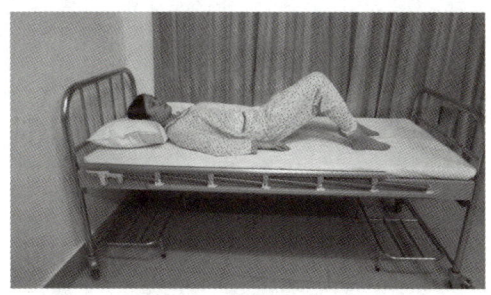

图 2-1-5　屈膝仰卧位

知识链接

椎管内麻醉或脊髓腔穿刺后去枕仰卧位以防头痛的原因

1. 蛛网膜和硬脊髓膜被穿破，脑脊液从穿孔漏入硬脊膜外腔，受重力作用而出现外漏，导致脑脊液减少，颅内压下降，脑组织失去支撑而下沉，造成对脑膜、脑神经和血管的牵拉，从而产生头痛。如果患者采取去枕仰卧位，可减少脑脊液外流而致的术后头痛的发生。

蛛网膜下腔麻醉大约12 h后,破损的蛛网膜可自行修复,患者可逐步抬高头部,但如果出现头痛,则应继续去枕仰卧。

2. 硬膜外麻醉由于硬脊膜和蛛网膜未被刺破,不会发生脑脊液外漏,但有些患者也会发生头痛,与麻醉阻滞范围内血管扩张、患者直立时引起相对血容量减少及心脏每搏输出量减少,造成头部供血不足有关。采取去枕仰卧位大约6 h可有效地减少头痛的发生。

2. 侧卧位 见表2-1-2。

表2-1-2 侧 卧 位

安置方法	适用范围	临床意义
侧卧,两臂屈肘,一手放于胸前,另一手放于枕旁,上腿弯曲,下腿伸直(臀部肌内注射时上腿伸直,下腿弯曲)。必要时在两膝之间、胸腹部、背部可放置软枕支撑(图2-1-6)	灌肠、肛门检查,配合胃镜、肠镜检查,臀部肌内注射,预防压力性损伤	侧卧位与仰卧位交替,可避免局部组织长期受压,防止压力性损伤发生 对单侧肺部病变者,根据病情采取患侧卧位或健侧卧位

3. 俯卧位 见表2-1-3。

表2-1-3 俯 卧 位

安置方法	适用范围	临床意义
俯卧,头偏向一侧,两臂屈曲放于头的两侧,两腿伸直,胸下、髋部及踝部各放一软枕(图2-1-7)	背部检查或配合胰、胆管造影检查 脊椎手术后或腰、背、臀部有伤口,不能平卧或侧卧的患者 胀气所致腹痛	如果为俯卧患者臀部肌内注射时,患者足尖相对,足跟分开,保持肌肉放松 使腹腔容积增大,以缓解胃肠胀气

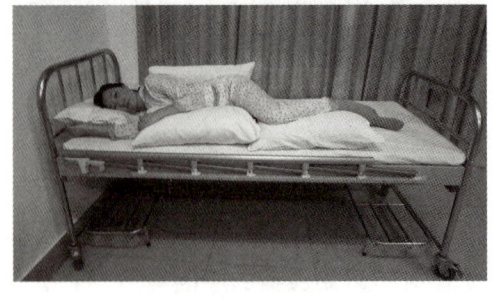

图 2-1-6 侧卧位

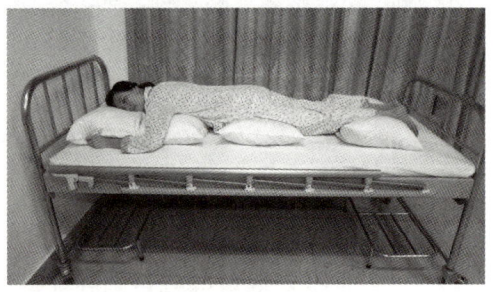

图 2-1-7 俯卧位

4. 半坐卧位　见表 2-1-4。

表 2-1-4　半 坐 卧 位

安置方法	适用范围	临床意义
1. 摇床法　患者仰卧，先摇起床头支架使上半身抬高，与床成 $30°\sim50°$，再摇起膝下支架，以防患者下滑。必要时，床尾可置一软枕，垫于患者的足底，增进患者舒适感，防止足底触及床尾栏杆。放平时，先摇平膝下支架，再摇平床头支架（图 2-1-8）	某些面部及颈部手术后的患者 心肺疾病引起呼吸困难的患者	采取半坐卧位可减少局部出血 由于重力作用，部分血液滞留于下肢和盆腔，使回心血量减少，从而减轻肺淤血和心脏负担 可使膈肌位置下降，扩大胸腔容积，减轻腹腔内脏器对心肺的压力，增加肺活量，从而改善呼吸困难 可促进引流 可松弛腹肌，减轻腹部切口缝合处的张力，缓解疼痛，增进舒适感，有利于切口愈合
2. 靠背架法　如无摇床，可将患者上半身抬高，在床头褥下放一靠背架，患者下肢屈膝，用大单包裹软枕，垫在膝下，大单两端固定于床沿，以防患者下滑，床尾足底垫软枕。放平时，先放平下肢，再放平床头	腹腔、盆腔手术后或有炎症的患者 恢复期体质虚弱的患者	使腹腔渗出液流入盆腔，使感染局限，因为盆腔腹膜抗感染性较强，而吸收性较弱，故可防止炎症扩散和毒素吸收 防止感染向上蔓延引起膈下脓肿 有利于患者向站立过渡，使其有一个适应过程

知识链接

正确的半坐卧位预防膈下脓肿

膈下有丰富的血液循环及淋巴网与腹腔脏器淋巴网吻合，因为膈肌的运动形成上腹腔的负压，有助于腹腔脏器淋巴液的回流。如果术后患者长期采取仰卧位，渗出液易积聚于此，则易引起膈下感染，若腹腔脓液引流排出不彻底而积聚，则易导致膈下脓肿。因此腹腔术后患者早期采取半坐卧位，可防止感染向上蔓延，以利脓液、血液及渗出液的吸收引流。

5. 端坐位　见表 2-1-5。

表 2-1-5　端　坐　位

安置方法	适用范围	临床意义
扶患者坐起,并用床头支架或靠背架将床头抬高 70°~80°,患者身体稍向前倾,床上放一跨床桌,桌上放一软枕,患者可伏桌休息,患者背部放置一软枕。同时,膝下支架抬高 15°~20° 以防身体下滑,必要时加床挡,保证患者安全(图 2-1-9)	急性肺水肿、心包积液、支气管哮喘发作的患者	由于呼吸极度困难,患者被迫端坐

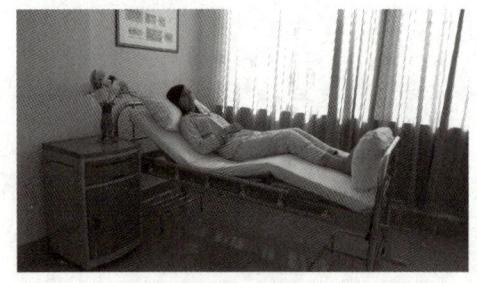 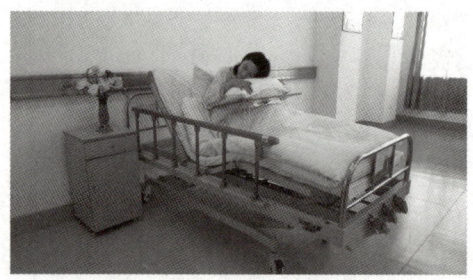

图 2-1-8　半坐卧位　　　　　　　　图 2-1-9　端坐位

6. 头高足低位　见表 2-1-6。

表 2-1-6　头高足低位

安置方法	适用范围
患者仰卧,床头用支托物垫高 15~30 cm 或根据病情而定,枕横立于床尾,以防足部触及床尾栏杆。如使用电动床可调节整个床面向床尾倾斜(图 2-1-10)	颈椎骨折的患者做颅骨牵引时,作为反牵引力 降低颅内压,预防脑水肿 颅脑手术后的患者

7. 头低足高位　见表 2-1-7。

表 2-1-7　头低足高位

安置方法	适用范围
患者仰卧,枕横立于床头,以防碰伤头部。床尾用支托物垫高 15~30 cm。这种体位易使患者感到不适,不宜过长时间使用。颅内压增高者禁用(图 2-1-11)	肺部分泌物引流,使痰易于咳出 十二指肠引流术,有利于胆汁引流(需配合右侧卧位) 下肢骨折牵引时,可利用人体重力作为反牵引力 妊娠时胎膜早破,防止脐带脱垂

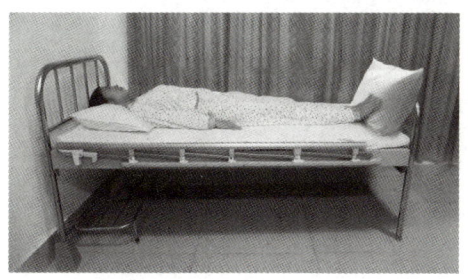

图 2-1-10　头高足低位

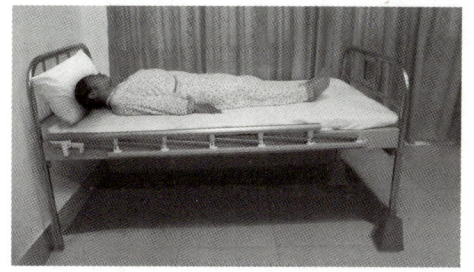

图 2-1-11　头低足高位

8. 膝胸卧位　见表 2-1-8。

表 2-1-8　膝 胸 卧 位

安置方法	适用范围
患者跪卧，两小腿平放于床上，稍分开，大腿和床面垂直，胸贴床面，腹部悬空，臀部抬起，头转向一侧，两臂屈肘，放于头的两侧。如果孕妇采取此卧位矫正胎位，每次不应超过 15 min 安置这种卧位时，注意患者保暖，要做好解释工作，以取得合作（图 2-1-12）	肛门、直肠、乙状结肠镜检查及治疗 纠正子宫后倾或胎位不正，如臀先露 促进产后子宫复原

知识链接

膝胸卧位矫正胎位不正及子宫后倾机制

正常的胎位是枕前位，有利于胎头娩出。如果为臀位，胎臀先娩出，阴道不能充分扩张，加之胎头无变形机会，往往造成难产。臀先露、肩先露等都是异常胎位，可导致胎儿在分娩过程中窒息，甚至死亡。

孕妇妊娠 30 周前胎位多能自行转为头位，若妊娠 30 周后仍为臀位应予以矫正，常采取膝胸卧位矫正。方法：让孕妇排空膀胱，松解裤带取膝胸卧位，每日 2 次，每次 15 min，连续 1 周后复查。这种卧位使胎儿臀退出盆腔，借助胎儿重力的作用，使胎儿头与胎儿背所形成的弧形顺着宫底弧面滑动完成，转为头位。

同时该卧位臀部抬起，腹部悬空，由于重力作用使腹部脏器前倾，对子宫后倾的矫正也起到良好的作用。

9. 截石位　见表 2-1-9。

表 2-1-9　截 石 位

安置方法	适用范围
患者仰卧于检查台上，两腿分开，放于支腿架上（支腿架上放软垫），臀部齐台边，两手放在身体两侧或胸前 安置这种卧位时，需耐心解释，注意遮挡患者，减少暴露及保暖（图 2-1-13）	会阴、肛门部位的检查、治疗或手术，如膀胱镜检查、阴道灌洗、妇科检查等 产妇分娩时的卧姿

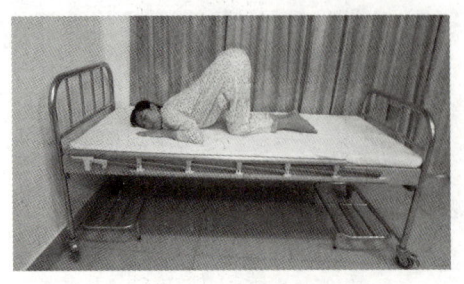
图 2-1-12 膝胸卧位

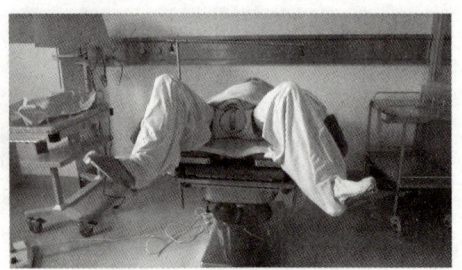
图 2-1-13 截石位

五、卧位的变换

长期卧床、颅骨牵引、脊椎术后等不能自行翻身的患者,由于疾病或治疗的限制,无法自行更换体位,易导致局部皮肤长期受压,血液循环障碍,发生压力性损伤;同时呼吸道分泌物不易咳出,易发生坠积性肺炎。此外,长期卧床易出现精神萎靡、消化不良、便秘、肌肉萎缩、肾结石及静脉血栓等并发症。因此,护士应根据患者的病情,定时协助患者更换体位,使患者舒适、安全,预防并发症的发生。

(一)协助患者翻身侧卧

【目的】

1. 变换姿势,增进舒适。

2. 预防并发症,如压力性损伤、坠积性肺炎等。

3. 满足治疗、护理的需要,如背部皮肤护理、肌内注射以及便于更换床单或整理床单位。

【评估】

1. 患者的病情、意识状态、体重及躯体活动能力、皮肤完整性。

2. 患者的心理状态及合作程度。

3. 患者各种导管及伤口引流情况。

【计划】

1. 护士准备　着装整洁,洗手。

2. 患者准备　患者及家属了解翻身的目的及过程,取得理解和配合。

3. 用物准备　根据病情准备好枕头、床挡。

4. 环境准备　环境整洁、安静,光线、温湿度适宜,必要时进行遮挡。

【实施】　协助患者翻身侧卧操作见表 2-1-10。

【评价】

1. 翻身后患者身体各部位处于良好的功能位置,感觉安全、舒适。

2. 各引流管通畅,患者病情及治疗未受到影响。

表 2-1-10 协助患者翻身侧卧操作

操作流程	操作说明	注意点
1. 准备	根据评估资料,视患者情况决定护士人数,备好枕头	
2. 核对解释	携用物至床旁,做好核对、解释,说明操作要点	确认患者,建立安全感,取得合作
3. 安置导管	妥当安置各种导管及输液装置等,必要时将盖被折叠至床尾或床的一侧	防止翻身引起导管脱落或扭曲受压
4. 安置患者	患者仰卧,两手放于腹部,双腿屈曲	
5. 协助翻身	根据病情、体重选择翻身方法 (1)一人协助翻身侧卧法 移近床沿:将患者肩部、臀部移近护士侧床沿,再将双下肢移向靠近的床沿 协助翻身:近护士侧下肢屈膝,护士一手托肩,另一手扶近侧屈膝部,轻轻将患者转向对侧,使患者背向护士,将枕头移于头下(图 2-1-15) (2)两人协助翻身侧卧法 移近床沿:两名护士站在床的同一侧 甲护士:托住患者颈肩部和腰部 乙护士:托住患者臀部和腘窝部 两人同时将患者稍抬起移向近侧(图 2-1-16) 协助翻身:近护士侧下肢屈膝 甲护士:托扶患者的肩、腰 乙护士:托扶臀、屈膝部 轻轻将患者转向对侧,使患者背向护士,将枕头移于头下(图2-1-17) (3)轴式翻身法 移动患者:两名护士站在床的同侧,将大单铺于患者身下 甲护士:抓紧靠近患者肩、腰背处的大单 乙护士:抓紧髋部、大腿处的大单 将患者拉至近侧,并放置床挡 安置体位:护士绕至对侧,将患者近侧手臂放于头侧,远侧手臂放于胸前,两膝间放一软枕 协助翻身:护士双脚前后分开	适用于体重较轻的患者 应用省力原则,尽量靠近护士,缩短阻力臂,更省力 注意不可拖拉,动作轻稳,以免擦伤皮肤 适用于体重较重或病情较重的患者 注意两人动作应协调一致 适用于脊椎受损或脊椎手术后患者 维持躯干的正常生理弯曲

操作流程	操作说明	注意点
5. 协助翻身	甲护士:双手抓紧患者肩、腰背处的远侧大单 乙护士:双手抓紧髋部、大腿处的远侧大单 由一名护士发口令,两人动作一致地将患者整个身体以圆滚轴式翻转至侧卧,使患者面向护士,将枕头移于头下	
6. 安置肢体	检查并安置患者肢体于功能位	
7. 稳定体位	按侧卧位要求,在患者的背部、胸前及两膝间放置软枕,扩大支撑面,稳定卧位	使患者安全、舒适,必要时使用护栏
8. 整理记录	整理床单位,洗手,记录翻身时间和皮肤状况,做好交接班	翻身间隔时间视病情及局部受压情况而定

96

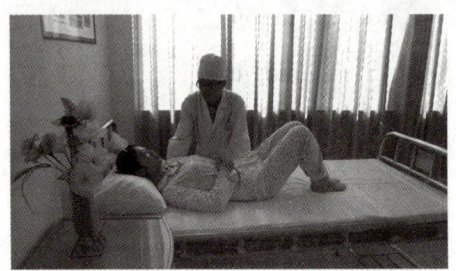

图 2-1-14　单人移近床沿

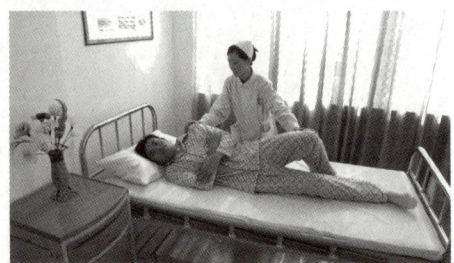

图 2-1-15　单人协助翻身

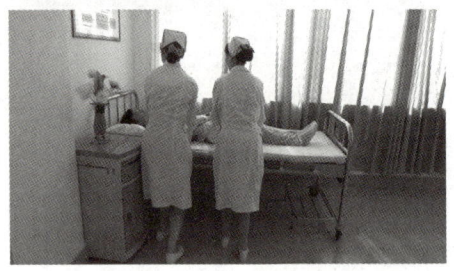

图 2-1-16　双人移近床沿

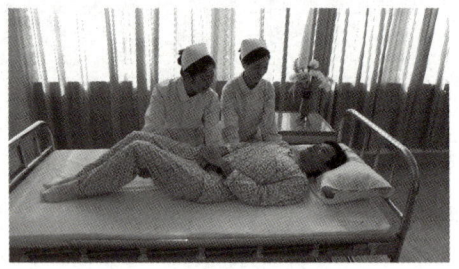

图 2-1-17　双人协助翻身

【注意事项】

1. 护士应注意节力原则,动作轻稳,协调一致,不可拖拉。

2. 为身上置有多种导管及输液装置的患者翻身时,应先妥当安置导管,翻身后检查各导管是否通畅,防止扭曲、受压或脱落。

3. 翻身时注意保暖并防止坠床。

4. 翻身间隔时间根据病情及皮肤受压部位情况而定,以防压力性损伤发生,同时做好交接班。

5. 为手术后患者翻身时,应先检查敷料是否脱落或潮湿,如脱落或被分泌物浸湿,应先换药再翻身。

6. 颅脑手术后患者,一般只能卧于健侧或取平卧位,头部翻动过剧可引起脑疝,压迫脑干,导致突然死亡。

7. 颈椎和颅骨牵引的患者,翻身时不可放松牵引。

8. 石膏固定或伤口较大的患者,注意观察血液循环情况,翻身后应将患处放于适当位置,防止受压。

(二)协助患者移向床头

【目的】　协助滑向床尾而不能自行移动的患者移向床头,恢复安全而舒适的卧位。

【评估】

1. 患者的病情、意识状态、体重及躯体活动能力、皮肤完整性。

2. 患者的心理状态及合作程度。

【计划】

1. 护士准备　着装整洁,洗手。

2. 患者准备　护士向患者和家属解释操作的目的、方法,指导患者与之合作。

3. 用物准备　根据病情准备好枕头等物品。

4. 环境准备　环境整洁、安静,光线充足,温湿度适宜。

【实施】　协助患者移向床头操作见表2-1-11。

表 2-1-11　协助患者移向床头操作

操作流程	操作说明	注意点
1. 准备	根据评估资料,视患者情况决定护士人数,备好枕头等用物	
2. 核对解释	携用物至床旁,做好核对、解释,说明操作要点及配合事项	确认患者,建立安全感,取得合作
3. 安置准备	根据病情放平床头支架,将枕横立于床头 将各种导管及输液装置安置妥当 必要时将盖被折叠至床尾或一侧	枕横立于床头,避免头部撞伤
4. 患者姿势	仰卧屈膝,双手抓住两侧床沿(或搭在护士肩部)	
5. 移动患者	(1)一人协助移向床头法 护士:两腿适当分开,一手托住患者肩背部,另一手托住膝部 移向床头:抬起患者的同时,患者脚蹬床面,挺身上移,移向床头	适用于生活能部分自理的患者 护士与患者同时用力,尽量减少与床之间的摩擦

操作流程	操作说明	注意点
5. 移动患者	（2）两人协助移向床头法 ① 同侧法：护士站同侧（图2-1-18） 甲：一手托住患者颈肩；另一手托住腰部 乙：一手托住臀部；另一手托住腘窝部 动作协调一致，同时抬起患者，移向床头 ② 两侧法：护士分别站两侧（图2-1-19） 甲、乙：双手对向并排，交叉托住患者颈肩部 和臀部 动作协调一致，同时抬起患者，移向床头	适用于不能自理的患者 动作轻稳、协调 不可拖拉，以防损伤皮肤
6. 整理归位	放回枕头，根据患者病情需要安置舒适卧位，整理床单位，洗手	

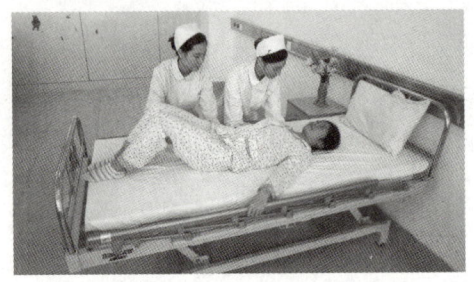

图2-1-18 两人协助移向床头同侧法

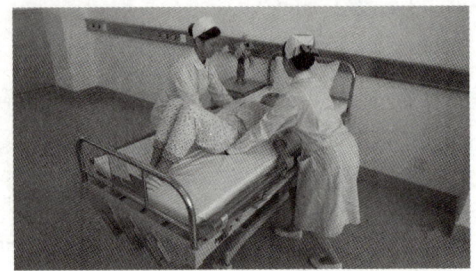

图2-1-19 两人协助移向床头两侧法

【评价】

1. 卧位安置合理，患者舒适、安全。

2. 护士动作轻稳、协调、节力。

【注意事项】

1. 应运用人体力学原理，操作轻稳、节力、安全，两人的动作应协调统一。

2. 移动患者时不可拖、拉、推，减少身体与床之间的摩擦力，避免皮肤及关节损伤。

任务二 患者的安全护理

安全的需要是人类基本需要之一，马斯洛的需要层次理论中，安全需要仅次于生理需要层次。安全是个体生存的基本条件，对患者而言显得尤其重要。

一、影响患者安全的因素

影响患者安全的因素见表2-1-12。

表 2-1-12　影响患者安全的因素

因素种类	安全的影响
感觉功能	感觉良好：良好的感觉功能可使人们正确了解周围的环境,对自身行为的安全性能做出正确的判断 感觉障碍：如果感觉障碍,则对周围环境中存在或潜在的危险因素无法做出正确判断,容易受到伤害
环境	熟悉环境：能较好地与周围的人进行沟通、交流,从中获得信息和帮助,有安全感 陌生环境：易使人产生陌生、焦虑、恐惧等心理反应,也缺乏安全感
年龄	不同年龄段的人对周围环境的感知和理解能力不同;所采取的自我保护行为也不同 新生儿、婴幼儿：依赖他人保护 儿童：好奇、好动,易发生意外伤害 老年人：由于器官功能逐渐老化,感觉功能减退,也容易发生意外伤害
身心状况	身心状况不佳易发生意外伤害 患病：机体免疫力下降,易遭受感染 身体虚弱：行动不便,易发生跌伤 情绪障碍：焦虑或其他情绪障碍时,因注意力分散,无法警觉到环境中的危险,易发生伤害 昏迷患者：无自我保护能力 精神障碍：易发生自伤或他伤等伤害
诊疗手段	在诊治疾病过程中,特殊诊疗方法对治疗患者疾病很有必要,但也给患者带来一定的伤害。如各种侵入性检查和治疗、外科手术治疗等,所造成的创口、损伤以及潜在的感染等都会给患者造成伤害

二、评估患者安全隐患

患者需要在安全的环境中治疗、休养才有利于疾病的康复。然而,医院在给患者提供各种治疗、护理、休养环境的同时,可能还存在物理性、化学性、生物性、医源性等各种隐患因素而伤害患者。因此,护理人员在提供患者治疗、护理活动时,应评估影响患者安全的各种隐患因素并做好各种损伤的防范,提高护理工作质量。

（一）物理性损伤及防范

1. 机械性损伤　见表2-1-13。

表 2-1-13　机械性损伤

常见损伤	常见因素	防范措施
跌伤、撞伤、阻塞和坠床等	意识不清、躁动不安、年老体衰患者和婴幼儿、年老体虚、行走不便、偏瘫、长期卧床、初次下床、服用镇静药等患者	1. 患者 给予搀扶,指导患者正确使用拐杖、助行器 患者上下轮椅或床时:应先固定脚轮,以免轮椅或床移动,造成危险 应使用床挡、约束带等保护,以防坠床 应注意避免精神病患者接触剪刀、刀片等锐器 2. 病室 保持地面干燥、整洁,物品放置稳妥 晚间应开壁(地)灯,以便患者醒来能看清周围环境,活动方便 走廊、浴室、洗手间应设栏杆 厕所、洗浴或活动场所地面防滑,减少障碍物,并设呼叫系统 应用各种导管、器械进行操作时,应掌握操作规程,动作轻柔,防止损伤患者皮肤和黏膜

2. 温度性损伤　见表 2-1-14。

表 2-1-14　温度性损伤

常见损伤	常见因素	防范措施
烫伤	热水袋、热水瓶	应用冷热疗法时,应严格掌握操作要求,注意观察患者局部皮肤的变化,鼓励患者及时反映不适
冻伤	冰袋、冰囊等	肢体麻痹者、幼儿或容易受伤的患者(如意识不清或使用镇静药者),应控制温度,并有人陪伴
烧伤	易燃易爆物品:氧气、煤气、乙醇、汽油等	病室应备有防火设施,对易燃易爆物品应妥善保管
灼伤	各种电器:高频电刀、烤灯等	病室电器设备需定期检修,注意电路安全,不可超量用电

3. 压力性损伤　见表 2-1-15。

表 2-1-15　压力性损伤

常见损伤	常见因素	防范措施
压力性损伤	危重或长期卧床患者,骨突处长期受压 石膏或夹板固定过紧	对危重或长期卧床患者,应加强护理,定时翻身、按摩,促进受压部位血液循环 密切注意石膏或夹板固定患者局部皮肤变化
气压伤	高压氧舱治疗不当	应掌握适应证,应逐渐加压或减压,并注意不良反应

4. 放射性损伤　见表 2-1-16。

表 2-1-16　放射性损伤

常见损伤	常见因素	防范措施
放射性皮炎、皮肤溃疡坏死	各种放射治疗,如深部 X 线、^{60}Co、直线加速器等疗法 主要对象为肿瘤治疗患者、医务人员	在场人员采取保护措施:穿戴铅衣外套、手套等 患者:应尽量减少其身体不必要的暴露,保持照射野的标记,正确掌握照射剂量和时间 对患者进行教育:保持接受放射治疗部位皮肤的清洁、干燥,避免搔抓、用力擦拭和用肥皂擦洗皮肤等

（二）化学性损伤及防范

化学性损伤常见因素及防范措施见表 2-1-17。

表 2-1-17　化学性损伤常见因素及防范措施

物质	常见因素	防范措施
各种化学性药物	药物剂量过大 浓度过高 用药次数过多 方法不合理 配伍不当 用错药	护理人员:具备药理知识,掌握常用药物保管原则 用药时:严格执行"三查八对",药物应现配现用,注意配伍禁忌 使用新药:应了解其性能,正确应用 注意观察药物反应

（三）生物性损伤及防范

生物性损伤常见因素及防范措施见表 2-1-18。

表 2-1-18　生物性损伤常见因素及防范措施

常见损伤	常见因素	防范措施
交叉感染:如呼吸道感染、肠道感染	微生物	严格执行消毒隔离制度 遵守无菌技术操作原则 加强危重患者护理,增强抵抗力
叮咬:导致过敏性伤害,扰乱睡眠、严重影响休息,甚至传播疾病	昆虫(蚊、虱、蚤、蟑螂等)	应采取有力措施予以消灭,并加强防范

（四）医源性损伤及防范

无论是物理性、化学性、生物性，还是心理性损伤，如果是医护人员言行不慎、操作不当而造成患者心理或生理上的损伤，均为医源性损伤。医源性损伤常见因素及防范措施见表 2-1-19。

表 2-1-19　医源性损伤常见因素及防范措施

常见损伤	常见因素	防范措施
造成患者心理上痛苦、伤害	对患者不够尊重、语言不当、缺乏耐心	加强医务人员思想道德教育，关心患者，交谈语言规范 培养良好的医德医风，提高素质
医疗差错、事故发生，给患者带来生理伤害	工作责任心差、疏忽大意、动作粗暴	制定并严格执行各项规章制度和操作规程 加强工作责任心，保障患者安全

三、保护患者安全措施

保护具是临床为确保患者安全和治疗护理工作的顺利进行常采用的保护器具。

（一）保护具的概念及种类

1. 概念　保护具是用来限制患者身体或机体某部位的活动，以达到维护患者安全与治疗效果的器具。

2. 种类　有床挡、约束带和支被架三种。

（二）保护具的适用范围

1. 易发生坠床的患者　如麻醉后未清醒者、意识不清、躁动不安、失明、痉挛或老年患者。

2. 儿科患者　因认知及自我保护能力尚未发育完善，尤其是未满 6 岁的儿童，易发生坠床、撞伤、抓伤等意外或不配合治疗等行为。

3. 施行了某些手术的患者　如白内障摘除术及虹膜牵张手术患者。

4. 精神病患者　如躁狂症患者、自我伤害者。

5. 其他　长期卧床、极度消瘦、虚弱及其他压力性损伤易发生者。

（三）使用方法

【目的】

1. 防止年幼、高热、谵妄、昏迷、躁动及危重患者因意识不清而发生坠床、撞伤及抓伤等意外。

2. 限制患者身体或肢体的活动，确保治疗、护理的顺利进行。

【评估】

1. 患者病情、意识状态等影响其安全的因素。

2. 患者年龄、体重、肢体活动能力、有无局部外伤等。

3. 患者及其家属的心理反应和合作程度。

【计划】

1. 护士准备　着装整洁,洗手、戴口罩。

2. 患者准备　患者及其家属了解使用保护具的重要性和方法,愿意配合使用。

3. 用物准备　按需要备床挡、约束带、棉垫和支被架。

4. 环境准备　环境整洁、安静,宽敞明亮,必要时移开床旁桌、椅。

【实施】　保护具使用操作见表 2-1-20。

表 2-1-20　保护具使用操作

操作流程	操作说明	注意点
1. 准备	根据评估情况,按需要备床挡、约束带、棉垫和支被架	
2. 核对解释	携用物至床旁,核对床号、姓名,解释、说明使用保护具的目的、方法、注意事项,取得理解和配合	确认患者,建立安全感,取得合作
3. 合理应用	根据病情选择合适的保护具 (1) 床挡 移开床旁桌、椅: ① 木杆床挡(图 2-1-20):将床挡稳妥固定于两侧床边。床挡中间为活动门,护理操作时将门打开,操作完毕关闭 ② 多功能床挡(图 2-1-21):使用时插入两侧床沿,不用时插于床尾。抢救时可将床挡取下垫于患者背部,做胸外心脏按压时使用 ③ 半自动床挡(图 2-1-22):可按需要升降床挡 　用于保护躁动患者或精神科患者,约束失控的肢体或治疗时限制其身体及肢体的活动,防止自伤、坠床或伤害他人 (2) 约束带 置衬垫:在需要约束的部位放置衬垫 妥善固定: ① 宽绷带(或约束带)约束法:使用时先将棉垫包裹手腕部或踝部,再用宽绷带(或约束带)打成双套结(图 2-1-23),套在棉垫外稍拉紧,使肢体不易脱出,以不影响血液循环为宜(图 2-1-24),然后将宽绷带的两端系于床沿	预防坠床 便于操作 不用时固定在床沿两侧 防止皮肤受损 常用于固定手腕和踝部松紧要合适,以能容一指为宜

操作流程	操作说明	注意点
3. 合理应用	② 肩部约束法:肩部约束带用宽布制成,宽8 cm,长120 cm,一端制成袖筒(图2-1-25);两侧肩部套上袖筒,腋窝衬好棉垫,两袖筒上的细带在胸前打结固定,把两条长带系于床头(图2-1-26) ③ 肩部大单约束法:将大单斜折成长条,放在患者的肩背部,将带的两端由腋下经肩前绕至肩后,穿出横在肩下的带子,再将两端系于床头横栏上(图2-1-27) ④ 膝部约束法:膝部约束带用布制成,宽10 cm,长250 cm,宽带中部相距15 cm分别缝制两条双头带(图2-1-28)。使用时,两膝腘窝处衬好棉垫,将约束带横放于两膝上,宽带下的两头带各缚住一侧膝关节,然后将宽带两端系于床沿 ⑤ 膝部大单约束法:大单斜折成长条形,横放在两膝下,从两膝间拉起横带,穿绕过横带,固定于床沿(图2-1-29) ⑥ 尼龙搭扣约束带约束法:约束带由宽尼龙搭扣制成(图2-1-30)。将约束带置于关节处,被约束部位衬好棉垫,选择松紧度适宜的,对合约束带上的尼龙搭扣,然后将带子系于床沿 (3) 支被架(图2-1-31) 将支被架架在肢体上方,盖被盖在支被架上(图2-1-32) 盖被压迫肢体会影响肢体的功能位置,而造成永久性伤害	用于固定肩部,限制患者坐起 用于固定膝部,限制患者下肢活动 用于固定手腕、上臂、膝部、踝部 操作简便、安全 用于肢体瘫痪或极度衰弱的患者,防止足下垂、压力性损伤和不舒适 也可用于烧伤患者暴露疗法时保暖
4. 整理床单位	协助患者取舒适体位,整理床单位,洗手	向患者及其家属交代注意事项
5. 观察记录	观察记录局部皮肤颜色、温度、活动、有无损伤,约束肢体的末梢循环情况等	若肢体苍白、麻木、冰冷时,应立即放松约束带,及时报告医生,给予处理

【评价】

1. 患者无坠床、自伤或他伤行为发生。

2. 患者处于安全保护中,能配合治疗。约束部位皮肤完整,血液循环良好。

3. 患者及家属了解保护具应用的目的,能理解并接受和配合使用。

【注意事项】

1. 严格掌握保护具应用的适应证,维护患者的自尊。使用前应向患者及家属解释使用保护具的目的、方法、操作要点、注意事项,以取得理解和配合。

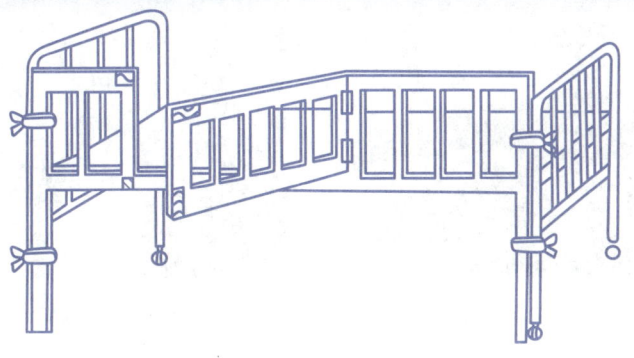

图 2-1-20　木杆床挡

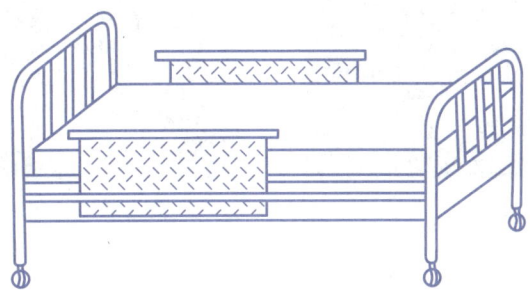

图 2-1-21　多功能床挡

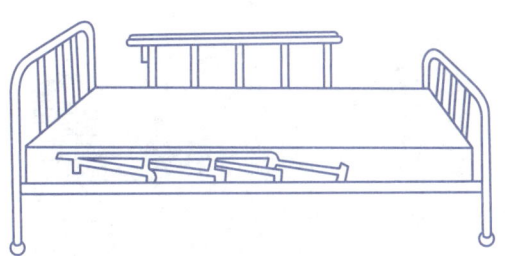

图 2-1-22　半自动床挡

图 2-1-23　打成双套结

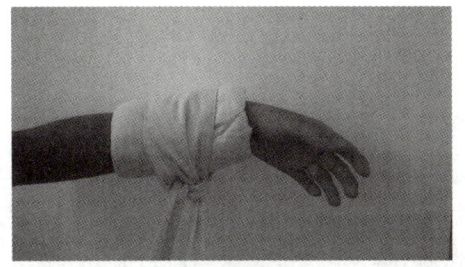

图 2-1-24　套在棉垫外稍拉紧

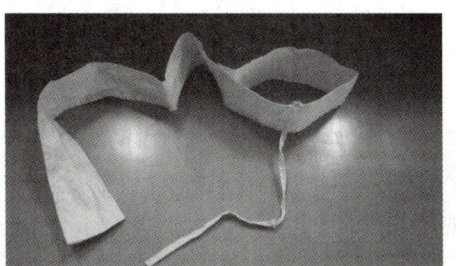

图 2-1-25　肩部约束带

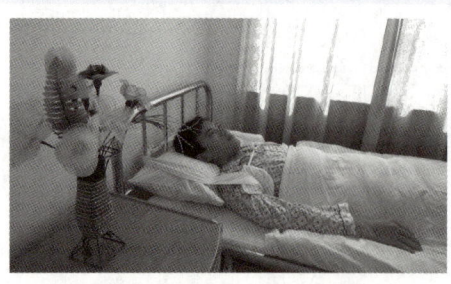

图 2-1-26　长带系于床头

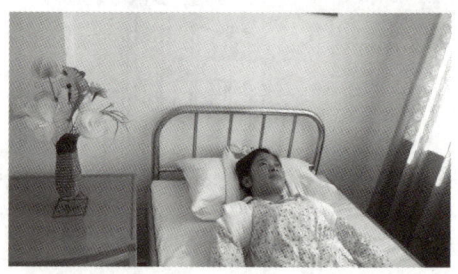

图 2-1-27　肩部大单约束法

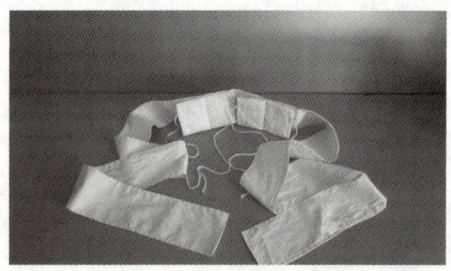

图 2-1-28　膝部约束带

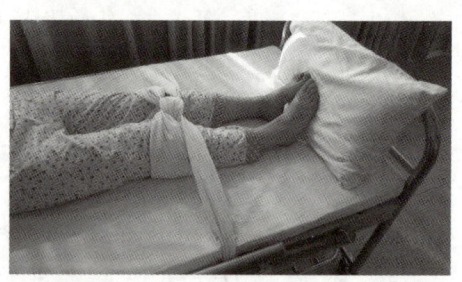

图 2-1-29　膝部大单约束法

图 2-1-30　尼龙搭扣约束带

图 2-1-31　支被架

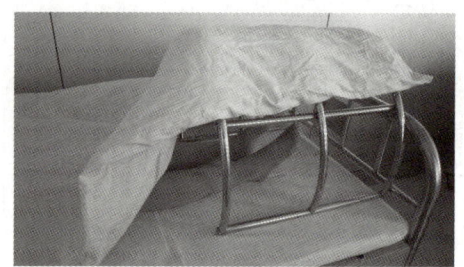

图 2-1-32　盖被盖在支被架上

2. 使用约束带时,约束带下应垫衬垫,固定时松紧适宜。受约束肢体及关节应处于功能位置。

3. 注意经常观察约束部位的皮肤颜色、温度、活动及感觉,一般每 15 min 观察一次,若发现肢体苍白、麻木、冰冷时,应立即放松约束带。必要时进行局部按摩,促进血液循环。

4. 保护具只能短期使用,约束带要定时松解,每 2h 放松一次,并协助患者翻身,进行局部皮肤护理,保证患者安全、舒适。

5. 记录使用保护具的原因、时间、部位、每次观察的结果、执行相应的护理措施情况及解除约束的时间。

1. 何谓卧位？根据其自主性质,可分为几种类型？你能分别给予叙述吗？

2. 临床有几种常用卧位？分别如何给予安置？

3. 休克患者应采取何种卧位？如何安置？其有何临床意义？

4. 半坐卧位的适用范围有哪些？分别阐述采取半坐卧位的临床意义。

5. 协助患者更换卧位时应注意哪些问题？

6. 通过角色扮演,模拟练习各种卧位的安置及保护具的使用,并阐述各种卧位的临床意义及使用保护具的注意事项。

7. 患者李某,女性,76岁。因支气管哮喘急性发作,呼吸极度困难,不能平卧,患者烦躁不安。作为护士应该:① 帮助患者采取何种卧位？为什么？② 如何安置正确的卧位？

8. 患者孙某,男性,46岁。因车祸致多发性损伤急诊入院,X线检查显示颈椎骨折、右股骨粉碎性骨折、血气胸。入院后即给予急诊手术,进行骨折复位、固定,术后行颅骨牵引、右下肢石膏固定、胸腔闭式引流以及吸氧、静脉输液等治疗。请问护士应该:① 帮助患者采取何种卧位？② 如何安置？③ 有何临床意义？

赛证聚焦

请扫描二维码完成在线测试。

（陈小晶）

在线测试：
卧位与安全

项目二　清洁卫生护理

思维导图：

清洁卫生

护理

学习目标

◇ **知识目标**

1. 能正确叙述口腔护理、头发护理、皮肤护理及会阴部护理的评估内容、操作目的和操作注意事项。

2. 能准确说出常用的口腔护理溶液及其作用。

3. 能正确理解并解释压力性损伤的概念。

4. 能正确判断发生压力性损伤的高危患者及身体的好发部位。

5. 能准确说明压力性损伤发生的原因、预防措施、临床表现、治疗及护理。

6. 能正确阐述晨晚间护理的目的和内容。

7. 能正确叙述卧床患者床单更换法的注意事项。

◇ **技能目标**

1. 能运用所学知识为患者进行口腔护理、头发护理、皮肤护理、会阴部护理及晨晚间护理、卧床患者更换床单。

2. 能运用所学知识对患者采取有效措施预防压力性损伤的发生。

3. 能运用所学知识指导患者进行各种清洁卫生的健康教育。

4. 能运用所学知识正确实施压力性损伤的治疗和护理措施。

◇ **素质目标**

以患者为中心,设身处地为患者着想,具备爱伤观念、慎独精神。

清洁是人类最基本的生理需要之一，是维持和获得健康的重要保证。通过清洁可清除身体表面的微生物及其污垢，防止微生物繁殖，促进血液循环，预防感染和并发症的发生。同时，清洁可使患者感到舒适、愉快，维持良好的自我形象，增强自信。健康人具有保持身体清洁的能力和习惯，但当人患病时，由于疾病的影响，自我照顾能力降低，往往无法满足自身清洁的需要，但对清洁的需求与健康人一样，甚至更为强烈。因此，护士应及时评估患者的健康及清洁状况，为患者做好清洁卫生护理工作，使患者在住院期间身心获得最佳舒适状态，有利于促进康复。

任务一　口腔护理

口腔是病原微生物侵入人体的主要途径之一，口腔内的温度、湿度以及食物残渣适宜微生物的生长繁殖。正常人的口腔内存有大量的致病性和非致病性微生物。当人体处于健康状态时，机体抵抗力强，每天饮水、进食、刷牙和漱口等活动对微生物具有一定的清除作用，通常不会出现口腔健康问题。当患病时，由于机体抵抗力降低，饮水、进食、刷牙、漱口等活动减少，唾液分泌减少，清除及杀菌作用降低，口腔内的微生物得以大量繁殖，常可引起口腔炎症、溃疡，甚至继发腮腺炎、中耳炎等并发症。同时，还可引起口臭、龋齿，从而影响患者的自我形象，影响食欲及消化功能，使患者产生一定的社交心理障碍。因此，保持口腔清洁十分重要。

一、评估

口腔护理评估见表 2-2-1。

表 2-2-1　口腔护理评估

评估项目	评估内容
1. 口腔卫生状况	口唇:色泽、湿润度、有无干裂、出血
	口腔黏膜:颜色、湿润度、完整性,有无出血、溃疡、疱疹及异常渗出液
	牙齿:是否齐全,有无义齿、龋齿、牙垢、牙结石,牙缝情况等
	牙龈:颜色是否正常,有无溃疡、肿胀、萎缩或出血
	舌:颜色、湿润度、舌面积垢
	腭部、扁桃体、腭垂:颜色,有无肿胀及异常分泌物
	气味:口腔有无异常气味,如烂苹果味、氨臭味等
2. 自理能力状况	患者:病情、意识状态、全身自主活动能力和口腔清洁的自理能力、心理反应,配合口腔护理的合作程度
	判断:口腔清洁护理需要部分协助还是完全协助

评估项目	评估内容
3. 口腔卫生保健情况	患者对保持口腔卫生重要性及预防口腔疾病知识的了解情况
	对清洁口腔正确方法的认识和掌握程度,如刷牙习惯、刷牙方法、口腔清洁用具的选择
	有义齿者,如何护理等

知识链接 ▌

口 腔 功 能

　　口腔具有辅助说话、咀嚼食物、水解淀粉及分泌唾液等重要功能。口腔内的唾液腺主要有三对:腮腺、下颌下腺、舌下腺,所分泌的唾液中含有黏蛋白、免疫球蛋白、α-唾液淀粉酶、溶菌酶及有机离子等。具有以下生理功能。

　　1. 化学性消化　唾液淀粉酶能分解淀粉为麦芽糖。

　　2. 清洁和保护口腔　唾液的分泌和吞咽,可清除口腔中的细菌和食物颗粒;溶菌酶和免疫球蛋白,有杀菌和杀病毒作用。

　　3. 湿润口腔　利于吞咽与说话。

　　4. 溶解食物　引起味觉。

　　当口腔清洁卫生不佳引起口腔感染时,可通过腮腺管开口继发腮腺炎,也可通过咽鼓管蔓延至中耳引起中耳炎。

二、口腔清洁护理

(一)口腔保健

　　护士应向患者及家属宣传口腔卫生的重要性,介绍维护口腔健康的有关知识,使患者及家属能自觉有效地维护口腔健康,预防口腔感染等并发症的发生。

　　1. 口腔卫生指导　见表2-2-2。

表2-2-2　口腔卫生指导

指导项目	指导内容
1. 良好口腔卫生习惯	指导患者早、晚刷牙,餐后漱口,以减少龋齿的发生 睡前不应进食对牙齿有刺激性或腐蚀性食物,减少食物中精制糖及糖类的量 口腔过于干燥时,鼓励患者多饮水
2. 清洁用具的选择	口腔清洁用具包括牙刷、牙膏、牙线等 牙刷:应尽量选用外形较小、质地较软、表面平滑的尼龙毛刷 使用已磨损和硬毛牙刷,不仅清洁效果不佳,而且容易导致牙齿的磨损和牙龈的损伤

指导项目	指导内容
2. 清洁用具的选择	牙刷应每隔3个月更换1次 牙膏:应无腐蚀性,以防损伤牙齿 药物牙膏:一般能抑制细菌生长,起到预防龋齿和治疗牙齿过敏的作用,一般不选用 含氟牙膏:具有抗菌和保护牙齿的作用,可根据需要选用 牙膏不宜常用一种,应轮换使用
3. 正确刷牙方法	次数:刷牙一般都在早晨起床后或晚上临睡前进行 牙齿外侧面:可用上下振动法:将牙刷的毛面轻放于牙齿及牙龈沟上,并与牙齿成45°,以快速环形振动来回刷动,每次只刷2~3颗牙,刷完一个部位后再刷相邻部位(图2-2-1A) 牙齿内侧面:可用上下竖刷法:要将牙刷竖起,用牙刷前部接触牙齿,做上下振动刷洗(图2-2-1B) 牙齿咬合面:可用平行来回刷牙法:牙刷的毛面与牙面平行来回反复刷洗 舌面:刷完牙齿后再刷舌面,由里向外横向刷洗,之后漱口,使口腔完全清洁 时间:每次时间以3 min 为宜
4. 牙线剔牙法	牙线可选用尼龙线、丝线、涤纶线作为材料(图2-2-2A) 取牙线40 cm,先在中间预留14~17 cm,两端分别绕在两手中指上,以两手的拇指和示指夹住牙线,将牙线以轻锯的动作穿过牙缝的接触面,上下移动,将食物残渣剔出,每个牙缝反复数次,之后漱口(图2-2-2B~E) 剔牙应在餐后及时进行。不宜用牙签剔牙,以防损伤牙龈

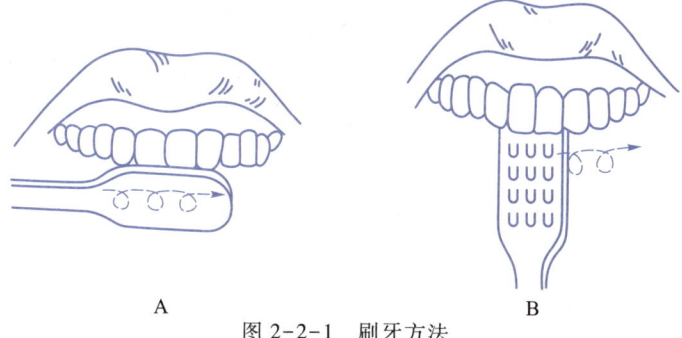

A   B

图 2-2-1 刷牙方法

2. 义齿清洁护理 义齿与真牙一样也会积聚一些食物碎屑及牙垢,需要定时清洁护理。

(1)每次餐后都应及时取下义齿并认真清洗,可用小的软毛刷涂牙膏或义齿清洗液轻轻地刷洗义齿的各面,用冷水冲洗干净,患者漱口后戴上(昏迷患者的义齿清醒后方可戴上)。

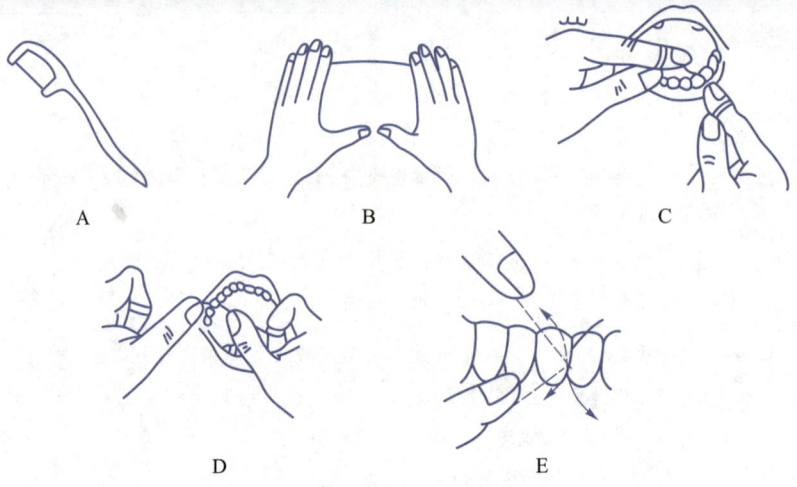

图 2-2-2　牙线剔牙法

（2）白天应佩戴义齿，以增进咀嚼功能，保持良好的口腔外形；晚上将义齿取下，使牙龈得到保养。

（3）取下的义齿刷洗干净后放于冷开水杯中，每天换水一次。

（4）义齿不可放入乙醇或热水中浸泡、刷洗，以免变色、变形和老化。

3. 牙龈保健按摩法　按摩可促进牙龈的血液循环，营养牙床，坚固牙齿，延缓衰老。

（1）用一只手的四个指尖（拇指除外）轻敲口部四周，先顺时针敲 9 次，后逆时针敲 9 次，用力大小以自己感觉适宜为度。

（2）再用示指蘸盐按摩牙龈，先上后下，从左到右，每日 3 次。

（二）特殊口腔护理

根据患者状况的不同，临床上对于高热、昏迷、危重、禁食、鼻饲、口腔疾患、大手术后、血液病、大剂量化疗和放疗及生活不能自理的患者，护士应遵医嘱给予特殊口腔护理，一般每日 2~3 次，如病情需要，应酌情增加次数。

【目的】

1. 保持口腔清洁、湿润，预防口腔感染等并发症的发生。

2. 去除口臭、防止口垢，增进食欲，保持口腔正常功能。

3. 观察口腔黏膜、舌苔、牙龈的变化及有无特殊的口腔气味，为协助诊断及护理提供信息。

【评估】

1. 患者全身情况及自理能力。

2. 患者口腔情况。

3. 患者的口腔卫生保健知识。

【计划】

1. 护士准备　着装整洁，洗手，戴口罩。

2. 患者准备　了解口腔护理的目的、方法及配合要点,愿意合作。

3. 用物准备

(1) 治疗盘:内备口腔护理包(或一次性口腔护理包)、治疗巾 1 条、漱口杯(内盛漱口水)、吸水管、棉签、手电筒、外用药、漱口溶液等。

(2) 口腔护理包:治疗碗(内盛棉球不少于 16 个)、镊子、弯血管钳、弯盘 1 个、压舌板,需要时备张口器等。

(3) 外用药:按需准备,常用的有口腔溃疡膏、维生素 B_2 粉末、液状石蜡、冰硼散、锡类散、西瓜霜、金霉素甘油、制霉菌素甘油等。

(4) 常用漱口溶液:见表 2-2-3。

表 2-2-3　常用漱口溶液

名称	作用
0.9%氯化钠溶液	清洁口腔,预防感染。口腔 pH 为中性时适用
复方硼酸溶液(朵贝尔溶液)	抑菌、除臭,用于轻度口腔感染。口腔 pH 为中性时适用
0.02%呋喃西林溶液	清洁口腔,广谱抗菌。口腔 pH 为中性时适用
1%~3%过氧化氢溶液(双氧水)	抗菌、除臭(遇有机物时,释放出新生氧),用于口腔出血、感染。口腔 pH 偏酸性时适用
1%~4%碳酸氢钠溶液	碱性溶液,用于真菌感染。口腔 pH 偏酸性时适用
2%~3%硼酸溶液	酸性防腐剂,抑菌。口腔 pH 偏碱性时适用
0.1%醋酸溶液	用于铜绿假单胞菌感染。口腔 pH 偏碱性时适用
0.08%甲硝唑溶液	用于厌氧菌感染
中药漱口液	清热、解毒、消肿、止血、抗菌
0.2%氯己定溶液(洗必泰溶液)	清洁口腔,广谱抗菌

4. 环境准备　病室安静、整洁,温湿度适宜,光线明亮。

【实施】　口腔护理操作见表 2-2-4。

表 2-2-4　口腔护理操作

操作流程	操作说明	注意点
1. 核对解释	备齐用物,携至床旁 核对患者床号、姓名 向患者及家属解释操作的目的及配合方法	确认评估患者,根据评估结果确定口腔护理的用物、漱口液及外用药 取得合作
2. 安置体位	协助患者侧卧或仰卧,头偏向右侧 颌下及胸前铺治疗巾,置弯盘于口角旁	便于操作,防止误吸 保护被服不被污染

操作流程	操作说明	注意点
3. 观察口腔	打开口腔护理包,倒漱口液 用湿棉签湿润口唇,嘱患者张口,护士一手持手电筒,另一手用压舌板轻轻地撑开颊部,观察口腔黏膜情况。有义齿者应取下义齿	防止口唇干裂张口时疼痛 昏迷及牙齿紧闭无法自行张口的患者,可用张口器 观察口腔黏膜有无出血、溃疡,口腔内有无特殊气味、义齿等
4. 协助漱口	协助患者用漱口水漱口	昏迷患者禁忌漱口
5. 擦洗口腔 (图 2-2-3)	嘱患者咬合上、下齿,以弯血管钳夹取含有漱口液的棉球,拧干后,放入左侧颊部内侧 沿着牙缝由内向门齿纵向擦洗牙齿的外侧面(同法擦洗右侧牙齿的外侧面) 嘱患者张开上、下齿 擦洗顺序 依次擦洗:左侧牙齿的上内侧面、上咬合面、下内侧面、下咬合面,再弧形擦洗左侧颊部 同法擦洗右侧 由内向外"Z"字形擦洗硬腭、舌面及弧形擦洗舌下	每次只能夹取一个棉球,拧干(保持清洁镊子或钳在上方),以不滴水为度 每擦洗一个部位,更换一个棉球 擦洗时动作要轻柔 勿触及咽部,以免引起恶心
6. 漱口	擦洗完毕,协助清醒患者用温开水再次漱口,用治疗巾拭去患者口角处的水渍	昏迷患者禁忌漱口
7. 涂药	再次观察口腔是否干净,如口腔黏膜有溃疡、真菌感染等,酌情涂药于患处 口唇干裂者可涂液状石蜡或唇膏	
8. 整理用物	压舌板放入弯盘,询问患者需要。取下治疗巾,擦净口面部 协助患者取舒适卧位,整理床单位,清理用物 必要时协助患者清洁义齿并佩戴 洗手,记录	按院内感染要求清理用物 记录口腔卫生情况、口腔护理效果

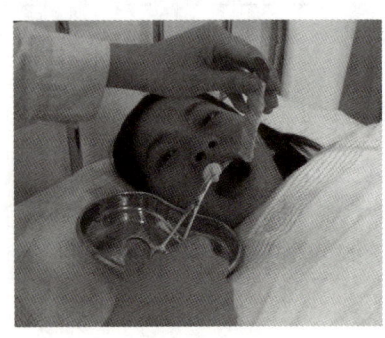

图 2-2-3　擦洗口腔

【评价】

1. 护士操作方法正确,动作轻巧、细致,患者满意,没有污湿衣被。

2. 患者感觉舒适,口腔卫生状况有所改善。

3. 患者及家属了解口腔护理及口腔保健的意义和方法。

【注意事项】

1. 擦洗时动作应轻柔,防止损伤口腔黏膜及牙龈,特别是对凝血功能障碍的患者。

2. 昏迷患者口腔护理应注意:① 禁忌漱口;需用张口器时,应从臼齿处放入,牙齿紧闭者不可暴力助其张口。② 擦洗时棉球不可过湿,以防患者将溶液吸入呼吸道。③ 棉球需用血管钳夹紧,每次一个;操作前后应清点棉球数量,防止棉球遗留在口腔内。④ 也可用血管钳夹紧一块纱布,蘸生理盐水或其他漱口水,拧至半干,按口腔护理顺序操作以代替用棉球擦洗法。

3. 长期使用抗生素者,应注意观察其口腔内有无真菌感染。

4. 传染病患者的用物按消毒隔离原则处理。

任务二　头发护理

整洁美观的头发是每个人从外表维护自我形象的重要内容之一,能增强自信心。但头部是人体皮脂腺分布最多的部位,如果没有及时清洁卫生,皮脂、汗液伴灰尘常黏附于头发、头皮上,形成污垢,除散发难闻的气味外,还可引起脱发和其他皮肤疾病。干净整齐的头发可以保护头皮,促进毛囊的血液循环,增进上皮细胞的营养,预防感染发生。因此,对于病情较重、自理能力下降、无法完成头发护理的患者,护士应给予或协助患者进行床上梳头、洗头,促进头部血液循环,除去污垢,增强其自尊心和自信心。

一、评估

1. 头发质量状况　评估头发的分布、长度、有无光泽;头发的脆性与韧性、湿度、尾端有无分叉等。

2. 头部卫生及皮肤状况　头发清洁状况;有无头虱、虱蚴;头皮有无瘙痒、破损或皮疹等。

3. 自理能力状况　是否卧床,有无肢体活动受限;自行梳发或洗发的能力,梳发或洗发时需要部分协助还是完全协助。

4. 头发护理知识　患者及其家属对头发清洁护理重要性和相关知识的了解程度,如梳发、洗发的正确方法及头发护理用具的选择等。

二、头发清洁护理

多数患者可自行梳理头发,但对于长期卧床、关节活动受限、肌肉张力降低或共济失调等无法进行头发梳理、清洁的患者,护士应给予协助完成。

(一)床上梳发

【目的】

1. 可按摩头皮,促进头部的血液循环。
2. 除去头发污秽,使患者整洁、舒适、美观。
3. 维护患者自尊、自信,建立良好的护患关系。

【计划】

1. 护士准备　着装整洁,洗手,戴口罩。
2. 患者准备　了解梳发目的、方法及配合要点,愿意合作。
3. 用物准备　治疗盘内备梳子、治疗巾、30%乙醇、纸袋 1 个。必要时备发夹和橡皮筋。
4. 环境准备　病室安静、整洁,温湿度适宜,光线明亮。

【实施】　床上梳发操作见表 2-2-5。

表 2-2-5　床上梳发操作

操作流程	操作说明	注意点
1. 核对解释	携用物至患者床旁 核对患者,解释操作的目的和配合方法	确认、评估患者 取得合作
2. 安置体位	协助患者取坐位,铺治疗巾于肩上;如患者不能坐起,可选择平卧位,头偏向一侧,铺治疗巾于枕头上	避免头皮屑和碎发落于患者身上及枕头上
3. 梳理头发	将头发从中间梳向两边,左手握住一股头发,右手持梳子由发根逐段梳至发梢 同法梳理另一侧 长发可酌情编成发辫或扎成束,发型尽量符合患者的要求	避免过度牵拉,造成患者疼痛 长发可将头发绕在示指上慢慢梳理,如遇有头发打结,可用30%乙醇湿润后再小心梳顺 边梳理边按摩头皮,促进头部血液循环 编辫或扎成发束不宜太紧,以防疼痛或阻碍血液循环
4. 撤治疗巾	将脱落的头发缠绕紧,并包入纸中,取下治疗巾	
5. 整理用物	安置患者,整理床单位,清理用物	促进患者舒适,保持病室整洁

【评价】

1. 梳发过程中患者无不适感觉。

2. 患者外观整洁,心情愉快。

【注意事项】

1. 梳发时避免强行梳拉,以免造成患者不适或疼痛。

2. 尊重患者的习惯,尽可能地满足个人喜好。

3. 梳发过程中注意观察患者的反应,做好心理护理。

（二）床上洗发

洗头的频率取决于个人的日常习惯和头发的卫生状况。对于出汗较多或头发上有各种污渍的患者,应增加洗头的次数;长期卧床的患者,应每周洗发一次;遇有头虱的患者须经过灭虱处理后再将头发洗净;根据不同条件可采取多种洗头方法。

【目的】

1. 去除头皮屑及污物,保持头发清洁,使患者舒适、美观。

2. 可按摩头皮,促进头部血液循环,利于头发的生长和代谢。

3. 维护患者自尊、自信,建立良好的护患关系。

4. 预防和灭除虱蚤,防止疾病传播。

【计划】

1. 护士准备　着装整洁,修剪指甲,洗手,戴口罩。

2. 患者准备　了解洗发目的、方法及配合要点,愿意合作。按需要给予便盆。

3. 用物准备　见表2-2-6。

表 2-2-6　床上洗头用物

种类	用　　物
1. 马蹄形垫洗发法	治疗盘:内置小橡胶单、毛巾、浴巾、纱布或眼罩、别针、棉球(2只,以不吸水棉花为宜)、洗发液、梳子、镜子、纸袋、护肤品(患者自备)
	治疗车上:备橡胶马蹄形垫或自制马蹄形卷(无马蹄形垫,也可用大浴巾制成马蹄形卷代替)、水壶(内盛40℃热水)、量杯、污水盆(桶)。必要时备电吹风
2. 扣杯洗发法	治疗盘:同马蹄形垫洗发法
	治疗车上:脸盆、搪瓷杯各1只,毛巾2条,橡胶管1根
3. 洗头车洗发法	另备洗头车(图2-2-4)

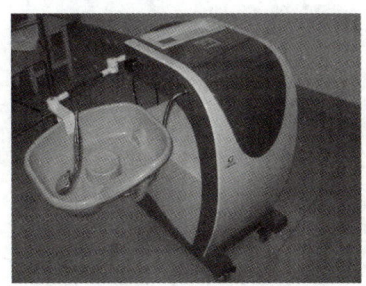

图 2-2-4　洗头车

4. 环境准备　病室安静、整洁,温湿度适宜,光线明亮。

【实施】　床上洗头操作见表2-2-7。

表 2-2-7　床上洗头操作

操作流程	操作说明	注意点
1. 马蹄形垫洗发法		
(1) 核对解释	携用物至患者床旁 核对患者,解释操作的目的及配合方法	确认患者 取得患者配合
(2) 移开桌椅	根据季节调节室温,关门窗,必要时使用屏风 放平床头,移开床旁桌、椅 用物放于方便取用之处	室温调节在 22~26℃,防止患者受凉
(3) 安置体位	将橡胶单及浴巾铺于枕头上 患者仰卧,松开患者领口,将大毛巾向内反折,围于颈部,用别针固定 协助患者斜角仰卧,移枕头于肩下,患者屈膝,可垫枕于两膝下	保护床单、枕头 大毛巾用于擦干洗净的头发,避免沾湿衣服 使患者体位舒适
(4) 放置垫槽	置马蹄形垫于患者后颈部,头部在槽中,槽口下部接污水盆(图 2-2-5)	
(5) 保护眼耳	用棉球塞两耳,纱布(或眼罩)遮盖患者双眼或嘱患者闭上眼睛	防止水流入患者眼及耳内
(6) 洗净头发	松开梳顺头发,将水壶内的热水倒入量杯内,先用少许热水于患者头部试温,询问患者感觉,用热水充分湿润头发,再将洗发液均匀涂遍头发,用指腹反复揉搓头发,按摩头皮 方向由发际向头顶部至枕后,梳去脱落的头发于纸袋中,用热水冲头发至干净为止,同时防止污水溅入眼、耳内	揉搓过程中,避免用指甲抓,以防抓伤头皮 洗发过程中,注意观察患者的一般情况及病情变化,如面色、脉搏、呼吸有异常,则应立即停止操作
(7) 擦干梳发	洗发毕,解下颈部毛巾包住头发,一手托住头部,一手撤去马蹄形垫 协助患者仰卧于床正中,将枕头、橡胶单、浴巾一并从肩下移至头部 取下眼部的纱布及耳内棉球,用热毛巾擦干患者面部,酌情使用护肤品 用包头的毛巾揉搓头发,再用浴巾擦干或电吹风吹干头发 梳理成患者喜欢的发型,使患者整洁、舒适	注意保暖,及时擦干头发,防止患者受凉

操作流程	操作说明	注意点
（8）整理记录	撤去用物,协助患者躺卧舒适,询问患者感受 整理床铺,还原床旁桌、椅 清理用物,记录	
2. 扣杯洗发法	放脸盆1只,盆底放1条毛巾,倒扣1只搪瓷杯,杯底上垫1条四折的毛巾 使患者头部枕于毛巾上,脸盆内置一橡胶管,下接污水桶。操作流程及说明同马蹄形垫洗发法(图2-2-6)	橡胶管内充满水,用血管钳夹紧,利用虹吸原理,将污水引入污水桶内
3. 洗头车洗发法	将洗头车推至床头,患者屈膝仰卧,头枕于洗头车的头托上,或将接水盘置于患者头下。操作流程及说明同马蹄形垫洗发法(图2-2-7)	

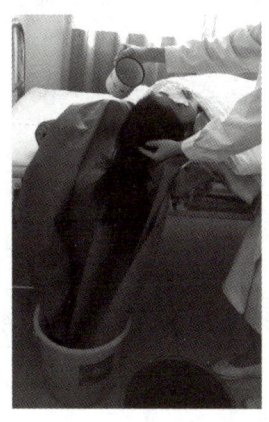

图 2-2-5　马蹄形垫洗发法

图 2-2-6　扣杯洗发法

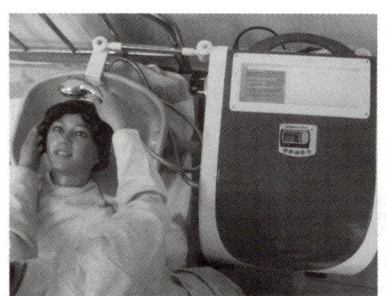

图 2-2-7　洗头车洗头法

【评价】

1. 洗发过程中,患者无感觉不适。

2. 患者外观整洁,心情愉快,自我感觉舒适。

119

头皮按摩的方法

按摩头皮可促进头皮血液循环,保证头发的健康生长。头部按摩可结合洗发进行,也可单独进行。如能结合穴位或药物护发素进行则效果更为理想。头部的按摩,主要是用手指对头皮进行揉(摩)、搓(擦)、推(捏)、叩(打)等,使头皮肌肉放松,血液循环流畅,生理功能得以充分发挥。基本方法是:五指分开,手呈弓形,指腹放于头皮上,手掌离开头皮,稍用力向下按,轻轻揉动,每次手指停留在一个部位揉动数次后再换另一个部位。按摩顺序是从前额到头顶,再从颞部至枕部,反复揉搓至头皮发热,每天 1~2 次。

【注意事项】

1. 操作中应保持与患者的沟通,及时了解其感受,注意观察病情变化,如发现面色、脉搏、呼吸有异常,则应立即停止操作,并酌情处理。

2. 洗发时应注意防止污水流入患者眼及耳内刺激黏膜,并避免沾湿衣服及床单。

3. 按摩揉搓力量要适中,时间不宜过长,以免引起头部充血、疲劳,造成患者不适。

4. 注意调节室温、水温和保暖,及时擦干头发,避免患者着凉或烫伤。

5. 病情危重,身体虚弱的患者不宜洗发。

6. 遵循节力原则,保持良好姿势,避免疲劳。

(三)灭头虱虮法

头虱生长于头发和头皮上,很小,呈卵圆形,浅灰色。其卵(虮)很像头屑,系固态颗粒,而不是薄鳞片,紧紧地粘在头发上,不易去掉。发现患者有虱应立即消灭虱虮。

【目的】 消灭头部虱虮,使患者舒适并预防疾病的感染与传播。

【评估】

1. 患者头发上虱虮的分布情况。

2. 患者病情及自理能力。

3. 患者对卫生知识的了解及配合程度。

【计划】

1. 护士准备 衣帽整洁,洗手,戴口罩,穿隔离衣。

2. 用物准备 洗头用物、治疗巾(2~3 条)、篦子(齿内嵌少许棉花),治疗碗内盛灭虱药液(表 2-2-8)、血管钳、纱布数块、塑料帽、手套、布口袋、隔离衣、纸袋、清洁衣裤、清洁被服,必要时备剪刀。

3. 患者准备 了解消灭虱虮的目的、方法及配合要点,愿意合作。患者若为男性或儿童,应动员剃去头发,女性患者应将头发剪短后再行灭虱。剪下的头发可以用纸包好烧毁,以便彻底灭虱,预防传染病的传播。

表 2-2-8　常用灭虱药液

药液	用法
30%含酸百部酊	百部 30 g,加 50%乙醇 100 ml,再加入纯乙酸 1 ml 盖严,48 h 即可
30%百部含酸煎剂	百部 30 g,加水 500 ml 煎煮 30 min,用双层纱布过滤
	将药渣再加水 500 ml,煎煮 30 min,用双层纱布过滤,挤出药液
	将两次药液合并再煎至 100 ml,待冷却后,加入纯乙酸 1 ml 即可

4. 环境准备　病室安静、整洁,光线明亮。必要时关门窗,调节室温。

【实施】　灭头虱虮操作见表 2-2-9。

表 2-2-9　灭头虱虮操作

操作流程	操作说明	注意点
1. 核对解释	护士洗手,戴手套,穿隔离衣 携用物至床旁,核对患者,并解释灭头虱虮的目的和意义	做好自我保护,以免受虱虮感染 确认患者,取得合作 如病情许可,可在处置室进行,以维护患者自尊
2. 安置体位	安置患者取合适卧位,保护衣被,必要时动员患者剪短发,剪下的头发装入纸袋焚烧	便于彻底灭虱
3. 除灭虱虮	(1)擦拭药物:按洗发法做好准备,将头发分成若干小股,用纱布蘸灭虱药液,按顺序擦遍头发,同时用手搓,使之浸透全部头发。反复揉搓 10 min 后戴上帽子,包住头发 (2)蓖除虱虮:24h 后取下帽子,用篦子蓖去死虱和虮	注意防止药液溅入患者面部及眼部,用药后注意观察患者局部及全身反应情况 如仍有活虱,须重复用灭虱药液杀灭
4. 清洗头发	按洗发法洗净头发	
5. 更换衣裤	灭虱完毕,为患者更换衣裤、被服,将污衣裤及被服放入布袋内	防止虱虮传播
6. 整理归位	清理用物,整理床单位,除去篦子上的棉花,用纸包好焚烧;梳子和篦子浸没消毒后用刷子刷净备用	凡患者用过的布类、接触过的隔离衣,装入布袋内,扎好袋口,送高压灭菌,防止疾病传播
7. 记录	记录灭虱虮时间及效果	

【评价】

1. 彻底消灭头虱虮,无虱虮传播。

2. 患者无局部或全身反应,感觉舒适。

【注意事项】

1. 所有用物须消毒后再清洗,防止虱虮传播。

2. 护士在操作中,应注意自身防护,以免传播。

（四）头发健康与保养

人们都期盼和追求拥有一头浓密、乌黑而润泽的秀发，它可使人容光焕发，风采倍增，还可增强人的自信心，有利于人与人之间的交往。健康美丽的头发离不开平时的保养和护理。每个人的头发情况各不相同，护士应根据患者的发质和状态，有针对性地予以指导（表2-2-10）。

表 2-2-10　头发健康与保养方法

项目	保养指导
1. 养成洗发卫生习惯	定期洗发：洗发次数应根据头发的性质及季节灵活掌握，一般每周洗发1~2次
2. 指导正确梳发	梳子：以塑胶、木质和牛角的较好，梳齿不要太锐利，以钝圆为宜 动作：要轻，一般从发根梳向发梢。长发要从发梢逐段梳理至发根，梳顺为止 次数：每日梳发2~3次
3. 选择合适洗发、护发用品	多功能洗发香波具有去油、去污、去屑止痒、营养头发等作用，不需要再用护发用品 洗发剂和护发素应根据个人发质（中性、油性等）特点选用
4. 掌握正确护发方法	洗发后最好自然晾干，如用电吹风吹干则温度不宜过高 束发不要过紧，烫发与染发次数不宜过多 冬季应对头发保暖；夏季防止日光曝晒，经常按摩头皮
5. 注意全身养护	健康的体魄、良好的心态是头发健美的基础，也是头发养护的必要条件，要拥有健康的秀发，必须从日常生活做起 饮食：要注意营养均衡，适当增加粗粮、黑芝麻、核桃仁、黑米、红豆等具有美发、护发功能的食物 睡眠：保证充足的睡眠，注意劳逸结合，生活有规律，保持心情舒畅，保障身体健康，为头发提供充足的营养

任务三　皮肤护理

皮肤是由表皮、真皮和皮下组织组成，是人体最大的组织器官，它具有保护身体，调节体温，吸收、分泌、排泄及感觉等功能。完整的皮肤具有天然的屏障作用，可避免微生物的入侵。皮肤的新陈代谢迅速，其排泄的废物如皮脂、汗液及脱落的表皮碎屑与外界微生物及尘埃结合成污垢，黏附于皮肤表面，可刺激皮肤，降低皮肤的抵抗力，破坏其屏障作用，成为微生物入侵的门户，造成各种感染及其他并发症。因此，护士应加强对卧床患者的皮肤护理，维护患者自我形象，增进身心健康。

一、评估

1. 皮肤评估　颜色与温度、感觉与弹性、完整性与清洁度;有无皮肤疾患。
2. 自理能力评估　患者病情、意识状况、自理能力、合作程度,有无关节活动受限等。
3. 卫生知识和习惯　清洁卫生习惯,对皮肤清洁、健康知识的了解程度。
4. 清洁用品　根据患者皮肤性质,选用合适的清洁剂。

二、皮肤清洁护理

（一）淋浴和盆浴

淋浴和盆浴适用于病情较轻、生活能自理、全身情况良好的患者。护士根据其自理能力给予协助。

【目的】

1. 去除皮肤污垢,保持皮肤清洁,使患者舒适,满足患者需要。
2. 促进皮肤血液循环,增强其排泄功能,预防皮肤感染及压力性损伤等并发症。
3. 放松紧张的肌肉,保持良好的精神状态。
4. 观察全身皮肤有无异常,为临床诊断提供依据。

【计划】

1. 护士准备　着装整洁,洗手,戴口罩。
2. 患者准备　了解淋浴和盆浴的目的、方法及注意事项。
3. 用物准备　毛巾 2 条、浴巾、浴皂或浴液,水温以 40~45℃为宜,清洁衣裤、防滑拖鞋。
4. 环境准备　调节浴室温度为 24℃±2℃,浴室内有呼叫铃、扶手、浴盆,地面有防滑设施。必要时备椅子。

【实施】　淋浴和盆浴流程见表 2-2-11。

表 2-2-11　淋浴和盆浴流程

操作流程	操作说明	注意点
1. 调温检查	调节好室温（22~26℃）及水温（40~45℃）,关门窗,检查浴室内安全情况	防止受凉或烫伤
2. 交代事项	携带用物,送患者入浴室,向患者交代有关事项 评估病情,并确定沐浴的方式和时间 浴室不闩门,可在浴室门外挂"正在使用"的牌子示意	交代呼叫铃的使用,贵重物品妥善保存 嘱患者如感到虚弱无力、眩晕等,应立即按铃呼叫、寻求帮助 便于及时帮助患者

操作流程	操作说明	注意点
3. 协助入浴	沐浴时护士应守护在旁或在可呼唤到的地方,以观察患者反应及提供帮助 需协助的患者,护士应进入浴室,帮助患者脱衣、沐浴及更衣 盆浴患者,护士应扶持患者腋下进出浴盆,防止滑倒	注意患者洗浴时间,时间过长应予以询问 水位:浴盆中的水位不可超过心脏水平,以免引起胸闷 浸泡不超过 10 min,防止浸泡过久导致疲倦。若遇患者发生晕厥等意外,护士应立即到位进行救护,及时报告医生
4. 观察记录	观察患者浴后情况,协助患者回病室休息 整理用物,必要时做好记录	必要时做好记录

【评价】

1. 患者皮肤清洁、感觉舒适。

2. 患者未发生异常情况。

【注意事项】

1. 沐浴应在进餐 1 h 后进行,以免影响消化功能。

2. 沐浴中防止患者受凉、晕厥、烫伤、滑倒等意外情况发生,并教会患者使用呼叫铃。

3. 妊娠 7 个月以上的孕妇及经期女性禁用盆浴;衰弱、创伤和患心脏病需要卧床休息的患者不宜淋浴或盆浴。

4. 传染病患者根据病种、病情,按消毒隔离原则进行。

(二)床上擦浴

床上擦浴适用于病情较重、长期卧床、活动受限及生活不能自理的患者。

【目的】

1. 去除皮肤污垢,保持皮肤清洁,使患者舒适,满足患者需要。

2. 促进皮肤血液循环,增强其排泄功能,预防皮肤感染及压力性损伤等并发症。

3. 观察全身皮肤有无异常,为临床诊断提供依据。

4. 协助患者活动肢体,防止关节僵硬和肌肉挛缩等并发症的发生。

【计划】

1. 护士准备　着装整洁,洗手,戴口罩。

2. 患者准备　了解床上擦浴的目的、方法、注意事项及配合要点;病情稳定,全身皮肤情况较好。按需要给予便器。

3. 用物准备

(1)治疗车上层:治疗盘内置中毛巾 2 条、小毛巾 1 条、浴巾 1 条、浴皂或浴液、梳子、小剪刀、50%乙醇、爽身粉、清洁衣裤和被服等。

(2)治疗车下层:备脸盆、足盆各 1 只,水桶 2 只(1 桶盛 50~52℃热水,1 桶盛接污水)等。

（3）按需要另备屏风。

4. 环境准备　关好门窗，调节室温至 24℃±2℃，用屏风或床帘遮挡。

【实施】　床上擦浴操作见表 2-2-12。

表 2-2-12　床上擦浴操作

操作流程	操作说明	注意点
1. 核对解释	携用物至患者床旁 核对并解释操作目的及步骤，以取得合作	确认患者 取得患者合作
2. 调节温度	必要时关闭门窗，用屏风遮挡患者，调节室温至 24℃±2℃ 调整病床高度，如病情许可，放平床头及床尾支架，放下或移去近侧床挡，松开床尾盖被，将患者身体移向床沿，靠近护士 将脸盆放于床旁椅上，倒入热水至约 2/3 满	饭后不宜立即擦洗 维护患者自尊；防止受凉 运用人体力学知识，注意省力 水温 50~52℃，可根据季节和患者生活习惯确定水温
3. 清洗面部	将微湿的热毛巾包在右手上成手套式（图 2-2-8） 依次擦洗眼部：由内眦擦向外眦揉洗，同法擦洗另一侧（勿用肥皂洗眼部周围） 洗脸、鼻、颈部：手套式持巾，依"3"字形擦洗一侧额部、面颊部、鼻翼、人中、耳后、下颌直至颈部，同法擦洗另一侧。然后用较干毛巾再擦洗一遍	注意洗净耳后、耳郭
4. 协助脱衣	为患者脱去上衣：先脱近侧，后脱对侧，污衣放于治疗车下层	如肢体有外伤，先脱健侧，后脱患侧
5. 擦洗上肢	暴露一侧上肢，将浴巾一半铺于一侧上肢下，另一半覆盖上肢上，一手支托患者肘部及前臂，另一手按顺序（肩外→臂外侧；腋窝→臂内侧）擦洗 皮肤污垢较多者，可先用热水湿润皮肤，再用涂有浴皂或浴液的毛巾擦洗，然后用清洗后的湿毛巾拭净浴液，最后用浴巾擦干（即一湿、二皂、三净、四干） 同法擦洗另一侧上肢	避免弄湿床铺 擦洗时，一般用热水擦净，浴巾擦干即可 注意清洁腋窝与指缝处 酌情换水、毛巾及盆
6. 泡洗双手	将患者双手浸泡于盆内热水中，洗净，擦干	

项目二　清洁卫生护理

操作流程	操作说明	注意点
7. 擦洗胸腹	将浴巾铺于患者胸腹部,一手略掀起浴巾,另一手依次擦洗胸部及腹部	擦洗乳房时环形用力,注意洗净乳房下皱褶处 腹部以脐为中心,顺结肠走向擦洗,注意洗净脐部
8. 擦洗背部	协助患者侧卧,背向护士,浴巾铺于患者背侧下 依次擦洗后颈部、背部和臀部 擦洗后根据情况用 50%乙醇在背部按摩,按摩受压部位	观察皮肤有无异常 防止压力性损伤发生
9. 穿衣脱裤	协助患者穿上清洁上衣,协助平卧 为患者脱裤,折叠后遮盖会阴部	穿衣时先穿对侧,后穿近侧。如有外伤先穿患肢,后穿健肢
10. 擦洗下肢	将浴巾一半铺于一侧腿下,另一半覆盖于腿上 依次擦洗:髋部、大腿外侧、小腿外侧;腹股沟、大腿内侧、小腿内侧;大腿根部、大腿下侧、小腿下侧;并以浴巾轻拍或拭干 同法擦洗另一侧下肢	注意洗净腹股沟、腘窝
11. 泡洗双足	协助患者两腿屈膝,铺浴巾于床尾,足盆放浴巾之上 护士一手把持足盆,另一手将患者两足分别轻放于盆内热水中浸泡、洗净 洗净两足分别放置盆两侧浴巾上 移去足盆,用浴巾擦干两足,撤去浴巾	
12. 擦洗会阴	换盆、水及毛巾后清洁会阴 协助或指导患者清洗会阴部,女患者由耻骨联合向肛门方向清洗 取出污裤子,放于治疗车下层或污物袋内 按"倒八字"法,为患者换上清洁裤子	清醒患者可自行清洁 先穿对侧,后穿近侧
13. 足部按摩	酌情用 50%乙醇按摩足跟、内外踝等骨隆突部位,预防压力性损伤发生	
14. 整理用物	根据需要,给患者梳发、修剪指(趾)甲 整理床单位,更换床单,安置患者躺卧舒适 清理用物,开窗通风 洗手,做好记录	记录执行时间及护理效果

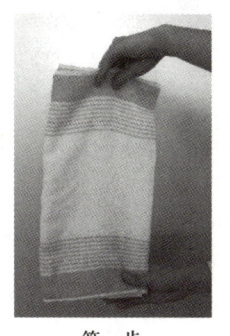
第一步

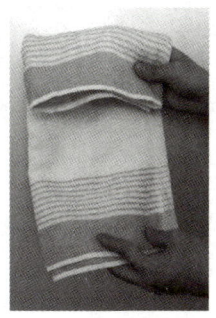
第二步

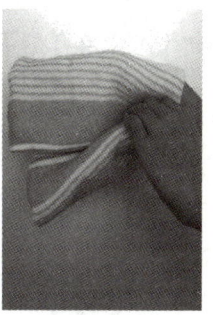
第三步

第四步

图 2-2-8 手套式毛巾形成过程

【评价】

1. 患者皮肤清洁、感觉舒适。

2. 患者未发生异常情况。

【注意事项】

1. 应遵循节力原则,站立时,两脚稍分开,降低身体重心;操作时应使患者尽量靠近自己;端水盆时水盆尽量靠近身体,以减少体力消耗。

2. 要关心体贴患者,操作时动作要轻柔、敏捷,减少翻动次数和暴露,防止着凉,并注意遮挡,以保护患者自尊。

3. 掌握擦洗步骤,及时更换温水,注意脐部的清洁,擦净腋窝、腹股沟等皮肤皱褶处。

4. 擦洗过程中,应密切观察患者的病情变化及全身皮肤情况,如患者出现寒战、面色苍白等应立即停止擦洗,并给予适当处理。

知识链接

常用按摩方法

局部组织无淤血红润者方可采用。

1. 全背按摩法 护士站于患者右侧,双手掌蘸少许50%乙醇或润滑剂,从骶尾部开始,沿脊柱两侧向上按摩,至肩部时手法稍轻,以环形动作向下按摩至腰部、臀部、骶尾部,如此反复按摩,再用拇指指腹由骶尾部开始沿脊柱按摩至第7颈椎处（图2-2-9）。

2. 揉捏法 用大拇指及其余四指一连串抓起或捏起大块肌肉,采取有节律地捏起或压缩动作,先揉捏患者的一侧背部及上臂,由臀部向上至肩部。

3. 叩击法 用两手掌小指侧,轻轻叩敲臀部、背部及肩部。

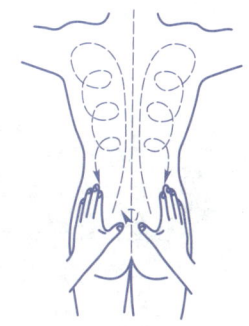
图 2-2-9 背部按摩

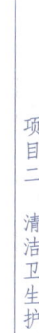

一、概念

　　压力性损伤是指身体局部组织长期受压,血液循环障碍,发生持续缺血、缺氧、营养不良而导致的组织溃烂、坏死,又称为压力性溃疡。

　　压力性损伤本身不是原发疾病,是由于未得到及时护理而引发的并发症。一旦发生压力性损伤,不仅会增加患者痛苦,延长康复时间,严重时还可继发感染,引起败血症,甚至危及生命。因此,预防压力性损伤是护理工作的一项重要任务,护士必须加强对卧床患者的护理,预防和杜绝压力性损伤的发生。

二、压力性损伤发生的原因

(一)力学因素

　　引起压力性损伤发生的力学因素主要是垂直压力、摩擦力和剪切力,通常是 2~3 种力联合作用所致(表 2-2-13,图 2-2-10)。

(二)理化因素刺激

　　皮肤经常受潮湿、摩擦、排泄物等理化因素的刺激,如大量汗液、尿液、各种渗出液、引流液等物质的刺激,引起皮肤酸碱度的改变,致使表皮角质层的抵抗力下降,皮肤组织破损,容易继发感染。床单皱褶、床上碎屑等易损害皮肤。

表 2-2-13　压力性损伤发生的力学因素

力的种类	力学因素	作用结果
1. 垂直压力	重力是造成压力性损伤的最主要因素	局部组织持续受压,可导致局部长时间承受超过正常毛细血管压的压迫,使毛细血管血液循环障碍,造成组织缺氧,引起组织损害,导致压力性损伤的发生 压力性损伤的形成与压力的大小和持续时间的长短有密切关系,单位面积承受的压力越大,组织发生坏死所需要的时间就越短 一般情况下,毛细血管压超过 16 mmHg,即可阻断毛细血管对组织的灌注 压力超过 30~35 mmHg,持续 2 h 以上,即可引起压力性损伤 多见于长时间不改变体位者,如长期卧床,长时间坐轮椅的患者

力的种类	力学因素	作用结果
2. 摩擦力	活动摩擦产生	在床上活动或搬运时,皮肤受到床单和衣服表面的逆行阻力摩擦,易损伤皮肤角质层 如皮肤被擦伤后,再受到汗液、尿液、粪便等的浸渍时,更易发生压力性损伤
3. 剪切力	由摩擦力和压力相加而成	由两层组织相邻表面间的滑行,产生进行性的相对移位所引起的 剪切力与体位有密切的关系,如当患者取半坐卧位时由于骨骼及深层组织的重力作用向下滑行,而皮肤及表层组织由于摩擦力仍停留在原位,两层组织产生相对性移位,从而导致剪切力的产生,使局部皮肤血液循环障碍而发生压力性损伤

129

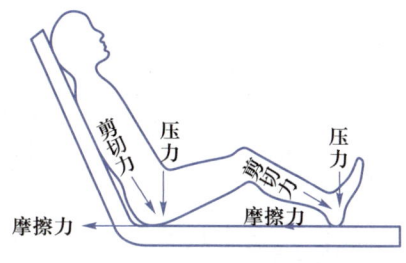

图 2-2-10　引发压力性损伤的力

(三) 全身营养不良

1. 全身营养不良或水肿的患者皮肤组织较薄,抵抗力弱,一旦受压,缺血、缺氧更为严重,易导致皮肤破损。

2. 营养摄入不足,则蛋白质合成减少,皮下脂肪减少,肌肉萎缩,受压处缺乏肌肉和脂肪组织的保护,引起血液循环障碍,因而易发生压力性损伤。

3. 常见于长期发热、年老体弱、水肿、瘫痪、昏迷及恶病质等患者。

(四) 受限制的患者

使用石膏绷带固定和牵引时,限制了患者身体或肢体的运动,特别是夹板内衬垫放置不当,石膏内不平整或有渣屑、矫形器械固定过紧或肢体有水肿时,容易使局部组织血液循环障碍,导致组织缺血坏死。

(五) 年龄及体温升高

老年人皮肤松弛,缺乏弹性,皮下脂肪萎缩,皮肤变薄,易损性增高。高热患者,由于机体新陈代谢增高,组织细胞需氧量增加,若合并组织受压,组织缺氧则更加严重,发生压力性损伤概率增高。

三、压力性损伤的评估

（一）危险因素评估

可通过评分方式对患者发生压力性损伤的危险性进行评估，评分≤16分时，易发生压力性损伤，分值越低，发生压力性损伤的危险性越高（表2-2-14）。

表2-2-14 压力性损伤的危险因素评估

项目	分值			
	4	3	2	1
意识状态	清醒	淡漠	模糊	昏迷
营养状况	好	一般	差	极差
运动	运动自如	活动轻度受限	重度受限	运动障碍
活动	活动自如	扶助行走	依赖轮椅	卧床不起
排泄控制	能控制	尿失禁	大便失禁	二便失禁
循环	毛细血管再灌注迅速	毛细血管再灌注减慢	轻度水肿	中度至重度水肿
体温/℃	36.6~37.2	37.2~37.7	37.7~38.3	>38.3
药物使用	未使用镇静药和类固醇药物	使用镇静药	使用类固醇药物	使用镇静药和类固醇药物

（二）压力性损伤易发部位

压力性损伤多发生于经常受压和无肌肉包裹或肌层较薄、缺乏脂肪组织保护的骨骼隆突处。患者体位不同，受压点及好发部位也不同（图2-2-11）。

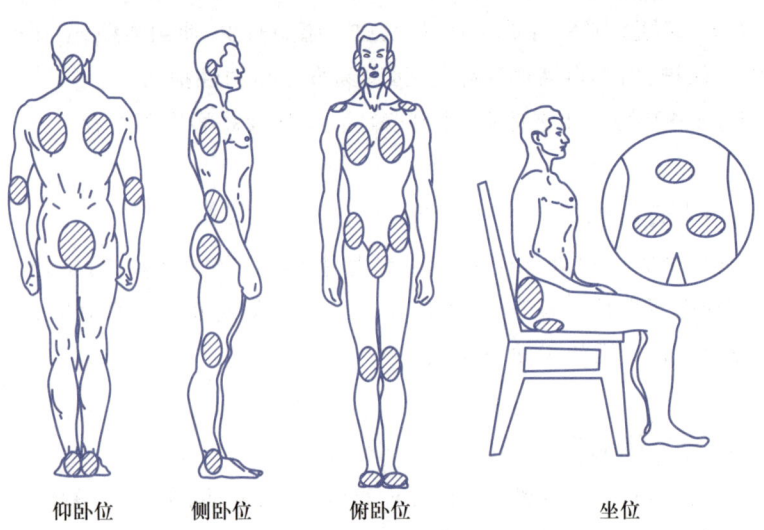

仰卧位　　　　侧卧位　　　　俯卧位　　　　　坐位

图2-2-11 不同体位压力性损伤好发部位

1. 仰卧位　好发于枕骨粗隆、肩胛部、肘部、脊椎体隆突处,骶尾部、足跟部。

2. 侧卧位　好发于耳郭、肩峰部、肋骨、肘部、髋部、膝关节的内外侧、内外踝等处。

3. 俯卧位　好发于耳郭、面颊部、肩部、肋缘突出部、女性乳房、男性生殖器、髂前上棘、膝前部、足尖等处。

4. 坐位　好发于肩胛骨、坐骨结节、足跟等处。

（三）高危患者

1. 大小便失禁患者　皮肤经常受到污物、潮湿的刺激。

2. 水肿患者　水肿组织自身抵抗力降低,受压部位更易发生压力性损伤。

3. 发热患者　汗液增多,刺激皮肤,高热时组织要消耗大量能量,故易发。

4. 神经系统疾病患者　瘫痪患者肢体活动受限;精神疾病患者、昏迷患者,自发性活动减弱或丧失。

5. 医疗措施限制活动患者　牵引、石膏固定、手术等活动受限。

6. 服用镇静药患者　自发性活动减少,局部组织受压过久。

7. 老年患者　皮肤松弛、干燥、缺乏弹性;皮下脂肪萎缩、皮肤变薄,皮肤易损性增加。

8. 肥胖患者　过重体重造成受压部位组织承受压力增加,易导致压力性损伤。

9. 瘦弱患者　骨隆突处皮下脂肪层薄,缓冲作用减弱,易发生压力性损伤。

10. 疼痛患者　疼痛强迫患者长久处于某一种体位,使局部组织受压过久而致压力性损伤。

四、压力性损伤预防措施

预防压力性损伤的关键在于消除诱发因素;应经常观察受压皮肤情况,严格交接班;做到"七勤一好",即勤观察、勤翻身、勤擦洗、勤按摩、勤整理、勤更换、勤交班,营养好。

（一）避免局部组织长期受压

避免局部长期受压措施见表 2-2-15。

表 2-2-15　避免局部长期受压措施

避免受压	措施
1. 定时翻身,解除局部组织持续受压	间歇性解除压力是有效预防压力性损伤的关键 经常翻身是最简单而有效地解除压力的方法 一般每 2 h 翻身 1 次,翻身间隔的时间可根据病情及局部受压情况而及时调整,必要时每 30 min 翻身 1 次

避免受压	措施
1. 定时翻身，解除局部组织持续受压	建立床头翻身记录卡（表2-2-16），翻身后及时记录，严格交接班 对长期卧床的患者，应每日进行主动或被动的全范围关节运动训练，以维持关节的活动性和肌肉张力，促进肢体的血液循环，减少压力性损伤发生
2. 保护骨隆突处，支持身体空隙处	安置体位妥当后，可在身体空隙处，垫软枕或海绵垫 可使用海绵垫褥、喷气式气垫、交替充气式床垫、水褥、羊皮垫等，使支撑体重的面积增大，从而降低骨隆突处皮肤所承受的压强 还可使用电动翻转床、电动压力轮替床垫等，以分散患者的体重，但这些措施不能替代定时翻身 对易受压的部位如足部，必要时可用支被架抬高被毯，以避免局部受压
3. 正确使用石膏绷带及夹板固定	对使用石膏绷带、夹板、牵引的患者，衬垫应平整、松软适度，位置合适，尤其要注意骨骼突起部位的衬垫 应仔细观察局部皮肤及指（趾）端的皮肤颜色、温度、运动及感觉情况 认真听取患者的主诉，一旦发现石膏绷带凹凸不平或过紧，应立即报告医生，及时处理

表 2-2-16　××医院翻身记录卡

姓名：		床号：	
日期/时间	卧位	皮肤情况及备注	执行者

知识链接

医疗用喷气气垫

在气垫表面有许多微孔，能喷出少量空气，使患者身体周围湿度下降，维持皮肤干燥；流动的空气还可以阻止细菌的繁衍，从而起到预防和治疗压力性损伤的作用。

（二）避免局部理化因素的刺激

避免局部理化因素刺激的措施见表2-2-17。

（三）促进局部血液循环

对易发生压力性损伤的患者，要经常检查受压皮肤的情况，用温水擦浴并行局部按摩或红外线照射。促进局部血液循环的措施见表2-2-18。

表 2-2-17　避免局部理化因素刺激的措施

避免刺激	措施
1. 保持皮肤干燥	大小便失禁、出汗及分泌物多的患者,应及时擦洗干净,以免皮肤受刺激 被服污染后要及时更换 不可让患者直接躺卧于橡胶单或塑料布上 小儿要勤换尿布
2. 保持床铺、被褥清洁干燥、平整无碎屑	患者不能直接卧于橡胶单上,及时更换污床单、被套等
3. 避免摩擦力和剪切力	应防止患者身体滑动 协助患者翻身、更换床单及衣服时,一定要抬起患者的身体,避免拖、拉、推等动作,以免形成摩擦力而损伤皮肤 半卧位时,一般不应高于30°,注意防止身体下滑 使用便盆时,应协助患者抬高臀部,不可硬塞、硬拉,必要时在便器边缘垫以软纸、布垫或撒上滑石粉,防止擦伤皮肤 不可使用破损的便器

表 2-2-18　促进局部血液循环的措施

促进方法	措施
1. 手法按摩	全背按摩:协助患者俯卧或侧卧,露出背部,先用温水进行擦洗,再以两手或一手蘸少许50%乙醇或润滑剂按摩
	可采用按摩法、揉捏法、叩击法等
	局部按摩:蘸少许50%乙醇或润滑剂,以手掌大小鱼际肌紧贴患者皮肤,做压力均匀的环形按摩,压力由轻到重,再由重到轻,每次3~5 min
2. 电动按摩器按摩	电动按摩器是依靠电磁作用,引导按摩器头振动,以代替各种手法按摩
	操作者手持按摩器,根据不同部位选择合适的按摩头,紧贴皮肤进行按摩
3. 红外线灯照射	可达到消炎、干燥作用,利于组织的再生和修复
	如婴幼儿易发生红臀,可采用臀部烤灯法

(四) 改善营养状况

营养不良既是导致压力性损伤的内因之一,又可影响压力性损伤的愈合。良好的营养是创面愈合的重要条件。

1. 在病情允许的情况下,应给予高蛋白质、高维生素膳食,以增强机体抵抗力和组织修复能力。

2. 适当补充矿物质,如口服硫酸锌,促进慢性溃疡的愈合。

3. 不能正常进食的患者应考虑给予胃肠外营养。

五、压力性损伤的治疗及护理

根据压力性损伤的发展过程和轻重程度不同,压力性损伤可分三期,即淤血红润期、炎性浸润期、溃疡期。压力性损伤发生后,应在积极治疗原发病的同时,实施全身治疗,增加营养摄入,增强机体抵抗力,并加强局部治疗和护理。压力性损伤的分期、临床表现、治疗及护理见表 2-2-19。

表 2-2-19　压力性损伤的分期、临床表现、治疗及护理

压力性损伤分期	临床表现	治疗及护理
第一期淤血红润期	为压力性损伤的初期。局部皮肤受压或潮湿刺激后,出现暂时性血液循环障碍,表现为红、肿、热、麻或有触痛 解除压力 30 min 后,皮肤颜色不能恢复正常 此期皮肤的完整性未受到破坏,为可逆性改变,若能及时去除原因,则可阻止压力性损伤的发展	去除致病因素,积极采取各种措施,防止压力性损伤继续发展,如增加翻身次数,避免局部组织受压过久 避免潮湿、摩擦的刺激 保持局部清洁、干燥 促进局部血液循环 改善全身营养状况
第二期炎性浸润期	红肿部位如继续受压,血液循环仍得不到改善,静脉回流受阻,局部静脉淤血 受压部位呈紫红色,皮下产生硬结,表皮水疱形成,极易破溃,显露出潮湿红润的创面,患者有疼痛感	保护皮肤,避免感染 除继续加强上述措施外,对未破的小水疱可用无菌纱布包扎,并减少摩擦,防止破裂感染,使其自行吸收 大水疱应先消毒局部皮肤,再用无菌注射器抽出水疱内液体(不可剪去表皮),然后涂以消毒液,并用无菌敷料包扎 另可配合使用红外线或紫外线灯照射治疗,起到消炎、干燥,促进血液循环的作用 如水疱已破溃,应消毒创面及其周围皮肤,再用无菌敷料包扎
第三期溃疡期	静脉血液回流严重障碍,局部淤血致血栓形成,组织缺血、缺氧 轻者即浅度溃疡期,主要表现为表皮水疱逐渐扩大、破溃,真皮创面有黄色渗出物,感染后脓液流出,浅层组织坏死,溃疡形成,疼痛加重;重者即坏死溃疡期,主要表现为坏死组织侵入真皮下层,脓性分泌物	解除压迫,清洁创面,去腐生新,促其愈合 根据伤口情况,然后按外科无菌换药方法给予相应处理。可用无菌生理盐水或 3% 过氧化氢溶液等冲洗创面,去除坏死组织,再外敷抗生素(根据创面细菌培养及药物敏感试验结果选用药物),并用无菌凡士林纱布及敷料包扎,隔 1~2 日更换 1 次

压力性损伤分期	临床表现	治疗及护理
第三期溃疡期	增多,坏死组织发黑,有臭味,感染向周围及深部组织扩展,可深达骨骼,甚至可引起败血症,危及患者生命	同时,可辅以物理方法,如局部氧疗、红外线或紫外线灯照射疮面,每日1~2次,每次10~15 min 还可用保湿、营养敷料如鸡蛋内膜、纤维蛋白膜、骨胶原膜、透明膜、水凝胶、水胶体等贴于疮面治疗,为疮面的愈合创造一个适宜的环境,便于新生的上皮细胞覆盖在伤口上,逐渐使疮面愈合 对大面积、深达骨骼的压力性损伤,如上述治疗不理想,可采用外科治疗,如手术修刮引流,清除坏死组织、植皮修补缺损组织等,加速压力性损伤愈合,缩短病程,减轻痛苦,提高治愈率

135

附:

治疗压力性损伤的其他方法

(1)纯氧治疗:采用空气隔绝后局部持续吹氧法。方法是用塑料袋罩住疮面并固定四周,通过一小孔向袋内吹氧,氧流量为3~5 L/min,每日2次,每次15 min。治疗完毕,用无菌纱布覆盖或暴露疮面均可。对分泌物较多的疮面,可在湿化瓶内加75%乙醇,使氧气通过湿化瓶时带出一部分乙醇,抑制细菌生长,减少分泌物,起到加速疮面愈合的作用。

(2)胰岛素加维生素C湿敷:胰岛素溶液8U开始起用,均匀喷洒于创面,如创面较大且深,以每次4U递增,逐渐加量,并加用维生素C 0.5~1.0 g,敷于创面,外用封闭敷料封闭,初次使用和每次加用胰岛素的最初2日,需在敷用后30 min监测血糖,并食入含糖食物,对糖尿病患者需根据血糖结果采取措施,以确保安全有效。

(3)皮瓣移植:对大面积深度压力性损伤或久治不愈者,使用手术清除坏死组织后,进行带血管蒂的肌皮瓣或筋膜皮瓣转移修复压力性损伤伤口,缩短了伤口愈合时间,治疗效果满意。

近年来,高压氧疗、高频电疗、直流电药物离子导入、氦-氖激光照射等治疗手段也用于压力性损伤治疗。

任务五 晨晚间护理

晨晚间护理是护士为生活不能自理的患者,如危重、昏迷、瘫痪、高热、大手术后及年老体弱患者,于晨间及晚间进行的生活护理。恢复期患者的晨晚间护理可在护士的指导与协助下进行。晨间护理一般在清晨诊疗工作前完成。

一、晨间护理

（一）目的

1. 使患者清洁舒适,促进身体受压部位的血液循环,预防压力性损伤、肺炎等并发症。

2. 保持病床和病室的整洁美观。

3. 观察和了解患者病情,为制订诊断、治疗和护理计划提供依据。

4. 进行心理护理及卫生宣教,增进护患交流,满足患者的身心需要。

（二）护理内容

1. 病情较轻、能离床活动的患者　问候患者,应鼓励其自行洗漱,包括刷牙、漱口、洗脸、梳头等。同时护士可用消毒毛巾进行湿式扫床,根据清洁程度,更换床单和被套,整理好床单位。

2. 病情较重　如危重、高热、昏迷、瘫痪、大手术后或年老体弱者,不能离床活动的患者,护士应协助其完成晨间护理。

（1）问候患者。

（2）协助患者排便,留取标本,更换引流瓶,必要时关闭门窗,遮挡患者。

1）平卧位放便盆法:使用便盆时,患者取仰卧位,嘱患者抬高臀部,护士一手托(扶)住患者的腰和骶尾部,另一手将便盆扁平部置于患者臀下,开口朝床尾（图 2-2-12）。

2）侧卧位放便盆法:患者不能抬高臀部,先帮助其侧卧,将便盆对着患者臀部,护士一手紧按便盆,另一手帮助患者回转身至便盆上（图 2-2-13）。

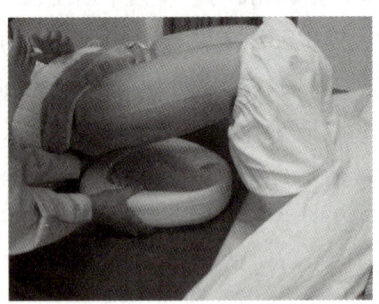
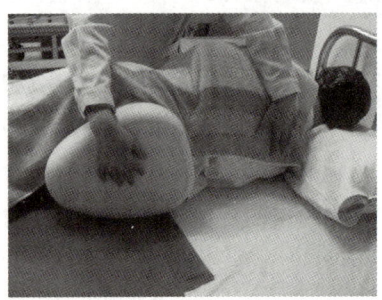

图 2-2-12　平卧位放便盆法　　　　图 2-2-13　侧卧位放便盆法

（3）放平床上支架,协助患者进行口腔护理、洗脸、洗手,帮助患者梳头。

（4）协助患者翻身,检查皮肤受压情况,酌情用湿热毛巾擦洗背部,并用50%乙醇或润滑剂按摩受压部位。必要时协助与指导患者正确咳嗽与排痰。

（5）整理床单位,按需要更换床单、被套、枕套及衣裤。

（6）注意观察病情,了解患者夜间睡眠情况,并进行心理护理,开展健康教育。

（7）整理病室,根据室温适当开窗通风,保持病室空气清新。

排痰机使用方法

多频体外振动排痰机是根据临床定向体位引流的治疗原理,在人体表面产生特定方向周期变化的治疗力,该定向治疗力穿透性强,可穿透皮肤、肌层和体液等。利用治疗力产生的叩击、振动促使呼吸道黏膜表面黏液和代谢物松弛、液化,并定向挤推,振动,帮助已液化的黏液按照选择的方向排出体外。

临床适用于预防和协助治疗呼吸系统感染。使用前应了解患者病情,严格掌握适应证和禁忌证,根据患者情况及治疗部位,设置合适的叩击频率。一般治疗应在餐前 1~2 h 或餐后 2 h 进行,每次治疗时间 10~15 min,每日 2~3 次。此种方法较传统的人工叩背排痰,不仅省时、省力,而且治疗效果持续稳定,患者舒适,排痰效果好。

二、晚间护理

(一)目的

1. 保持病室内安静、病床整洁,创造良好的睡眠条件,使患者舒适入睡。
2. 注意观察病情变化,了解患者心理需求,做好身心护理,预防并发症。

(二)护理内容

1. 协助患者排便　对不能离床的患者,使用便器协助其排便。
2. 协助患者清洁卫生　刷牙、漱口,重症患者给予口腔护理,帮助患者梳头、洗脸、洗手,用热水泡足,女患者应清洗会阴部。
3. 检查皮肤受压情况　擦洗并用 50% 乙醇按摩背部及骨隆突处,协助患者翻身,安置舒适卧位。
4. 整理床铺　需要时更换床单、被罩、枕套及衣裤,必要时添加毛毯或盖被。
5. 创造良好的睡眠环境　酌情开关门窗,调节室温和光线(关大灯,开地灯),保持病室光线暗淡,安静、舒适、减少噪声。
6. 指导患者养成良好的睡眠习惯　如按时就寝,晚餐不宜过饱,睡前不能过多饮水,不喝浓茶与咖啡等,避免过度兴奋,影响入睡。
7. 加强巡视　了解患者睡眠情况,注意观察病情,酌情处理。

三、卧床患者的床单更换法

【目的】

1. 保持床铺的清洁、干燥、平整,使患者感觉舒适。
2. 观察病情变化,预防压力性损伤等并发症的发生。
3. 保持病室的整洁、美观。

【评估】

1. 患者的病情,有无活动限制,肢体活动情况和更换卧位能力,伤口情况,心理反应及合作程度。

2. 是否影响患者进餐或治疗。

3. 病床和患者的清洁程度,安全与室温,是否需要便器等。

【计划】

1. 护士准备　着装整洁,洗手,戴口罩。

2. 患者准备　病情稳定,患者及家属了解操作的目的和配合方法。

3. 用物准备　清洁大单、中单、被套、枕套、床刷(外加带有消毒液的微湿布套或一次性床刷套)、污物袋,需要时备清洁衣裤。

4. 环境准备　根据患者需要调节室温,关门窗,以屏风或床帘遮挡。

【实施】　卧床患者的床单更换操作见表 2-2-20。

表 2-2-20　卧床患者的床单更换操作

操作流程	操作说明	注意点
1. 核对解释	携用物至患者床旁,核对患者并解释操作目的及配合方法 酌情关门窗,嘱排尿	确认患者,取得患者合作
2. 安置用物	移开床旁桌、椅,病情许可时,放平床头及床尾支架	护理车推至床尾正中便于取物处
3. 床整理法	(1) 侧卧观察:松开床尾盖被,枕头移向对侧,协助患者翻身侧卧至对侧一边,背向护士,观察患者背部皮肤情况	意识不清者,拉起对侧床挡,防坠床 便于操作 检查局部受压情况,预防压力性损伤发生
	(2) 扫床铺单:松开近侧各层床单,扫净中单、橡胶单后搭于患者身上 从床头至床尾扫净大单上的渣屑,最后依次将清洁大单、橡胶单、中单逐层拉平铺好	湿式清扫,减少灰尘飞扬 注意扫过中线,扫尽枕下及患者身下的碎屑 随时观察患者面色、脉搏、呼吸等情况
	(3) 侧卧近侧:协助患者侧卧于铺好的一边,面向护士	冬季注意保暖
	(4) 扫铺对侧:护士转至对侧,同上法逐层扫净各单、拉平,铺好	床刷置护理车上层,床刷套或床刷巾置护理车下层
	(5) 安置卧位:移枕,协助患者取舒适卧位	
	(6) 整理盖被:整理盖被,系好被套尾端带子,叠成筒,尾端向内折叠,与床尾齐或塞入床垫下	盖被头端无空虚,避免患者着凉
	(7) 整理枕头:取出枕头,轻轻拍松后协助患者枕好	四角充实,开口背门

操作流程	操作说明	注意点
4. 更换床单	(1) 侧卧换单法： ①松被移枕：松开床尾盖被，协助患者侧卧于床对侧一边，背向护士，枕头和患者一起移向对侧 ②卷撤污单：松开近侧各层床单，用中单擦橡胶单，污面向内卷入患者身下，扫净橡胶单，搭于患者身上，大单卷入患者身下，从床头至床尾扫净褥垫上的渣屑 ③铺好床单：将清洁大单的中线和床的中线对齐，对侧一半塞入患者身下，靠近侧半幅大单，自床头、床尾、中间按顺序铺好 ④铺平中单：放平橡胶单，铺上清洁中单，对侧一半塞于患者身下，近侧半幅中单连同橡胶单一起塞于床垫下 ⑤更换卧位：协助患者侧卧于铺好的一边，面向护士 ⑥松撤污单：护士转至对侧，松开各层床单，撤去污中单，放于污大单上扫净橡胶单，搭于患者身上；将污大单卷起连同污中单一起放于污物袋中 ⑦铺各层单：扫净褥垫上渣屑，依次将清洁大单、橡胶单、中单逐层拉平，同上法铺好 ⑧安置平卧：协助患者平卧，移枕于患者头下 (2) 平卧换单法：可由另一名护士配合操作 ①取枕卷单：一手托起患者头部，另一手迅速取出枕头，放于床尾椅上，松开床尾盖被，将床头污大单、中单及橡胶单横卷成筒状至患者肩下 ②铺床头单：清洁大单横卷成筒状铺在床头，叠缝中线和床中线对齐，铺好床头大单 ③抬身拉单：然后抬起患者的上半身，将污大单、中单及橡胶单一起从床头卷至患者臀下；将清洁大单随着污单从床头拉至臀部；放下患者上半身，抬起臀部迅速撤去污大单、中单及橡胶单；将清洁大单拉至床尾，将污大单及中单放于污物袋中，橡胶单放在床尾椅背上 ④展平铺好：展平铺好清洁大单。先铺好近侧橡胶单及中单，将对侧半幅塞于患者身下，转至床对侧，将橡胶单、中单拉平铺好 其余操作同侧卧换单法	适用于卧床不起，病情允许患者翻身侧卧 便于操作 注意患者安全，防坠床 中单、大单污染面向内翻卷 注意扫过中线 对侧清洁大单向内翻卷，塞入污大单下 对齐床中线 随时观察患者，并询问有无不适 大单污面朝内，污单不可扔在地上 注意各单平紧，注意扫过中线 床刷及床套放于护理车上 适用于病情不允许翻身侧卧的患者，如下肢牵引的患者 骨科患者可利用牵引床上的拉手抬起身躯 随时观察患者，并询问有无不适

操作流程	操作说明	注意点
5. 更换被套	（1）S 式套法：棉胎在污被套内竖折三折后按 S 形折叠拉出，放于床尾椅上；将清洁被套正面向外铺于污被套之上，其尾端向上打开 1/3，将棉胎套入清洁被套内，铺平已套的棉胎和被套，系好被套尾端带子 同时卷出污被套放于污物袋中 整理盖被，叠成被筒，尾端向内折叠与床尾齐或塞入床垫下 （2）翻卷法： ① 取出棉胎：松开被筒，解开被尾带子，将污被套自被尾翻卷至被头，取出棉胎，平铺于床上 ② 套被套：将正面向内的清洁被套铺于棉胎上，翻转拉出被套和棉胎的被角，套清洁被套同时卷出污被套，直至床尾；污被套放入污物袋中 余法同上	被尾部分塞入床垫下，不可太紧，防止引起足下垂
6. 更换枕套	一手托起患者头部，另一手取出枕头，撤下污枕套，换上清洁枕套，枕头整理松软后放于患者头下	
7. 桌、椅还原	支起床上支架，协助患者取舒适卧位，必要时拉起床挡，还原床旁桌、椅	使病室美观、整洁
8. 整理用物	清理用物，询问患者需要，开窗通风 洗手，记录	扫床巾集中清洁消毒（也可用一次性床刷套），污被单送洗

【评价】

1. 护患沟通良好，满足患者的身心需要，患者感觉舒适、安全。

2. 患者床单元整洁美观，铺好的各层单平整无皱褶，舒适耐用。

【注意事项】

1. 操作动作轻稳，注意节力，若两人配合应动作协调。

2. 密切观察病情，一旦出现病情变化，应立即停止操作，酌情处理。

3. 保证患者舒适与安全，不宜过多翻动和暴露患者，保护隐私。翻身动作应轻、快、稳。

4. 注意保持各种管道安置完好、通畅。

5. 衣服、床单、被套等一般每周更换 1～2 次，如被血液、便液等污染时，应及时更换。

6. 湿式清扫，做到一床一巾一消毒。禁止在病区走廊地面上堆放更换下来的衣物。

思考题

1. 哪些原因可导致压力性损伤的发生？

2. 试述压力性损伤淤血红润期的临床表现及治疗护理措施。

3. 为昏迷患者口腔护理时应注意哪些问题？

4. 张某,男,60岁。因髋骨骨折入院1周,护理体检:皮肤完整,微潮湿,表皮碎屑较多,请问:① 如何继续保持皮肤完整,使皮肤干燥? ② 如何做好皮肤护理?

5. 患者杨某,男,70岁。因脑卒中已在家卧床2个月,大小便失禁,不能自行翻身,近日骶尾部皮肤出现红肿,压之不褪色。

(1) 该患者骶尾部皮肤压力性损伤表现属于什么?

(2) 根据患者症状,应采取的护理措施有哪些?

为预防患者发生其他并发症,应指导家属学会的护理技术有哪些?

赛证聚焦

请扫描二维码完成在线测试。

（陈玉青　许家萍　叶丁箐）

在线测试:
清洁卫生
护理

项目三　饮食与营养

思维导图：
饮食与营养

学习目标

◇ **知识目标**

1. 能正确理解和解释下列基本概念：治疗饮食、试验饮食、要素饮食、鼻饲法。

2. 能正确认识饮食、营养与健康的关系。

3. 能正确认识饮食、营养与疾病的关系。

4. 能正确说出医院饮食的类别及各类饮食的种类、原则与适用范围。

5. 能正确阐述鼻饲法、要素饮食、完全胃肠外营养、洗胃法的适应证、并发症及注意事项。

◇ **技能目标**

1. 能正确为患者实施鼻饲法操作。

2. 能正确评估患者的饮食与营养状况，运用掌握的饮食护理知识正确指导并实施一般患者的饮食护理。

3. 能根据评估情况，正确选择洗胃溶液，为患者实施洗胃法操作。

◇ **素质目标**

1. 能遵守营养及食品卫生相关法律法规要求，树立依法行护、严谨求实的工作态度。

2. 能加强慎独修养，树立关爱生命、全心全意为护理对象服务的专业精神。

饮食是人的最基本需求之一。营养是人体吸收和利用食物或营养物质的过程,包括摄取、消化、吸收和体内利用等过程。饮食与营养是维持机体正常生长发育、促进组织修复、提高机体免疫力等生命活动的基本条件。合理的饮食调配和适当的营养供给不仅能满足人的生理需求,而且是协助临床诊断和治疗,促进疾病康复的重要手段。

任务一 认识饮食的重要性

已知人体所需的营养素共有几十种,归纳起来可以分为七大类,即蛋白质、脂肪、糖类(又称碳水化合物)、矿物质、维生素、水和膳食纤维,其中前三类为产热营养素。日常饮食中,长期的单一或几种营养素缺乏都会影响身体的健康。

知识链接

143

膳 食 纤 维

膳食纤维是一种多糖,它既不能被胃肠道消化吸收,也不能产生能量。因此,曾一度被认为是一种"无营养物质"而长期得不到足够的重视。然而,随着营养学和相关科学的深入发展,人们逐渐发现了膳食纤维具有相当重要的生理作用:降低血液胆固醇和三酰甘油,预防大肠癌,治疗便秘,控制体重,降低糖尿病患者的体重等,以至于在膳食构成越来越精细的今天,膳食纤维更成为学术界和普通百姓关注的物质,并被营养学界补充认定为第七类营养素,和传统的六类营养素——蛋白质、脂肪、糖类、维生素、矿物质与水并列。膳食纤维的最佳来源是全谷类粮食,其中包括麦麸、麦片、全麦粉及糙米、燕麦全谷类食物、豆类、蔬菜和水果等。

人的生命活动需消耗的能量称为热能。人体所需要的热能是由食物内的化学能转化而来的。通常,营养学上以千焦耳(kJ)或兆焦耳(MJ)作为热能的单位。热能的需要量视年龄、性别、生长速度、劳动强度及环境等因素的不同而异。根据 2016 年中国营养学会的正式推荐标准,我国成年男子中等体力劳动热能供给量为 10.67 MJ/d,成年女子中等体力劳动热能供给量为 8.79 MJ/d。

当机体患病时,合理的饮食调配和恰当的供给途径对解决患者的健康问题可起到直接或间接的作用。因此,护士必须掌握有关营养学方面的知识,如各种饮食治疗原则、试验饮食的意义、饮食护理的理论与技术,并且能够正确地评估患者的营养与饮食状况,制订并实施有效的饮食护理措施,以满足患者的饮食需求,促进患者早日康复。

一、饮食、营养与健康的关系

(一) 合理的日常膳食

《中国居民膳食指南(2022)》为我国居民提供了一个最基本、科学的健康饮食指导。平衡膳食八准则包括：① 食物多样，合理搭配；② 吃动平衡，健康体重；③ 多吃蔬菜、奶类、全谷、大豆；④ 适量吃鱼、禽、蛋、瘦肉；⑤ 少盐少油，控糖限酒；⑥ 规律进餐，足量饮水；⑦ 会烹会选，会看标签；⑧ 公筷分餐，杜绝浪费。

中国居民平衡膳食宝塔是根据《中国居民膳食指南（2022）》的准则和核心推荐，把平衡膳食原则转化为各类食物的数量和所占比例的图形化表示（图2-3-1）。

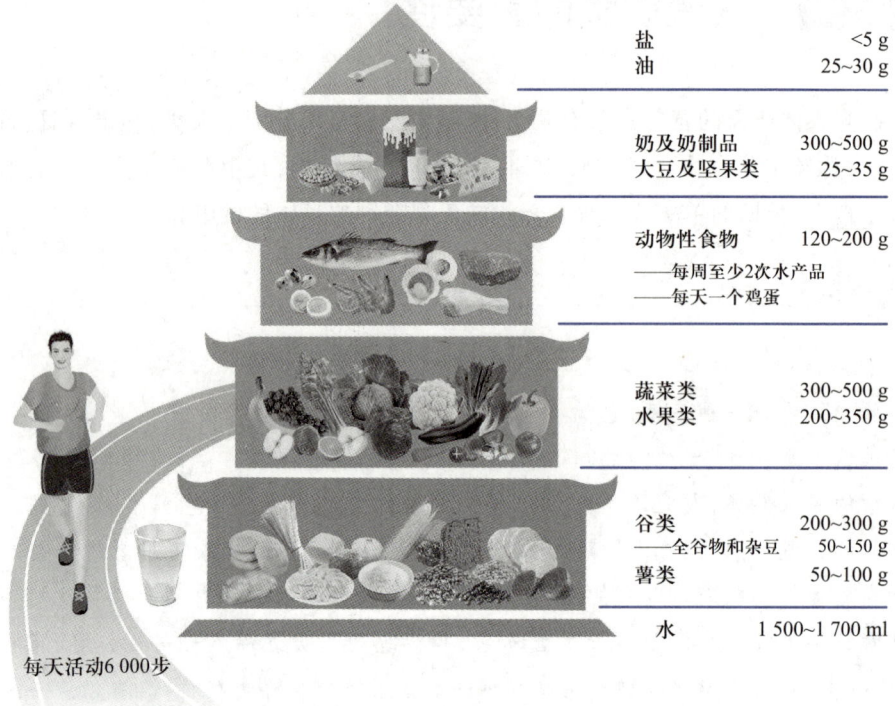

图 2-3-1 中国居民平衡膳食宝塔

（二）优质蛋白质及营养素

1. 优质蛋白质的作用 食物所含蛋白质中各种必需氨基酸组成齐全、数量充足、比例合理、结构模式接近人体生理所需模式，这种蛋白质被称为优质蛋白质。大豆蛋白质和动物蛋白质属优质蛋白质。

（1）大豆蛋白质是植物蛋白质中身价最高、最引人瞩目的优质蛋白质。其作用如下：降低血浆胆固醇，防治心血管疾病；阻止尿钙损失，防止骨质疏松；调节妇女的生理周期，降低乳腺癌的发生率。

（2）牛奶蛋白（主要含乳蛋白）是一种比其他任何动物蛋白质营养价值都高，且来源充分的蛋白质。其作用有：提供丰富营养素；提高机体免疫力；预防高血压。在理想的蛋白质摄入中，要求动物蛋白质占30%左右。牛奶是当前人们保证获得优质蛋白质的重要食品。

2. 各种营养素的功能、来源及每日供给量 见表2-3-1。

表 2-3-1　各种营养素的功能、来源及每日供给量

营养素	功能	来源	每日供给量
蛋白质	构成、更新及修复人体组织;构成人体内的酶、激素、抗体、血红蛋白、尿纤维蛋白等,以调节生理功能;维持血浆渗透压;提供热能	禽肉类、水产类、蛋、奶及豆类	男性80 g,女性70 g;占总热能的10%~14%
脂肪	提供及储存热能;构成身体组织;供给必需脂肪酸;促进脂溶性维生素的吸收;维持体温,保护脏器;增加饱腹感	食用油、肉类、黄油及奶油等	25 g,占总热能的20%~25%
糖类	提供热能;参与构成身体组织;保肝解毒;抗生酮作用	谷类、根茎类、薯类、豆类、食糖、水果等	占总热能的60%~70%
矿物质	钙:构成骨骼与牙齿的主要成分;调节心脏和神经的正常活动;维持肌肉紧张度;参与凝血过程;激活多种酶;降低毛细血管和细胞膜的通透性	奶及奶制品、海带、小虾米皮、芝麻酱、豆类、绿色蔬菜、骨粉、蛋壳粉	800 mg
	磷:构成骨骼、牙齿、软组织的重要成分;促进物质活化;参与多种酶、辅酶的合成;调节能量释放;调节酸碱平衡	广泛存在于动、植物食品中	700 mg
	铁:组成血红蛋白与肌红蛋白,参与氧的运输;构成某些呼吸酶的重要成分,促进生物氧化还原反应	动物肝、动物全血、肉鱼禽蛋类、豆类、绿色蔬菜	男性:15 mg 女性:20 mg
	锌:促进身体发育和组织再生;酶的组成成分或酶的激活剂;促进食欲;促进维生素A的正常代谢和生理功能;促进性器官与性功能的正常发育;参与免疫过程	动物食品、海产品、奶、蛋、坚果类等	男性:15 mg 女性:11.5 mg
	碘:参与甲状腺素的合成,调节甲状腺功能	海产品、海盐	150 μg
维生素	1. 脂溶性维生素 维生素A:维持正常夜视功能;保持皮肤与黏膜的健康;增强机体免疫力;促进生长发育	动物肝、鱼肝油、奶制品、禽蛋类、有色蔬菜及水果等	男性:800 μgRE,女性:700 μgRE(RE,视黄醇当量)
	维生素D:调节钙磷代谢,促进钙磷吸收	海鱼及动物肝、蛋黄、奶油;体内转化	5 μg

145

营养素	功能	来源	每日供给量
维生素	维生素 E:抗氧化作用,保持红细胞完整性,改善微循环;参与 DNA、辅酶 Q 的合成	植物油、谷类、坚果类、绿叶蔬菜等	14 mg
	维生素 K:参与合成凝血因子,促进血液凝固	肠内细菌合成;绿色蔬菜、乳酪、蛋黄、动物肝	20~100 μg
	2. 水溶性维生素		
	维生素 B$_1$:构成辅酶 TPP;参与糖代谢过程;影响某些氨基酸与脂肪的代谢;调节神经系统功能	动物内脏、肉类、豆类、花生、未过分精细加工的谷类	男性:1.4 mg,女性:1.3 mg
	维生素 B$_2$:构成体内多种辅酶,参与人体内多种生物氧化过程;促进生长、维持健康;保持皮肤和黏膜完整性	动物内脏、禽蛋类、奶类、豆类、花生、新鲜绿叶蔬菜等	男性:1.4 mg,女性:1.2 mg
	维生素 B$_6$:构成多种辅酶,参与物质代谢	畜禽肉及其内脏、鱼类及豆类等	1.2 mg
	维生素 B$_{12}$及叶酸:为细胞的核酸和核蛋白合成代谢过程中所必需的物质;促进红细胞发育与成熟	动物内脏、发酵豆制品、新鲜绿叶蔬菜	维生素 B$_{12}$:2.4 μg 叶酸:400 μgDEF (DEF,膳食叶酸当量)
	维生素 C:保护细胞膜,防治维生素 C 缺乏病;治疗贫血,促进铁吸收和利用;促进胶原、神经递质、抗体合成;参与胆固醇代谢	新鲜蔬菜和水果	100 mg
水	构成人体组织;调节体温;溶解并运送营养素和代谢产物;维持消化、吸收功能;润滑作用;直接参加体内氧化还原反应	饮用水、食物中水、体内代谢水	2~3 L

(三) 合理膳食与健康

古有"民以食为天"的说法,充分说明了人类很早就认识到饮食与人类健康的密切关系。合理膳食与健康的关系具体表现在以下几个方面。

1. 促进生长发育 合理的膳食与营养对人身体和精神的发育都起着决定性的作用,是维持生命活动的重要物质基础。

2. 构成机体组织 各种营养素是构成机体组织的物质基础。如蛋白质是构成人体细胞的重要成分;糖脂、磷脂是构成细胞膜的重要成分;糖类参与构成神经组织;维生素参与合成酶及辅酶;钙、磷等是构成骨骼的主要成分等。

3. 供给热能 人体的各种生命活动都需要消耗热能。热能来源于产热营养素,每克糖、脂肪和蛋白质在体内氧化后分别产生 16.74 kJ（4 kcal/g）、37.66 kJ（9 kcal/g）和 16.74 kJ（4 kcal/g）的热能。换算：1 kcal = 4.184 kJ。

4. 调节人体功能　人体活动是在神经系统、内分泌系统及各种酶的共同调节下完成的，各种营养素是构成上述调节系统的物质基础。

二、饮食、营养与疾病痊愈的关系

人体患病时伴随着不同程度的代谢变化和营养不良，因而合理的膳食与营养是治疗疾病、促进康复的重要措施。饮食营养对疾病的主要作用有以下几个方面。

1. 补充额外损失和消耗的营养素　当机体处于疾病应激状态时，会出现营养素或热能的消耗增加及某些特定营养素的额外损失，针对性的饮食治疗可以有效地改善这一状态，及时、合理地调整营养素摄入量可增加机体抗病能力，促进疾病痊愈和创伤组织修复。

2. 辅助治疗和诊断疾病　根据疾病治疗和诊断的需要，调整食物组成，控制某些营养素的摄入量，可以减轻脏器负荷，控制疾病的发展。通过选择符合饮食治疗原则的食品和恰当的烹饪方法以改变食物的性质，或提供特殊饮食，如要素食品、胃肠外营养等，还可有效地供给足够的、科学的营养，为其治疗和疾病恢复创造有利的条件。此外，通过试验饮食也可以辅助临床诊断。

任务二　认知医院饮食

医院饮食分为三大类，即基本饮食、治疗饮食和试验饮食，可以满足不同患者诊断、治疗和康复的需要。

一、基本饮食

基本饮食包括普通饮食、软质饮食、半流质饮食和流质饮食，其适用范围、饮食原则及用法见表 2-3-2。

表 2-3-2　基本饮食的适用范围、饮食原则及用法

类别	适用范围	饮食原则	用法
普通饮食	病情较轻或疾病恢复期，消化功能、体温正常，无饮食限制的患者	易消化、无刺激性食物；营养均衡、美味可口；限制油煎、坚硬、易胀气食物及强烈刺激性调味品	每日进餐 3 次，蛋白质 70~90 g/d　总热量 9.2~10.9 MJ（2 200~2 600 kcal）

类别	适用范围	饮食原则	用法
软质饮食	消化不良、低热、咀嚼不便、术后和肠道疾病的恢复期及老幼患者等	含足够的营养素，以软烂无刺激性为主，易咀嚼消化，如面条、软饭，切碎、煮烂的菜和肉等	每日进餐 3~4 次，蛋白质 60~80 g/d 每日总热量 9.2~10 MJ（2 200~2 400 kcal）
半流质饮食	消化道疾病、吞咽咀嚼困难、发热、体弱及术后患者	含足够的营养素，无刺激易于咀嚼及吞咽；膳食纤维含量少；食物呈半流质状，如粥、面条、馄饨、蒸鸡蛋、肉末、豆腐等	每日进餐 5~6 次，主食≤300 g/d；蛋白质 50~70 g/d 总热量 6.3~8.4 MJ（1 500~2 000 kcal）
流质饮食	高热；颜面、口腔、头、颈等疾病及各种大手术后、吞咽困难；急性消化道疾病、食管狭窄及心肌梗死、重症或全身衰竭等患者	食物呈流体状，易吞咽、易消化，如奶类、豆浆、米汤、稀藕粉、肉汁、菜汁、果汁等；此饮食热能及营养素不足，只能短期使用	每日进餐 6~7 次，每 2~3 h 一次，每次 200~300 ml，蛋白质 40~50 g/d 总热量 3.3 MJ（800 kcal）左右

二、治疗饮食

治疗饮食是指在基本饮食的基础上，根据病情的需要，适当调整热能和某些营养素，以达到辅助治疗目的的一类饮食。治疗饮食的适用范围、饮食原则及用法见表 2-3-3。

表 2-3-3　治疗饮食的适用范围、饮食原则及用法

饮食种类	适用范围	饮食原则及用法
高热量饮食	用于热能消耗较高的患者，如甲状腺功能亢进症、高热、大面积烧伤、胆道疾病、结核病及产妇等	在基本饮食的基础上加餐 2 次，可进食牛奶、豆浆、鸡蛋、蛋糕、巧克力及甜食等。总热能约为 12.6 MJ/d（3 000 kcal/d）
高蛋白质饮食	慢性消耗性疾病，如结核病、恶性肿瘤、甲状腺功能亢进症、营养不良、贫血、大面积烧伤、肾病综合征、低蛋白血症及大手术前后；孕妇、哺乳期妇女等	在基本饮食的基础上增加富含蛋白质的食物，如肉类、鱼类、蛋类、奶类、豆类等。蛋白质供给量为 1.5~2.0 g/(kg·d)，总量不超过 120 g/d，总热量为 10.5~12.6 MJ/d（2 500~3 000 kcal/d）

饮食种类	适用范围	饮食原则及用法
低蛋白质饮食	用于急性肾炎、尿毒症、肝性脑病等限制蛋白质摄入的患者	饮食中的蛋白质按医嘱执行,一般成年人饮食中的蛋白质不超过 40 g/d,视病情可酌情减少至 20 g/d。应多补充蔬菜和含糖高的食物,维持正常热量。肾功能不全的患者应摄入动物蛋白,忌食豆制品;而肝性脑病的患者应以植物蛋白为主
低脂肪饮食	用于肝、胆、胰疾病,高脂血症、动脉硬化、冠心病、肥胖症及腹泻等患者	食物清淡、少油,尤其要限制动物脂肪的摄入,禁食肥肉、蛋黄、脑等。高脂血症及动脉硬化患者不必限制植物油(椰子油除外)。成年人脂肪量 ≤50 g/d,肝、胆、胰疾病患者 <40 g/d
低胆固醇饮食	用于高胆固醇血症、动脉硬化、冠心病、高血压、胆石症等患者	胆固醇的摄入量 <300 mg/d,禁用或少用含胆固醇高的食物,如动物内脏和脑、鱼子、蛋黄、肥肉和动物油等
低盐饮食	用于心脏病、急慢性肾炎、肝硬化腹水、高血压但水肿较轻者及各种原因所致水、钠潴留的患者	成年人每日进食盐 <2 g(含钠 0.8 g)或酱油 10 ml/d,但不包括食物内自然存在的氯化钠。禁食腌制品,如咸菜、皮蛋、火腿、香肠、咸肉、虾米等
无盐低钠饮食	适用范围同低盐饮食,但水肿较重者	无盐饮食,除食物内自然含钠量外,烹调时不放食盐,禁用腌制食物 低钠饮食,除无盐外,还需控制摄入食物中自然存在的含钠量(<0.5 g/d),禁用腌制食物 对需无盐和低钠者,还应禁用含钠多的食物和药物,如含碱食品(油条、挂面、汽水等)和碳酸氢钠等药物,烹调时可加糖、醋、无盐酱油、少钠酱油等调味
高膳食纤维饮食	用于便秘、肥胖、高脂血症、糖尿病等患者及大肠癌的预防	含纤维素多的食物,如各种粗粮、韭菜、芹菜、大豆及新鲜水果等
少渣或无渣饮食	用于伤寒、痢疾、肛门疾病、腹泻、肠炎、食管胃底静脉曲张、咽喉部及消化道手术后的患者	选用膳食纤维素少的食物,如蛋类、嫩豆腐等,不用强刺激性调味品和坚硬的食物,肠道疾病者少用油

149

三、试验饮食

试验饮食是指在特定的时间内,通过对饮食内容的调整,达到协助诊断和保证检查结果正确的一类饮食。试验饮食的目的、方法及注意事项见表 2-3-4。

表 2-3-4　试验饮食的目的、方法及注意事项

饮食种类	试验目的	方法及注意事项
隐血试验饮食	用于配合大便隐血试验,以诊断有无消化道出血	试验前 3 日禁食肉类、动物肝、血类食品、含铁剂药物及绿色蔬菜等,以免产生假阳性反应。可食用牛奶、豆制品、白菜、冬瓜、马铃薯、白萝卜、菜花、山药等,第 4 日留取粪便做隐血试验检查
胆囊造影饮食	适用于需要造影检查有无胆囊、胆管及肝胆管疾病的患者	检查前 1 日中午进食高脂肪饮食(如油煎荷包蛋 2 只或奶油巧克力 40~50 g,脂肪量为 25~50 g),以刺激胆囊收缩和胆汁排空,有助于造影剂进入胆囊
胆囊造影饮食	适用于需要造影检查有无胆囊、胆管及肝胆管疾病的患者	晚餐进无脂肪、低蛋白、高糖类、清淡的饮食,晚餐后服造影剂,服药后禁食、禁水、禁烟至次日上午
		检查当日早晨禁食,服药后 14 h 第 1 次摄 X 线片,如胆囊显影良好,让患者进食高脂肪餐,服后 30~60 min,进行第 2 次摄片,观察胆囊的收缩情况
吸碘试验饮食	用于甲状腺功能检查的患者,以协助放射性核素^{131}I 检查,明确诊断	检查或治疗前 7~60 日,禁食含碘高的食物及药物
		需禁食 60 日的食物包括:海带、紫菜、海蜇、淡菜、苔菜等
		需禁食 14 日的食物包括:海蜇、毛蚶、干贝、蛏子等
		需禁食 7 日的食物包括:虾、鱼等
		禁用碘做局部消毒

任务三　患者的一般饮食护理

一、营养的评估

营养评估是人体健康评估中的重要组成部分。及时了解影响因素、评估患者的营养状况,为患者制订科学、合理的营养计划,并根据计划对患者进行相应的饮食护理,对于改善患者的营养状况、促进患者康复具有重要的意义。

（一）影响因素的评估

影响饮食与营养的因素有生理因素、病理因素和心理-社会因素。

1. 生理因素

（1）年龄、活动量:年龄不同,每日所需的食物量和特殊营养素也不同,如处在生长发育期的儿童、青少年对营养的需求较多;老年人所需的营养逐渐减少,但对钙的需求增加。各种活动是能量代谢的主要因素,活动量大的人所需热能及营养素高于活动量小的人。

（2）特殊生理状况:女性在妊娠和哺乳期对营养素的需求量明显增加,并有饮食习惯的改变。妊娠期女性摄入营养素的比例应均衡,同时需要增加蛋白质、铁、碘、叶酸的摄入量。在妊娠期的后 3 个月尤其要增加钙的摄入量。哺乳期女性在每日饮食的基础上需再增加 500 kcal 热量,蛋白质的需要量增加 65 g/d,同时应注意维生素 B 和维生素 C 的摄入。

（3）身高和体重:一般情况下,体格高大强壮的人热量及营养素的需求量较高。

2. 病理因素

（1）疾病:疾病本身所带来的不良情绪及疼痛等因素会使患者食欲减退;口腔黏膜、牙齿病变可造成咀嚼困难,影响食物摄入;胃肠道疾病可影响食物的消化吸收;创伤、发热、恶性肿瘤、甲状腺功能亢进症等某些高代谢性疾病需要更多营养素。有些疾病可引起机体营养素流失,如肾炎患者所需营养也应增加。

（2）药物:在治疗过程中,一些药物的使用亦可促进或抑制食欲,如抗组胺药赛庚啶等能增进食欲,非肠溶性红霉素可降低食欲。有的药物则可影响营养素的吸收,如苯妥英钠(抗惊厥)可干扰维生素 D 的吸收和代谢。

（3）饮酒:长期大量饮酒也可致食欲减退,对营养的摄入造成影响。

3. 心理-社会因素

（1）心理因素:轻松、愉悦的心理状态能促进食欲,利于食物的消化和吸收;而焦虑、恐惧、忧郁、痛苦与悲哀等不良情绪则可引起交感神经兴奋,抑制消化功能,使患者食欲减退,进食量减少,甚至厌食。此外,清新整洁的进食环境、良好的食物感官性状,使人具有轻松、愉快的心情,并可促进食欲。

（2）社会因素：人的饮食多受经济状况、文化背景、宗教信仰、地域环境等影响。

（3）营养知识：对营养知识的掌握和理解影响对食物的选择，当营养知识缺乏时，食物的搭配不合理，可导致不同程度的营养障碍。

（二）饮食评估

1. 一般饮食型态　包括每日进餐时间、用餐方法及时间长短、摄入食物的种类及量、饮食规律等。有无食物过敏史、特殊喜好，是否使用补品及其种类、剂量、服用时间等。

2. 食欲　食欲有无增减，原因何在。

3. 影响进食的因素　注意评估患者有无口腔疾病、咀嚼不便及吞咽功能减弱。

（三）身体评估

成人营养状况常用以下几个指标来判断，包括体质指数、腰围和腰臀比、体脂含量和标准体重。

1. 体质指数（BMI）　是反映成人营养状况的较好指标，其计算公式：BMI＝体重（kg）/身高的平方（m^2）。根据 BMI 判断人体营养状况的标准见表 2-3-5。

表 2-3-5　根据 BMI 判断人体营养状况的标准

BMI/（kg·m^{-2}）	评价标准
18.5≤BMI≤23.9	正常人
17.5≤BMI<18.5	轻度营养不良（Ⅰ级）
16<BMI<17.5	中度营养不良（Ⅱ级）
BMI≤16	重度营养不良（Ⅲ级）
24≤BMI<28	超重
BMI≥28	肥胖

2. 腰围和腰臀比　腰围和腰臀比也是判断成人营养状况的实用指标。亚洲成人的标准腰围，男性<90 cm，女性<80 cm。若男性≥90 cm、女性≥80 cm 则为中央型肥胖。腰臀比＝腰围/臀围，正常成人男性<0.9，女性<0.85；超过此值为中央型肥胖。腰臀比要比腰围更实用和准确。

3. 体脂含量　体脂含量（BF）也是评价肥胖程度的客观指标，适用于成人和儿童。体脂含量可用体脂肪计来直接测定。体脂含量判断肥胖的标准：轻度肥胖：男性 20%~25%，女性 25%~30%；中度肥胖：男性 26%~30%，女性 31%~35%；重度肥胖：男性>30%，女性>35%。

4. 标准体重　标准体重判断营养状况比较简单、实用。标准体重的计算公式：标准体重（kg）＝身高（cm）-105。标准体重的评价标准：实际体重超过标准体重的10%为超重，超过 20%~30%轻度肥胖，超过 30%~50%为中度肥胖，超过 50%为重度肥胖，超过 100%为病态肥胖。

（四）生化评估

生化评估即测定人体内各种营养素水平，是评价人体营养状况的较客观指标。常用于研究营养状况的实验室检查项目包括血清蛋白质水平、尿素氮、肌酐及淋巴细胞计数。血清蛋白质水平可反映身体内脏器官蛋白质存储量，尿素氮和尿肌酐可反映体内蛋白质代谢和氮平衡状况，而当人体缺乏某些营养素时，淋巴细胞计数会发生变化，当蛋白质缺乏时，淋巴细胞总数会相应地减少。

二、病区的饮食管理

住院患者的饮食由病区医生根据患者的具体病情及营养状况，确定患者饮食的种类及数量并开出饮食医嘱，护士依据医嘱填写住院饮食通知单，通知营养室，同时填写在病区的饮食单上，并在患者的床尾或床头卡上填写饮食标记。

因病情需要更改饮食时，如流质饮食改为半流质饮食，手术前需要禁食或病愈出院需要停止饮食等，由医生开出医嘱，护士按医嘱填写饮食更改通知单或饮食停止通知单，通知营养室并协助执行。同时更改或停止病区的饮食单、患者的床尾或床头卡上的饮食标记。

三、患者饮食护理

（一）促进患者食欲

促进患者食欲的措施见表 2-3-6。

表 2-3-6　促进患者食欲的措施

促进食欲	措施
减少或去除各种引起不舒适的因素	疼痛者于饭前 30 min 遵医嘱给予镇痛药 高热患者适时降温 疲劳时，应帮助患者更换卧位或在相应部位给予按摩 进食前暂停非紧急治疗、检查和护理操作
尊重患者的饮食习惯	在不违反医疗原则的情况下，尽量照顾患者的口味，提供多样化的食物，并注意烹调方法，做到色、香、味俱全
提供良好的进餐环境	提供舒适的进餐环境，如病室安静、整洁、空气流通、温湿度适宜、气氛轻松等均可提高患者的食欲，增加消化功能 必要时用屏风遮挡，病情允许，可鼓励同室患者共同进餐或到病区餐厅与其他患者共同进餐，使患者能够分享进餐时的乐趣，轻松愉快地进餐

（二）协助患者进餐

根据病情，依据饮食医嘱，合理安排患者进餐。

1. 进食前护理　见表 2-3-7。

表 2-3-7　进食前护理

操作流程	操作说明
1. 饮食指导	护士应根据患者所需的饮食种类进行解释和指导 说明使用此类饮食的意义、适合患者的食物、禁用的食物以及每日进餐的次数等 耐心解答患者在饮食方面的问题，以取得患者的配合，使患者理解并愿意遵循饮食护理计划
2. 环境准备	整理床单位 饭前 30 min 开窗通风
3. 患者准备	督促并协助患者排大小便、洗手及清洁口腔 协助患者采取舒适的进食姿势 如病情允许，可协助患者下床进食 不能下床者，协助取坐位或半坐位，放好跨床桌，并擦拭干净 俯卧或平卧患者将其头转向一侧，并给予适当支托，避免食物呛入气管 征得患者同意后，将治疗巾或餐巾围于患者胸前，以保持衣服和被单的清洁

2. 进食时护理　见表 2-3-8。

表 2-3-8　进食时护理

操作流程	操作说明
1. 及时准确分发食物	护士洗净双手，衣帽整洁 核对患者及饮食单，并根据饮食单上不同的饮食要求，督促和协助配餐员及时将热饭菜准确无误地送给每位患者，并放在患者易取到的位置 对禁食、限量及延迟进食者，应告知患者原因，以取得合作，同时在床尾卡上标记，做好交接班 对于需要增加饮水量者，应向患者解释大量饮水的重要性。对限制饮水量者，应向患者及家属说明限水的目的、限水量，以取得合作，并且患者床边应有限水标记
2. 鼓励并协助患者进餐	患者进食期间，护士应巡视观察患者进餐情况，同时鼓励或协助患者进餐；检查治疗饮食和试验饮食的实施情况。探视者带来的食物，需符合患者治疗原则方可食用 不能自行进食的患者，护士应给予喂食（图 2-3-2），喂食时应根据患者的进食习惯，注意进食的次序、量（每匙量不可过多，以 1/3 满即可）、速度适中、温度适宜，以防烫伤。患者饮水或进流质，可用吸管进食 双目失明或双眼被遮盖的患者，除遵守上述喂食要求外，还应在喂食前告知食物名称以增加患者进食的兴趣，促进消化液分泌。如患者要求自己进食，可设置时钟平面图放置食物，告知方位及食物名称（图 2-3-3），利于患者取用食物

操作流程	操作说明
3. 特殊问题处理	在进食过程中如患者出现恶心,应嘱其做深呼吸,并暂停进食 患者呕吐时护理:患者呕吐时,护理人员应及时给予帮助,提供容器盛装呕吐物;将患者头偏向一侧,防止呕吐物进入气管,并尽快清除呕吐物,及时更换被污染的被服等;帮助患者漱口,不能自行漱口者可给予口腔护理,以去除口腔异味;开窗通风换气,去除室内呕吐后的气味 如发生呛咳,应帮助患者拍背;若异物进入喉部,应及时在腹部剑突下、肚脐上用手向上、下推挤数次,使异物排出,防止发生窒息 征求患者意见,是否愿意继续进食,对不愿继续进食者,可帮助其保存好剩下的食物,待其愿意进食时给予满足 护理人员应观察呕吐物的性质、颜色、量和气味等并做好记录

155

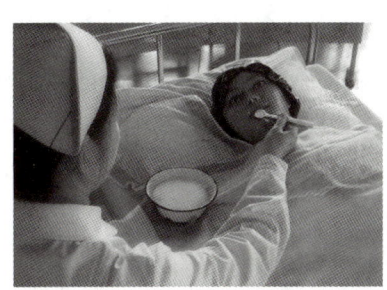

图 2-3-2　喂食方法

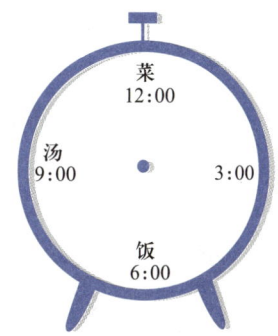

图 2-3-3　食物放置平面图

3. 进食后护理

(1)清理餐具,督促协助患者洗手、漱口或做口腔护理,整理床单位。

(2)餐后应根据需要做好护理记录,如进食种类、量、患者进食时和进食后的反应等,以评价患者的进食是否满足营养需求。

(3)对暂禁食或延迟进食的患者做好交接班。

(4)经常征求患者对医院饮食管理的意见,并及时反馈给相关部门以便改进工作,满足患者住院期间的饮食要求。

任务四　特殊饮食的护理

对于病情危重、存在消化功能障碍、不能经口或不愿经口进食的患者,为保证其摄取足够的营养素,临床上常根据不同患者的情况采用不同的特殊饮食护理。

一、管饲饮食

（一）概念与分类

对于不能或无法由口进食但胃肠功能正常的患者，经胃肠道插入导管，给患者提供必需的食物、营养液、水及药物的方法称为管饲饮食。

根据导管插入的途径，可分为：鼻胃管（导管经鼻腔插入胃内）；鼻肠管（导管由鼻腔插入小肠）；胃造瘘管（导管经胃造瘘口插入胃内）；空肠造瘘管（导管经空肠造瘘口插至空肠内）。

（二）鼻饲法

鼻饲法是将胃管经一侧鼻腔插入胃内，从管内注入流质食物、水分和药物的方法，也是临床上最常用的管饲方法。

【目的】

1. 供给不能或不愿经口进食的患者食物、水分和药物，以保证患者的营养和治疗需要。

2. 适用于昏迷、口腔疾病、食管狭窄、食管气管瘘、拒绝进食、精神厌食症的患者，以及早产儿、病情危重的婴幼儿和某些手术后或肿瘤患者。

【评估】

1. 患者病情、意识状态及治疗情况，有无禁忌证。

2. 患者心理状态和合作程度，如既往有无鼻饲的经历，对插管的感受、理解及配合程度等。

3. 患者鼻腔状况，有无鼻腔肿胀、炎症、息肉、阻塞及鼻中隔偏曲等。

4. 嘱咐患者做好大小便准备。

【计划】

1. 护士准备　衣帽整洁，洗手，戴口罩。

2. 患者准备　意识清楚的患者了解鼻饲的目的、注意事项，以取得合作。如戴眼镜或有活动义齿者应取下，妥善放置。必要时协助患者使用便器。

3. 用物准备

（1）鼻饲包：治疗碗1个、压舌板1个、止血钳或镊子1把、弯盘1个、30～50 ml注射器1副、纱布2块、胃管1条、液状石蜡。

（2）治疗盘（插管时用）：治疗巾1块、棉签、胶布、夹子或橡胶圈、别针、弯盘、听诊器、适量温开水、流质饮食200 ml（38～40℃）、一次性手套。

（3）治疗盘（拔管时用）：治疗碗1个、纱布1块、弯盘1个、松节油、棉签、一次性手套等，根据患者需要可备漱口液。

4. 环境准备　病室光线充足，安静、整洁。

【实施】　鼻饲操作见表2-3-9。

表 2-3-9　鼻　饲　操　作

操作流程	操作说明	注意点
1. 插管		
（1）核对解释	携用物至患者床旁,核对患者姓名、床号 向患者及家属解释操作目的、过程以及配合方法,以取得合作	认真执行查对制度,确认患者,避免差错事故的发生 告知患者管饲饮食的目的、插胃管操作过程中的不适及配合方法,指导患者在恶心时做深呼吸或吞咽动作,缓解患者紧张、恐惧,取得合作
（2）取体位	准备 2 条胶布于治疗盘上,戴听诊器 能配合者取半坐位或坐位;无法坐起者取右侧卧位;昏迷患者取去枕平卧位,头向后仰 有义齿者取下义齿 铺治疗巾于颌下及胸前盖被处	坐位有利于吞咽 根据解剖原理,右侧卧位有利于胃管插入 头向后仰可避免胃管误入气管 取下义齿,防止脱落、误咽
（3）鼻腔准备	观察鼻腔是否通畅,选择通畅一侧,用湿棉签清洁鼻腔	鼻腔通畅,便于插管
（4）润滑胃管	检查并打开鼻饲包整理,倒温水,戴手套 取出胃管,检查胃管是否通畅,润滑胃管前端 10~15 cm,关闭胃管末端 弯盘（胃管、止血钳）放于口角旁	减少插入时的摩擦阻力 防止胃内容物多时反流及空气进入造成腹胀
（5）确定剑突部	触摸并确定剑突部位（图 2-3-4）	
（6）开始插管	一手持纱布托住胃管,一手持止血钳夹住胃管前端,测量胃管插入的长度一般为前额发际至胸骨剑突处（图 2-3-5A）或从耳垂到鼻尖再到剑突的距离（图 2-3-5B）,沿选定侧鼻孔轻轻插入 昏迷患者头向后仰（图 2-3-6A） 当胃管插至咽喉部（14~16 cm 处）,根据患者具体情况进行插管 清醒患者:嘱患者做吞咽动作,必要时,可让患者饮少量温开水,以助插管,顺势将胃管向前推进,至预定长度 昏迷患者:左手将患者头托起,使下颌靠近胸骨柄,缓缓插入胃管至预定长度	一般成人插入长度 45~55 cm,婴幼儿 14~18 cm 插管时动作轻柔,止血钳尖端勿碰及患者鼻黏膜,以免造成损伤 吞咽动作可帮助胃管迅速进入食管,减轻患者不适,患者可随护士"吞"的口令做吞咽动作,护士插管应与患者吞咽动作协调一致 昏迷患者由于吞咽和咳嗽反射消失,将下颌靠近胸骨柄可增大咽喉部通道的弧度,便于胃管沿后壁滑行,顺利通过食管口（图 2-3-6B）

操作流程	操作说明	注意点
(7) 特殊处理	如插入不畅时应检查口腔,观察胃管是否盘在口中,或将胃管抽出少许,再小心插入 若插管中患者出现恶心、呕吐,可暂停插管,嘱患者做深呼吸或吞咽动作 如出现呛咳、呼吸困难、发绀等现象,表示误入气管,应立即拔出胃管,休息片刻后重新插管	深呼吸可使肌肉放松,也可分散患者注意力,缓解紧张
(8) 确认胃管位置	确认胃管插入胃内的方法有三种: ① 在胃管末端连接无菌注射器抽吸,可抽出胃液 ② 置听诊器于患者胃部,用无菌注射器快速经胃管向胃内注入 10 ml 空气,听到气过水声(图 2-3-7) ③ 于呼气时,将胃管末端置于盛水的治疗碗中,无气泡逸出,如有大量气泡,证明已误入气管	临床确认胃管是否在胃内可任选一种检测方法
(9) 固定	确定胃管在胃内后,用胶布固定胃管于鼻翼及面颊部(图 2-3-8)	防止胃管移动或滑出
2. 灌注食物		注入流质饮食
(1) 灌入流质食物	连接注射器于胃管末端,先注入少量温开水,再缓慢注入流质食物或药物 鼻饲完毕后,再次注入少量温开水	温开水可润滑管腔,防止鼻饲液黏附于管壁 每次抽吸鼻饲液应排净空气 注入流质食物后应反折胃管末端,避免灌入空气,引起腹胀 冲净胃管以避免食物积存于管腔中变质,造成胃肠炎或堵塞管腔
(2) 安置胃管	将胃管末端关闭,用纱布包好,用橡皮筋扎紧或用夹子夹紧,用别针固定于大单、枕旁或患者衣领处	防止食物反流和胃管脱落
(3) 整理用物	清理用物;脱去手套;整理床单位 嘱患者维持原卧位 20~30 min 洗净鼻饲用的注射器,放于治疗盘内,用纱布盖好备用 告知在带管过程中的注意事项,避免胃管脱出	嘱患者维持原卧位 20~30 min 可促进消化、吸收,防止呕吐 鼻饲用物应每日更换消毒

操作流程	操作说明	注意点
（4）洗手记录	洗手,记录	记录鼻饲的时间,鼻饲液的种类、量,患者反应等
3. 拔管		用于停止鼻饲或长期鼻饲更换胃管者
（1）拔管准备	置弯盘于患者颌下,关紧胃管末端放入弯盘内,轻轻揭去固定的胶布	夹紧胃管,以免拔管时管内液体流入呼吸道
（2）拔出胃管	戴手套 左手用纱布包裹近鼻孔处的胃管,嘱患者深呼吸,在患者呼气时拔管,右手边拔边将胃管缠绕在手上,左手边用纱布擦胃管,全部拔出后将手套翻转包裹胃管及纱布放入弯盘中,移出患者视线	昏迷患者拔到咽喉处快速拔出,以免管内液体滴入气管 避免污染床单位,减少患者的视觉刺激
（3）清洁局部	清洁患者口鼻、面部,擦去胶布痕迹,协助患者漱口	可用松节油等消除胶布痕迹
（4）整理用物	协助患者取舒适卧位,整理床单位,清理用物	
（5）洗手记录	洗手,记录	记录拔管时间和患者反应

【评价】

1. 护患沟通有效,患者能配合护士顺利、安全地插入胃管。

2. 通过鼻饲,患者能获得基本的营养、水和所需的药物。

3. 患者无黏膜损伤或其他并发症发生。

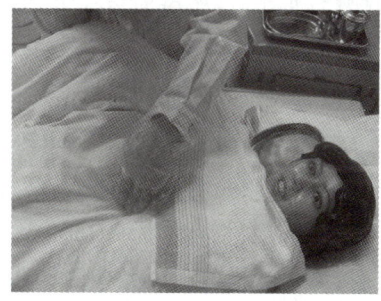

图 2-3-4　确定剑突部

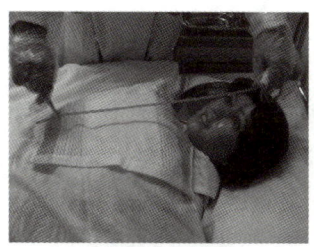
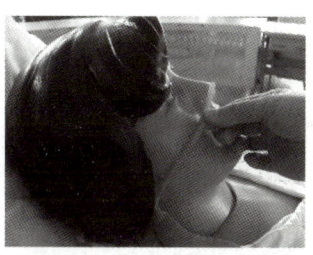

A. 前额发际至胸骨剑突处　　　　　B. 从耳垂到鼻尖再到剑突

图 2-3-5　测量胃管长度

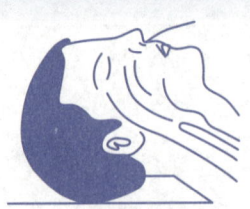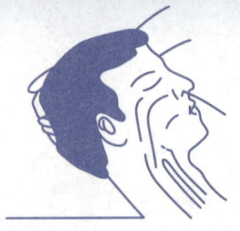

A. 插胃管时头向后仰　　B. 抬高头部增大咽喉部通道弧度

图 2-3-6　昏迷患者

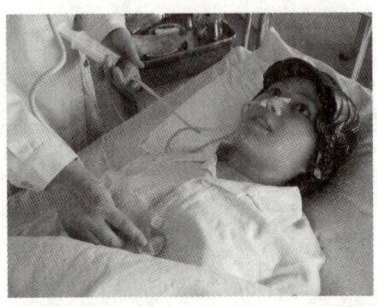

图 2-3-7　证实胃管插入胃内的方法

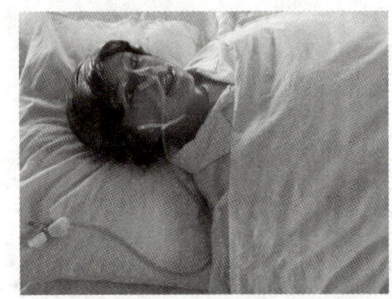

图 2-3-8　胃管固定

【注意事项】

1. 插入胃管会给患者带来一定的心理压力和不适,操作前必须对患者给予解释和说明,让其理解并配合操作。

2. 操作时动作应轻稳,以防损伤鼻腔及食管黏膜。尤其是通过食管三个狭窄部位(环状软骨水平处、平气管分叉处、食管通过膈肌裂孔处)时。

3. 每次灌注食物前应抽吸胃液以确定胃管在胃内及胃管通畅,防止鼻饲液误入气管造成呛咳甚至吸入性肺炎。

4. 每次鼻饲量不应超过 200 ml,间隔时间不少于 2 h。鼻饲液温度应保持在 38~40℃,药片应研碎、溶解后,再灌入;新鲜果汁和奶液应分别注入,防止产生凝块。

5. 长期鼻饲的患者,应每日进行口腔护理,每周更换胃管 1 次,晚间末次喂食后拔出胃管,第 2 日早晨再由另一侧鼻孔插入。

6. 凡上消化道出血,食管、胃底静脉曲张或梗阻,以及鼻腔、食管手术后的患者禁用鼻饲法。

知识链接

食管的三个狭窄

食管三狭,指人体食管的三个狭窄部位(图 2-3-9)。食管的第一个狭窄位于食管的起端,即咽与食管的交接处,相当于环状软骨和第六颈椎体下缘,由环咽肌和环状软骨所围成,距中切牙约 15 cm;食管的第二个狭窄在食管入口以下 7 cm 处,位于左主支气管跨越食管的部位,相当于胸骨角或第 4、第 5 胸椎之间的水平,由主动脉弓从其左侧穿过和左主支气管从食管前方越过而形成,该部位是食管内异物易存留处,距中切牙约25 cm;食管的第三个狭窄是食管通过膈肌的裂孔处。该裂孔由右向左呈向上斜位。在行食管钡餐造影时,可见到食管的这三个压迹。当左心房出现病理性扩大时,第三个压迹更为显著,距中切牙约 40 cm。食管的第三个狭窄是食管最狭窄的地方。狭窄部是食管异物易滞留和食管癌的好发部位。

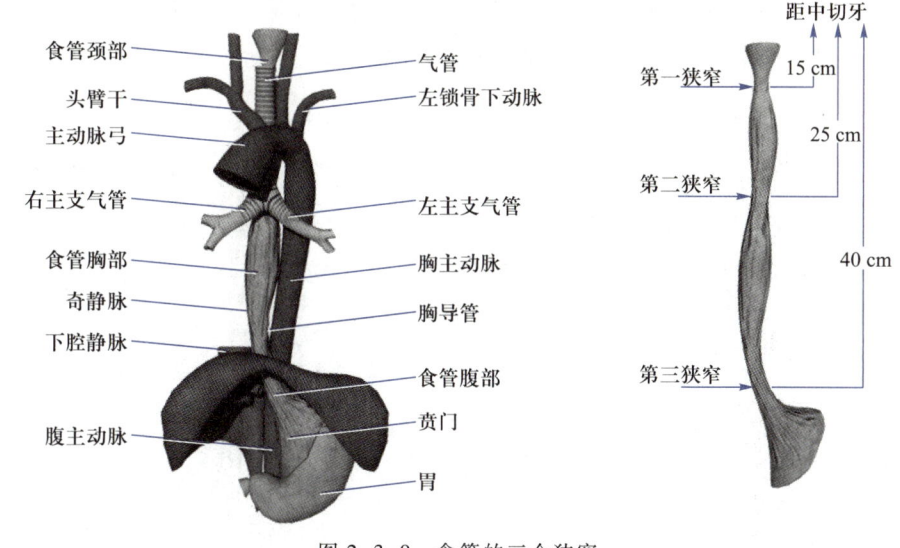

图 2-3-9　食管的三个狭窄

二、要素饮食

要素饮食(要素膳、化学膳、元素膳)是一种由人工配制的化学精制食物,含有全部人体所需的易于消化吸收的营养成分,包含游离氨基酸、单糖、必需脂肪酸、维生素、无机盐类和微量元素。它是无须经过消化或很少消化即可直接被肠道吸收的无渣饮食。要素饮食可通过口服、鼻饲、滴注等方法供给患者。要素饮食供给的操作步骤以滴注法为例,适用于经空肠喂食的危重患者。

【目的】　供给要素饮食,以促进危重患者伤口愈合,改善营养状况,达到辅助治疗的目的。适用于下列患者。

1. 严重烧伤及创伤、严重化脓性感染、多发性骨折等患者。

2. 外科手术前后需营养支持者。

3. 肿瘤或其他消耗性疾病引起的营养不良患者。

4. 肠炎及其他腹泻、消化道瘘、急性胰腺炎等患者。

5. 其他,如脑外伤、免疫功能低下患者。

【计划】

1. 护士准备　衣帽整洁,洗手,戴口罩。

2. 患者准备　患者了解要素饮食的目的、注意事项,以取得合作。

3. 用物准备

(1)治疗盘:碘伏、无菌持物钳、无菌棉签、液状石蜡、弯盘、适量温开水、等渗盐水或蒸馏水、治疗碗（内盛纱布）、橡胶圈、别针、70%乙醇等。

（2）滴入器具：无菌有盖吊瓶、输液器、瘘管等；输液泵、输液架、热水瓶、夹子等。

（3）要素饮食：液态要素饮食、果汁、菜汤；粉状要素饮食按比例添加水，配制成5%、10%、15%、20%或25%的液体。

4. 环境准备　病室安静、整洁，光线充足。根据患者需要选用拉帘。

【实施】　要素饮食滴注操作见表2-3-10。

表2-3-10　要素饮食滴注操作

操作流程	操作说明	注意点
1. 核对解释	核对患者的床号、姓名 向患者及家属解释目的和需配合事项	认真执行查对制度 以取得合作
2. 准备液体	检查无菌有盖吊瓶、输液泵是否完好，输液管生产日期和灭菌日期，并衔接好，将有盖吊瓶挂在输液架上 消毒水温计，然后测要素饮食的温度 温度适宜即倒入无菌有盖吊瓶内	温度以41~42℃为宜
3. 排气冲管	输液器内的气体排尽（茂菲滴壶以下），将输液器挂在输液架上	
4. 消毒冲管	消毒造瘘口的皮肤及造瘘管，用少量温开水冲注造瘘管	严格无菌操作
5. 接管调速	将输液器的头皮针取下弃掉，润滑输液管前端，再次排气与造瘘管连接 分次注入：每日4~6次，每次250~400 ml 间歇滴注：每日4~6次，每400~500 ml，每次输注持续时间30~60 min 连续滴注：12~24 h内持续滴入	浓度宜从5%开始逐渐调至20%~25% 速度由每小时40~60滴开始渐增至120 ml/h，最高可达150 ml/h或用输液泵保持恒定滴速 温度应保持在41~42℃
6. 拔管固定	滴注毕，将输液器和造瘘管分开，再用少量温开水冲注造瘘管，并将造瘘管反折，用无菌纱布包好，橡胶圈缠绕并固定	防食物积滞管腔而腐败变质
7. 整理记录	整理床单位 洗手、记录	记录滴注次数、剂量及患者反应

【并发症】

1. 机械性并发症　鼻咽部和食管黏膜损伤,管道阻塞。

2. 感染性并发症　吸入性肺炎,急性腹膜炎。

3. 胃肠道并发症　恶心、呕吐、腹胀、腹泻和腹痛。

4. 代谢性并发症　高血糖或水、电解质代谢紊乱。

【注意事项】

1. 每一种要素饮食的具体营养成分、浓度、用量、滴入速度,应根据患者的具体病情,由临床医生、责任护士和营养师共同拟定。

2. 要素饮食需新鲜配制,严格执行无菌操作,所有配制用物均严格灭菌后使用。已配制好的溶液应放在4℃以下的冰箱内保存,防止被细菌污染。配制好的要素饮食应保证于24 h内用完,防止放置时间过长而变质。

3. 要素饮食应以低浓度、低容量开始,逐渐增加。停用时需逐渐减量,不可骤停,以免引起低血糖反应。应用要素饮食期间需定期记录体重,并观察尿量、大便次数及性状,检查血糖、尿糖、血尿素氮、电解质、肝功能等指标,做好营养评估。

4. 要素饮食不能用高温蒸煮,但可适当加温,其口服温度宜为37℃左右,鼻饲及经造瘘口注入时的温度宜为41～42℃。可置热水袋于输液管远端,保持温度,防止发生腹泻、腹痛、腹胀。

5. 滴注过程中应经常巡视患者,如出现恶心、呕吐、腹胀等症状时应及时查明原因,根据患者发生反应的原因与轻重程度适当调整速度、温度及量,反应严重者可暂停滴入。要素饮食滴注前后都需用温开水或生理盐水冲净管腔,以防食物积滞管腔而腐败变质。

6. 长期使用者应补充维生素和矿物质。

7. 消化道出血患者、3个月内婴儿应禁用。糖尿病患者、胃切除术后患者应慎用。消化道瘘和短肠综合征患者宜先采用几天全胃肠外营养后逐渐过渡到要素饮食。

知识链接

要素饮食

要求所供食物油腻、均匀,呈流质状态、稀稠适度、非高渗状态,配方营养平衡,约每毫升供给热能 $4.184×10^{-3}$ MJ(1 kcal),热氮比为 150：1～200：1,总液量为 50～60 ml/(kg·d)。临床常用两种配制法,一种是10%氨基酸200 ml与40%葡萄糖250 ml混合;另一种是水解蛋白250 ml与40%葡萄糖250 ml混合,二者再各加入适量电解质:钠40～50 mol,钾30～40 mol,镁1～5 mol及微量元素如铜、锌、碘等。

三、完全胃肠外营养

完全胃肠外营养(total parenteral nutrition,TPN),亦称为静脉营养,是通过胃肠以外的途径从中心静脉或周围静脉,以浓缩的形式输入患者所需的热量及营养素(包括氨基酸、脂肪、各种维生素、电解质和微量元素)的一种营养支持方法。

【目的】 用于各种原因引起的不能从胃肠道摄入营养,胃肠道需要充分休息,消化吸收障碍,以及存在超高代谢等的患者,保证热量及营养素的摄入,从而维持身体新陈代谢,促进患者康复。

【适应证】 同要素饮食。

【禁忌证】

1. 胃肠道功能正常,能获得足量的营养。

2. 估计应用时间不超过5日。

3. 患者伴有严重水、电解质紊乱及酸碱平衡失调,凝血功能紊乱或休克时应暂缓使用,待内环境稳定后再考虑胃肠外营养。

4. 已进入临终期、不可逆昏迷等患者不宜应用胃肠外营养。

【途径】 常用的有周围静脉、颈外静脉、锁骨下静脉。

【配制】 全营养混合液(total nutrition admixtion,TNA),需按严格的配制程序,尽量现配现用,如配好后暂不输注可放置于4℃冷藏箱内,保存时间不超过24 h。配制具体要求如下。

1. 根据TPN医嘱准备所需药物及用物并认真检查。

2. 将电解质(钾、钠、氯等)、微量元素加入氨基酸中。

3. 将磷制剂、胰岛素加入葡萄糖中。

4. 将脂溶性维生素及水溶性维生素加入脂肪乳剂中。

5. 用3 L袋配套的三头式充袋管先将葡萄糖液及氨基酸液注入3 L袋混合后,肉眼检查确定无浑浊、沉淀,再加入脂肪乳剂,混合过程中应注意轻微振荡使其混合均匀。配制应不间断地一次性完成。

【并发症】

1. 机械性并发症 气胸、皮下气肿、血肿、神经损伤、胸腔积血或胸腔积液、空气栓塞,甚至死亡。

2. 感染性并发症 穿刺部位感染、导管性脓毒症等感染性并发症。长期胃肠外营养也可发生肠源性感染。

3. 代谢性并发症 糖代谢紊乱、肝功能损害、肠黏膜萎缩、胆汁淤积等。

【注意事项】

1. 操作前向患者及家属做好解释工作,以取得合作。

2. 加强配制营养液及静脉穿刺过程中的无菌操作。配制好的营养液储存于4℃冷藏箱内备用,若存放超过24 h,则不宜使用。

3. 输液导管及输液袋每12~24 h应更换一次;导管进入静脉处的敷料每24 h应更换一次。更换时严格无菌操作,注意观察局部皮肤有无异常征象。

4. 输液过程中加强巡视,注意输液是否通畅,开始时缓慢,逐渐增加滴速,保持液体24 h内均匀滴入,有条件可使用输液泵控制。不可过快,以免发生高血糖。TPN不可突然停止使用,应遵医嘱逐渐减量直到停止。停用后12 h内静脉输入10%葡萄糖,以免发生低血糖。

5. 输液过程中应防止液体中断或导管拔出,防止发生空气栓塞。

6. 静脉营养导管严禁输入其他液体、药物及血液,也不可在此处采集血标本或测中心静脉压。

7. 使用前及使用过程中要对患者进行严密的实验室监测。血糖超过11.1 mmol/L(200 mg/dl)时,应减慢输入速度,必要时加用胰岛素。

8. 密切观察患者的临床表现,注意有无并发症的发生。若发现异常情况应及时与医生联系,配合处理。

知识链接

几种基本的配方饮食

配方饮食,对于危重或癌症患者而言,可通过增加或控制某种营养素来达到治疗目的,使患者能够补偿消耗,恢复体力,降低分解,促进合成,维持机体内环境的稳定,促进手术创口或病灶愈合,使身体能早日康复或症状有所缓解。

(一)混合奶

混合奶适用于不能自行口服者及昏迷患者;术前或术后营养不良、食欲缺乏者,有一定消化吸收功能者;以及脑出血、偏瘫、重症肌无力等患者。

混合奶分以下两种。① 普通混合奶:蛋白质为 60 g,热量为 6.27 MJ(1 500 kcal)。② 高热量高蛋白质混合奶:蛋白质为 80 g,热量为 8.36 MJ(2 000 kcal)。

可食用食物有牛奶、米汤、豆浆、米粉、面粉、代乳粉、豆粉、鸡蛋(粉)、蔗糖、植物油、巧克力、可可粉、麦芽糖、葡萄糖、菜汁、肉汤、番茄汁、果汁等。随着进食能力的增强,可添加浓缩食品,如酪蛋白粉、蛋粉、鱼粉、肉粉、鸡粉等;高热量高蛋白质混合奶需结合病情而定。

在膳食中应适当调配动植物蛋白质,注意防止鸡蛋、牛奶食用过多。植物油每天适宜食用量为 10~20 g,以预防必需脂肪酸缺乏。糖类应尽量补充多糖类,如面粉、米粉、浓米汤等,蔗糖每天不宜超过 150 g。如不需要限制水分,宜适当稀释以利吸收,较适宜的浓度为 4.18 kJ(1 kcal)/ml,即每毫升 1 kcal。

维生素、矿物质应供给充足,加菜汁、肉汤、番茄汁、鲜果汁,以补充钾和维生素 C 等。食盐摄入量应视病情而定,每日控制在 2~10 g。如有脑水肿、腹水等水钠潴留,应限水限钠。其他如维生素 A,维生素 B$_1$,维生素 B$_2$,维生素 C,以及钾、钠、镁、钙、铁、锌、磷、硒等元素,均应根据病情而定。

注意要点:① 长期食用混合奶者,应定期检查血脂、血糖等。② 长期鼻饲单一混合奶者,易致胃黏膜弥漫性出血,宜补充维生素 A、维生素 K、维生素 C,控制营养液 pH 在 6.0 以上。③ 混合奶温度宜控制在 37~40℃,给速宜缓,每次 300~400 ml,每日 6~8 餐。④ 按病情调整每日饮食。⑤ 膳食应选择营养素齐全,容易消化吸收,残渣少,低脂肪,含乳糖量少的食物;避免选用高渗、食物组成波动大(浓度、剂量宜逐渐增加)的;餐橱器具注意清洁卫生和定期消毒。⑥ 脱脂牛奶的滴速宜每分钟 70 滴,果汁的滴速宜每分钟 90 滴,米汤的滴速宜每分钟 100 滴;温度宜 40~42℃。

配制方法:称量后搅拌均匀,加水至需要量,边煮边搅,煮沸后 3~5 min,装入消毒瓶中,应填写病区床号、姓名。酸性果汁不宜与奶类同煮,防止出现凝块。少量盐无影响,可将部分食盐与菜汁、肉汤同煮。两餐之间可加柑橘等果汁、番茄汁等。

（二）匀浆饮食

匀浆饮食是用天然食物根据病情配成糊状、浓流体或粉剂的平衡饮食,由大分子营养素组成。可经鼻饲、胃或空肠管滴入,或以灌注方式给予的经肠营养剂。除与管饲混合奶相同的适应证外,凡高龄无牙齿者,对肉类食物不能咀嚼者,消化能力差的癌症患者亦可应用。

匀浆饮食为经肠全营养饮食。加水后为流体营养液。常用蛋白质来源于酪蛋白、大豆分离蛋白、清蛋白等整蛋白。糖类常用蔗糖、玉米糖浆、变性淀粉、麦芽糊精、葡萄糖、糖浆等,但不含乳糖。脂肪用玉米油、中链三酰甘油(甘油三酯)或其他食用植物油等。维生素、矿物质等均应按《中国居民膳食指南(2022)》中推荐膳食供给量(RDA)添加。口味较好,渗透压为 410~510 mmol/L。

匀浆饮食按病情制定配方,如 2.09 MJ(500 kcal)、4.18 MJ(1 000 kcal)、6.27 MJ(1 500 kcal)、8.36 MJ(2 000 mmol/L)和 10.45 MJ(2 500 kcal);蛋白质占总热量的 15%~20%,脂肪占总热量的 25%~30%,糖类占总热量的 55%~65%。亦可按疾病治疗饮食原则调配。

应选用如米饭、粥、面条、馒头、鸡蛋、鱼、虾、鸡肉、瘦肉、猪肝、青菜、白菜、花菜、白萝卜、胡萝卜、香菇、芦笋、番茄以及适量牛奶、豆浆、豆腐、豆腐干和蔗糖等具有辅助抗癌作用的食物。

烹饪与服法:将去皮、骨或刺的食物洗净、切块等粗加工后,称量,煮(炖)烂,加水至需要量,再加食盐、植物油或乳化脂肪,捣碎成无颗粒的匀浆,煮沸 3~5 min 后,装入消毒瓶中。可口服,也可灌注,或用输液泵注入;还可用注射器每次灌注(喂)300~400 ml,每日 6~7 餐。根据病情从少量开始,以后逐渐递增。能口服者,也可用汤匙喂食。若为罐装或自制的粉状非要素饮食,可用新沸鲜汤冲服或管饲喂服。

注意事项:① 若用高速食品捣碎机时,每转动 2~3 min 后应停止片刻,以免连续转动将捣碎机损坏;② 所有配料均应煮熟透后捣为泥,不必过筛,但应除去不能捣碎的硬物及颗粒状食品;③ 匀浆饮食应保持新鲜、清洁、卫生,最好每餐烹饪好后即灌注(喂);超过 6 h 必须用高温蒸汽消毒,或置锅内蒸 20~30 min,或重新煮沸消毒。

（三）要素饮食

要素饮食是由分子水平的营养素组成,不需要消化,即可直接吸收的平衡饮食。营养素种类齐全,数量足,比例合理,能够满足身体对营养的需要,可分为营养支持和特殊治疗两类。

营养支持用要素饮食,多为低脂型,糖类占总热量的 80%~90%,脂肪占总热量的 0.9%~2.0%,仅能满足必需氨基酸的需要;标准型蛋白质占 8%,高氮型蛋白质占 17%。高脂肪型要素饮食脂肪含量为 9%~31%,糖类占总热量的 61%~74%,蛋白质占总热量的 8%~17%。

特殊治疗用要素饮食，依病种和病情而定。如肝功能衰竭用的要素饮食，其糖类占总热量的70%，脂肪占总热量的20%，蛋白质占总热量的10%；肾衰竭用的要素饮食，其糖类占总热量的75%，脂肪占总热量的21%，蛋白质占总热量的4%；创伤或大手术用要素饮食，其糖类占总热量的68%，脂肪占总热量的10%，蛋白质占总热量的22%。

调配要素饮食由氨基酸、脂肪酸、单糖、多种维生素、矿物质及微量元素等组成。氨基酸来源有结晶氨基酸和蛋白水解物（如大豆蛋白、鱼蛋白、乳清蛋白、酪蛋白、纤维蛋白、猪血水解蛋白等）；水解蛋白60%以上为氨基酸，余为短肽。糖类有单糖、多糖和双糖；用一种或多种糖混合使用，常用的有葡萄糖、麦芽糊精、低聚糖、玉米低聚糖、蔗糖、多糖、糊精等。脂肪有长链多不饱和脂肪酸，如玉米油、葵花籽油、红花油、轻度氢化或乳化豆油，也有中链三酰甘油（甘油三酯，MCT）。还需要添加适量维生素、矿物质及微量元素等成分。一般患者有65~100 cm长的小肠，即可供给要素饮食。与非要素饮食相比，要素饮食口感较差，渗透压较高。

特殊治疗用要素饮食简介如下：

肝功能衰竭用要素饮食：氮源为L-结晶氨基酸，其特点为支链氨基酸（BCAA）占氨基酸总量的35.7%，而芳香族氨基酸与蛋氨酸仅为3.3%。糖类常用麦芽糖、蔗糖等。脂肪常用大豆油、磷脂等。其他还有维生素、矿物质和微量元素。

肾衰竭用要素饮食：氮源为8种必需氨基酸加组氨酸。每4.18 MJ（1 000 kcal）要素饮食中含9.9 g蛋白质。糖类用蔗糖、麦芽糖（糊精）等。脂肪用大豆油、磷脂等。

创伤或大手术用要素饮食：蛋白质及支链氨基酸含量均较高，分别占总热量的22%和23.3%。当摄入12.5 MJ（3 000 kcal）要素饮食，即可达到推荐的每日膳食中营养素供给量要求，其中维生素C、维生素E、B族维生素、钙、磷、铜及锌含量更丰富。

（四）组件饮食

组件饮食是指仅含有一种或两种营养素为主的配方膳食。组件饮食常用于增加某种营养素。组件饮食分以下三种。

蛋白质、糖类、脂肪组件饮食：为不平衡饮食，均不含或含极少的维生素、矿物质及微量元素。蛋白质组件饮食常用牛奶、酪蛋白、乳白蛋白、清白蛋白，也可用水解蛋白（如大豆水解蛋白）或氨基酸混合物。

糖类组件饮食：常用葡萄糖、麦芽糊精、葡萄糖多糖体、液体玉米糖浆、玉米固体糖浆、低聚糖等。

脂肪组件饮食：常用长链多不饱和脂肪酸，如葵花籽油、大豆卵磷脂、玉米油等；中链三酰甘油（甘油三酯）及可可油等。

以上营养支持用要素饮食及特殊治疗用要素饮食可口服、鼻饲、胃或空肠造瘘置管滴入。鼻饲成人用8号硅胶管，儿童可用5号硅胶管。非要素饮食较黏稠，管径宜稍粗。应在有丰富临床经验的医生、营养师指导下应用。

四、出入液量记录

正常人每昼夜的液体摄入量和排出量保持动态平衡。记录患者24 h出入液量，可以了解病情,为明确诊断、确定治疗方案、制订护理计划提供依据。适用于休克、大面积烧伤、大手术后,以及心脏病、肾病、肝硬化伴腹水等患者。

(一)记录内容与要求

临床上出入液量的记录内容包括摄入量和排出量(表2-3-11)。

表2-3-11 记录内容与要求

类别	记录内容	记录要求
摄入量	饮水量、食物中含水量、输液量、输血量等	患者饮水或进食时,应使用量杯或固定使用已测量过的容器,以便准确记录 固体食物除须记录固体单位量外,还可根据需要换算出固体食物的含水量,如馒头一个(50 g),含水量25 ml等
排出量	尿量、粪便量、其他排出量(呕吐量、咯血量、痰量、胃肠减压量、胸腹腔抽出液量、各种引流量及伤口渗出量等)	测量应准确,记录应及时。除大便记录次数外,液体均以ml为单位进行记录 能自行排尿的患者,可记录每次尿量,24 h总计,也可以将尿液集中倒在一个容器内,定时测量记录 对于尿失禁的患者,应给予接尿措施或留置导尿管,以求得计量的准确

(二)记录方法

1. 出入液量可先记录在出入液量记录单上,晨7:00至晚19:00,用蓝笔;晚19:00至晨7:00时,用红笔。

2. 晚19:00,做12 h的小结;次晨7:00,做24 h总结,并记录在体温单相应栏内。

3. 记录要求准确、及时、具体,字迹清晰。

任务五 洗胃

洗胃是将胃管插入患者胃内,反复注入和吸出一定量的溶液,以冲洗并排出胃内容物,减轻或避免毒物吸收的胃灌洗方式。

【目的】

1. 解毒 清除胃内毒物或刺激物,防止毒物吸收,也可利用不同灌洗液通过中和解毒。清除胃内毒物需尽早进行,6 h内洗胃效果最好。

2. 减轻胃黏膜水肿 幽门梗阻患者,饭后常有滞留现象,通过洗胃将胃内滞留食物洗出,减轻滞留物对胃黏膜的刺激,从而减轻黏膜水肿及炎症。

3. 为某些检查或手术做准备 如胃肠道手术前。

【评估】

1. 患者的中毒情况,如毒物性质、浓度、剂量,中毒时间及途径。

2. 患者病情,生命体征、意识、瞳孔的变化,口、鼻腔黏膜状况。

3. 患者对洗胃的认识、心理反应及合作程度。

根据评估的结果及洗胃的目的,确定洗胃的方法。洗胃法分为两种,即口服催吐法和胃管洗胃法。胃管洗胃法又包括四种:漏斗胃管洗胃法、电动吸引器洗胃法、注射器洗胃法、自动洗胃机洗胃法。

【计划】

1. 护士准备　着装整洁,洗手,戴口罩。

2. 患者准备　置患者于抢救室,注意遮挡、尊重患者。尽可能地使患者了解洗胃的目的,愿意配合。

3. 用物准备

(1)溶液:根据毒物性质选择洗胃溶液 10 000~20 000 ml,温度为 25~38℃,常用的洗胃溶液见表 2-3-12。另备水桶 2 个(1 个盛洗胃液,1 个盛污水)、量杯、漱口杯。

表 2-3-12　常用的洗胃溶液

中毒药物	洗胃溶液	禁忌药物
酸性物	镁乳、蛋清、牛奶 蛋清水、牛奶可黏附于黏膜或创面上起保护作用,并可减轻患者疼痛	禁强酸药物
碱性物	5%醋酸、白醋、蛋清、牛奶	禁强碱药物
氰化物	口服3%过氧化氢溶液引吐,1:15 000~1:20 000高锰酸钾洗胃 氧化剂能将化学性毒物氧化,从而减轻或去除其毒性	
敌敌畏	2%~4%碳酸氢钠、1%盐水、1:15 000~1:20 000高锰酸钾	
1059、1600、3911、乐果	2%~4%碳酸氢钠	禁用高锰酸钾洗胃,防止氧化成毒性更强的物质
敌百虫	1%盐水或清水、1:15 000~1:20 000高锰酸钾	禁用碱性药物,因敌百虫遇碱性药物可分解成毒性更强的敌敌畏,且分解过程可随碱性的增强和温度的升高而加速
DDT、666	温开水或0.9%氯化钠溶液洗胃,硫酸镁导泻	禁用油性泻剂

中毒药物	洗胃溶液	禁忌药物
巴比妥类（镇静催眠药）	1 : 15 000～1 : 20 000 高锰酸钾洗胃,硫酸钠导泻 硫酸钠可在肠道内形成高渗透压,从而阻止肠道水分和残留巴比妥类药物的继续吸收,促使其尽早排出体外;且硫酸钠对心血管和神经系统没有抑制作用,不会加重巴比妥类药物的中毒症状	
异烟肼（雷米封）	1 : 15 000～1 : 20 000 高锰酸钾洗胃,硫酸钠导泻	
灭鼠药（磷化锌）	1 : 15 000～1 : 20 000 高锰酸钾、0.1%硫酸铜洗胃液。口服 0.5%～1%硫酸铜溶液,每次 10 ml,每 5～10 min 一次,用压舌板等刺激舌根引吐 口服硫酸铜催吐,可使磷化锌转化为无毒的磷化铜沉淀,从而阻止吸收,并促进其排出体外	磷化锌易溶于油类,应忌用鸡蛋、牛奶、油类等脂肪类食物,以免加速磷的溶解,促进其吸收,加重中毒症状

（2）各种洗胃备物：

1）口服催吐法：治疗盘内备压舌板、水温计、标本试管、毛巾及塑料围裙。

2）漏斗胃管洗胃法：治疗盘内备漏斗洗胃管（图 2-3-10）、止血钳、弯盘、棉签、液状石蜡、胶布、纱布 2 块、治疗巾、橡胶单,必要时备张口器、压舌板等。

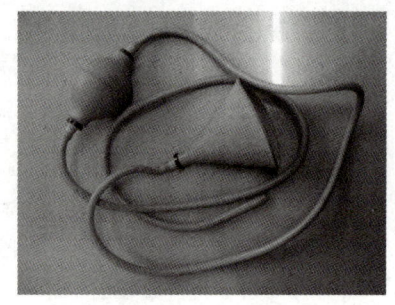

图 2-3-10　漏斗洗胃管

3）电动吸引器洗胃法：同漏斗胃管洗胃法（用胃管代替漏斗胃管）,另备电动吸引器、输液瓶、输液管、Y 形三通管、夹子（或血管钳）2 个、输液架。

4）注射器洗胃法：同漏斗胃管洗胃法（用 14 号胃管代替漏斗胃管,婴幼儿用硅胶管）,另备 50～100 ml 注射器 1～2 副。

5）自动洗胃机洗胃法：同漏斗胃管洗胃法（用 28 号胃管代替漏斗胃管）（图 2-3-11）另备洗胃机（图 2-3-12）及随机用物。

4. 环境准备　抢救环境安静、整洁,遮挡患者保护其自尊。

【实施】

1. 口服催吐法　是指患者口服洗胃溶液,再自动呕出的方法。此方法适用于神志清醒、合作的患者（表 2-3-13）。

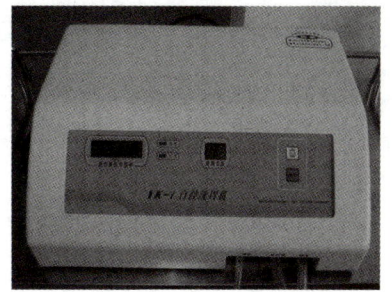

图 2-3-11　28号胃管　　　　　　　　图 2-3-12　自动洗胃机

表 2-3-13　口服催吐法

操作流程	操作说明	注意点
1. 核对解释	备齐用物携至患者床旁,核对患者,解释操作目的及配合方法	确认与安抚患者,以取得合作
2. 患者准备	协助患者取适当体位 围塑料围裙 如有活动义齿应先取出 置弯盘于口角旁,盛污桶置于患者座位前或床头旁	采取坐位 防止衣物被污染
3. 实施洗胃	协助患者在短时间内饮大量的洗胃液 如患者不易吐出,可用压舌板刺激舌根处引起反射性呕吐 如此反复进行,直至吐出液澄清无味为止 遵医嘱必要时送检验标本	一次饮液量为 300~500 ml 毒物基本洗净
4. 观察	在洗胃过程中,应注意随时观察呕吐物的性质、量、颜色、气味,观察患者的面色、血压、脉搏和呼吸的变化	注意呕吐物是否污染皮肤
5. 整理	整理床单位,协助患者清洁口腔及面部,取舒适体位,清理、消毒用物	
6. 记录	记录洗胃的时间,洗胃液的名称和量,呕吐物的性质、量、色、味和患者的反应等	

　　2. 漏斗胃管洗胃法　　将漏斗胃管经口腔插入胃内,利用虹吸原理,通过胃管将洗胃液灌入胃内,再吸引出来的方法。此方法适用于意识清醒、合作的患者(表 2-3-14)。

表 2-3-14　漏斗胃管洗胃法

操作流程	操作说明	注意点
1. 核对解释	备齐用物携至患者床旁,核对患者,解释操作目的及配合方法	确认与安抚患者,以取得合作

操作流程	操作说明	注意点
2. 患者准备	协助患者取适当体位 铺好橡胶单及治疗巾 如有活动义齿应先取出 置弯盘于口角旁,盛污桶放于患者座位前或床头旁	中毒较轻者取坐位或半坐位;中毒较重者取左侧卧位,可减少毒物进入十二指肠;昏迷患者取去枕平卧位、头偏向一侧 防止衣物被污染
3. 实施洗胃	(1)测量润滑胃管:润滑胃管前端,测量胃管插入的长度(成人45~55 cm),按鼻饲法将胃管经口腔插入胃内,证实胃管在胃内后固定 (2)吸胃内容物:置漏斗低于胃部的位置(30~40 cm),挤压橡胶球,吸尽胃内容物 (3)洗胃:举漏斗高过患者头部30~50 cm,将洗胃液缓慢倒入漏斗300~500 ml(图2-3-13),当漏斗内尚存少量溶液时,迅速将漏斗降至低于胃部的位置,并倒置于盛污桶中 (4)反复灌洗:如引流不畅,可挤压橡胶球,加压吸引。胃液流完后,再举起漏斗注入溶液,如此反复,直至流出液澄清无味为止	证实胃管在胃内的方法有3种(同鼻饲法) 减轻中毒 中毒物质不明应留取标本送检,以查明毒物性质 利用虹吸作用,引出洗胃液 毒物基本洗净
4. 观察	在洗胃过程中,应注意随时观察洗出液的性质、量、颜色、气味,观察患者的面色、血压、脉搏和呼吸的变化	如患者出现腹痛、休克现象或洗出液呈血性,应立即停止洗胃,并通知医生采取相应的急救措施
5. 拔管	洗胃完毕,反折胃管末端,用纱布包裹拔出	用物分类,按相关规定处理
6. 整理	整理床单位,协助患者清洁口腔及面部,取舒适体位,清理、消毒用物	
7. 记录	记录洗胃的时间,洗胃液的名称和量,洗出液的性质、量、色、味和患者的反应等	

3. 注射器洗胃法　将胃管经鼻腔插入胃内,用注射器吸出胃内容物的洗胃方法。此方法适用于幽门梗阻和胃手术前的洗胃(表2-3-15)。

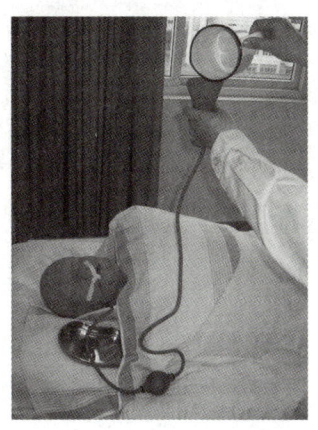

图 2-3-13　漏斗胃管洗胃

表 2-3-15　注射器洗胃法

操作流程	操作说明	注意点
1. 核对解释	备齐用物携至患者床旁,核对患者,解释操作目的及配合方法	确认与安抚患者,以取得合作 饭后 4～6 h 进行
2. 患者准备	协助患者取适当体位 铺好橡胶单及治疗巾 如有活动义齿应先取出 置弯盘于口角旁或床头旁	患者取坐位或半坐位
3. 实施洗胃	(1) 插入胃管:同漏斗胃管洗胃法 (2) 吸胃内容物:用注射器抽出胃内容物 (3) 灌洗:用注射器吸入 200 ml 洗胃液,缓慢注入胃内,然后用注射器抽出弃去 (4) 反复灌洗:如此反复注入再吸出,直至洗净为止	抽吸速度适中
4. 观察	在洗胃过程中,应注意随时观察洗出液的性质、量、颜色、气味,观察患者的面色、血压、脉搏和呼吸的变化	如患者出现腹痛、休克现象或洗出液呈血性,应立即停止洗胃,并通知医生采取相应的急救措施
5. 拔管	洗胃完毕,反折胃管末端,用纱布包裹拔出	用物分类,按相关规定处理
6. 整理	整理床单位,协助患者清洁口腔及面部,取舒适体位,清理、消毒用物	
7. 记录	记录洗胃的时间,洗胃液的名称和量,洗出液的性质、量、色、味和患者的反应等	

　　4. 电动吸引器洗胃法　是利用负压吸引原理,将电动吸引器连接胃管进行洗胃的方法。此方法能迅速而有效地清除胃内毒物,较节省人力,而且能准确地计算灌洗

液量,适用于抢救急性中毒(表2-3-16)。

表2-3-16　电动吸引器洗胃法

操作流程	操作说明	注意点
1. 核对解释	备齐用物携至患者床旁,核对患者,解释操作目的及配合方法	观察患者意识状况
2. 患者准备	协助患者取适当体位 铺好橡胶单及治疗巾 如有活动义齿应先取出 置弯盘于口角旁或床头旁	中毒较轻者取坐位或半坐位;中毒较重者取左侧卧位,可减少毒物进入十二指肠;昏迷患者取去枕平卧位,头偏向一侧
3. 实施洗胃	(1) 检查备物:接通电源,检查电动吸引器的性能,调节负压在13.3 kPa左右 (2) 安装:将输液瓶连接输液管,下接Y形三通管的主干;Y形三通管的另两端分别与洗胃管、吸引器上储液瓶的橡胶管相连;夹闭输液管,检查无漏气;将洗胃液倒入输液瓶,挂在输液架上 (3) 插入胃管:同漏斗胃管洗胃法 (4) 吸胃内容物:开动吸引器,吸出胃内容物 (5) 灌洗:待吸净胃内容物后,关闭吸引器,夹闭储液瓶的引流管,开放输液管,使洗胃液流入到胃内300~500 ml时,夹闭输液管,开放引流管,再开动吸引器,吸出灌洗液 (6) 反复灌洗:反复灌洗直至流出液澄清无味为止 (7) 吸引器清理:参见吸痰法	吸引负压不可过大,以免损伤胃黏膜;吸引器上连接的储液瓶容量应在5 000 ml以上 留取第一次标本送检 液量不能超过500 ml,以免引起窒息、急性胃扩张等 必要时再次留取标本送检
4. 观察	在洗胃过程中,应注意随时观察洗出液的性质、量、颜色、气味,观察患者的面色、血压、脉搏和呼吸的变化	如患者出现腹痛、休克现象或洗出液呈血性,应立即停止洗胃,并通知医生采取相应的急救措施
5. 拔管	洗胃完毕,反折胃管末端,用纱布包裹拔出	用物分类,按相关规定处理
6. 整理	整理床单位,协助患者清洁口腔及面部,取舒适体位,清理、消毒用物	
7. 记录	记录洗胃的时间,洗胃液的名称和量,洗出液的性质、量、色、味和患者的反应等	

5. 自动洗胃机洗胃法　利用电磁泵为动力源,通过自控电路的控制,使电磁阀自动转换动作,完成向胃内冲注洗胃液和吸出胃内容物全过程的洗胃方法,可自动、迅速、彻底地清除胃内容物(表2-3-17)。

表 2-3-17　自动洗胃机洗胃法

操作流程	操作说明	注意点
1. 核对解释	备齐用物携至患者床旁,核对患者,解释操作目的及配合方法	确认与安抚患者,以取得合作
2. 患者准备	协助患者取适当体位 铺好橡胶单及治疗巾 如有活动义齿应先取出 置弯盘于口角旁或床头旁	中毒较轻者取坐位或半坐位;中毒较重者取左侧卧位,可减少毒物进入十二指肠;昏迷患者取去枕平卧位,头偏向一侧
3. 实施洗胃	(1) 洗胃机准备:接通电源,检查自动洗胃机的性能 (2) 安装洗胃机:将已配好的洗胃液倒入水桶,将3根橡胶管的一端分别与洗胃机的进液管(药管口)、胃管口和排污管的管口相连。将药管口的另一端放入洗胃液桶内,排污管口的橡胶管另一端放入空桶内,胃管口的橡胶管另一端与患者的洗胃管相连(插胃管后) (3) 插入胃管:同漏斗胃管洗胃法 (4) 吸胃内容物:先按"手吸"键,吸出胃内容物 (5) 自动冲洗:再按"自动"键,机器将自动完成洗胃过程。如发现管道被堵塞、流速减慢,可交替按"手冲"和"手吸"键,通畅后再按"自动"键,洗胃继续进行 (6) 停机:待流出液澄清无味以后,按"停止"键,机器停止工作 (7) 洗胃机清理:自动洗胃机用毕,将3根橡胶管(药管、胃管、污管)同时放入清水中,再按"清洗"键,机器会自动清洗各管道,待清洗完毕,将3根橡胶管同时取出水面,待机器内的水完全排尽,按"停机"键关机	调节好药量流速 注意进水接口始终浸没在洗胃液的液面下 插入的胃管是洗胃机特配胃管,并将胃管与洗胃机的胃管相连 毒物不明时,留取第一次标本送检 必要时再次留取标本送检
4. 观察	在洗胃过程中,应注意随时观察洗出液的性质、量、颜色、气味,观察患者的面色、血压、脉搏和呼吸的变化	如患者出现腹痛、休克现象或洗出液呈血性,应立即停止洗胃,并通知医生采取相应的急救措施
5. 拔管	洗胃完毕,反折胃管末端,用纱布包裹拔出	用物分类,按相关规定处理
6. 整理	整理床单位,协助患者清洁口腔及面部,取舒适体位,清理、消毒用物	

视频:自动洗胃机洗胃法

175

操作流程	操作说明	注意点
7. 记录	记录洗胃的时间,洗胃液的名称和量,洗出液的性质、量、色、味和患者的反应等	

【评价】

1. 洗胃彻底有效,安全无并发症,衣被无污染。

2. 患者愿意接受并主动配合,身心痛苦减轻。

3. 护士操作规范,能正确处理洗胃过程中的故障。

【注意事项】

1. 急性中毒的患者,应先迅速采取口服催吐法,必要时进行胃管洗胃,以减少毒物吸收。

2. 插胃管时,动作应轻、快,并将胃管充分润滑,以免损伤食管黏膜或误入气管。

3. 当中毒物质不明时,应先抽出胃内容物送检,以明确毒物性质;洗胃溶液可先选用温开水或 0.9% 氯化钠溶液进行,待确定毒物性质后,再选用对抗剂洗胃。

4. 若患者误服强酸或强碱等腐蚀性药物,则禁忌洗胃,以免导致胃穿孔。可遵循医嘱给予药物解毒或物理性对抗剂,如豆浆、牛奶、米汤、蛋清水(用生鸡蛋清调水至 200 ml)等,以保护胃黏膜。

5. 肝硬化伴食管胃底静脉曲张、近期曾有上消化道出血、胃穿孔的患者,禁忌洗胃;食管阻塞、消化性溃疡、胃癌等患者不宜洗胃;昏迷患者洗胃应谨慎,可采用去枕平卧位,头偏向一侧,以防窒息。

6. 在洗胃过程中,应密切观察患者病情、洗出液的变化,发现异常,及时采取措施,并通知医生进行处理。

7. 洗胃液每次灌入量以 300~500 ml 为宜,不能超过 500 ml,并保持灌入量与抽出量的平衡。如灌入量过多,液体可从口、鼻腔涌出,易引起窒息;还可导致急性胃扩张,使胃内压升高,促进中毒物质进入肠道,反而增加毒物的吸收;突然的胃扩张还可兴奋迷走神经,反射性地引起心搏骤停。

8. 为幽门梗阻患者洗胃,宜在饭后 4~6 h 或空腹时进行,并记录胃内潴留量,以便了解梗阻情况,为静脉输液提供参考。如灌入量为 2 000 ml,抽出量为 2 500 ml,则表示胃潴留量为 500 ml。

思考题

1. 低盐饮食适用于哪些患者? 每日进食盐量如何控制?

2. 简述长期鼻饲者的护理。

3. 为何长期鼻饲者每日需进行口腔护理?

4. 低蛋白饮食每日供给蛋白质为多少? 适用于哪些患者?

5. 患者杨某,男性,75岁,因下颌骨骨折,术后不能经口进食,护士遵医嘱给予鼻饲,以补充营养和水分。插管过程中患者出现呼吸困难、发绀等现象。

(1) 你认为该患者出现的上述症状说明了什么?

(2) 怎么预防该状况的发生?

赛证聚焦

请扫描二维码完成在线测试。

(陈玉青 李 伟 关 颖)

在线测试:
饮食与营养

第三模块　治疗护理

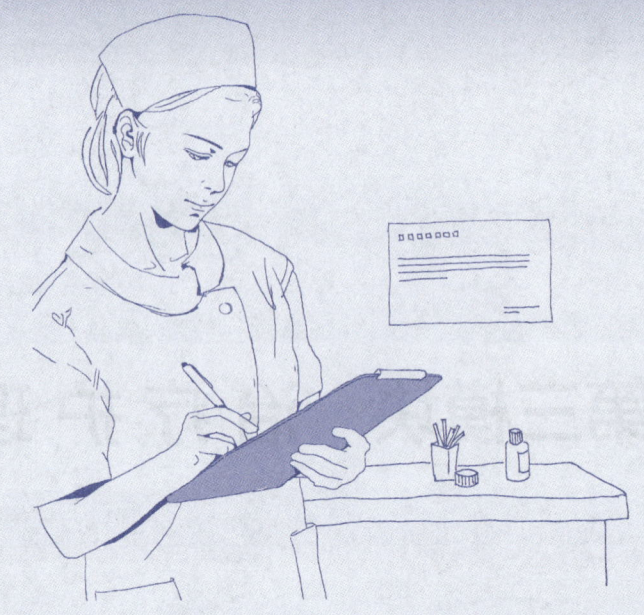

项目一　医院感染的预防与控制

思维导图:医院感染的预防与控制

学习目标

◇ **知识目标**

1. 能正确解释基本概念:医院感染、清洁、消毒、灭菌、无菌技术、无菌物品、无菌区域、隔离、清洁区、半污染区、污染区。

2. 能正确说出医院感染的分类及形成医院感染的条件。

3. 能正确理解医院感染的管理制度。

4. 能正确说明物理消毒灭菌方法的种类及注意事项。

5. 能正确陈述化学消毒灭菌法的使用原则。

6. 能正确陈述化学消毒灭菌剂的名称、浓度、作用机制及使用注意事项。

7. 能正确陈述无菌技术操作原则和隔离原则。

8. 能正确理解隔离区域的划分标准、医院不同病区的建筑布局与隔离要求。

9. 能正确描述常见的隔离类型及主要的隔离措施。

◇ **技能目标**

1. 能正确选择合适消毒灭菌方法进行医院日常清洁、消毒、灭菌。

2. 能正确遵循无菌技术操作原则完成无菌技术基本操作。

3. 能正确遵循隔离原则完成隔离技术基本操作。

◇ **素质目标**

1. 能遵守预防与控制医院感染的相关法律法规、行业标准和操作规范。

2. 具有专业精神、慎独修养、严谨求实的工作态度和符合职业道德标准的职业行为。

任务一　认知医院感染的相关知识

近年来,新的医疗技术的开展,抗菌药物和免疫抑制剂的广泛应用,以及病原菌类型的变化,导致医院感染的发生率增加。医院感染明显增加患者额外住院日,从而增加医疗费用,延误康复时间,给个人、家庭、医院和社会造成严重的损失。制定有效的医院感染控制相关制度,以降低医院内感染的发生,节省医疗成本,是目前医院感染控制与管理工作中的重要课题。

WHO 提出有效控制医院感染的关键措施是:清洁、消毒、灭菌、无菌技术、隔离、合理使用抗生素、消毒与灭菌的效果监测。这些措施与护理工作密切相关,并贯穿于医疗、护理工作的全过程。因此,护理人员必须正确掌握医院感染知识,认真履行控制医院感染的管理办法,在执行各项护理技术中严格遵守预防与控制医院感染的技术规范。

一、医院感染的概念与类型

(一) 医院感染的概念

广义上讲,任何人在医院活动期间由遭受病原体侵袭而引起的诊断明确的感染或疾病均称为医院感染。狭义上讲,由卫生部颁发并于 2006 年 7 月 6 日起施行的《医院感染管理办法》中明确指出:医院感染是指住院患者在医院内获得的感染,包括在住院期间发生的感染和在医院内获得出院后发生的感染,但不包括入院前已开始或者入院时已处于潜伏期的感染。医院工作人员在医院内获得的感染也属医院感染。医院感染的研究对象包括住院患者,医务人员,门、急诊患者,陪护人员,探视人员及其他医院流动人员等。上述人员中除住院患者外,其他人员在医院内停留时间相对短暂,常常难以确定其感染是否来自医院。因此,医院感染研究的主要对象是住院患者。

(二) 医院感染的类型

医院感染根据病原体来源分为内源性感染和外源性感染两种类型。

1. 内源性感染(又称为自身感染)　是由患者自身携带的病原体引起。寄居在患者体内的正常菌群或条件致病菌,通常是不致病的,但当患者免疫功能低下时可引起感染。

2. 外源性感染(又称为交叉感染)　是指病原菌来自患者体外,通过直接或间接的感染途径,由一个人传播给另一个人而形成的感染。如患者与患者之间、患者与医院工作人员之间的直接感染,或以水、空气、医疗器械等物品为媒介的间接感染。

感染的监测

1. 医院感染监测　是指长期、系统、连续地观察、收集和分析医院感染在一定人群中的发生、分布及其影响因素,并将监测结果报送和反馈给有关部门和科室,为医院感染的预防控制和管理提供科学依据。

2. 综合性监测　是指对全院住院患者进行综合性医院感染及其相关因素的监测。

3. 目标性监测　是指根据医院感染管理的重点,对选定目标开展的医院感染监测,如 ICU 患者的监测、外科术后患者的监测、新生儿的监测、抗感染药物耐药性监测等。

二、医院感染的形成

(一)医院感染形成的条件

医院感染的形成必须具备三个条件,即感染源、传播途径和易感宿主,当三者同时存在并相互联系时构成了感染链,感染即可发生。

1. 感染源　是指病原微生物自然生存、繁殖及排出的场所或宿主(人或动物),是导致感染的来源。引起医院感染的主要感染源如下。

(1)已感染的患者及病原携带者:已感染的患者是最重要的感染源。病原微生物从患者体内不断排出且数量较多,它们往往具有耐药性,而且容易在另一易感宿主体内定植。此外,病原携带者也是主要的感染源。

(2)患者自身:患者身体特定部位,如皮肤、泌尿生殖道、胃肠道、上呼吸道及口腔黏膜等寄居的人体正常菌群,或来自环境并定植在这些部位的微生物,在一定条件下可引起患者自身感染或传播感染。

(3)动物感染源:各种动物都可能感染病原微生物而成为动物感染源,其中以鼠类的意义最大。鼠类不仅是沙门菌的宿主,而且是鼠疫、流行性出血热等疾病的感染源。

(4)环境储源:医院潮湿的环境是微生物存活并繁殖的场所,从而成为感染源。

2. 传播途径　是指病原微生物从感染源传到易感宿主的途径和方式。主要传播途径如下。

(1)接触传播:是指病原微生物通过感染源与易感宿主之间直接或间接的接触而发生的传播,是外源性感染的主要传播途径。

1)直接接触传播:感染源通过与易感宿主身体的直接接触而将病原菌传给易感宿主。如母婴间疱疹病毒、沙眼衣原体、柯萨奇病毒、HIV 病毒的传播等。

2)间接接触传播:病原菌通过一定的媒介传给易感宿主。医院感染最常见的传播媒介是医护人员的手和医疗器械等。

（2）空气传播：是以空气为媒介，悬浮在空气中的病原微生物微粒随气流流动而造成感染传播。空气传播有以下三种形式。

1）飞沫传播：从感染源排出的飞沫液滴较大，在空气中悬浮的时间不长，只有当易感宿主与感染源的距离在 1 m 以内时，才可能发生感染。这种传播方式的本质是一种特殊形式的接触传播。

2）飞沫核传播：从感染源排出的飞沫在降落前表层水分蒸发，形成含有病原菌的飞沫核，能长时间浮游在空气中，长距离传播。

3）菌尘传播：物体表面上含有病原微生物的液体状物质干燥后形成带菌尘埃，易感宿主吸入或菌尘降落于伤口，引起直接感染；或菌尘降落于物体表面，引起间接传播。

（3）注射、输液、输血传播：即通过污染的药液、血液制品或被已污染的锐器刺伤而传播，导致乙型肝炎、丙型肝炎、HIV 等感染的发生。

（4）饮水、食物传播：食品、水源被污染后，通过进食或饮水可造成疾病传播，甚至可导致医院感染的暴发流行。食品中常带有各种条件致病菌，可在人体肠道定植，增加感染的机会。

（5）生物媒介传播：动物或昆虫携带着病原微生物，作为病原菌在人与人之间传播的中间宿主而导致感染传播。如蚊子传播疟疾、乙型脑炎，鼠类传播流行性出血热等。

3. 易感宿主　是指对感染性疾病缺乏免疫力而容易感染的人。若把易感宿主作为一个总体，则称为易感人群。病原菌传播到宿主后是否引起感染，主要取决于病原菌定植的数量、部位和宿主的防御功能。当宿主的免疫力下降时，则易引起感染。医院是易感人群相对集中的地方，易发生感染和感染流行。

（二）引起医院感染的主要因素

1. 医务人员对医院感染的严重性认识不足　医护人员不能严格地执行无菌技术和消毒隔离制度，缺乏对消毒灭菌效果的监测等。

2. 介入性诊治手段增多　如各种导管、内镜、穿刺针的使用，不仅可把外界的微生物导入体内，而且损伤了人体的防御屏障，使病原体容易侵入人体造成感染。

3. 大量新型抗生素的开发和应用不当　抗生素的应用不当，如无适应证的预防性用药、术前用药时间过早、术后停药过晚、用药剂量过大或联合用药过多等，均易导致耐药菌株增加、菌群失调和二重感染。

4. 易感患者增加　随着医疗技术的进步，慢性疾病、恶性疾病、老年患者所占比例增加，而这些人往往抵抗力低下，容易感染。此外，使用激素或免疫抑制剂者、接受放化疗者、自身免疫功能下降者也是易感者。

5. 医院布局不合理和医院感染管理制度不健全　医院建筑布局不合理、卫生设施不良等使医院空气中含有许多病原微生物微粒。医院的设备、器械等物品容易受细菌、病毒、真菌等各种病原微生物的污染，适合病原体的生长繁殖和变异。因此，居留愈久的病原体，由于其耐药、变异，病原微生物的毒力和侵袭性愈强，常成为医院感染的共同来源或成为持续存在的流行菌株。

感染相关概念

1. 医院感染流行　是指某医院、某科室医院感染发病率显著超过历年散发发病率水平。

2. 医院感染流行趋势　是指在某医院、某科室的医院感染病例数增加快,短期内不能控制。

3. 医院感染暴发　是指在某医院、某科室的住院患者中,短时间内,突然发生许多医院感染病例的现象。

4. 医院感染发病率　是指在一定时间内住院患者中发生医院感染新发病例的频率。其计算公式为:

$$医院感染发病率 = \frac{一定时间内医院感染新发病例数}{同期的住院患者数} \times 100\%$$

5. 医院感染罹患率　用于衡量住院患者中发生医院感染新发病例频率的一种方式,一般用于小范围或短时间的流行,可以日、周、月或一个流行期为时间单位,分母应为暴露于危险因素的患者数,分子为同一危险因素所致医院感染新发病例数。其计算公式为:

$$医院感染罹患率 = \frac{观察期间医院感染新发病例数}{同期暴露于危险因素的患者数} \times 100\%$$

三、医院感染的预防和控制

1. 建立三级监控体系　在医院感染管理委员会的领导下,建立由专职医生、护士为主体的医院感染管理科及层次分明的三级护理管理体系(一级管理——病区护士长和兼职监控护士;二级管理——专科护士长;三级管理——护理部主任,为医院感染管理委员会副主任),负责评估医院感染发生的危险性,及时发现问题,及时处理。

2. 健全各项规章制度,并认真贯彻落实

(1)管理制度:与医院感染管理相关的制度有清洁卫生制度、消毒隔离制度、供应室物品消毒灭菌制度,患者入院、住院、出院三个阶段的随时、终末和预防性消毒制度,以及感染管理报告制度等。

(2)监测制度:定期监测医院内空气及各种物体表面的细菌总数、种类及其动态变化。包括:① 消毒灭菌效果的监测,如使用中的消毒剂、灭菌剂、压力蒸汽灭菌、环氧乙烷气体消毒、紫外线照射消毒,各种消毒灭菌后的内镜,进入人体无菌组织、无菌器官或接触破损皮肤、黏膜的医疗用品等。② 环境卫生学监测,如空气、物品、医护人员的手。③ 对感染高发科如手术室、供应室、产房、母婴室、新生儿室、器官移植室、血液透析室、ICU、治疗室、换药室等的消毒卫生标准的监测。

(3)消毒质量控制标准:按照《医院消毒卫生标准》执行,如医护人员手的消毒、术前手的消毒、空气的消毒、物体表面的消毒、各种管道装置的消毒等应符合相关标准。

3. 医院建筑布局合理,设施有利于消毒隔离 医院的建筑布局应符合消毒隔离规范的要求。如门诊部各功能科室的设置应符合患者就诊的流程,让就诊患者呈单向流动,避免患者之间来回交叉接触;门诊和病区中均应设置足够的洗手设备,便于医务人员和患者随时洗手。

4. 加强人员监测 人员监测主要是控制感染源和易感人群,特别是易感的患者,仔细检查和明确患者的潜在病灶和带菌状态,并及时给予适当治疗;对感染危险指数高的患者采取保护性隔离和选择性去污措施,控制内源性感染的发生条件。医务人员要定期进行健康体检。

5. 合理使用抗生素 对抗生素的使用应严格掌握指征,根据药敏试验选择敏感抗生素,并采用适当的剂量、给药途径和疗程,尽量避免使用广谱抗生素,一般不宜预防性使用抗生素。

6. 加强医院感染教育,强化医务人员在医院感染管理中的职责 对全体医务人员应加强医院感染教育,提高其理论和技术水平,加强预防和控制医院感染的自觉性,在各个环节上把好关,并履行在医院感染管理中的职责。

附:

常见医院感染

1. 肺部感染 常发生在一些慢性病或严重影响患者防御机制的疾病,如癌症、白血病、慢性阻塞性肺炎,或气管切开、气管插管等患者。判断肺部感染的主要依据是临床表现和 X 线透视或摄片,其发生率在医院感染中占 23.3%～42%。肺部感染对危重患者、免疫抑制状态或免疫力低下等患者的威胁性大,病死率可达 30%～50%。

2. 尿路感染 患者在入院时没有尿路感染的症状,而在其住院 24h 后出现症状(发热、排尿困难等),尿培养有细菌生长,或虽无症状,但尿标本中的白细胞>10 个/ml,细菌>10^5个/ml,都可判断为尿路感染。据统计,我国尿路感染的发生率在医院感染中占 20.8%～31.7%,66%～86%尿路感染的发生与导尿管的使用有关。

3. 伤口感染 包括外科手术及外伤性事件中的伤口感染。判断伤口感染的依据主要是伤口及附近组织炎症反应或出现脓液,最准确的方法是通过细菌培养。据统计,伤口感染发生率在医院感染中约占 25%。

4. 病毒性肝炎 不仅在健康人中可以传染,在患者中更易传染。病毒性肝炎可分为甲型、乙型、丙型、丁型、戊型 5 种。甲型肝炎和戊型肝炎的传染源是患者和无症状感染者,经消化道传染。患者排出带有病毒的粪便,未经消毒处理,污染了水源或食物,人们误食了未煮沸的水或未煮熟的食物而被传染,即粪-口传播。乙型肝炎、丙型肝炎、丁型肝炎的传染源是患者和病毒携带者,病毒存在于血液及各种体液中,具有传染性的血液可透过皮肤、黏膜的微小损害而感染,还可通过母婴垂直传播,或输注血液制品、密切性接触而传染。

5. 皮肤及其他部位感染 患者在住院期间发生皮肤或皮下组织化脓、各种皮炎、压力性损伤感染、菌血症、静脉导管及针头穿刺部位感染、子宫内膜感染、腹内感染等。

凡有留置导尿管、气管插管、多次手术或延长手术时间的住院患者,应用放化疗、免疫抑制剂者以及老年患者,都是预防医院感染的重点观察对象。

感染的预防

1. 标准预防 是认定患者的血液、体液、分泌物、排泄物均具有传染性,须进行隔离,不论是否有明显的血迹污染或是否接触非完整的皮肤与黏膜,接触上述物质者,必须采取防护措施。其基本特点:① 既要防止血源性疾病的传播,也要防止非血源性疾病的传播;② 强调双向防护,既防止疾病从患者传至医务人员,又防止疾病从医务人员传至患者;③ 根据疾病的主要传播途径,采取相应的隔离措施,包括接触隔离、空气隔离、微粒隔离。

2. 一级预防 适用于发热门(急)诊医务人员。主要应对措施:穿工作服、隔离衣,戴工作帽和12层以上口罩,每次接触患者后进行手消毒和洗手。

3. 二级预防 适用于进入隔离留观室和专门病区的医务人员;接触患者身体采集标本,处理其分泌物、排泄物、使用过的物品和死亡患者尸体的工作人员;转运患者的医务人员和司机。主要应对措施:进入隔离留观室和专门病区必须戴12层以上棉纱口罩(每4 h更换一次),穿工作服、隔离衣、鞋套,戴工作帽、手套和防护眼罩(近距离操作时),每次接触患者后进行手消毒和洗手,并注意呼吸道及黏膜防护。

任务二 清洁、消毒、灭菌

一、概念

1. 清洁 指用清水或去污剂清除物体表面的污垢及部分微生物的过程。彻底清洁是达到消毒和灭菌的关键。

2. 消毒 指用物理或化学的方法清除或杀灭外环境中除芽孢外的所有病原微生物,使其数量减少到无害程度的过程。

3. 灭菌 指用物理或化学的方法清除或杀灭物品中的一切微生物,包括致病和非致病的微生物,也包括细菌芽孢和真菌孢子。

二、清洁法

(一) 物品清洁法

将物品用清水洗净或用肥皂水、洗洁精等刷洗,除去物品上的所有污垢,最后用清水洗净。常用于医院地面、墙壁、桌椅、病床等的清洁以及物品消毒灭菌前的准备。

特殊污渍的处理方法

碘酊污渍,可用乙醇或维生素 C 溶液擦拭;甲紫污渍,可用乙醇或草酸擦拭;陈旧血渍,可用过氧化氢溶液浸泡后洗净;高锰酸钾污渍,可用维生素 C 溶液或 0.2% ~ 0.5%过氧乙酸溶液浸泡后洗净。

(二) 手的清洁法

洗手是减少手传播疾病最简便、最经济的方法。有效的洗手可清除手上 98%以上的各种暂住菌,切断通过手传播感染的途径。

【目的】 清除手上污垢和大部分暂住菌。

【评估】 手受污染程度及现有的洗手设备及用物是否符合要求。

【计划】

1. 护士准备 取下手表及其他饰物,卷起衣袖过前臂中段。

2. 用物准备 洗手池、洗手液或肥皂液或肥皂块、小毛巾或纸巾或干手机。

3. 环境准备 环境清洁,宽敞。

【实施】 洗手的正确操作见表 3-1-1。

表 3-1-1　洗手的正确操作

操作步骤	操作说明	注意点
1. 湿润双手	打开水龙头,调节水流及水温,将双手淋湿,关上水龙头	水龙头最好是感应式,或可用肘、膝控制,或脚踏开关
2. 涂洗手液	将洗手液或肥皂(肥皂液)涂抹于双手及手腕上	洗手液或肥皂(肥皂液)涂抹均匀
3. 揉搓双手	双手相互揉搓,范围包括双手各面及手腕和腕上 10 cm,时间不少于 15 s 顺序:A. 掌心-掌心;B. 手背、指缝-掌心;C. 掌心-双手指缝;D. 掌心-双手指背;E. 掌心-拇指;F. 掌心-指尖;G. 必要时揉搓腕部(图 3-1-1)	搓擦时力度适中,每个部位至少 5 次,双手搓擦时间不少于 15 s,如双手有明显污染,应最好延长洗手时间至 30 s
4. 冲净双手	打开水龙头,用流水冲净双手上的洗手液或肥皂(肥皂液)	
5. 擦干双手	关闭水龙头,用毛巾或纸巾擦干双手,或用干手机烘干双手	毛巾保持清洁干燥,每日消毒一次

【评价】

1. 洗手方法正确,手的各部分均已洗到、冲净。

2. 工作服未被沾湿,周围环境未污染。

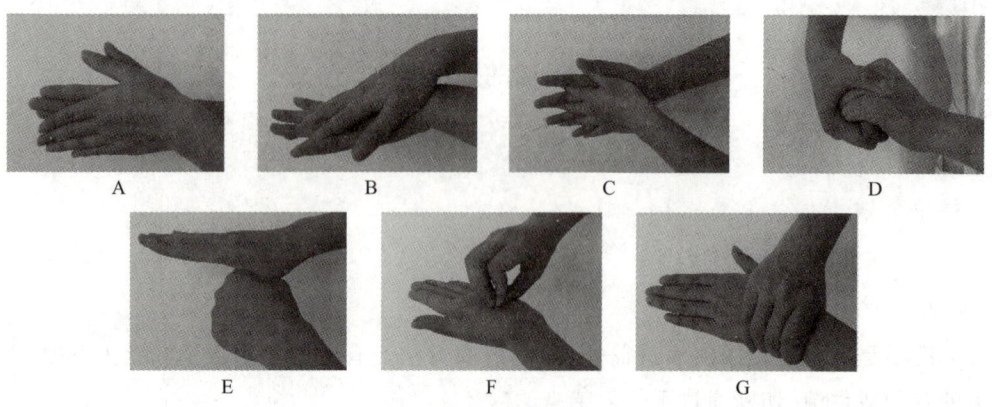

图 3-1-1 标准洗手法

3. 洗手效果检测符合要求。

【注意事项】 下列情况应认真洗手:进行任何诊疗护理操作(包括无菌操作)前后;护理患者前后;戴口罩及取下口罩前;进入和离开病房前;工作人员接触自己的身体及物品前;如厕前后;离开工作区前。

三、物理消毒灭菌法

(一)热力消毒灭菌法

利用热力破坏微生物的蛋白质、核酸、细胞壁和细胞膜,从而导致其死亡。可分干热法和湿热法两种,干热法由空气导热,传导较慢,如燃烧法、干烤法;湿热法由空气和水蒸气导热,传导快,穿透力强,如煮沸法、压力蒸汽灭菌法等。

1. 燃烧灭菌法 是一种简单、迅速、彻底的灭菌法,可分焚烧和烧灼。焚烧常用于无保留价值的污染物品,如污纸、特殊感染(如破伤风、气性坏疽、铜绿假单胞菌)的敷料处理。烧灼用于某些金属器械和搪瓷类物品,在急用时也可采用此法。

(1)方法:无保留价值的物品可直接在焚烧炉内焚毁;培养用的试管(烧瓶),当开启或关闭塞子时,将试管(烧瓶)口和塞子,在火焰上来回旋转 2~3 次,避免污染;金属器械可放在火焰上烧灼 20 s;搪瓷容器倒入少量 95%~100%乙醇后慢慢转动,使乙醇分布均匀,然后点火燃烧至熄灭。

(2)注意事项:① 用此法灭菌须远离易燃、易爆物品,如氧气、乙醚、汽油等。② 在燃烧中途不得添加乙醇,以免火焰上蹿而致烧伤或火灾。③ 贵重器械及锐利刀剪禁用此法灭菌,以免损坏器械使刀刃变钝。

2. 干烤灭菌法 利用专用密闭的烤箱进行灭菌,其热力传播与穿透主要靠空气对流与介质的传导,灭菌效果可靠。适用于高温下不损坏、不变质、不蒸发的物品,如油剂、粉剂、玻璃器皿、金属制品等的灭菌。

(1)方法:干烤灭菌前,先将物品刷洗干净,玻璃器皿需干燥。干烤所需的温度和时间应根据物品种类和烤箱的类型来确定,一般为箱温 150℃,时间 2.5 h;箱温 160℃,

时间 2 h;箱温 170℃,时间 1 h;箱温 180℃,时间 30 min。

（2）注意事项：① 物品包装不能过大,不超过 10 cm×10 cm×20 cm,物品不能超过烤箱高度的 2/3,放置时勿与烤箱底部及四壁接触。② 有机物灭菌时,温度不超过 170℃,以防炭化。

3. 煮沸消毒法　是应用最早的消毒方法之一,简单、经济、方便,是家庭及基层医疗单位常用的消毒法。适用于耐湿、耐高温的物品,如金属、搪瓷、玻璃、橡胶类物品的消毒。

（1）方法：将物品刷洗干净,全部浸没在水中,水面应至少高于物品最高处 3 cm,加热煮沸,从水沸后开始计时,如中途加入物品,则在第二次水沸后重新计时,经 5~10 min 即可杀灭繁殖体,但对芽孢和被真菌污染的物品,煮沸时间延长到 15 min 至数小时。如破伤风杆菌芽孢需煮沸 60 min 才可被杀灭。将碳酸氢钠加入水中,配成 1%~2% 的浓度,沸点可达 105℃,不仅可以增强杀菌效果,还可去污防锈（图 3-1-2）。

图 3-1-2　煮沸消毒锅

（2）注意事项：① 煮沸消毒前,物品必须刷洗干净,完全浸没在水中。② 保证物品各面与水接触,空腔导管必须先在腔内灌水,器械的轴节及容器的盖要打开,大小相同的碗、盆不能重叠。③ 橡胶类物品用纱布包好,待水沸后放入,3~5 min 取出。④ 玻璃类物品用纱布包裹,应在冷或温水时放入。⑤ 物品不宜放置过多,一般不超过消毒容器容量的 3/4。⑥ 高山地区由于气压低,沸点也低,应延长消毒时间。海拔每增高 300 m,需延长消毒时间 2 min。

4. 高压蒸汽灭菌法　利用高压下的高温饱和蒸汽杀灭所有微生物及其芽孢,灭菌效果可靠,是热力灭菌法中最好的一种方法,在临床应用广泛,为医院首选的灭菌方法。常用于耐高温、耐高压、耐潮湿物品的灭菌,如金属、搪瓷、橡胶、玻璃制品、敷料、细菌培养基、溶液及手术器械（手术刀、剪除外）等的灭菌。根据排放冷空气的方式和程度的不同,压力蒸汽灭菌器分为下排气式高压蒸汽灭菌器和预真空高压蒸汽灭菌器两类。

（1）方法：① 下排气式高压蒸汽灭菌器：利用重力置换原理,使热蒸汽在灭菌器中从上到下,将冷空气由下排气孔排出,排出的冷空气由饱和蒸汽取代,利用蒸汽释放的潜热使物品达到灭菌。当压力达到 103~137 kPa,温度达 121~126℃,经 20~30 min 可杀灭包括芽孢在内的一切微生物。常用的有手提式压力蒸汽灭菌器（图 3-1-3）和卧式压力蒸汽灭菌器（图 3-1-4）两种。② 预真空压力蒸汽灭菌器：利用机械抽真空的方法,在输入蒸汽前,先抽出灭菌器

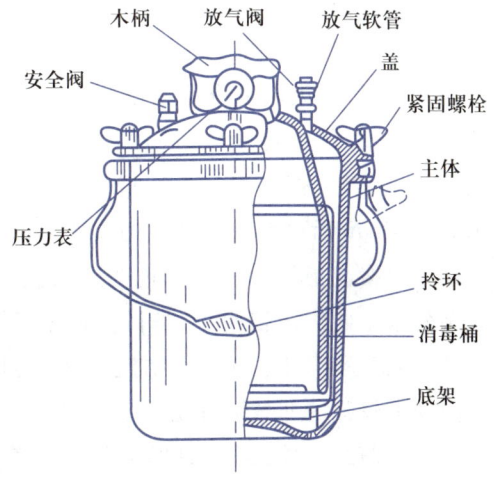

图 3-1-3　手提式压力蒸汽灭菌器

内的冷空气,形成 2.0~2.67 kPa 的负压,再输入蒸汽,在负压作用下,蒸汽能迅速穿透物品,压力为 184.4~210.7 kPa,温度高达 132℃ 或以上,维持 4~5 min 即可灭菌。

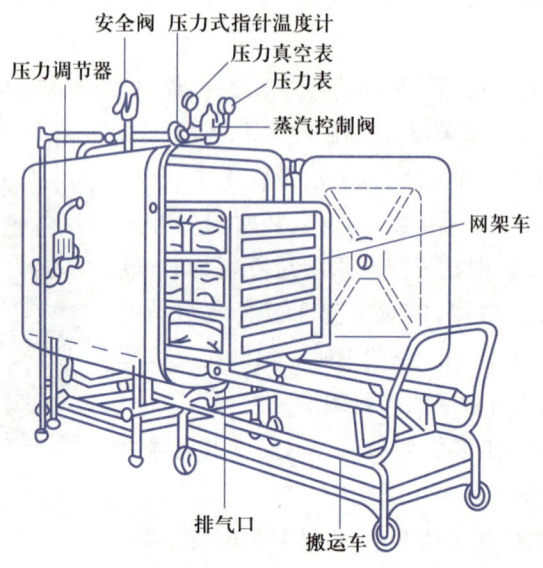

图 3-1-4　卧式压力蒸汽灭菌器

（2）注意事项:① 灭菌包不宜过大过紧,卧式压力蒸汽灭菌器物品包体积不应大于 30 cm×30 cm×25 cm,预真空高压蒸汽灭菌器物品包不大于 30 cm×30 cm×50 cm;灭菌器内物品放置总量不应超过灭菌器柜室容积的 80%。各包之间留有空隙,以便于蒸汽流通、渗入包裹中央,排气时蒸汽迅速排出,保持物品干燥。② 盛装物品的容器应有孔,若无孔,应将容器盖打开,以利于蒸汽进入。密闭瓶装液体消毒,瓶塞应插入针头,以防压力过高,造成炸裂。③ 布类物品放在金属、搪瓷类物品之上,以免蒸汽遇冷凝成水珠,使包布受潮,影响灭菌效果。④ 被灭菌物品应待干燥后才能取出备用。⑤ 注意安全操作,操作人员要经过专门训练,合格后才能上岗。严格遵守操作规程,定期对灭菌设备进行检查、维修。

（3）灭菌效果监测:① 物理监测法,将甩至 50℃ 以下的 150~200℃ 的留点温度计放入待灭菌的包裹内,灭菌后查看其读数是否达到灭菌温度。② 化学监测法,利用化学指示卡或化学指示胶带（图 3-1-5）在 121℃、20 min 或 135℃、4 min 后的颜色或性状的改变来判定灭菌是否合格。指示带（卡）颜色变黑,表示达到灭菌效果。此法比较简便,是目前临床广泛使用的常规监测手段。③ 生物监测法,利用

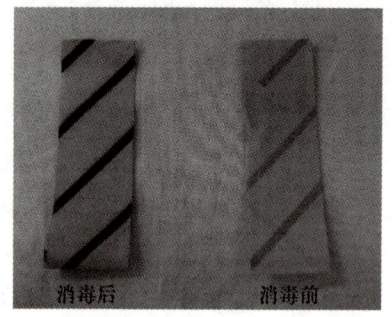

图 3-1-5　化学指示胶带

对热耐受力较强的非致病性嗜热脂肪杆菌芽孢作为指示剂,灭菌后取出含嗜热脂肪杆菌芽孢的菌纸片放入 56~60℃ 温箱中培养 2~7 日,全部菌片均无细菌生长表示灭菌合格。生物监测法是最可靠的监测法。

（二）光照消毒法（辐射消毒法）

光照消毒法主要利用紫外线的杀菌作用，使菌体蛋白光解变性而导致细菌死亡。对生长期细菌敏感，对芽孢敏感性差。

1. 日光曝晒法　利用日光的热、干燥和紫外线的作用而杀菌，但杀菌力弱。将物品放在直射日光下曝晒 6 h，定时翻动，使物品各面均受日光照射。常用于床上用品、衣服、书籍等的消毒。

2. 紫外线消毒法　紫外线主要作用于微生物的 DNA，使一条 DNA 链上的相邻胸腺嘧啶被结合形成二聚体，使微生物 DNA 失去转换能力而死亡。此外，紫外线通过空气，使空气中的氧电离产生具有极强杀菌作用的臭氧。紫外线杀菌作用最佳的波长是 250～270 nm。常用于室内空气、物品表面和液体的消毒。

紫外线消毒灯管是人工制造的低压汞石英灯管，将汞装入石英灯管内，通电后汞气化放电而成紫外线。经 5～7 min 后，受紫外线照射的氧气电离产生臭氧，增强了杀菌作用。因此，消毒时间须从灯亮 5～7 min 后开始计时。常用紫外线灯管功率为 40 W、30 W、20 W、15 W。可采用悬吊式或移动式照射灯。

（1）方法：① 空气消毒：消毒前需做室内清洁卫生工作（紫外线易被灰尘微粒吸收），关闭门窗，人员停止走动，每 10 m² 安装 30 W 紫外线灯管一支，有效距离不超过 2 m，照射时间 30～60 min。② 物品消毒：选用 30 W 紫外线灯管，消毒时应将物品摊开或挂起以减少遮挡（紫外线穿透力差），有效距离 25～60 cm，每面照射时间 20～30 min。

（2）注意事项：① 保持紫外线灯的清洁，灯管表面每周一次用无水乙醇棉球擦拭，发现灯管表面有灰尘、油污时随时擦拭。② 由于紫外线对人的眼睛、皮肤均有强烈的刺激作用，应注意保护眼睛及皮肤，防止发生角膜炎、结膜炎及皮肤红斑。照射时嘱患者离开房间，或双眼戴墨镜，或用纱布遮盖双眼，暴露的肢体应用被单遮盖。③ 紫外线消毒的适宜温度是 20～40℃，相对湿度为 40%～60%，过高或过低均可影响消毒效果。④ 为保证消毒效果，应定时检测灯管照射强度（一般每 3 个月测定 1 次），如灯管照射强度低于 70 μW/cm² 时应更换，同时建立紫外线灯使用时间登记卡，凡使用时间超过 1 000h，需更换灯管。⑤ 定期进行空气培养，以监测灭菌效果。

3. 臭氧灭菌灯消毒法　灭菌灯内装有臭氧发生管，在电场的作用下，将空气中的氧气转换成高纯度臭氧。臭氧在常温下为强氧化剂，通过强大的氧化作用而杀菌。可杀灭细菌繁殖体、病毒、芽孢、真菌，并可破坏肉毒杆菌毒素。主要用于空气消毒、医院污水的消毒、诊疗用水消毒、物品表面的消毒等。

（三）电离辐射灭菌法

电离辐射灭菌法又称为冷灭菌，利用放射性核素 ^{60}Co 发射的 γ 线或电子加速器产生的高能电子束进行辐射灭菌。适用于不耐热的物品灭菌，如橡胶、塑料、高分子聚合物（一次性注射器、输液器、输血器等）用具，精密医疗器械，生物医学制品，节育用具及金属用具等。

（四）微波消毒灭菌法

微波是一种频率高、波长短的电磁波，可使物品中的极化分子发生极化，进行高速运动，互相摩擦、碰撞，使温度迅速升高来达到消毒灭菌的效果。微波可杀灭细菌繁殖体、真菌、病毒、细菌芽孢、真菌孢子等各种微生物。常用于食品、餐具、化验单据、票证的消毒，医疗药品、耐热非金属材料及器械的消毒灭菌。不能用于金属物品的消毒。

（五）机械除菌

机械除菌指用机械的方法，如冲洗、刷、擦、扫、抹或过滤等，除掉物品表面、水、空气、人畜体表的有害微生物，以减少微生物的数量和引起感染的机会。层流通风主要是使室外空气通过孔隙小于 $0.2~\mu m$ 的高效过滤器以垂直或水平两种气流呈流线状流入室内，再以等速流过房间后流出，使室内产生的尘粒或微生物随气流方向排出房间。过滤除菌可除掉空气中 $0.5 \sim 5~\mu m$ 的尘埃以达到洁净空气的目的。如医院内手术室、ICU、产房、母婴室、保护性隔离室及制剂室等常用的层流通风、过滤除菌法均属于机械除菌。

四、化学消毒灭菌法

化学消毒灭菌法是利用化学药物抑制微生物的生长繁殖或杀灭微生物的方法。凡不适宜热力消毒灭菌的物品，都可采用化学消毒灭菌法，如患者皮肤、黏膜、排泄物及周围环境、光学仪器、金属锐器和某些塑料制品等。常用化学消毒剂根据其消毒效果的强弱可分为三类。① 灭菌剂：杀灭一切微生物（包括细菌芽孢）达到灭菌的消毒剂。② 高效消毒剂：杀灭一切细菌繁殖体、结核杆菌、病毒、真菌及其孢子和绝大多数细菌芽孢的消毒剂。③ 中效消毒剂：杀灭除细菌芽孢以外的各种病原微生物的消毒剂。④ 低效消毒剂：只能杀灭细菌繁殖体、部分真菌和亲脂性病毒，不能杀灭结核杆菌、亲水性病毒和芽孢的消毒剂。

知识链接

理想的化学消毒剂

理想的化学消毒剂具有以下优点。① 消毒效果好：杀菌谱广，可迅速杀灭细菌及芽孢、病毒（尤其是肝炎病毒）；② 无腐蚀性：不会导致消毒物品被腐蚀破坏而缩短使用期限；③ 无刺激性：与皮肤黏膜接触不引起过敏反应；④ 经济：成本低；⑤ 稳定性好：与其他物质（如酸、碱、有机物等）接触不改变其原有性质；⑥ 残留量低：使用后易于清除消毒物品上的残留药液。

1. 化学消毒灭菌剂的使用原则

（1）坚持合理使用的原则，可不用时尽量不用，必须用时则尽量少用。

（2）根据物品的性能及病原体的特性，选择合适的消毒剂。

（3）严格掌握消毒剂的有效浓度、消毒时间和使用方法。

（4）待消毒物品必须先洗净、擦干（或晾干）。浸泡时将物品完全浸没在消毒液内，打开轴节或套管，管腔内注满消毒液。

（5）消毒剂要定期更换，浸泡容器应加盖，易挥发的消毒剂应定期检测，调整浓度。

（6）消毒剂中不能放置纱布、棉花等物，因这类物品可吸附消毒剂而降低消毒效力。

（7）在使用消毒物品前应用无菌生理盐水或无菌蒸馏水冲洗，以免消毒剂刺激人体组织。

（8）熟悉消毒剂的毒副作用，工作人员需做好防护工作。

2. 化学消毒灭菌剂的使用方法

（1）浸泡法：是化学消毒灭菌法最常用的方法。将需消毒的物品洗净、擦干后完全浸没在消毒液中。按被消毒物品和消毒液的种类不同，确定消毒液的浓度与浸泡时间。适用于耐湿不耐热物品的消毒，如锐利器械、精密仪器等。

（2）擦拭法：用化学消毒液擦拭被污染物体表面或进行皮肤消毒的方法。应选用易溶于水、穿透性强、无显著刺激性的消毒剂，常用于地面、墙壁、家具等的消毒。

（3）喷雾法：用喷雾器将标准浓度化学消毒剂均匀喷洒在空气中或物体表面进行消毒的方法。常用于空气、墙壁、地面等物品表面的消毒。

（4）熏蒸法：将消毒剂加热或加入氧化剂使之汽化，在标准浓度和有效时间内达到消毒的目的。常用于室内空气和不耐湿、不耐高温物品的消毒。

1）空气消毒：将消毒剂加热或加入氧化剂进行熏蒸，按规定时间密闭门窗，消毒完毕再开窗通风换气。空气熏蒸消毒法常用的消毒灭菌剂名称、用量及消毒方法见表3-1-2。

表 3-1-2　空气熏蒸消毒法常用的消毒灭菌剂名称、用量及消毒方法

消毒灭菌剂名称	用量	消毒方法
2% 过氧乙酸	8 ml/m³	加热熏蒸，密闭门窗 30～120 min
纯乳酸	0.12 ml/m³	加等量水，加热熏蒸，密闭门窗 30～120 min
食醋	5～10 ml/m³	加热水 1～2 倍，加热熏蒸，密闭门窗 30～120 min。用于流行性感冒、流行性乙型脑炎病室的消毒

2）物品消毒：常用甲醛消毒箱进行。

3. 常用的化学消毒灭菌剂　见表3-1-3。

表 3-1-3　常用的化学消毒灭菌剂

消毒灭菌剂	效力	作用原理	使用范围及方法	注意事项
戊二醛	灭菌剂	与菌体蛋白质反应,使之灭活;能杀灭细菌、真菌、病毒和芽孢	① 2%戊二醛溶液加入 0.3%碳酸氢钠,成为 2%碱性戊二醛,用于浸泡器械、内镜等,消毒需 10~45 min,灭菌需超过 10 h ② 2%戊二醛喷雾或熏蒸作用 1 h 可达消毒目的	① 浸泡金属类物品时,加入 0.5%亚硝酸钠防锈 ② 内镜连续使用,需间隔消毒 10 min,每日使用前后各消毒 30 min,消毒后用冷开水洗净 ③ 每周过滤 1 次,每 2 周更换消毒剂 1 次 ④ 消毒后的物品,在使用前用无菌蒸馏水冲洗 ⑤ 戊二醛一经碱化稳定性降低,应加盖,现配现用
环氧乙烷（又名氧化乙烯）	灭菌剂	低温为液态,超过 10.8℃为气态。与菌体蛋白质结合,使酶代谢受阻而导致死亡;能杀灭细菌、真菌、病毒、立克次体和芽孢	① 精密仪器、化纤、器械的消毒灭菌剂量为 800~1 200 mg/L,温度为 54℃±2℃,相对湿度为 60%±10%,时间 2.5~4 h ② 少量物品可装入丁基橡胶袋中消毒,大量物品可放入环氧乙烷灭菌柜内,可自动调节温度、相对湿度和投药量进行消毒灭菌	① 易燃、易爆,且有一定毒性,必须熟悉使用方法,严格遵守安全操作程序 ② 放置阴凉通风,无火源及电源开关处,严禁放入电冰箱 ③ 贮存温度不可超过 40℃,以防爆炸 ④ 灭菌后的物品应清除环氧乙烷残留量后方可使用 ⑤ 每次消毒时,应进行效果检测及评价
过氧乙酸（PAA）	灭菌剂	能产生新生态氧,将菌体蛋白质氧化,使细菌死亡;能杀灭细菌、真菌、芽孢、病毒	① 0.2%溶液用于皮肤消毒,浸泡 1~2 min ② 0.2%~0.5%溶液用于物体表面的擦拭,或浸泡 30~60 min ③ 0.5%溶液用于餐具消毒,浸泡 30~60 min ④ 1%~2%溶液用于空气熏蒸消毒	① 对金属有腐蚀性 ② 易氧化分解而降低杀菌力,故需加盖及现配现用 ③ 浓溶液有刺激性及腐蚀性,配制时要戴口罩和橡胶手套 ④ 过氧乙酸遇水可发生强烈的化学反应,产生高热。因此,配制时只能将过氧乙酸慢慢倒入水中,禁忌将水倒入过氧乙酸中,以免发生强烈的氧化反应,而发生爆炸 ⑤ 存于阴凉避光处,防高温引起爆炸

消毒灭菌剂	效力	作用原理	使用范围及方法	注意事项
福尔马林（37%~40%甲醛）	灭菌剂	能使菌体蛋白质变性，酶活性消失；能杀灭细菌、真菌、芽孢和病毒	用于对热、湿敏感，易腐蚀的医疗用品的消毒。物品消毒氧化法，备甲醛消毒柜，取甲醛溶液 40~60 ml/m³ 加入高锰酸钾 20~40 g/m³。柜内熏蒸，密封 6~12 h	① 熏蒸穿透力弱，衣物最好挂起消毒 ② 温、湿度对消毒效果有明显影响，要求温度在18℃以上，相对湿度在70%~90% ③ 对人有一定毒性和刺激性，使用时注意防护 ④ 甲醛有致癌作用，不宜用于室内空气消毒
碘酊	中效消毒剂	使细菌蛋白质氧化变性；能杀灭大部分细菌、真菌、芽孢和原虫	① 2%浓度用于皮肤消毒和一般皮肤感染，擦后待干（1 min），再用75%乙醇脱碘 ② 2.5%溶液用于脐带断端的消毒，擦干后待干（20 s），再用75%乙醇脱碘	① 有较强的刺激性，不能用于黏膜消毒 ② 皮肤过敏者禁用 ③ 对金属有腐蚀性，不能浸泡金属器械
含氯消毒剂常用的有含氯石灰（漂白粉）、漂白粉精、氯胺T、二氯异氰脲酸钠（优氯净）	高效消毒剂	在水溶液中放出有效氯，破坏细菌酶的活性而致死亡；能杀灭各种致病菌、病毒、芽孢	① 0.5%含氯石灰溶液、0.5%~1%的氯胺溶液用于餐具、便器等的消毒，浸泡 30 min ② 1%~3%含氯石灰溶液、0.5%~3%的氯胺溶液喷洒或擦拭地面、墙壁及物品表面 ③ 排泄物消毒：干粪5份加漂白粉1份搅拌，放置 2 h；尿液 100 ml，加入漂白粉 1 g 放置 1 h	① 消毒剂保存在密闭容器内，置于阴凉、干燥、通风处，减少有效氯的丧失 ② 配制的溶液性质不稳定，应现配现用 ③ 有腐蚀及漂白作用，不宜用于金属制品、有色衣物及油漆家具的消毒 ④ 定期更换消毒液
消毒灵	高效消毒剂	同上	① 0.5%溶液用于针筒、针头、输液器、输血器的消毒，浸泡 1 h ② 1%溶液用于胃管、肛管、导尿管等消毒，浸泡 1 h ③ 1%溶液用于体温计消毒，第一次浸泡 5 min，第二次浸泡 30 min	消毒后物品，使用前必须用无菌生理盐水冲洗

消毒灭菌剂	效力	作用原理	使用范围及方法	注意事项
聚维酮碘（碘伏）	中效消毒剂	破坏细胞膜的通透性屏障，使蛋白质漏出后与细菌酶蛋白起碘化反应，使之失活；能杀灭细菌、病毒等	① 浸泡法：0.05%~0.1%碘伏溶液用于浸泡清洗并晾干后的物品，时间30 min ② 擦拭法：0.5%~2%碘伏溶液用于擦拭消毒部位，擦2遍作用时间2~3 min ③ 冲洗法：0.05%碘伏溶液用于冲洗伤口黏膜和阴道黏膜，时间3~5 min，可达消毒作用	① 聚维酮碘稀释后稳定性差，宜现用现配 ② 置于阴凉、避光处，防潮、密闭保存 ③ 对2价金属制品有腐蚀作用，不作相应金属制品的消毒 ④ 皮肤消毒后不用乙醇脱碘
达尔美净化剂 PVP-I	中、高效消毒剂	碘与表面活性剂的不定型结合物，能杀灭细菌、芽孢	① 3%溶液用于体温计消毒，浸泡30 min ② 0.5%~1%用于手术前皮肤消毒和手消毒	① 体温计消毒前将唾液擦净，消毒后用冷开水洗净，擦干待用 ② 皮肤消毒后留有色素可用水洗净
安尔碘 AED-I	中效消毒剂	对细菌、真菌、乙肝病毒等具有广谱、速效、持久杀菌作用	0.2%有效碘原液，用于注射前皮肤消毒、外科洗手消毒、手术部位皮肤黏膜消毒、外科换药消毒、口腔黏膜消毒	① 使用后注意盖紧瓶盖 ② 手术部位皮肤消毒时，如使用高频电刀，须待消毒剂干后使用
乙醇	中效消毒剂	使菌体蛋白质脱水凝固变性，干扰了细菌的新陈代谢而导致死亡，但对肝炎病毒及芽孢无效	① 75%溶液作为消毒剂，多用于消毒皮肤，也可用于浸泡锐利金属器械及体温计 ② 95%溶液可用于燃烧灭菌	① 易挥发，须加盖保存，定期调整，保持浓度不低于75% ② 有刺激性，不宜用于黏膜及创面的消毒 ③ 易燃，忌明火
氯己定（洗必泰）	低效消毒剂	破坏细菌细胞膜的酶活性，使胞质膜破裂；对细菌繁殖体有较强的杀菌作用，但不能杀灭芽孢、分枝杆菌和病毒	用于外科洗手消毒、手术部位的皮肤消毒和黏膜消毒等 ① 擦拭法：4%氯己定用于擦拭手术和注射部位皮肤，擦2遍，作用时间2 min ② 冲洗法：0.05%~0.1%氯己定水溶液用于冲洗阴道、膀胱、伤口黏膜创面，以预防和控制感染	① 对肥皂、碘、高锰酸钾等阴离子表面活性剂有拮抗作用 ② 有吸附作用，会降低药效，所以溶液内不可投入纱布、棉花等

消毒灭菌剂	效力	作用原理	使用范围及方法	注意事项
苯扎溴铵（新洁尔灭）	低效消毒剂	是阳离子表面活性剂,能吸附带阴电荷的细菌,破坏细胞膜,最终导致菌体自溶死亡,又可使菌体蛋白质变性而沉淀	① 0.01%~0.05%溶液用于黏膜消毒 ② 0.1%~0.2%溶液用于消毒金属器械,浸泡15~30 min（加入0.5%亚硝酸钠以防锈）	①、② 同"氯己定" ③ 对铝制品有破坏作用,故不可用铝制品盛装 ④ 目前已较少使用
苯扎溴铵酊（新洁尔灭酊）	中效消毒剂	同上	0.1%（1 000 mg/L）溶液用于皮肤、黏膜消毒	取苯扎溴铵1 g+曙红0.4 g+95%乙醇700 ml+蒸馏水至1 000 ml

五、医院清洁、消毒、灭菌工作

医院清洁、消毒、灭菌工作是指根据一定的规范、原则对医院环境、各类用品、患者分泌物及排泄物等按危险性分类进行消毒处理的过程,其目的是尽最大可能地减少医院感染发生。

（一）医院用品的危险性分类

医院用品的危险性是指物品污染后对人体造成危害的程度。通常根据其危害程度及与人体接触部位的不同分为以下三类。

1. 高度危险性物品 这类物品是穿过皮肤、黏膜而进入无菌的组织或器官内部的器械或与破损的组织、皮肤黏膜密切接触的器材和用品,如手术器械、注射器、血液和血液制品、透析器、器官移植物等。

2. 中度危险性物品 这类物品仅与皮肤、黏膜相接触,而不进入无菌组织内部,如体温计、鼻镜、耳镜、呼吸机管道、胃肠道内镜、喉镜、压舌板、便器等。

3. 低度危险性物品 这类物品不进入人体组织,不接触黏膜,仅直接或间接地与健康无损的皮肤相接触。如没有足够数量的病原微生物污染,一般无危害,如血压计袖带、衣物、被服、口罩等。

（二）医院消毒中选择消毒、灭菌方法的原则

1. 严格遵守消毒程序 凡是接触过患者的器械和物品均应先消毒,再清洗,再按物品污染后危险性的种类,选择合理的消毒、灭菌方法。

2. 根据物品污染后的危害程度选择消毒、灭菌的方法

（1）高度危险性物品,必须选用灭菌法以杀灭一切微生物。

（2）中度危险性物品,一般情况下达到消毒即可,可选择中、高效消毒法。

（3）低度危险性物品，一般用低效消毒法或只作一般的清洁处理即可。

3. 根据污染微生物的种类、危险性选择合适的消毒、灭菌的方法

（1）对受到致病性芽孢、真菌孢子和抵抗力强、危险程度大的病毒污染的物品，选用灭菌法或高效消毒法。

（2）对受到致病性细菌、真菌、亲水病毒、螺旋体、支原体、衣原体污染的物品，选用中效以上的消毒法。

（3）对受到一般细菌和亲脂病毒污染的物品，可选用中效或低效消毒法。

4. 根据消毒物品的性质选择消毒、灭菌方法

（1）耐高温、耐湿物品和器材，应首选压力蒸汽灭菌法。耐高温的玻璃器材、油剂类和干粉可选用干热灭菌法。

（2）怕热、忌湿和贵重物品，可选择甲醛或环氧乙烷气体消毒、灭菌。

（3）金属器械的浸泡灭菌，应选择腐蚀性小的灭菌剂。

（三）医院日常的清洁、消毒、灭菌工作

1. 医院环境的清洁与消毒　医院是患者集中的场所，医院环境最容易被病原微生物污染，从而为疾病的传播提供外部条件。因此，医院环境的清洁与消毒是预防和控制医院感染的基础。医院建筑物周围的环境要清洁应消除积水，消灭蚊蝇滋生地，清除垃圾，特殊污染的局部地面及空间，可采用化学消毒剂喷洒、擦拭、熏蒸等。

2. 医院空气消毒

（1）Ⅰ类环境的空气消毒：采用层流通风法使空气净化。如手术室、层流洁净病房和无菌药物制剂室等。

（2）Ⅱ类环境的空气消毒：采用低臭氧紫外线灯制备的空气消毒器或静电吸附式空气消毒器进行空气消毒。如普通手术室、产房、婴儿室、早产儿室、普通保护性隔离室、供应室无菌区、烧伤病房、重症监护病室等。

（3）Ⅲ类环境的空气消毒：除采用Ⅱ类环境的空气消毒外，还可应用臭氧、紫外线灯、化学消毒剂熏蒸或喷雾、中草药空气消毒剂喷雾等空气消毒方法。如注射室、换药室、供应室清洁区、急诊室、化验室、儿科病室、妇产科检查室及各类普通病房和诊室。

（4）Ⅳ类环境的空气消毒：可采用Ⅱ类和Ⅲ类环境的空气消毒方法。

3. 皮肤和黏膜的消毒　皮肤和黏膜是人体的防御屏障，其表面附着有一定数量的微生物，其中包括致病菌和条件致病菌。患者的皮肤和黏膜的消毒应根据不同的部位和消毒要求选择合适消毒剂。医务人员的手是传播病原菌最重要的媒介，医务人员应严格按要求洗手和消毒双手。

4. 医疗器械的清洁、消毒、灭菌　医疗器械是导致医院感染最主要的媒介之一，所有医疗器械必须根据医院用品的危险性分类及其消毒灭菌原则进行严格的清洁、消毒或灭菌处理。

5. 被服类的消毒　各种被服应分类清洗，被血液、体液污染的衣物应单独消毒、

清洗。消毒可采用含氯消毒剂,消毒时间不少于 30 min,消毒一般物品有效氯含量≥250 mg/L,消毒污染物品有效氯含量≥500 mg/L,煮沸消毒为 20~30 min。洗涤剂的洗涤时间为 1 h。感染患者的被服应与普通患者的被服分开清洗、消毒,工作人员的工作服和值班室的被服应与患者的被服分开清洗和消毒。传染病污染的衣物应封闭运输,先消毒后清洗。

（四）清洁、消毒、灭菌的效果评价

消毒灭菌效果的监测是评价消毒灭菌方法是否合理、效果是否可靠的重要手段。医院常用消毒灭菌效果的监测与评价方法及标准如下。

1. 各类环境空气、物体表面、医务人员手的消毒卫生标准　见表 3-1-4。

表 3-1-4　各类环境空气、物体表面、医务人员手的消毒卫生标准

环境类别	适用范围	标准/(cfu·cm^{-2})		
		空气	物体表面	医务人员手
Ⅰ类	层流洁净手术室、层流洁净病房	≤10	≤5	≤5
Ⅱ类	普通手术室、产房、婴儿室、早产儿室、普通保护性隔离病室、供应室无菌区、烧伤病房、ICU	≤200	≤5	≤5
Ⅲ类	儿科病室、妇产科检查室、注射室、换药室、供应室清洁区、急诊室、化验室、各类普通病房和诊室	≤500	≤10	≤10
Ⅳ类	传染科病房		≤15	≤15

注:cfu/cm^2 指每平方厘米样品中含有的细菌菌落总数。

另外,Ⅰ类、Ⅱ类环境中不得检出金黄色葡萄球菌、大肠杆菌及铜绿假单胞菌。Ⅲ类、Ⅳ类环境中不得检出金黄色葡萄球菌、大肠杆菌。母婴同室、早产儿室、婴儿室、新生儿室及儿科病室的物品表面和医务人员的手上,不得检出沙门菌、溶血性链球菌、金黄色葡萄球菌、大肠杆菌。

2. 医疗用品消毒效果监测　进入人体无菌组织、器官,或接触破损皮肤、黏膜的医疗用品必须无菌,不得检出任何微生物;接触黏膜的医疗用品细菌菌落总数应≤20 cfu/g 或 100 cm^2,不得检出致病性微生物;接触皮肤的医疗用品细菌菌落总数应≤200 cfu/g 或 100 cm^2,不得检出致病性微生物。

3. 消毒液的监测　定期测定消毒液中的有效成分,应符合规定的含量;使用中的消毒液含菌量应≤100 cfu/ml,不得检出致病性微生物。无菌器械保存液必须无细菌生长。

4. 餐具消毒效果监测　采用灭菌滤纸片在消毒后、使用前对餐具进行检测,如细菌总数≤5 cfu/cm^2,未检出大肠杆菌,HBsAg 阴性,并且未检出致病菌,则为消毒合格。

5. 紫外线消毒效果的监测

（1）紫外线灯管辐射强度测定仪监测法：将紫外线强度仪置于所测紫外线灯管的正中垂直 1 m 处，开灯照射 5 min 后判断结果：普通 30 W 新灯管辐射强度 ≥ 90 μW/cm² 为合格，使用中的紫外线灯管辐射强度 ≥70 μW/cm² 为合格。

（2）化学指示卡测定法：在没有紫外线强度仪的情况下，或做日常性监测时，可用紫外线强度与消毒剂量指示卡进行测定，可作为紫外线辐射强度的参考值。

（3）使用时间累计法：无紫外线强度测定仪时，还应建立紫外线灯管使用时间记录卡，凡使用时间累计超过 1 000 h，则应更换灯管。

（4）生物检测法：还可用标准菌片，在紫外线消毒后计算杀菌率来评价紫外线的消毒效果。定期作空气培养，也可检测紫外线的消毒效果。

6. 污物处理卫生标准　污染物品无论是回收再使用或是废弃的物品，必须进行无害化处理，不得检出致病性微生物。在可疑污染情况下，进行相应指标的检测。

任务三　运用无菌技术进行操作

一、概念

无菌技术是医院感染的一项基本而重要的操作技术。医护人员必须加强无菌观念，正确熟练地掌握无菌技术，严格遵守操作规程，以保证患者的安全。

1. 无菌技术　是指在医疗、护理操作中，防止一切微生物侵入人体和防止无菌物品、无菌区域被污染的操作技术。

2. 无菌物品　是指经过灭菌处理后未被污染的物品。用于需进入人体内部，包括进入血液、组织、体腔的医用器材，如手术器械、注射用具、一切置入体腔的引流管等，要求绝对无菌。

3. 无菌区域　是指经过灭菌处理后未被污染的区域。

4. 非无菌物品或非无菌区域　是指未经过灭菌处理或经过灭菌处理后被污染的物品或区域。

二、无菌技术操作原则

1. 环境要求　无菌技术操作的环境应清洁、宽敞。操作前 30 min 停止清扫地面及更换床单等，减少人群走动，以降低室内空气中的尘埃。

2. 工作人员准备　操作前工作人员要修剪指甲并洗手，戴帽子和口罩，必要时穿无菌衣、戴无菌手套。

3. 无菌物品妥善保管　无菌物品与非无菌物品应分开放置，并有明显标识；无菌物品不可暴露于空气中,必须存放在无菌包或无菌容器内;无菌包或容器外要注明物品名称、灭菌日期、粘贴化学指示胶带,并按灭菌日期的先后顺序摆放;无菌包在未被污染的情况下,有效期一般为7日,过期或受潮均应重新灭菌。

4. 操作规范　取用无菌物品必须使用无菌持物钳,无菌物品一经取出,即使未用,也不可放回无菌容器内;操作者的身体应与无菌区域保持一定距离,并面向无菌区;手臂应保持在腰部或操作台面水平以上,不可跨越无菌区,手不可触及无菌物品;不可面对无菌区谈笑、咳嗽、打喷嚏;如无菌物品疑有污染或已被污染不可使用,应予以更换或重新灭菌。

5. 预防交叉感染　一套无菌物品只供一位患者使用。

三、无菌技术基本操作方法

无菌技术基本操作方法是保持无菌物品及无菌区域不被污染,防止病原微生物传播给他人的一系列操作方法,包括无菌持物钳的使用、无菌容器的使用、无菌包的使用、铺无菌治疗盘、取用无菌溶液、戴无菌手套等内容。

(一) 无菌持物钳的使用法

【目的】　无菌持物钳主要用于取用和传递无菌物品。

【评估】

1. 根据需夹取物品的种类选择合适的持物钳。

2. 操作环境是否整洁、宽敞,操作台是否清洁、干燥、平坦。

3. 无菌物品放置是否合理、方便取用,无菌包或容器外标签是否清楚、胶带是否变黑、是否在有效期内。

【计划】

1. 护士准备　着装整洁,剪指甲、洗手、戴口罩。

2. 用物准备

(1) 持物钳的类别:常用的有三叉钳、卵圆钳和镊子三种(图3-1-6)。

1) 三叉钳:下端较粗,呈三叉形并以弧形向内弯曲。常用来夹取较大或较重物品,如治疗碗、盆、罐、瓶、骨科器械等。

2) 卵圆钳:下端有两个卵圆形小环,可夹取刀、剪、镊子、多块纱布等。

3) 镊子:分长镊和短镊两种,其尖端细小,轻巧方便,适用于夹取比较轻小物品,如针头、刀片、棉签、棉球、纱布等。

(2) 持物钳保存及消毒方法:① 湿式保存法。将无菌持物钳浸泡在盛有消毒液的大口有盖无菌容器内,消毒液面要浸没持物钳轴节以上2~3 cm或镊子长度的1/2,每个容器内只能放置一把无菌持物钳(图3-1-7)。容器及持物钳每周更换,消毒灭菌。消毒液应每周更换两次,特殊科室如手术室、门诊注射室、换药室等使用较多的部门则每日更换。② 干式保存法。将无菌持物钳保存在灭菌后的干燥有盖无菌容器中,4~6 h更换1次。适用于需要集中使用无菌持物钳(镊)的病区,如手术室、ICU等。

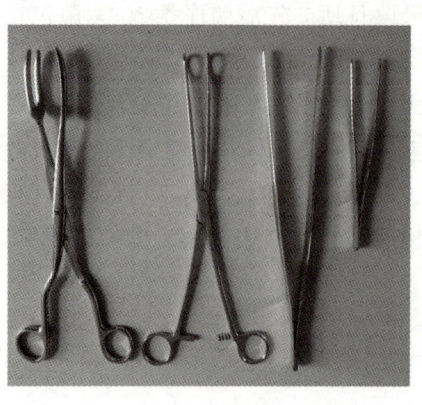

图 3-1-6　持物钳的类别　　　　　　图 3-1-7　无菌持物钳浸泡在消毒液中

3. 环境准备　清洁、宽敞、明亮,符合无菌操作要求。

【实施】　见表 3-1-5。

表 3-1-5　无菌持物钳的使用

操作流程	操作说明	注意点
1. 取出持物钳	打开容器盖,掌心向下将手持无菌持物钳上 1/3,闭合钳端,垂直取出(图 3-1-8)	钳端不可触及容器边缘及液面以上的容器内壁
2. 使用持物钳	使用时保持钳端向下,在腰部以上视线范围内活动	不可倒转向上,以免消毒液倒流而污染钳端
3. 放回持物钳	使用后闭合钳端,垂直放回容器中,打开钳端,盖好容器盖	用后立即放回容器中,轴节松开便于与消毒液充分接触,并避免触及容器口周围

图 3-1-8　无菌持物镊、钳使用法

【评价】

1. 取放无菌持物钳时钳端闭合,未触及容器液面以上部分。

2. 使用时始终保持钳端向下,未触及非无菌物品。

3. 使用完毕立即放回容器内,并将钳端打开。

【注意事项】

1. 无菌持物钳只能用于夹取无菌物品。不可夹取未经消毒灭菌的物品,也不能夹取油纱布,以免油粘于钳端,影响消毒效果;不可用无菌持物钳换药或消毒皮肤。

2. 如需到远处夹取无菌物品,应连同容器一起搬移,就地取出使用,防止持物钳在空气中暴露过久而污染。

(二) 无菌容器的使用法

无菌容器是指用于盛放无菌物品并保持无菌状态的容器,如无菌盒、罐、盘、碗及贮槽等。

【目的】 保持无菌物品不被污染。

【评估】 无菌容器种类及从容器中需夹取的物品。

【计划】

1. 护士准备 着装整洁,剪指甲,洗手,戴口罩。

2. 物品准备 敷料罐、治疗碗、有盖方盘、贮槽等处于无菌状态(标记、灭菌日期、化学指示胶带符合要求)(图 3-1-9)。

3. 环境准备 清洁、宽敞、明亮,符合无菌操作要求。

【实施】 见表 3-1-6。

图 3-1-9 无菌容器

表 3-1-6 无菌容器的使用

操作流程	操作说明	注意点
1. 打开容器	打开容器盖,平移离开容器,内面向上置于稳妥处或拿在手中(图 3-1-10)	盖子不得在无菌容器上方翻转,以防灰尘落于容器内造成污染
2. 取出物品	用无菌持物钳从无菌容器内垂直夹取无菌物品	拿盖时,手勿触及盖的边缘及内面,防止污染盖的内面
3. 盖上容器	取物后立即将盖翻转,使内面向下,由近向远或从一侧向另一侧盖严	避免容器内无菌物品在空气中暴露过久
4. 持无菌容器	手持无菌容器时(如无菌碗)应托住容器底部(图 3-1-11)	手指不可触及容器边缘及内面

图 3-1-10　打开无菌容器

图 3-1-11　托无菌容器

【评价】

1. 无菌容器盖的内面不触及桌面或任何非无菌区域。

2. 手指未触及容器边缘及内面。

【注意事项】

1. 使用无菌持物钳取物时,钳及物品不可触及容器边缘。

2. 无菌容器应每周灭菌 1 次。

（三）取用无菌溶液法

【目的】　保持无菌溶液不被污染。

【评估】

1. 操作环境及无菌溶液,核对药液名称、浓度、有效日期。

2. 检查容器是否密封完好,瓶盖有无松动,玻璃容器瓶体有无裂缝,液体有无沉淀、混浊、絮状物、变色等。

【计划】

1. 护士准备　着装整洁,剪指甲,洗手,戴口罩。

2. 物品准备　无菌溶液、无菌容器、0.5%碘伏、棉签、弯盘、清洁纱布等(标记、灭菌日期、化学指示胶带符合要求)。根据需要准备启瓶器、笔。

3. 环境准备　清洁、宽敞、明亮,符合无菌操作要求。

【实施】　取用无菌溶液的操作见表 3-1-7。

表 3-1-7　取用无菌溶液的操作

操作流程	操作说明	注意点
1. 检查核对	核对瓶签上的药名、剂量、浓度和有效期 检查瓶盖有无松动、瓶体有无裂缝 溶液是否澄清透明、变色、有无混浊或沉淀物	若瓶外有灰尘应用湿毛巾擦净，对光检查溶液质量 若瓶盖松动、瓶体有裂缝，或溶液变色、混浊、有沉淀物，或超过有效期均不能使用
2. 打开瓶塞	（1）橡胶塞瓶装溶液：用启瓶器在标签侧撬开瓶上铝盖，常规消毒瓶塞，用双手拇指在标签侧将橡胶塞边缘向上翻起 （2）丁基胶塞瓶装溶液：用启瓶器在标签侧撬开瓶上铝盖，常规消毒瓶塞边缘与瓶口接缝处	避免启瓶器与标签对侧瓶口直接接触，防止对侧瓶口污染 手指不可触及瓶口及瓶塞内面
3. 备好容器	备好无菌治疗碗，放于适宜位置	根据溶液量选择容器
4. 倒取溶液	（1）橡胶塞瓶装溶液：一手示指和中指套住橡胶塞将其拉出，另一手握持溶液瓶，瓶签朝向掌心；倒出少量溶液冲洗瓶口，再由原处倒溶液至无菌容器中（图3-1-12） （2）丁基胶塞瓶装溶液：取无菌纱布一块遮盖瓶塞与瓶口，一手以无菌纱布隔离从标签侧打开瓶塞；另一手握持溶液瓶，瓶签朝向掌心，倒出少量溶液冲洗瓶口，再由原处倒溶液至无菌容器中（图3-1-13）	倒溶液时，瓶口不能接触无菌容器，防止倒溶液时瓶签被沾湿 无菌治疗碗内溶液需无菌保存：用无菌纱布覆盖或放入无菌盘内
5. 盖上瓶塞	（1）橡胶塞瓶装溶液：倒溶液后立即将瓶塞套上，消毒瓶塞上方及瓶口后将瓶塞盖好 （2）丁基胶塞瓶装溶液：倒溶液后立即将瓶塞套上，取下纱布，消毒瓶塞及瓶口边缘部分，用无菌纱布内面包盖系于瓶塞外	倒出溶液后立即塞好瓶塞，以防污染剩余溶液
6. 记录签名	在瓶签上注明开瓶日期、时间、用途并签名	记录字迹清晰，将开启的无菌溶液放于治疗室固定处

205

图 3-1-12　取用无菌溶液（橡胶塞）

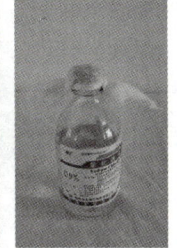

图 3-1-13　取用无菌溶液（丁基胶塞）

项目一　医院感染的预防与控制

【评价】

1. 无菌溶液未被污染。

2. 瓶签未浸湿,瓶口未污染,液体未溅到桌面。

【注意事项】

1. 任何物品不可伸入无菌溶液瓶内蘸取或直接接触瓶口倒液。

2. 已倒出的溶液不可再倒回瓶内。

3. 已开启的溶液瓶内的溶液在未被污染的情况下有效期为 24 h。

(四) 无菌包的使用

【目的】 保持无菌包内的无菌物品不受污染,处于无菌状态供无菌操作使用。

【评估】 无菌包的名称、灭菌日期、灭菌合格标识、无菌包是否潮湿或破损。

【计划】

1. 护士准备 着装整洁,剪指甲,洗手,戴口罩。

2. 物品准备 无菌包、无菌持物钳、小卡片、笔。

选用质厚、致密、未脱脂的纯棉布制成双层包布,将需灭菌的物品放于包布内包扎后经灭菌处理,即成无菌包。

无菌包包扎法:将需灭菌的物品放于包布中央,将包布近侧一角折起盖住物品,再分别折盖左右两角,然后盖上最后一角,将系带以"十"字形扎妥或用化学指示胶带贴妥,包外标明物品名称、灭菌日期,粘贴指示胶带。如为玻璃制品应先用棉垫包裹后再包扎。

3. 环境准备 清洁、宽敞、明亮,符合无菌操作要求。

【实施】 见表 3-1-8。

表 3-1-8 无菌包的使用

操作流程	操作说明	注意点
1. 包扎法		
(1) 放置物品	将物品放在包布中央	玻璃物品先用棉垫包裹,以免玻璃物品碰撞损坏
(2) 包扎封包	把包布的一角盖住物品,然后折盖左右两角(角尖端向外翻折),最后一角折盖后,用系带"十"字形扎紧或用化学指示胶带粘贴封包(图 3-1-14)	避免开包时污染包布内面
(3) 标记灭菌	贴上标签,注明物品名称、灭菌日期,粘贴化学指示胶带,送灭菌处理	测试灭菌效果,保证物品在灭菌后的有效期内使用
2. 开无菌包法		
(1) 检查核对	取出无菌包,查看无菌包名称、灭菌日期、化学指示胶带、有无潮湿	如标记模糊或已过期,包布受潮,则须重新灭菌

操作流程	操作说明	注意点
(2) 打开包布	① 取包内部分物品：将无菌包放在清洁、干燥处，撕开粘贴或解开系带，卷好放在包布边下用拇指和示指揭开包布外角，再揭开左右两角，最后揭开内角 ② 取出包内全部物品：将系带卷好夹于托包的一手指缝中，另一手打开包布其余三角，并将四角抓住	如桌面潮湿，可渗入包内而污染物品 手不可触及包布的内面 物品要充分暴露，但不可污染
(3) 取出物品	① 取包内部分物品：用无菌钳取出所需物品，放在事先备好的无菌区域内 ② 取出包内全部物品：稳妥地将包内物品放入无菌区内	操作时不可跨越无菌区 投放时，包布的无菌面朝向无菌区域
(4) 原样包扎	若包内用物未用完，按原折痕包起，用"一"字形扎好包带。若包内物品全部取出，将外包布折好后放非无菌区	表示此包已打开过，应尽快用完 无菌物品与非无菌物品分别放置
(5) 记录签名	注明开包日期及时间并签名	记录字迹清晰、准确

207

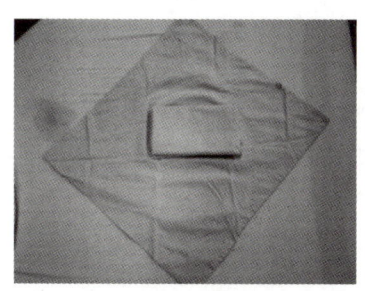
第一步

第二步

第三步

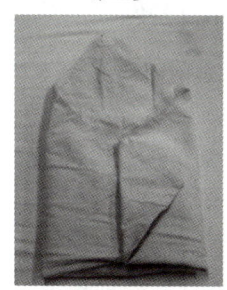
第四步

第五步

第六步

图 3-1-14 无菌包包扎法

一次性无菌物品开包法

先查看无菌物品包的名称、出厂日期、有效期,再检查包装是否破损或漏气,然后按不同物品的不同要求打开包装,取出物品。取注射器或输液器:在密封包特制标记处用手撕开或用剪刀剪开,暴露物品,用手取出;取敷料或导管:用拇指、示指揭开双面黏合密封包的上下层或常规消毒包封口,再用无菌剪刀剪开,暴露物品后,用无菌持物钳取出。

无菌包不使用绳子进行封包

根据卫生部 2009 年颁布的《医院消毒供应中心管理规范》有关规定:无菌包打包(闭合式包裹)应使用专用胶带,即医用型指示胶带,其具有化学监测功能,且必须具备一定的伸缩性。封包长度应与灭菌包体积、重量相适宜,松紧适度。封包应严密,保持闭合完好性。

【评价】

1. 无菌包包扎方法正确,松紧适宜。
2. 打开和包盖无菌包时,手未触及包布的内面。
3. 操作过程中,手臂未跨越无菌区。
4. 开包日期及时间记录准确。

【注意事项】

1. 已打开过的无菌包包内物品未污染的情况下有效期为 24 h。
2. 包内物品被污染或包布潮湿,应更换或重新灭菌后使用。

(五) 铺无菌盘法

【目的】 将无菌治疗巾铺在清洁干燥的治疗盘内,形成一无菌区,放置无菌物品,以供检查、治疗用。

【评估】 无菌包灭菌日期、效果、有无潮湿及破损,治疗盘是否清洁、干燥。

【计划】

1. 护士准备 着装整洁,剪指甲、洗手,戴口罩。
2. 用物准备 无菌治疗巾包、无菌持物钳、治疗盘、无菌物品包和容器、小卡片、笔。

治疗巾的折叠方法如下。

(1)纵折法:将治疗巾纵折两次,再横折两次,开口边向外(图 3-1-15)。

(2)横折法:将治疗巾先横向对折后再纵向对折,然后再重复 1 次(图 3-1-16)。

3. 环境准备 清洁、宽敞、明亮,符合无菌操作要求。

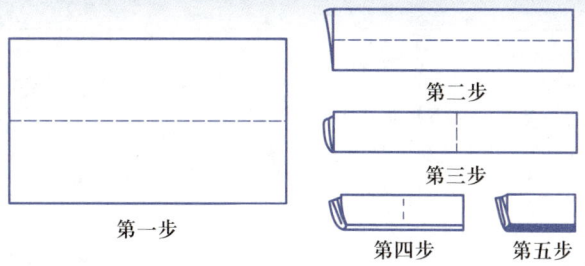

图 3-1-15　纵折法

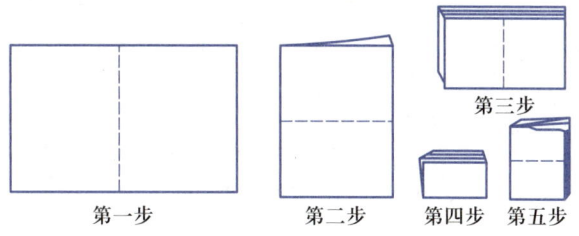

图 3-1-16　横折法

【实施】　铺无菌盘操作见表 3-1-9。

表 3-1-9　铺无菌盘操作

操作流程	操作说明	注意点
1. 铺无菌盘		
（1）核对检查	取无菌治疗巾包,查看其名称、灭菌效果、灭菌日期	若包布有潮湿、松散及破损等不可使用
（2）取无菌巾	打开无菌治疗巾包,用无菌持物钳取出一块无菌巾,放于治疗盘内 将剩余无菌治疗巾按原折痕包好,将带以"一"字形包扎,并注明开包日期、时间	治疗盘应清洁、干燥 包内剩余治疗巾 24 h 内有效
（3）铺无菌巾	① 单层底铺巾法:A. 双手捏住无菌巾一边外面两角,轻轻抖开,双折铺于治疗盘上。B. 将上层向远端呈扇形折叠,开口边向外（图 3-1-17） ② 双层底铺巾法:双手捏住无菌巾一边外面两角,轻轻抖开,从远到近折成双层底,将上层扇形折叠,开口边向外	治疗巾的内面为无菌区,不可触及衣服及其他有菌物品 上、下层无菌巾边缘对齐后翻折以保持无菌
（4）盖无菌巾	放入无菌物品后,拉平扇形折叠层,盖于物品上,上、下层边缘对齐 将开口处向上翻折两次,两侧边缘向下翻折 1 次	手不可触及无菌巾的内面,不可跨越无菌区

操作流程	操作说明	注意点
(5) 记录签名	用小卡片记录铺盘时间、内容物、责任人签名,并插入无菌盘上层折叠处(图3-1-18)	记录字迹清晰
2. 使用无菌盘		
(1) 核对检查	核对无菌盘小卡片上的名称及时间	铺盘后超过4 h或污染不可使用
(2) 开无菌巾	先打开无菌盘两侧的反折部分,再打开向上反折的部分 双手捏住无菌巾上层的外面两角,将上层向远端呈扇形折叠,开口边向外	注意手不可跨越无菌区
(3) 使用盘内用物	戴无菌手套,按需要取出无菌物品使用	保持无菌盘内物品不被污染

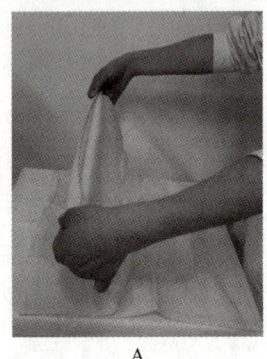 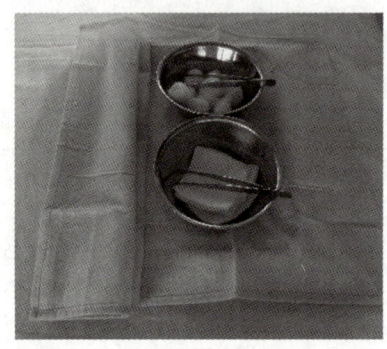

A   B

图 3-1-17 铺无菌盘

【评价】

1. 无菌物品及无菌区域未被污染。

2. 无菌巾上物品放置有序,使用方便。

【注意事项】

1. 铺无菌盘的区域必须清洁干燥,无菌巾避免潮湿。

2. 操作中不可跨越无菌区和污染无菌物品。

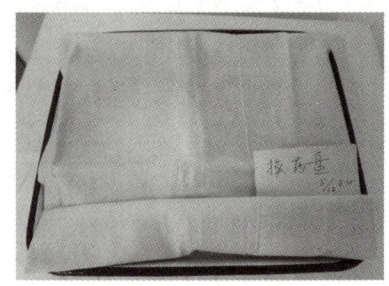

图 3-1-18 无菌治疗盘

3. 铺好的无菌盘在未污染的情况下有效期为4 h。

(六) 戴、脱无菌手套

【目的】 在进行医疗护理操作时保持无菌物品的绝对无菌状态,确保无菌效果。

【评估】 无菌手套包上的手套号码、灭菌日期、包布有无潮湿及破损。

【计划】

1. 护士准备　着装整洁,剪指甲,取下手表,洗手,戴口罩。
2. 用物准备　不同规格的无菌手套包(内有无菌手套袋及滑石粉)、弯盘。
3. 环境准备　清洁、宽敞,符合无菌操作要求。

【实施】　戴、脱无菌手套的方法见表 3-1-10。

表 3-1-10　戴、脱无菌手套的方法

操作流程	操作说明	注意点
1. 戴无菌手套		
(1) 核对检查	核对无菌手套包有效期、检查手套包外包装有无破损、潮湿等	选择大小合适的手套
(2) 打开手套包	打开无菌手套包,摊开手套袋	
(3) 涂滑石粉	取出滑石粉包,在手套袋区域外涂擦双手	防止滑石粉撒落在手套袋及手套上
(4) 戴手套	① 分次取戴法(图 3-1-19):一手掀起手套袋开口处外层,另一手捏住手套翻折部分(即手套内面),取出手套,对准五指戴上;同法掀起另一袋口,再用已戴无菌手套的四个手指插入另一只手套的翻折内面(即手套外面),取出手套,将手套戴好 ② 一次取戴法(图 3-1-20):两手同时掀起手套袋开口处外层,分别捏住两只手套的反折部分,取出手套;将两只手套五指相对,一手捏住手套翻折部分,另一手对准手套五指戴上;再以戴好手套的手指插入另一只手套的翻折内面,同法将手套戴好	未戴手套的手不可触及手套的外面(无菌面) 已戴手套的手不可触及未戴手套的手或另一手套的内面
(5) 调整手套	双手对合交叉调整手套位置,然后将手套的翻折扣套在工作衣袖外面 手套外面的滑石粉须用无菌盐水冲净并擦干	戴好手套的双手应保持在腰部以上视线范围内
2. 脱手套		
(1) 冲洗污渍	冲净手套上的污迹	如手套上有血迹或污染严重时,应先在消毒液中清洗
(2) 脱手套 (图 3-1-21)	用戴手套的手捏住另一手套腕部外面翻转脱下,再以脱下手套的手插入另一手套内面,将其往下翻转脱下	勿使手套外面(污染面)接触皮肤 不可强拉手套边缘或手指部分,以免损坏
(3) 手套处理	将用过的手套浸没在消毒液内或投放医用垃圾袋内,整理用物,洗手,取下口罩	按要求处理

【评价】

1. 戴、脱手套时未强行拉扯手套边缘,无菌手套无污染。

2. 操作始终在腰或操作台面以上水平进行。

【注意事项】

1. 发现手套有破洞,立即更换。

2. 戴好手套的手不可触及非无菌物品。

3. 手套外面已污染部分不可接触皮肤。

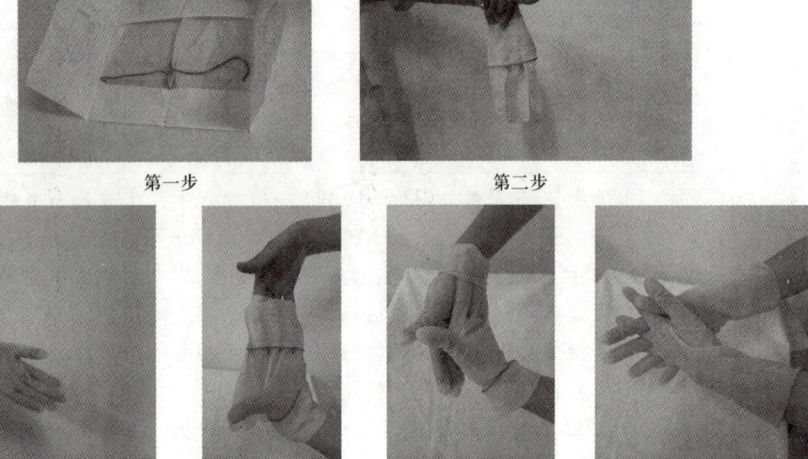

第一步　　　　　　　　　第二步

第三步　　　　第四步　　　　第五步　　　　第六步

图 3-1-19　分次取戴手套法

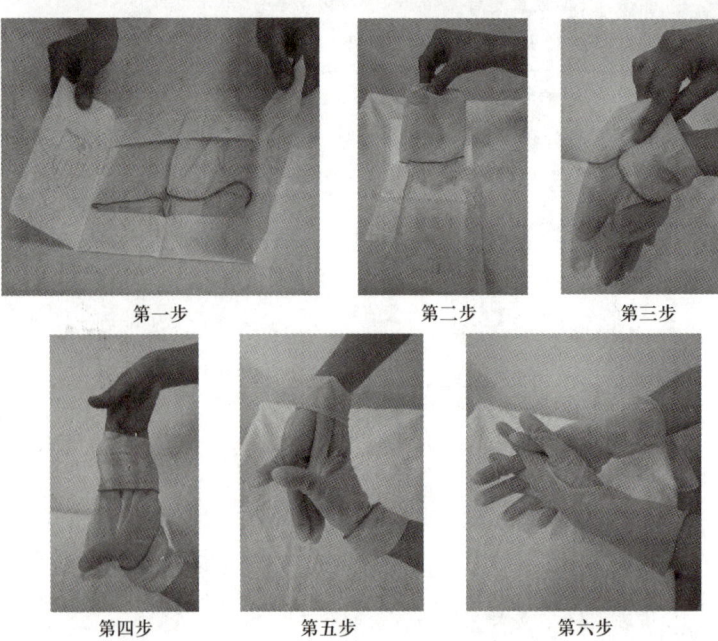

第一步　　　　　第二步　　　　第三步

第四步　　　　第五步　　　　第六步

图 3-1-20　一次取戴手套法

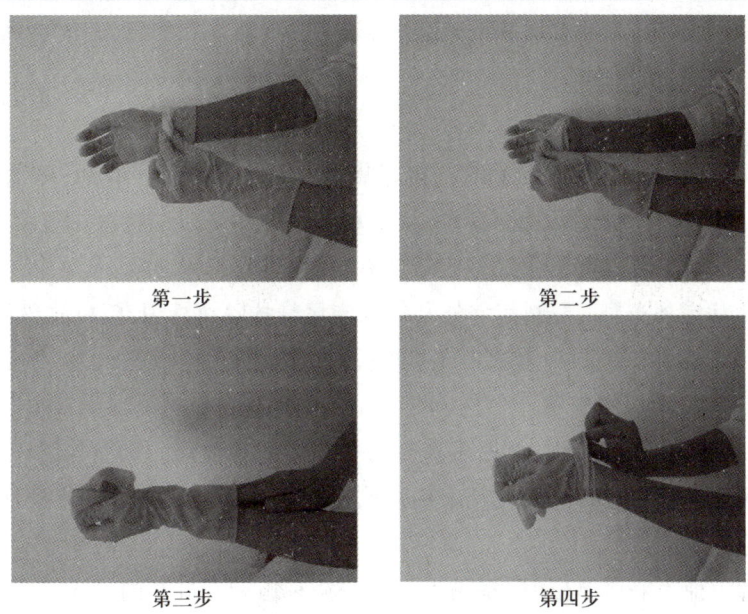

| 第一步 | 第二步 |
| 第三步 | 第四步 |

图 3-1-21　脱手套法

任务四 运用隔离技术预防院内感染

一、隔离基本知识

隔离是将传染病患者、高度易感人群安置在指定的地方,暂时避免与周围人群接触,从而达到控制感染源,切断传播途径,同时保护易感人群免受感染的目的。

（一）隔离区域的划分及隔离要求

1. 清洁区　指未被病原微生物污染的区域及病区以外的区域,如治疗室、更衣室、值班室、配餐室、库房等工作人员使用的场所,以及食堂、药房、营养室等。

隔离要求:患者及患者接触过的物品不得进入清洁区;工作人员接触患者或污染物品后需消毒洗手、脱下隔离衣和鞋后方可进入。

2. 半污染区　指有可能被病原微生物污染的区域。包括医护办公室、病区内走廊、检验室、消毒室等。

隔离要求:患者或穿了隔离衣的工作人员通过走廊时,不得接触墙壁、家具等物体;各类检验标本应放在指定的存放盘和架上,检验后的标本及容器应严格按要求分别处理。

3. 污染区　指患者直接或间接接触被病原微生物污染的区域。包括病房、病区外走廊、患者盥洗室、污物处理间等。

隔离要求:污染区的物品未经消毒,不得带到他处;工作人员进入污染区,必须穿隔离衣、戴帽子和口罩,必要时换隔离鞋,离开前脱下隔离衣和鞋,并消毒双手。

(二)隔离区域的设置

1. 传染病区与普通病区分开　相邻病区楼房相隔大约 30 m,侧面防护距离 10 m,以防止空气对流传播,远离食堂、水源和其他公共场所。病区设置多个出入口,以便工作人员与患者分道出入。各区域应有明显标识。

2. 隔离病室外布局　隔离病室外及病床床尾悬挂隔离标识,门口放置消毒液浸湿的脚垫,门外设隔离衣悬挂架(挂衣柜或壁橱)、手刷及消毒洗手设施、毛巾,另备避污纸。

3. 传染病患者病室安置

(1)以患者为隔离单位(单人隔离):每个患者应有独立的病室与用具,与其他患者及不同病种患者间进行隔离。凡未确诊或发生混合感染或有烈性传染性及危重患者应住单独隔离室。

(2)以病种为隔离单位(同室隔离):同一病种患者安排在同一病室内,每间病室不超过 4 人,床间距离应≥1.1 m。若病原体不同者,应分室收治。

严密隔离病室入口设缓冲间,室内设有卫生间(含浴室、厕所等),卫生间有单独出入口。

二、隔离消毒原则

(一)一般消毒隔离

1. 工作人员要求

(1)进入隔离区:必须戴帽子、口罩,穿隔离衣。

(2)穿隔离衣前:应将所需物品备齐,不易消毒的物品放入塑料袋内避免污染,一切操作必须严格遵守隔离规程并尽可能集中进行。

(3)穿隔离衣后:只能在规定范围内活动;每接触一位患者或污染物品后必须消毒双手。

2. 病室环境的消毒

(1)病室每日进行空气消毒 2~3 次,可用紫外线灯照射或消毒液喷雾。

(2)每日晨间护理后,用消毒液擦拭床,床旁桌、椅。

3. 患者用物及污物的处理

(1)患者接触过的医疗器械,如血压计、体温计等,按规定消毒。

(2)患者的衣物、钱币、书报、票证等经熏蒸消毒后才能由他人带往别处。

(3)患者的呕吐物、排泄物、分泌物及各种引流液经消毒处理后方可排放。

(4)需送出病区处理的物品,置污物袋内(装双袋),袋外有明显的标记。

4. 病区管理

(1)严格执行陪伴和探视制度,必须陪伴、探视时,应向患者、陪伴及探视者宣传、解释有关隔离知识,使其遵守隔离要求和原则。

(2)了解患者的心理需要,并尽力给予满足,减轻患者因隔离而产生的孤独、恐惧、自卑等心理反应。

(3)患者的传染性分泌物3次培养结果均为阴性或已渡过隔离期,医生开出医嘱后,方可解除隔离。

(二)终末消毒处理

终末消毒处理是指对出院、转科或死亡的患者及其所住病室、用物、医疗器械等进行的消毒处理。

1. 患者的终末消毒处理　患者出院或转科前应洗澡,换上清洁衣服,个人用物经消毒后方可带出;如患者死亡,须用消毒液做尸体护理,并用消毒液浸湿的棉球填塞口、鼻、耳、肛门、阴道等孔道,伤口处更换敷料,然后用一次性尸单包裹尸体。

2. 患者床单位的终末处理　① 患者用过的物品需分类消毒处理(表3-1-11)。② 被服类放入污物袋,消毒处理后再清洗。③ 病室消毒时关闭门窗,打开床旁桌抽屉,摊开棉被,竖起床垫,用消毒液熏蒸或喷雾消毒,家具及地面用消毒液擦拭,床垫、棉被和枕芯等也可用日光曝晒或送消毒室处理。消毒毕,开窗通风。

表 3-1-11　传染病污染物品消毒法

类别	物品	消毒方法
病室	房间 地面、墙壁、家具	2%过氧乙酸熏蒸 0.2%~0.5%过氧乙酸,1%~3%含氯石灰(漂白粉)澄清液喷洒或擦拭
医疗用品	玻璃类、搪瓷类、橡胶类、金属类 血压计、听诊器、手电筒、体温计	0.5%过氧乙酸溶液浸泡,高压蒸汽灭菌或煮沸消毒 环氧乙烷熏蒸,0.2%碱性戊二醛溶液浸泡 环氧乙烷或甲醛熏蒸,0.2%~0.5%过氧乙酸溶液擦拭 1%过氧乙酸溶液浸泡,75%乙醇浸泡,碘伏(含0.1%有效碘)
日常用品	食具、茶杯、药杯 信件、书报、票证	煮沸或微波消毒,环氧乙烷熏蒸,0.5%过氧乙酸溶液浸泡 环氧乙烷熏蒸
被服类	布类、衣物 枕芯、被褥、毛织品	环氧乙烷熏蒸,高压蒸汽灭菌,煮沸消毒 烈日下晒6 h以上或紫外线灯照射60 min,环氧乙烷熏蒸,戊二醛熏蒸
其他	排泄物、分泌物 便器、痰盂 剩余食物 垃圾	漂白粉或生石灰消毒,痰盛于蜡纸盒内焚烧 3%含氯石灰澄清液或0.5%过氧乙酸溶液浸泡 煮沸消毒30 min后弃掉 焚烧

三、隔离种类与措施

目前,我国大多数医院采用的隔离种类主要是根据美国疾病控制中心(CDC)推荐的分类隔离系统,以切断传播途径作为制定措施的主要依据。

(一) 传染病隔离

1. **严密隔离** 是为预防高度传染性及致命性强毒力病原菌感染而设计的隔离,以防止经空气和接触等途径的传播。适用于鼠疫、霍乱、传染性非典型肺炎(SARS)、禽流感等烈性传染病。主要隔离措施如下。

(1) 病室安置:患者应住单独隔离病室,室内用具力求简单,且耐消毒,室外挂有明显的标识;随时关闭通向过道的门窗,患者不得离开本隔离室。采用黄色隔离标识。

(2) 进出隔离室要求:护士进入隔离病室前必须穿隔离衣、鞋套,戴口罩、帽子和手套,进入传染性非典型肺炎病房应戴防护眼镜或防毒面具,穿长筒胶靴,穿隔离衣2~3层。接触患者及污染物品后,或护理另一患者前,应消毒双手。

(3) 污物处理:患者的分泌物、排泄物、呕吐物及引流物应严格消毒后排放;污染敷料应在室内立即装袋,全部操作完后,再装入室外的另一袋中(双袋法),标记后焚烧。

(4) 病室管理:禁止探视。若探视者必须进入隔离病房时,应经护士许可并采取相应的隔离措施。

2. **呼吸道隔离** 是为防止经飞沫短距离传播的传染性疾病而设计的隔离。适用于肺结核、流脑、流感、腮腺炎、麻疹、百日咳等疾病。主要隔离措施如下。

(1) 病室安置:同一病原菌感染的患者可同住一室,有条件者应尽量使隔离病室远离其他病室;随时关闭通向过道的门窗,患者离开病室需戴口罩。采用蓝色隔离标识(结核病采用灰色隔离标识)。

(2) 进出隔离室要求:工作人员进入病室必须戴帽子、口罩,并保持口罩干燥,必要时穿隔离衣。

(3) 污物处理:患者的口鼻分泌物需经消毒处理后方可排放。被患者污染的敷料应装袋标记(蓝色)后焚烧或做消毒-清洁-消毒处理。

(4) 病室管理:通向走廊的门窗关闭,患者离开病室时需戴口罩;探视者需要进入隔离室时,应得到值班人员同意并采取相应的隔离措施。

3. **肠道隔离** 防止由患者的排泄物直接或间接污染了食物或水源而引起传播的疾病所进行的隔离。适用于感染性腹泻或胃肠炎如伤寒、细菌性痢疾;由肠道病毒引起的如甲型肝炎、戊型肝炎、脊髓灰质炎等。主要隔离措施如下。

(1) 病室安置:同种病原菌感染的患者可同居一室;不同病种的患者最好分室而居,如需同居一室,应采取床旁隔离,两床间距不少于2 m,患者间不能相互交换物品。床旁应加隔离标识(采用棕色隔离标识)。

（2）进出隔离室要求：接触不同病种患者需分别穿隔离衣，接触污染物品时需戴手套。

（3）污物处理：患者的食具、便器各自专用，严格消毒处理；排泄物、呕吐物及吃剩的食物均应消毒处理后方可倒掉。

（4）病室管理：室内设有防蝇设备，并保持无蝇、无蟑螂、无鼠；探视者需要进入隔离室时，应得到值班人员同意并采取相应的隔离措施。

4. 接触隔离　为预防高度传染性并经接触传播的感染性疾病而进行的隔离。适用于破伤风、气性坏疽、新生儿脓疱病、狂犬病、铜绿假单胞菌感染等疾病。隔离措施如下。

（1）病室安置：患者住单独隔离病室，避免接触他人。采用橙色隔离标识。

（2）进出隔离室要求：接触患者时需戴口罩、帽子、手套，穿隔离衣；接触患者及污染的或可能污染的物品后，或护理另一患者前应洗手。工作人员的手或皮肤有破损者应避免接触患者，必要时戴双层手套。

（3）污物处理：污染敷料应装袋标记后焚烧；使用过的衣服、被单等布类及医疗器械均应先灭菌后再进行清洁、消毒、灭菌。

（4）病室管理：探视者需要进入隔离室时，应得到值班人员同意并采取相应的隔离措施。

5. 血液—体液隔离　为预防经直接或间接接触血液或体液传播的疾病所进行的隔离。适用于乙型肝炎、丙型肝炎、艾滋病、梅毒等疾病。主要隔离措施如下。

（1）病室安置：同种病原菌感染的患者可同室隔离，但在患者自理能力低下或出血不能控制，易造成环境污染的情况下应单独隔离。采用红色隔离标识。

（2）进出隔离室要求：有可能发生血液、体液飞溅时，工作人员需戴具有防渗透性能的口罩及护目镜；血液或体液可能污染工作服时应穿具有防渗透性能的隔离衣；接触血液或体液时应戴手套，防止被注射针头等利器刺伤，操作完毕，脱去手套后立即洗手。若手被血液、体液污染或可能污染时，应立即用消毒液洗手。

（3）污物处理：被血液或体液污染的室内物品应立即用 1 500~2 000 mg/L 含氯消毒剂清洗消毒；被血液或体液污染的敷料及其他物品应装袋送消毒或焚烧处理；患者用过的针头等锐器应放入耐刺、防渗漏且有标记的容器内，直接焚烧处理。

（4）病室管理：探视者需要进入隔离室时，应得到值班人员同意并采取相应的隔离措施。

6. 昆虫隔离　为预防以昆虫为媒介而传播的疾病所进行的隔离。如乙型脑炎、流行性出血热、疟疾、回归热、斑疹伤寒、黑热病等。隔离措施如下。

（1）病室安置：斑疹伤寒、回归热、流行性出血热患者入院时，应经灭虱或杀螨处理并彻底清洁、更衣后方可入住同病种病室。

（2）病室管理：病室应有防蚊、防鼠设施，并定期进行有效的灭蚊、灭鼠处理。

（二）保护性隔离

以保护易感人群为制订护理措施的主要依据而采取的隔离称为保护性隔离，又称为反向隔离。适用于抵抗力特别低下或极易感染的患者，如大面积烧伤、早产儿、白血病、器官移植、免疫缺陷等患者。主要隔离措施如下。

（1）病室安置：设专用隔离病室，患者住单间病室隔离。地面、家具等均应严格消毒。

（2）进出隔离室要求：凡进入病室内者，均应戴口罩、帽子，穿灭菌后的隔离衣（外面为清洁面，内面为污染面），戴无菌手套及穿消毒拖鞋；未经消毒处理的物品不得带入病室内；接触患者前后及护理下一位患者前，均应洗手并消毒双手。

（3）病室环境的消毒：病室内空气、地面、家具等应进行严格的消毒，病室定时换气，病室内空气应保持正压通风。

（4）病室管理：凡患有呼吸道疾病或咽部带菌者包括工作人员，均应避免接触患者；禁止入室探视。特殊情况必须探视者，应采取相应的隔离措施。

四、隔离技术基本操作法

隔离技术是为了保护患者和工作人员，避免相互传播，减少感染和交叉感染的发生而实施的一系列操作技术。

（一）口罩、帽子的使用方法

【目的】

1. 保护患者和工作人员，避免交叉感染。
2. 防止飞沫污染无菌物品或清洁食物等。

【评估】

1. 了解患者的病情和隔离种类。
2. 口罩和帽子是否清洁干燥，口罩质量是否达到要求。

【计划】

1. 护士准备　着装整洁，剪指甲，洗手。
2. 用物准备　口罩（用6~8层纱布缝制成的纱布口罩或一次性口罩），清洁帽子（布帽子或一次性纸帽子）。

知识链接 ▎

口 罩 结 构

使用3层纱布的口罩只能阻挡70%~80%的细菌，6层纱布的口罩可阻挡90%以上的细菌，而8层纱布的口罩几乎可阻挡100%细菌。医院使用的口罩多为夹层，中间夹层一般采用熔喷法生产的蓬松的聚丙烯纤维网或充电极化纤维网，以增强对细菌的过滤能力。

3. 环境准备　清洁、宽敞、明亮。

【实施】　戴口罩、帽子的方法见表 3-1-12。

表 3-1-12　戴口罩、帽子的方法

操作步骤	操作说明	注意点
1. 戴帽子	洗手后戴帽子,帽子应将头发全部遮住	头发不可外露
2. 戴口罩	戴口罩时拿起口罩上方 2 根带子,罩住鼻和口,在头顶打活结,下面 2 根带子在颈后打活结(图 3-1-22)	口罩应罩住口、鼻,不可用污染的手接触口罩
3. 取下口罩	工作结束后洗手,取下口罩,双手握住口罩两侧带子 将污染面向内折叠,放入胸前清洁小口袋或小塑料袋内	口罩用后,立即取下,不可挂在胸前 取下时手不可接触口罩的污染面
4. 用后处理	离开污染区前将口罩、帽子放入特定的污物袋内,以便集中处理 纱布口罩一般使用 4~8 h,一次性口罩不超过 4 h	一次性口罩、帽子取下后丢入污物桶内,集中处理

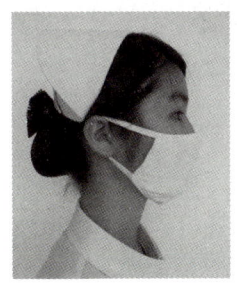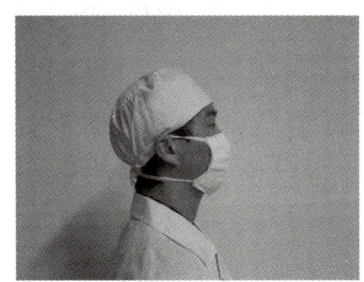

图 3-1-22　戴口罩法

【评价】

1. 戴帽子、口罩的方法正确。

2. 保持帽子、口罩清洁、干燥。

【注意事项】

1. 戴、脱口罩前应洗手,戴上口罩后,不可用污染的手接触口罩。

2. 口罩潮湿或被污染,应立即更换;接触严密隔离患者应每次更换口罩。

(二)避污纸的使用法

【目的】　用避污纸垫着拿取物品或做简单操作,保持双手或物品不被污染以省略消毒手续。

【评估】 评估患者病情,目前采取的隔离种类。

【计划】

1. 护士准备　着装整洁,剪指甲,洗手,戴口罩。

2. 用物准备　避污纸(即清洁纸片)。

3. 环境准备　整洁、宽敞、明亮。

【实施】 避污纸的使用方法见表 3-1-13。

表 3-1-13　避污纸的使用方法

操作流程	操作说明	要点说明
1. 使用时	取避污纸时应从页面抓取(图 3-1-23A),不可掀页撕取(图 3-1-23B)	使用前应保持避污纸清洁
2. 使用后	避污纸用后丢入污物桶,定时焚烧	避污纸不可随意丢弃

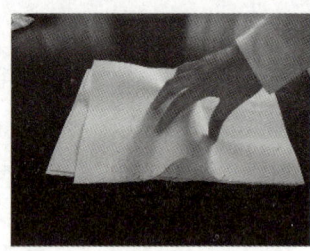 

A. 正确　　　　　　　　　B. 错误

图 3-1-23　取避污纸法

【评价】

1. 避污纸使用前未被污染。

2. 取避污纸的方法正确。

【注意事项】 取避污纸时,不可掀页撕取,以保持一面为清洁面。

(三) 手的消毒技术

【目的】 清除病原微生物,预防感染与交叉感染,避免污染无菌物品和清洁物品。

【评估】 消毒洗手的指征及现有的洗手设备及用物是否符合要求。

【计划】

1. 护士准备　取下手表及其他饰物,卷起衣袖过肘(夏季)或前臂中段(冬季)。

2. 用物准备　流水洗手设备和肥皂液,或消毒液和清水各 1 盆,手刷,盛放用过的手刷和小毛巾的容器各 1 个,小毛巾或纸巾或干手机。

3. 环境准备　清洁、宽敞,物品放置符合要求,方便取用。

【实施】 手的消毒操作见表 3-1-14。

表 3-1-14　手的消毒操作

操作步骤	操作要点	注意点
1. 刷手法		
（1）湿润双手	打开水龙头,流水淋湿双手	
（2）刷洗双手	取手刷蘸肥皂液,按顺序刷洗一只手共30 s,流水冲净泡沫　　同样的方法刷洗另一只手、冲净;重复刷洗双手1次,两次共2 min　　刷洗顺序为:前臂、腕部、手背、手掌、手指、指缝、指甲,冲淋方向从前臂至指尖	如用肥皂液应每日更换1次;手刷应每日消毒　　刷洗范围应超过被污染范围
（3）冲洗双手	用流动水冲净泡沫,使污水从前臂流向指尖	刷手时身体勿贴近水池,以免隔离衣污染水池或水溅到身上
（4）擦干双手	关水龙头,取小毛巾或纸巾擦干双手,或用干手机吹干	操作中应保持水龙头清洁
2. 消毒液浸泡法		
（1）浸泡双手	将双手浸泡于消毒液中	消毒液要浸没肘部以下
（2）擦洗双手	用小毛巾或手刷反复擦洗,方法同上。每只手1 min,共2 min　　或两手相互搓擦2 min	
（3）冲净擦干	用清水冲净消毒液,擦干或烘干双手	
3. 消毒液擦拭法		
（1）涂擦双手	用0.3%~0.5%碘伏或快速手消毒剂(异丙醇类、洗必泰醇、苯扎溴铵、70%乙醇)揉搓双手2 min,方法同洗手	选用的消毒液需作用速度快、不损伤皮肤、不引起过敏反应
（2）待干	任其自干	避免使用公用毛巾

【评价】

1. 消毒洗手的方法正确,冲洗彻底。
2. 洗手过程未造成周围环境及物品的污染。
3. 消毒后手的卫生学检测达标。

【注意事项】

1. 下列情况应该进行手的消毒:实施侵入性诊疗操作前;诊疗、护理免疫力低下的患者和新生儿前;接触血液、体液、分泌物和排泄物以及被其污染的物品后;接触被致病性微生物污染的物品后;接触传染病患者或病原携带者后;离开隔离病房和脱隔离衣后。

2. 按操作对象、性质选择合适的消毒方法,手消毒的范围应超过被污染的范围。

（四）穿、脱隔离衣

【目的】 保护患者和工作人员,防止交叉感染。

【评估】

1. 了解患者的病情、隔离种类、所采取的隔离措施。

2. 患者及家属对所患疾病的防治知识、消毒隔离知识的掌握情况。

3. 隔离衣是否清洁、干燥、完整。

【计划】

1. 护士准备 穿好工作服、工作裤,戴隔离帽、口罩,取下手表及其他首饰,卷衣袖过肘关节(夏季)或前臂中段(冬季),剪指甲,洗手。

2. 用物准备 隔离衣、挂衣架、消毒洗手设备、污物袋。

3. 环境准备 整洁、宽敞、明亮。

【实施】 穿、脱隔离衣的操作见表 3-1-15。

表 3-1-15 穿、脱隔离衣的操作

操作步骤	操作说明	注意点
1. 穿隔离衣(图 3-1-24)		
(1) 取隔离衣	手持衣领取下隔离衣,清洁面朝向自己,将衣领两端向外折齐,露出袖笼口	已使用过的隔离衣的衣领和内面为清洁面
(2) 穿好衣袖	右手持衣领,左手伸入袖内,右手将衣领向上拉,使左手露出 换左手持衣领,右手伸入袖内,依上法使右手露出,举双手将袖抖上,露出手腕	
(3) 系好领口、袖口	两手持衣领,由领子中央顺着边缘向后将领扣(带)扣(系)好 扣肩扣、袖扣	手被污染后,不可接触隔离衣的领子及内面
(4) 系好腰带	将隔离衣一边(约在腰下 5 cm 处)渐向前拉,见到边缘则捏住衣外面边缘,同法捏住另一侧边缘 双手在背后将边缘对齐,向一侧折叠。一手按住折叠处,另一手将腰带拉至背后,压住折叠处 将腰带在背后交叉,回到前面打一活结 扣上隔离衣后缘下部边缘的扣子	隔离衣应将工作服包住,两侧边缘须对齐,折叠处不能松散 穿上隔离衣后不得再进入清洁区
2. 脱隔离衣(图 3-1-25)		
(1) 解松腰带	解开隔离衣后缘下部边缘的扣子,解开腰带在前面打一活结	
(2) 解肩扣、袖扣	解开肩扣和袖扣 在肘部将部分衣袖塞入工作服袖内	勿使衣袖外面塞入工作服袖内

操作步骤	操作说明	注意点
（3）塞起衣袖	露出双手前臂	
（4）消毒双手	按消毒洗手的方法刷洗双手、擦干或烘干	刷手时不能弄湿隔离衣，隔离衣也不能污染水池
（5）解开领扣	解开领扣	清洁的双手不能接触隔离衣的污染面
（6）脱下双袖	一手伸入另一手衣袖内，拉下衣袖过手（遮住手），再用衣袖遮住的手在外面拉下另一衣袖 用衣袖包住的双手解开腰带、松开，两手在袖内使袖子对齐，双臂逐渐退出	注意隔离衣不可拖至地面
（7）折叠、挂衣钩	① 挂在半污染区：将两手在袖内对齐肩缝，一手将隔离衣一边向另一边覆盖，将污染面折向内面，手持衣领，对齐衣边，挂在衣钩上 ② 挂在污染区：以左手从衣服内面捏住两肩缝撤出右手，用右手捏住衣服外面肩缝退出左手；左手持衣领，将隔离衣两边对齐，污染面朝外，挂在衣钩上	挂在半污染区，隔离衣清洁面向外 挂在污染区，则污染面向外
（8）污衣送洗	若需要换洗的隔离衣脱下后，将污染面向内折，卷好投入污物袋中	隔离衣不可污染其他物品

223

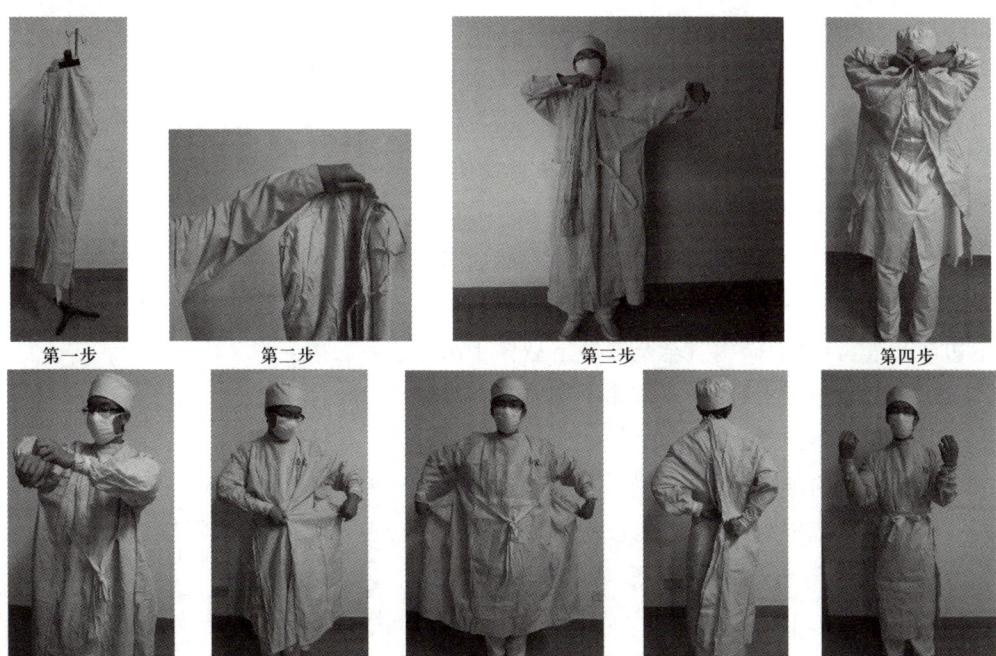

第一步　　　　第二步　　　　　　第三步　　　　　　　第四步

第五步　　　第六步　　　　第七步　　　　第八步　　　　第九步

图 3-1-24　穿隔离衣法

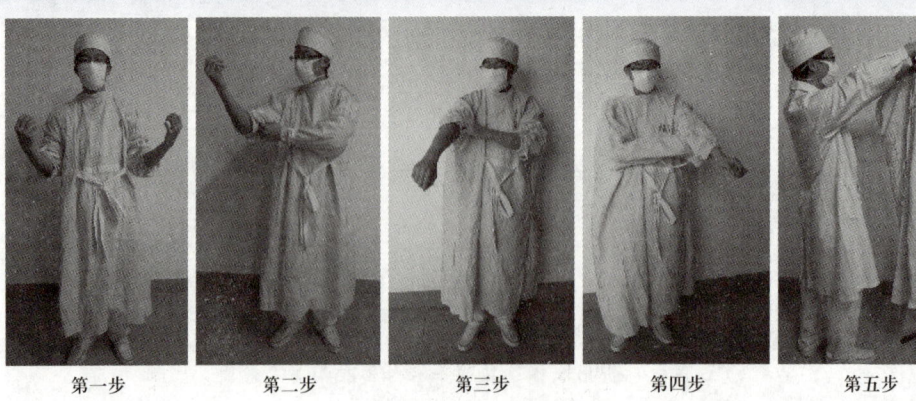

| 第一步 | 第二步 | 第三步 | 第四步 | 第五步 |

图 3-1-25　脱隔离衣法

【评价】

1. 穿、脱隔离衣的方法正确,隔离衣的折叠和挂放符合要求。

2. 操作过程中,操作者、环境、物品均未被污染。

3. 手的消毒方法正确,冲洗彻底,隔离衣未被溅湿。

【注意事项】

1. 隔离衣长短要合适,应全部遮盖工作服,如有破损,应补好再穿。

2. 在穿、脱隔离衣的过程中,隔离衣的污染面不可碰触清洁面以及操作者的面部、帽子及工作服。

3. 穿好隔离衣后,不得进入清洁区;双手应保持在腰部以上,视线范围内,避免接触清洁物品。

4. 隔离衣每日更换,如有潮湿或污染,应立即更换。

附:

（一）一次性连体防护服、口罩与护目镜使用

1. 穿一次性连体防护服

（1）穿防护服:先穿下衣,再穿上衣,然后戴好帽子,最后拉好拉链。

（2）脱防护服:将拉链拉到底,向上提拉帽子,使帽子脱离头部,脱袖子,由上向下边脱边卷,污染面向内直至全部脱下后置于医疗废物袋内。

（3）注意事项:每次当班使用一套,在诊室相对洁净区穿着。

2. 戴一次性口罩

（1）口罩有颜色的一面向外,有金属片的一边向上。

（2）系紧固定口罩的绳子,或把口罩的橡皮筋绕在耳朵上,使口罩紧贴。

（3）口罩应完全覆盖口鼻和下颌。

（4）把口罩上的压片沿鼻梁两侧按紧,使口罩紧贴面部。

（5）戴口罩后,避免触摸口罩。若必须触摸口罩,在触摸前、后都要彻底洗手。

（6）脱下口罩时,用手捏住口罩的系带（避免触摸口罩污染面）丢至医疗废物容器内。

3. 戴护目镜　眼的防护可选用护目镜或面罩。使用弹性佩戴法,视野宽阔,透亮

度好,有较好的防溅性能。若使用护目镜,护目镜要能够完全覆盖整个眼区。护目镜在进入病区前戴,离开病区后摘下消毒(图3-1-26)。

(二)SARS病区隔离要求

严重急性呼吸综合征(SARS)是指由一组非典型病原体(肺炎支原体、肺炎衣原体、军团杆菌和病毒)所引起的肺炎。主要通过短距离飞沫传播、接触患者呼吸道分泌物及密切接触传播,人群普遍易感染。其隔离要求如下。

1. 采取严密隔离 按严密隔离要求进行。关闭病室大门,持续开窗通风,保持正压通气,定期空气消毒。

2. 病区区域划分 病区可划分为清洁区、半污染区、污染区和缓冲区,各区地面用不同颜色的醒目标识和空间标识指示。缓冲区为清洁区和半污染区、半污染区

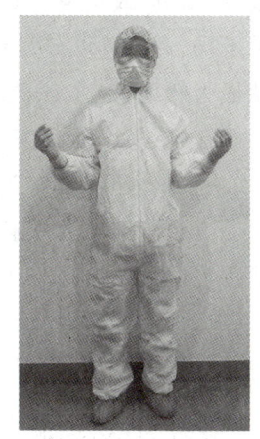

图3-1-26 一次性防护服、口罩与护目镜

和污染区之间专门设立的区域,设双层物流门,主要包括更衣室、洗手设备及通道等。

3. 人员、物品进出病区要求 工作人员在不同区域内必须严格遵守不同区域的要求,不能违反规定;物品按清洁区、半污染区、污染区单行路线走向,不允许逆行。工作人员进出病区的主要流程如下。

(1)进入半污染区:工作人员由清洁通道进入清洁区,换分身工作服、鞋、袜,戴帽子、口罩、手套,穿防护服,穿一次性鞋套,再经缓冲区进入。

(2)进入污染区:戴第二层帽子、口罩,穿隔离衣,戴护目镜、第二层手套,穿第二层高筒鞋套,经缓冲区进入。

(3)离开污染区:脱外层鞋套、手套,脱隔离衣,消毒手,摘护目镜、外层口罩、帽子,再次消毒手。

(4)离开半污染区:消毒手,脱防护服,脱内层手套、口罩、帽子、鞋套。

(5)离开清洁区:消毒手,清洁耳道、鼻腔,漱口,洗澡,更衣室更换各种清洁衣服、鞋,戴口罩,返回指定地点。

4. 按病情轻重安置患者 疑似患者与确诊患者分室收治;重症患者与一般患者分室收治,重症患者应收治在SARS重症监护病区。

5. 工作人员集中管理 密切接触患者的工作人员,住宿应相对集中管理,并常规进行流行病学观测。

6. 探视 严禁探视。患者家属送来的物品经消毒处理后由专人负责传递,做好交接。做好患者及家属的心理护理。

(三)禽流感防护要求

1. 概述 禽流感是禽流行性感冒的简称。它是由甲型流感病毒的一种亚型(也称禽流感病毒)引起的传染性疾病,被国际兽疫局定为甲类传染病。禽流感主要通过与易感禽类、感染禽类的直接接触或与病毒污染物的间接接触而传播给人,如病禽咳嗽和鸣叫时喷射出带有H5N1型病毒的飞沫在空气中飘浮,人体吸入呼吸道被感染

而发生禽流感;进食病禽的肉及其制品、禽蛋,病禽污染的水、食物,使用被病禽污染的食具、饮具,或用被污染的手拿东西吃,都可以使人受到传染而发病。按病原体类型的不同,禽流感可分为高致病性、低致病性和非致病性禽流感三大类。高致病性禽流感最为严重,人感染了禽流感后的主要表现为呼吸道、消化道、生殖系统或神经系统的异常,不易诊治,发病率和死亡率均高。

2. 普通人群预防禽流感措施

(1) 远离家禽的分泌物,尽量避免触摸活的鸡、鸭等家禽及鸟类,尤其是禽类的排泄物、分泌物。

(2) 保持室内空气流通,应每天开窗通风两次,每次至少 10 min,或使用抽气扇保持空气流通。

(3) 多摄入一些富含维生素 C 等有助于提高免疫力的食物和药物,并适当地进行体育锻炼。

3. 与活禽密切接触者预防禽流感措施

(1) 穿特殊防护服,戴防护口罩。

(2) 工作前后彻底消毒、洗手。

(3) 及时接种流感疫苗。

(4) 多摄入一些富含维生素 C 等有助于提高免疫力的食物。

(5) 适当进行体育锻炼。

一旦疑似禽流感或确诊为禽流感,应立即捕杀有关禽类,采取严密隔离的措施进行隔离,其具体要求参照 SARS 的隔离要求。

(四) 艾滋病隔离及职业防护要求

艾滋病又称获得性免疫缺陷综合征,是感染了人类免疫缺陷病毒而引起的传染病。主要通过性接触、血液及其制品、器官移植、污染的注射器、母婴垂直等途径传播。其隔离要求如下。

1. 采取保护性隔离措施和血液、体液隔离措施。

2. 如果皮肤意外接触血液或体液,应立即用肥皂水和清水冲洗;如果患者的血液、体液意外进入眼睛、口腔,应立即用大量的清水或生理盐水冲洗。

3. 如果医护人员不慎被污染的针头刺伤应立即采取紧急措施:① 如有伤口,立即在伤口近心端轻轻挤压,尽可能地挤出受伤局部的血液;② 用肥皂液和流水冲洗;③ 消毒液消毒后包扎伤口。暴露的黏膜要反复用生理盐水冲洗;受伤后尽早进行预防性用药,最好 4 h 内实施,最迟不得超过 24 h;在受伤后第 4 周、8 周、12 周、24 周时分别进行有关血清学的检查。

思考题

1. 某病区急需为患者换药,治疗碗及镊子使用燃烧法灭菌时应注意什么?

2. 重症病室使用紫外线空气消毒时应注意哪些事项?

3. 化学消毒剂灭菌使用时应遵循哪些原则?

4. 通过本次学习你如何理解消毒与灭菌的概念？

5. 你如何为长 4 m、宽 5 m、高 3 m 的流感病室做空气消毒？

6. 某医院高压蒸汽灭菌器发生故障，请问对下列物品，如玻璃瓶、鼻饲管、治疗碗、镊子和血管钳，你将分别用何种方法进行消毒灭菌处理？

7. 举例说明哪些护理操作要遵循无菌技术原则。

8. 在无菌操作中如何正确使用无菌持物钳？

9. 传染病病区内的清洁区、半污染区、污染区是怎么划分的？

10. 穿、脱隔离衣注意事项有哪些？

11. 现有下列传染病病房污染物品：血压计、听诊器，枕芯，被褥，剩余食物，排泄物，垃圾，如何对它们消毒？

赛证聚焦

请扫描二维码完成在线测试。

（叶景芳）

在线测试：
医院感染的
预防与控制

项目二　排泄护理

思维导图：
排泄护理

学习目标

◇ **知识目标**

1. 能正确理解并解释下列概念：多尿、少尿、无尿、膀胱刺激征、尿潴留、尿失禁、导尿术、便秘、腹泻、排便失禁、灌肠法及肛管排气。

2. 能正确描述尿液观察的主要内容。

3. 能正确描述影响排尿、排便的因素。

4. 能正确比较男、女患者导尿术的异同点，说出导尿、留置导尿的目的及注意事项。

5. 能正确比较不同灌肠法在适应范围、禁忌证、灌肠液的选择、操作方法等方面的异同。

◇ **技能目标**

1. 能准确判断异常排尿、排便的情况。

2. 能根据病情规范完成导尿术、留置导尿术、大量不保留灌肠和保留灌肠的操作技术，并进行健康教育。

3. 能正确指导患者进行排尿、排便功能训练。

◇ **素质目标**

注重人文关怀，操作中尊重、关爱患者，保护患者隐私，确保患者安全、舒适。

排泄是机体将新陈代谢所产生的废物排出体外的重要生理过程,是人体的基本需要之一,是维持生命的必要条件之一。人体排泄废物的途径有皮肤、呼吸道、消化道及泌尿道,其中消化道和泌尿道是主要的排泄途径。许多因素直接或间接地影响人体正常的排泄功能,使机体出现健康问题。不同个体的排泄形态及影响因素也不尽相同。因此,护士应掌握与排泄有关的护理知识和技术,指导人们维持正常的排泄功能,满足其排泄的需要,使之获得最佳的健康和舒适状态。

任务一　排尿护理

一、排尿活动的评估

(一)正常尿液的观察

正常情况下,排尿受意识控制,无痛苦,无障碍,可自主进行。

1. 尿量与次数　尿量是反映肾功能的重要指标之一。一般成人白天排尿 4~6 次,夜间 0~1 次,每次尿量 200~400 ml,24 h 的尿量 1 000~2 000 ml,平均 1 500 ml 左右。尿量和排尿次数受多方面因素的影响。

2. 颜色　正常新鲜尿液呈淡黄色或深黄色,是由尿胆原和尿色素所致。当尿液浓缩时,可见量少色深。尿液的颜色还受某些食物、药物的影响,如进食大量胡萝卜素或服用核黄素,尿液的颜色呈深黄色。

3. 透明度　正常新鲜尿液清澈透明,放置后可出现微量絮状沉淀物,系黏蛋白、核蛋白、盐类及上皮细胞凝结而成。蛋白尿不影响尿液的透明度,但振荡时可产生较多且不易消失的泡沫。新鲜尿液发生混浊的原因是尿液含有大量尿盐,尿液冷却后可出现微量絮状沉淀物使尿液混浊,但加热、加酸或加碱后,尿盐溶解,尿液即可澄清。

4. 气味　正常尿液气味来自尿内的挥发性酸。尿液久置后,因尿素分解产生氨,故有氨臭味。

5. 酸碱反应　正常人尿液呈弱酸性,一般尿液 pH 为 4.5~7.5,平均值为 6。饮食的种类可影响尿液的酸碱性,如进食大量蔬菜时,尿液可呈碱性,进食大量肉类时,尿液可呈酸性。

6. 比重　成人在正常情况下,尿比重波动于 1.015~1.025,一般尿比重与尿量成反比。尿比重的高低主要取决于肾脏的浓缩功能。

(二)异常尿液的观察

1. 尿量与尿次

(1)多尿:多尿指 24 h 尿量超过 2 500 ml。正常情况下常见于饮用大量液体;病理情况下常见于糖尿病、尿崩症、急性肾衰竭(多尿期)等患者。

（2）少尿：少尿指24 h尿量少于400 ml或每小时尿量少于17 ml。多见于发热、液体摄入过少、休克等患者体内循环血容量不足及心、肾、肝衰竭等患者。

（3）无尿或尿闭：无尿或尿闭，指24 h尿量少于100 ml或12 h内无尿。常见于严重循环血容量不足、肾小球滤过率明显降低时，如严重休克、急性肾衰竭、药物中毒等患者。

（4）膀胱刺激征：膀胱刺激征的主要表现为尿频、尿急、尿痛，且每次尿量少。尿频指单位时间内排尿次数增多；尿急指患者突然有强烈尿意，不能控制需立即排尿；尿痛指排尿时膀胱区及尿道产生疼痛。常见于膀胱及尿道感染或机械性刺激。

（5）尿潴留：尿潴留指尿液大量存留在膀胱内而不能自主排出。当尿潴留时，膀胱容积可增至3 000~4 000 ml，膀胱高度膨胀，可至脐部。患者主诉下腹胀痛，排尿困难。体检可见耻骨上膨隆，扪及囊样包块，叩诊呈实音，有压痛。引起尿潴留的常见原因：机械性梗阻、动力性梗阻和其他各种原因引起的不能用力排尿或不习惯卧床排尿。

（6）尿失禁：尿失禁指排尿失去意识控制或不受意识控制，尿液不自主地流出。尿失禁可分为如下几种。

1）真性尿失禁：即膀胱稍有一些尿便会不自主地流出，膀胱处于空虚状态。多见于昏迷、截瘫的患者。

2）假性尿失禁（充溢性尿失禁）：即膀胱内储存部分尿液，当膀胱的尿液充盈达到一定压力时，即可不自主溢出少量尿液。当膀胱内压力降低时，排尿立即停止，但膀胱仍呈胀满状态尿液不能排空。多由创伤感染、神经性排尿功能障碍以及膀胱以下的尿路梗阻所致。

3）压力性尿失禁：即当咳嗽、打喷嚏或运动时腹肌收缩，腹内压升高，以致不自主有少量尿液排出。多见于中老年女性。

2. 颜色

（1）血尿：血尿颜色的深浅，与尿液中所含红细胞量的多少有关，尿液中含红细胞量多时呈洗肉水色。常见于急性肾小球肾炎、输尿管结石、泌尿系统肿瘤、结核及感染。

（2）血红蛋白尿：大量红细胞在血管内被破坏，形成血红蛋白尿，呈浓茶色、酱油样色，隐血试验阳性。常见于溶血（输入异型血）、恶性疟疾和阵发性睡眠性血红蛋白尿。

（3）胆红素尿：尿呈深黄色或黄褐色，振荡尿液后泡沫也呈黄色。见于阻塞性黄疸和肝细胞性黄疸。

（4）乳糜尿：因尿液中含有淋巴液，故尿呈乳白色。见于丝虫病。

3. 透明度　当尿液中含有大量脓细胞、红细胞、上皮细胞、细菌或炎性渗出物时，排出的新鲜尿液即呈白色絮状混浊，此种尿液在加热、加酸或加碱后，其混浊度不变，见于泌尿系统感染。

4. 气味　新鲜尿液有氨臭味，见于泌尿系统感染。糖尿病酮症酸中毒时，因尿中含有丙酮，故有烂苹果味。

5. 酸碱反应　酸中毒患者的尿液可呈强酸性,严重呕吐患者的尿液可呈强碱性。

6. 尿比重　若尿比重经常固定在 1.010 左右,提示肾功能严重障碍。

（三）影响排尿的因素

1. 心理因素　心理因素对正常排尿有很大影响,压力会影响膀胱括约肌的放松或收缩,如机体处于过度的焦虑和紧张情况下,有时会出现尿频、尿急,有时也会抑制排尿而出现尿潴留。排尿还受暗示的影响,任何听觉或其他身体感觉的刺激均可诱发排尿,如有人听见流水声会产生尿意。

2. 个人习惯　多数人习惯起床后或睡前排尿。儿童期的排尿训练对成年后的排尿形态、习惯也有影响。排尿的姿势和周围的环境也会影响排尿。

3. 文化因素　排尿应该在一种隐蔽的场所进行,如排尿的环境缺乏隐蔽性,个体就会产生压力,从而影响正常排尿。

4. 饮食与气候　液体的摄入量将直接影响尿量和排尿的频率。尿量和排尿的频率与液体的摄入量成正比,液体摄入多,尿量和排尿次数增多,反之亦然。另外,摄入液体的种类也影响排尿,如茶、酒类饮料及咖啡有利尿作用,含盐量较高的食物可致机体水钠潴留,使尿量减少。夏季气温高,人体大量出汗,导致尿液浓缩和尿量减少。冬季寒冷,机体外周血管收缩,循环血量增加,体内水分相对增多,反射性地抑制抗利尿激素的分泌,从而使尿量增加。

5. 疾病和药物　外伤或手术致失血、失液,若补液不足,机体脱水使尿量减少。当输尿管、膀胱等尿道损伤而失去功能时,则不能控制排尿,出现尿失禁或尿潴留。手术中使用麻醉剂可致尿潴留。某些药物(如利尿剂)可阻碍肾小管的重吸收作用而使尿量增加。镇痛药因影响神经传导也可影响排尿。

6. 其他　孕妇可因增大的子宫压迫膀胱使排尿次数增多;月经前期,大多数妇女有体液潴留故尿量减少,月经开始,尿量增加;老年人因膀胱肌肉松弛,出现尿频;老年男性因前列腺增生压迫尿道,可出现排尿困难;婴儿因大脑发育不完善,排尿不受意识控制,2~3 岁后才能自我控制排尿。

二、排尿异常的护理

（一）尿失禁患者的护理

1. 心理护理　无论什么原因引起的尿失禁,都会给患者造成很大的心理压力,如精神苦闷、忧郁、丧失自尊等。医护人员应尊重理解患者,给予安慰、开导和鼓励,使其树立恢复健康的信心,积极配合治疗和护理。

2. 皮肤护理　保持皮肤的清洁干燥。床上铺橡胶单和中单,也可使用尿垫或一次性纸尿裤。经常用温水清洗会阴部皮肤,勤换衣裤、床单、尿垫等。根据皮肤情况,定时按摩受压部位,防止压力性损伤的发生。

3. 外部引流　必要时应用接尿装置引流尿液。女患者可用女式尿壶紧贴外阴部接取尿液;男患者可用尿壶接尿,也可用阴茎套连接集尿袋,接取尿液,但此法不能长期使用,每日要定时取下阴茎套和尿壶,清洗会阴部和阴茎,并将局部暴露于空气中。

4. 重建正常的排尿功能

(1)摄入适当的液体:如病情允许,指导患者每日白天摄入液体2 000~3 000 ml。因多饮水可以促进排尿反射的恢复,还可预防泌尿系统的感染。但睡前应限制饮水,减少夜间尿量,以免影响患者休息。

(2)持续的膀胱训练:向患者及其家属说明膀胱训练的目的,并说明训练的方法和所需的时间,以取得患者和家属的配合。观察排尿反应,定时使用便器,建立规律的排尿习惯,初始时白天每1~2 h使用便器1次,以后间隔时间逐渐延长,以促进排尿功能的恢复。使用便器时,用手按压膀胱,协助排尿,注意用力要适度。

(3)肌肉力量的锻炼:指导患者进行骨盆底部肌肉的锻炼,以增强控制排尿的能力。具体方法是患者取立、坐或卧位,试做排尿(排便)动作,先慢慢收紧盆底肌肉,再缓缓放松,每次10 s左右,连续10遍,每日进行数次。以不觉疲乏为宜。病情许可时,可做抬腿运动或下床活动,增强腹部肌肉的力量。

5. 导尿术 对长期尿失禁的患者,可行导尿术留置导尿,避免尿液浸渍皮肤,发生皮肤破溃。定时排放尿液锻炼膀胱壁肌肉张力。

(二)尿潴留患者的护理

1. 心理护理 安慰患者,消除其焦虑和紧张情绪。

2. 提供隐蔽的排尿环境 关闭门窗,用屏风遮挡,请无关人员回避。适当调整治疗和护理时间,使患者安心排尿。

3. 调整体位和姿势 酌情协助卧床患者取适当体位,如扶患者略抬高上身或坐起,尽可能地使患者以习惯姿势排尿。对需绝对卧床休息或某些手术患者,应事先有计划地训练床上排尿,以免其不适应排尿姿势的改变而导致尿潴留。

4. 诱导排尿 利用某些条件反射诱导排尿。如听流水声或用温水冲洗会阴;亦可采用针刺中极、曲池、三阴交穴或艾灸关元、中极穴等方法,刺激排尿。

5. 热敷、按摩 热敷、按摩可放松肌肉,促进排尿。如病情允许,可用手按压膀胱协助排尿。切记不可强力按压,以防膀胱破裂。

6. 健康教育 指导患者养成定时排尿的习惯;掌握正确的运动锻炼和自我放松等方法。

7. 药物治疗 必要时根据医嘱肌内注射卡巴胆碱等。

8. 经上述处理仍不能解除尿潴留时,可根据医嘱采用导尿术。

三、协助排尿的护理技术

(一)导尿术

导尿术是指在严格无菌操作下,用无菌导尿管经尿道插入膀胱引出尿液的方法。

【目的】

1. 为尿潴留患者引出尿液,以减轻痛苦。

2. 协助诊断。如留取尿标本做细菌培养;测量膀胱容量、压力及检查残余尿;进行尿道或膀胱造影等。

3. 为膀胱肿瘤患者进行膀胱化疗。

【评估】

1. 患者的病情、意识状态、排尿及治疗情况。

2. 患者的心理状态,对导尿术的认识及合作程度。

3. 患者膀胱的充盈程度及会阴部皮肤黏膜情况。

【计划】

1. 护士准备 衣帽整洁,修剪指甲,洗手,戴口罩。

2. 患者准备 患者了解导尿的目的、方法、注意事项及配合操作的要求,并根据自己的能力先清洁外阴。

3. 用物准备

(1) 无菌导尿包:弯盘 1 个或治疗碗 1 个,8 号、10 号导尿管各 1 根,血管钳 2 把,小药杯内置棉球数个,液状石蜡油棉球瓶,孔巾 1 块,有盖标本瓶或试管 1 个,纱布 2 块。

(2) 外阴初步消毒用物:消毒溶液(0.1%苯扎溴铵酊或 0.05%碘伏),治疗碗(内盛消毒液棉球若干、血管钳 1 把),一次性手套。

也可使用一次性导尿包,内有初步消毒、再次消毒和导尿用物(图 3-2-1)。

(3) 其他:无菌持物钳及容器 1 套,无菌手套 1 副,小橡胶单和治疗巾(或一次性尿垫),浴巾 1 条,便盆及便盆巾,屏风。男性患者应另备 2 块无菌纱布。

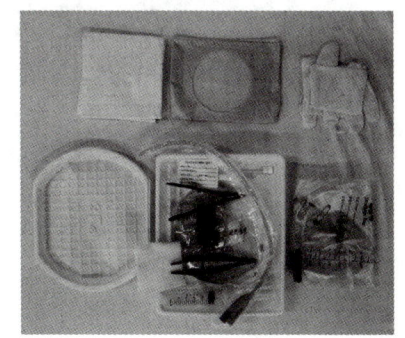

图 3-2-1 一次性导尿包

(4) 导尿管有三种:单腔导尿管、双腔导尿管(用于留置导尿)和三腔导尿管(用于膀胱冲洗或向膀胱内滴药)。其中,双腔导尿管和三腔导尿管均有一个气囊,以达到将导尿管头端固定在膀胱内防止脱落的目的。

4. 环境准备 整洁,室温适宜,隐蔽,关门窗,必要时用屏风遮挡,请无关人员回避。

【实施】 导尿术操作见表 3-2-1。

表 3-2-1 导尿术操作

操作流程	操作说明	注意点
1. 核对解释	携用物至床旁,核对患者并解释操作目的和方法	使患者理解、取得合作
2. 清洗外阴	自行清洗外阴,不能自理者协助清洗	床上清洗者勿打湿衣被

操作流程	操作说明	注意点
3. 安置卧位	便盆放床尾床旁椅上,打开便盆巾;关门窗,用屏风遮挡 帮助患者脱对侧裤,盖在近侧腿部并盖上浴巾,对侧腿用盖被遮住 取屈膝仰卧位,两腿略外展,露出外阴	保护患者自尊 保暖,避免过多暴露患者 便于操作
4. 垫巾	小橡胶单与治疗巾垫于臀下,弯盘置于近会阴处,治疗碗放在弯盘后	防止污染床单
5. 导尿	(1) 女性患者(图 3-2-2): ① 初次消毒:左手戴手套,右手持血管钳夹棉球消毒阴阜、大阴唇,左手分开大阴唇,消毒小阴唇和尿道口。污棉球置弯盘内。消毒完毕,脱下手套至弯盘内,并将弯盘移至床尾处 ② 开包倒液:取无菌导尿包置于患者两腿之间,按无菌要求打开导尿包,用无菌持物钳显露小药杯;倒消毒液于小药杯内 ③ 戴无菌手套,铺孔巾 ④ 摆放用物,润滑导尿管:按操作顺序排列好用物,选择合适导尿管,用润滑棉球润滑导尿管前段 ⑤ 再次消毒:小药杯置于外阴处,左手拇指与示指分开并固定小阴唇,右手持血管钳夹取消毒液棉球,依次消毒尿道口、两侧小阴唇、尿道口。污染棉球、小药杯及消毒用的血管钳置床尾。左手仍固定小阴唇 ⑥ 插管:右手将无菌弯盘或治疗碗(内有导尿管与血管钳)置于会阴处,嘱患者张口呼吸,导尿管末端放于弯盘或治疗碗内,血管钳夹住导尿管轻轻插入尿道 4~6 cm,见尿后再插入 5~7 cm,左手松开小阴唇并固定导尿管,将尿液引入弯盘或治疗碗内	消毒顺序由外向内、自上而下 每个棉球限用一次 嘱患者勿动肢体,保持原有体位,以免污染无菌区 使孔巾与包布内层形成一无菌区域,利于操作 导尿管过粗易损伤尿道黏膜,过细尿液从尿道口流出,达不到导尿的目的 润滑导尿管可减轻对黏膜的刺激和插管时的阻力 由内向外、自上而下依次消毒 消毒尿道口时停留片刻,使消毒液与尿道口黏膜充分接触,达到消毒的目的 张口呼吸可减轻腹肌和尿道括约肌的紧张,便于插管

操作流程	操作说明	注意点
5. 导尿	(2) 男性患者(图 3-2-3): ① 初次消毒:一手戴手套,另一手持血管钳夹消毒液棉球,依次消毒阴阜、阴囊、阴茎。再用无菌纱布裹住阴茎将包皮向后推,暴露尿道外口,自尿道口向外向后旋转擦拭消毒尿道口、龟头及冠状沟数次。污棉球、纱布、手套置弯盘内移至床尾,治疗碗置于治疗车下层;洗手 ② 开包倒液 ③ 戴无菌手套,铺孔巾 ④ 摆放用物,润滑导尿管 ⑤ 再次消毒:一手用无菌纱布裹住阴茎将包皮向后推,暴露出尿道口。另一手持血管钳用消毒液棉球再次消毒尿道口、龟头及冠状沟数次。污棉球、小药杯、血管钳置床尾弯盘内 ⑥ 插管:一手用无菌纱布固定阴茎并提起,使之与腹壁成 60°,另一手将弯盘或治疗碗置孔巾口旁,嘱患者张口呼吸,用另一血管钳夹持导尿管前端,对准尿道口轻轻插入 20~22 cm,见尿流出后再插入 2 cm,将尿液引流入弯盘或治疗碗内	每个棉球限用 1 次 自阴茎根部向尿道口擦拭 包皮和冠状沟易藏污垢,应注意彻底消毒,预防感染 1 个棉球限用 1 次,确保消毒部位不被污染 阴茎上提,使耻骨前弯消失,利于插管 男性尿道较长,有三个狭窄,切忌用力过快过猛而损伤尿道黏膜 如插管时略有阻力,稍停片刻,嘱患者深呼吸,以减轻尿道括约肌的紧张,再缓缓插入导尿管
6. 夹管倒尿	当弯盘或治疗碗内盛 2/3 满尿液,用血管钳夹住导尿管尾端,将尿液倒入便器,再松开血管钳继续放出尿液 如做尿培养用无菌标本瓶接取中段尿液 5 ml,放置妥当位置	注意观察患者的反应并询问其感觉 估算尿量 防止遗忘、丢失或污染
7. 拔管整理	导尿毕,夹管拔管,将导尿管置于弯盘内,撤下孔巾、擦净会阴,脱下手套置于弯盘内,弯盘、导尿包置于治疗车下层 撤出橡胶单、治疗巾等物品放于治疗车下层 协助患者穿好裤子,整理床单位	
8. 整理记录	用物分类清理,测量尿量 尿标本贴上标签后及时送检 洗手,记录导尿的时间、尿量、患者的反应	保证检验结果的准确性

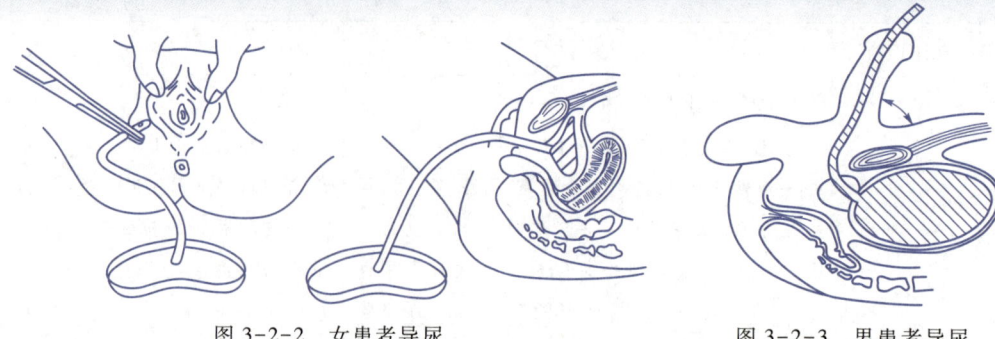

图 3-2-2　女患者导尿　　　　　　　　　　图 3-2-3　男患者导尿

【评价】

1. 患者痛苦减轻,感觉舒适、安全。

2. 护士操作方法正确,符合无菌操作要求,达到导尿的目的。

3. 保护患者自尊,满足患者生理需要,护患沟通良好。

【注意事项】

1. 严格执行无菌操作,预防泌尿系统感染。

2. 选择光滑和粗细适宜的导尿管。插管时动作要轻,以免损伤尿道黏膜。

3. 为女患者导尿时,如误入阴道应立即拔出,并更换另一根无菌导尿管重插。

4. 为膀胱高度充盈并极度衰弱的患者导尿时,放尿的速度不可太快,首次放尿不应超过1 000 ml。大量放尿可导致腹腔内压力急剧下降,大量血液滞留于腹腔血管内,引起血压下降产生虚脱。另外,膀胱内压突然降低可导致膀胱黏膜急剧充血,发生血尿。

(二)留置导尿术

留置导尿术是指在导尿后,将导尿管保留在膀胱内引流尿液的方法。

【目的】

1. 为抢救危重或休克患者时正确记录每小时尿量,测量尿比重,以密切观察病情变化。

2. 为盆腔手术患者排空膀胱,使膀胱持续保持空虚,避免术中误伤。

3. 为尿失禁、昏迷、会阴或肛门附近有伤口不宜自行排尿者保持局部清洁干燥。

4. 某些泌尿系统疾病手术后留置导尿管,便于引流和冲洗,并减轻手术切口的张力,利于切口的愈合。

5. 为尿失禁患者行膀胱功能训练。

【评估】

1. 患者的病情、临床诊断、意识状态、排尿及治疗情况。

2. 患者的心理状态、自理能力、对留置导尿术的认知程度及合作程度。

3. 患者膀胱的充盈程度及会阴部皮肤黏膜情况。

【计划】

1. 护士准备　衣帽整洁,修剪指甲,洗手,戴口罩。

2. **患者准备** 患者了解留置导尿的目的、方法、注意事项及配合操作的要求,并根据自己的能力先清洁外阴。

3. **用物准备** 同导尿术用物,另备无菌双腔气囊导尿管 1 根、10~20 ml 无菌注射器 1 副、无菌生理盐水 10~40 ml、无菌引流袋 1 只、橡皮圈 1 个、安全别针 1 个。如普通导尿管需备宽胶布一段。

4. **环境准备** 整洁,室温适宜,隐蔽,关门窗,必要时用屏风遮挡,请无关人员回避。

【实施】 留置导尿术操作见表 3-2-2。

表 3-2-2 留置导尿术操作

操作流程	操作说明	注意点
1. 核对解释	携用物至床旁,核对患者并解释操作目的和方法	使患者理解,取得合作
2. 导尿	同导尿术插入导尿管	严格无菌操作
3. 固定尿管	同导尿法插入导尿管,见尿后再插入 7~10 cm。根据导尿管上注明的气囊容积向囊内注入等量的生理盐水,夹紧导尿管末端,轻拉导尿管有阻力感,即证实导尿管已固定于膀胱内(图 3-2-4)	膨胀的气囊不可卡在尿道内口,以免气囊压迫膀胱内壁,造成黏膜的损伤
4. 连接尿袋	将导尿管尾端与集尿袋的引流管接头连接,用橡皮圈对折套于引流管上,安全别针穿过橡皮圈将集尿袋的引流管固定在床单上,将集尿袋固定在低于膀胱的高度(图 3-2-5),开放导尿管 如患者离床活动时,导尿管和集尿袋应妥善安置	引流管要留出足够的长度,防止因翻身的牵拉,使尿管脱出 防止尿液逆流引起泌尿系统感染
5. 整理记录	协助患者穿好裤子,取舒适的卧位,整理床单位,清理用物 洗手,记录留置导尿的时间、患者的反应	

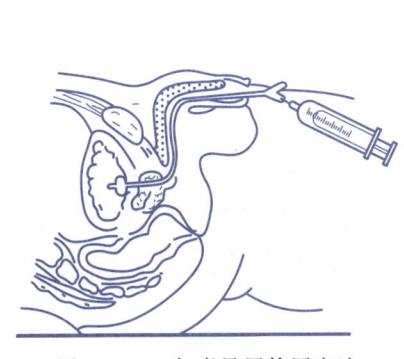

图 3-2-4 气囊导尿管固定法

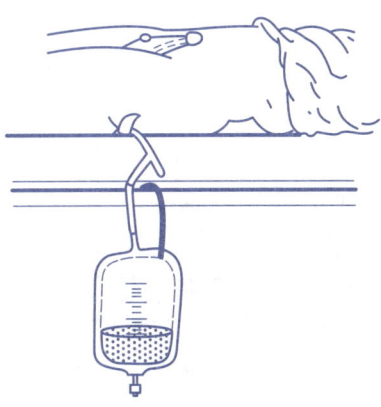

图 3-2-5 集尿袋固定法

附：

普通导尿管留置导尿术（表 3-2-3）

表 3-2-3　普通导尿管留置导尿术

操作流程	操作说明	注意点
1. 核对解释	携用物至床旁，核对患者并解释操作目的和方法	使患者理解、取得合作
2. 备皮	清洗外阴，剃去阴毛	便于胶布固定
3. 导尿	同导尿术插入导尿管	严格无菌操作
4. 固定尿管	排尿后，夹住导尿管末端，脱去手套，移开孔巾，固定导尿管 女性：将一块长 12 cm、宽 4 cm 胶布上 1/3 粘贴于阴阜上，下 2/3 剪成三条，中间一条螺旋形粘贴在导尿管上，其余两条分别交叉粘贴在对侧的大阴唇上（图 3-2-6） 男性：取长 12 cm、宽 2 cm 的胶布，在一端的 1/3 处两侧各剪一个小口，折叠成无胶面，制成单翼蝶形胶布。将 2 条蝶形胶布粘贴于阴茎两侧，再用细长胶布作半环形固定蝶形胶布，开口处向上。在距离尿道口 1 cm 处用胶布环形固定蝶形胶布的折叠端于导尿管上（图 3-2-7）	女性尿道短，尿管易滑出，因此应妥善固定 胶布不得直接贴在龟头上，以免损伤龟头表皮 胶布加固蝶形胶布时不得做环形固定，以免影响阴茎的血液循环，导致阴茎充血、水肿，甚至坏死
5. 连接尿袋	同双腔气囊导尿管留置导尿	
6. 整理记录	同双腔气囊导尿管留置导尿	

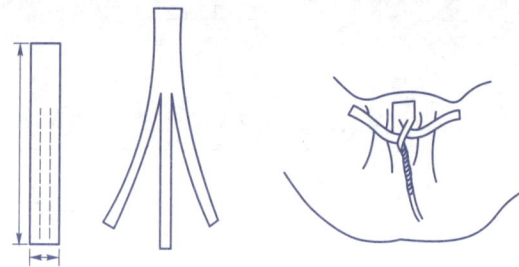

图 3-2-6　女患者胶布固定法

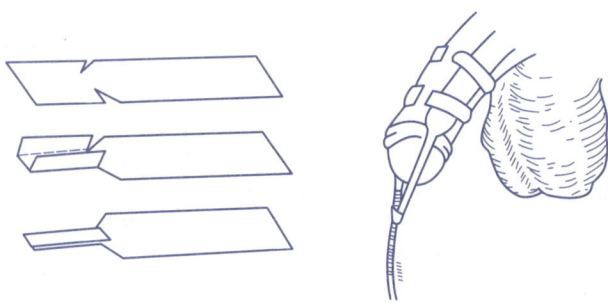

图 3-2-7　男患者胶布固定法

【评价】

1. 护士操作正确,符合无菌操作要求,达到留置导尿的目的。

2. 护患沟通有效,患者及家属认识留置导尿管的意义,能配合操作。

3. 患者留管期间,导尿管固定牢固,尿液引流通畅,未发生泌尿系统感染。

4. 拔管后患者能自行排尿,无不适感。

【注意事项】

1. 双腔气囊导尿管固定时要注意膨胀的气囊不能卡在尿道内口,以免气囊压迫造成黏膜的损伤。

2. 留置尿管如果采用普通导尿管,女患者在操作前应剃去阴毛,便于胶布固定。男患者留置尿管采用胶布加固蝶形胶布时,不得做环形固定。

【护理措施】

1. 防止泌尿系逆行感染的措施

(1)保持尿道口清洁:女患者用消毒液棉球擦拭外阴及尿道口;男患者用消毒液棉球擦拭尿道口、龟头及包皮,每日1~2次。

(2)每日定时更换集尿袋,及时排空集尿袋,并记录尿量。

(3)定期更换导尿管,导尿管更换频率通常根据导尿管的材质决定,一般1~4周更换一次。

(4)患者离床活动时,妥善固定导尿管及集尿袋,集尿袋不能高于膀胱高度并避免挤压。

2. 鼓励患者多饮水,说明摄取足够的水分和进行适当的活动对预防泌尿系统感染的重要性,每日尿量应维持在2 000 ml以上,以产生自然冲洗尿路的作用,减少尿路感染的机会,同时也可以预防尿结石的形成。

3. 保持引流通畅,避免导尿管受压、扭曲、堵塞。

4. 注意患者的主诉并观察尿液情况,发现尿液混浊、沉淀、有结晶时应及时处理,每周做尿常规检查1次。

5. 训练膀胱反射功能,采用间歇夹管方式。夹闭导尿管,每3~4 h开放1次,使膀胱定时充盈和排空,促进膀胱功能的恢复。

(三)膀胱冲洗术

膀胱冲洗术是利用三通的导尿管,将溶液灌入膀胱内,再借用虹吸原理将灌入的液体引流出来的方法。

【目的】

1. 对留置导尿管的患者,保持其尿液引流通畅。

2. 清洁膀胱,清除膀胱内的血凝块、黏液、细菌等异物,预防感染。

3. 治疗某些膀胱疾病,如膀胱炎、膀胱肿瘤。

【评估】

1. 患者的病情、意识状态、排尿及治疗情况。

2. 患者的心理状态,对膀胱冲洗的认识及合作程度。

【计划】

1. 护士准备　衣帽整洁,修剪指甲,洗手,戴口罩。

2. 患者准备　患者了解膀胱冲洗的目的、方法、注意事项及配合操作的要求。

3. 用物准备(密闭式膀胱冲洗术)

(1)治疗盘:无菌治疗盘内置治疗碗 1 个、镊子 1 把、75%乙醇棉球数个、无菌膀胱冲洗装置 1 套、血管钳 1 把、开瓶器、输液调节器、输液架、输液瓶套、便盆及便盆巾。

(2)常用冲洗溶液:生理盐水、0.02%呋喃西林溶液、3%硼酸溶液、氯己定溶液、0.1%新霉素溶液。溶液的温度为 35~40℃。前列腺增生摘除术后患者,用 4℃生理盐水冲洗。

4. 环境准备　整洁,室温适宜,隐蔽,关门窗,必要时用屏风遮挡,请无关人员回避。

【实施】　密闭式膀胱冲洗术操作见表 3-2-4。

表 3-2-4　密闭式膀胱冲洗术操作

操作流程	操作说明	注意点
1. 核对解释	携用物至床旁,核对患者并解释操作目的和方法	使患者理解,取得合作
2. 导尿固定	按留置导尿术插入导尿管并固定导尿管	严格无菌操作
3. 排空膀胱	排空膀胱	便于冲洗液顺利滴入膀胱,有利于药液与膀胱内壁充分接触,并保持有效浓度
4. 冲洗膀胱	准备溶液:用开瓶器启开冲洗液瓶铝盖中心部分,常规消毒瓶塞;打开膀胱冲洗装置,将冲洗导管针头插入瓶塞,将冲洗液瓶倒挂于输液架上,液面距床面 60 cm,排气后用血管钳夹闭导管	瓶内液面距床面约 60 cm,以便产生一定的压力,使液体能够顺利滴入膀胱
	分离连接:分开导尿管与集尿袋引流管接头连接处;消毒导尿管口和引流管接头,将导尿管和引流管与 Y 形管的两个分管相连接,Y 形管的主管连接冲洗导管,将引流管的接头用无菌纱布包裹	Y 形管须低于耻骨联合,以便引流彻底 应用三腔导尿管时,可不用 Y 形管
	放液冲洗:夹闭引流管,开放冲洗管,使溶液滴入膀胱,调节滴速;待患者有尿意或滴入溶液 200~300 ml 后,夹闭冲洗管,开放引流管,将冲洗液全部引流出来后,再夹闭引流管(图 3-2-8)	滴速一般为 60~80 滴/分,不宜过快,以防患者尿意强烈,膀胱收缩,迫使冲洗液从导尿管侧溢出尿道外
	每日冲洗 3~4 次,每次冲洗量 500~1 000 ml	如滴入治疗用药,须在膀胱内保留 30 min 后再引流出体外
	在冲洗过程中,经常询问患者感受,观察患者反应及引流液性状	若患者出现不适或有出血情况,立即停止冲洗,并与医生联系
	按需要量,如此反复冲洗,至引流液澄清为止	如系注入药物,可根据治疗需要,注药结束后拔除导尿管

操作流程	操作说明	注意点
5. 整理记录	冲洗完毕,取下冲洗管,消毒导尿管口和引流管接头并连接,清洗外阴,固定好导尿管 协助患者取舒适卧位,整理床单位,清理物品 洗手,记录冲洗液名称、冲洗量、引流量、引流液性质以及冲洗过程中患者的反应等	

【评价】

1. 护士操作正确,引流通畅,冲洗过程中能密切观察病情变化。

2. 护患沟通有效,患者能配合操作,关心、保护患者,无感染发生。

【注意事项】

1. 严格执行无菌技术操作,防止感染发生。

2. 密闭式膀胱冲洗时要注意瓶内液面距床面约 60 cm,滴速不宜过快;Y 形管须低于耻骨联合,以便引流彻底。每次冲洗量 500~1 000 ml。滴入治疗用药,须在膀胱内保留 30 min 后再引流出体外。

3. 冲洗时嘱患者深呼吸,尽量放松,以减少疼痛。若患者有腹痛、腹胀、膀胱收缩剧烈等情形,应暂停冲洗。

4. 冲洗后如出血较多或血压下降,应立即报告医生给予处理,并注意准确记录冲洗液量及性状。

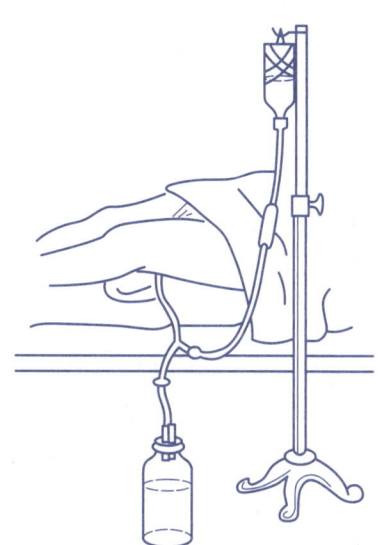

图 3-2-8 密闭式膀胱冲洗术

任务二 排便护理

食物通过消化吸收后,存留在大肠内的食物残渣经细菌的发酵和腐败作用而形成粪便。粪便的性质与性状可以反映个体消化系统的功能状况。因此,护士通过对患者排便活动及粪便的观察,可以了解个体消化系统的生理活动情况,有助于诊断和选择治疗、护理措施。

241

项目二 排泄护理

一、排便活动的评估

（一）排便的评估

1. **排便次数** 一般成人每日排便 1~3 次，婴幼儿每日排便 3~5 次。成人排便每日超过 3 次或每周少于 3 次，应视为排便异常。

2. **排便量** 正常成人每日排便量 100~300 g。进食低纤维、高蛋白质等精细食物者粪便量少而细腻；进食大量蔬菜、水果者粪便量较多。当消化器官功能紊乱时，也会出现排便量的改变。

3. **粪便的性状**

（1）形状与软硬度：正常人的粪便为成形软便。便秘时粪便坚硬，呈栗子样；消化不良或急性肠炎可为稀便或水样便；肠道部分梗阻或直肠狭窄，粪便常呈扁条形或带状。

（2）颜色：正常成人的粪便颜色呈黄褐色或棕黄色，婴儿的粪便呈黄色或金黄色。因摄入食物或药物种类的不同，粪便颜色会发生变化，如食用大量绿叶蔬菜，粪便可呈暗绿色；摄入动物血或铁制剂，粪便可呈无光样黑色。如果粪便颜色改变与上述情况无关，表示消化系统有病理变化存在。如柏油样便提示上消化道出血；白陶土色便提示胆道梗阻；暗红色血便提示下消化道出血；果酱样便见于肠套叠、阿米巴痢疾；粪便表面粘有鲜红色血液见于痔疮或肛裂；白色"米泔水"样便见于霍乱、副霍乱。

（3）内容物：粪便内容物主要为食物残渣、脱落的大量肠上皮细胞、细菌以及机体代谢后的废物，如胆色素衍生物和钙、镁、汞等盐类。粪便中混入少量黏液，肉眼不易查见。若粪便中混入或粪便表面附有血液、脓液或肉眼可见的黏液，提示消化道有感染或出血发生。肠道寄生虫感染患者的粪便中可查见蛔虫、蛲虫、绦虫节片等。

（4）气味：正常时粪便气味因膳食种类而异，强度由腐败菌的活动性及动物蛋白质的量而定。肉食者味重，素食者味轻。严重腹泻患者因未消化的蛋白质与腐败菌作用，粪便呈碱性反应，气味极恶臭；下消化道溃疡、恶性肿瘤患者粪便呈腐败臭；上消化道出血的柏油样粪便呈腥臭味；消化不良、婴儿因糖类未充分消化或吸收脂肪酸产生气体，粪便呈酸性反应，气味为酸败臭。

（二）排便活动异常的评估

1. **便秘** 便秘指正常的排便形态改变，排便次数减少，排出过于干硬的粪便，排便困难且伴有乏力、食欲减退、腹胀、消化不良等。

（1）原因：强烈的情绪反应；精神紧张或情绪低落；排便习惯不良；饮食中水分或纤维摄入量不足；长期卧床或活动减少；环境或生活习惯的突然改变；滥用缓泻剂造成药物依赖；各类直肠肛门手术后；某些器质性改变，如肠梗阻、神经系统疾病、全身性疾病及肛周疾病，以上原因均可抑制肠道功能而导致便秘的发生。

（2）症状和体征：腹痛、腹胀、食欲减退、消化不良、舌苔变厚、头痛、粪便干硬，触诊腹部紧张且较硬,可触及包块,肛诊可触及粪块。

2. 粪便嵌塞 粪便嵌塞是指粪便持久滞留堆积在直肠内,坚硬不能排出。常发生于慢性便秘者。

(1) 原因:便秘未能及时解除,粪便滞留在直肠内,水分被持续吸收而乙状结肠处的粪便又不断加入,最终导致粪块又大又硬,发生粪便嵌塞。

(2) 症状和体征:持续便意,腹部胀痛,少量液化粪便流出,直肠肛门疼痛等,但无法排出粪便。

3. 腹泻 腹泻指正常排便形态改变,频繁排出松散稀薄的粪便,甚至水样便,常伴有恶心、呕吐、腹痛等。短时的腹泻可以帮助机体排出有害物质和刺激物质,是一种保护性反应。但持续严重的腹泻可使机体丢失大量的水分和胃肠液,导致水、电解质紊乱和酸碱平衡失调。长期腹泻还会导致营养不良。

(1) 原因:饮食不当(如进食过冷、过于油腻或过敏的食物);使用泻剂不当;情绪紧张焦虑;消化系统发育不成熟;胃肠道疾病;某些内分泌疾病如甲状腺功能亢进症等。

(2) 症状和体征:腹痛、肠痉挛、疲乏、恶心、呕吐,肠鸣音亢进,有急于排便的需要和难以控制的感觉,粪便松散或呈水样。

4. 排便失禁 排便失禁是指肛门括约肌不受意识控制而不自主地排便。

(1) 原因:神经系统功能障碍,胃肠道疾病,情绪失调等。

(2) 症状和体征:患者不自主地排出粪便。

5. 肠胀气 肠胀气是指胃肠道内有过多的气体积聚,不能排出。一般情况下,胃肠道内的气体只有 150 ml 左右。胃内的气体可通过口腔嗝出,肠道内的气体部分在小肠被吸收,其余的可以通过肛门排出,不会产生不适。

(1) 原因:摄入过多产气性食物,吞入大量空气,肠蠕动减少,肠道梗阻,肠道手术后,由药物的不良反应等因素引起。

(2) 症状和体征:患者腹部膨隆,叩诊呈鼓音,腹胀,痉挛性疼痛,呃逆,肛门排气过多。当肠胀气压迫膈肌和胸腔时,可出现气急和呼吸困难。

(三)影响排便因素的评估

1. 心理因素 心理因素是影响排便的重要因素。精神抑郁时,身体活动减少,肠蠕动减慢而导致便秘;情绪紧张焦虑时,迷走神经兴奋性增强,肠蠕动增加而致吸收不良、腹泻。

2. 年龄 年龄可影响人对排便的控制。3 岁以下的婴幼儿,由于神经肌肉系统发育不全,不能控制排便;老年人腹部肌张力降低、肠蠕动减弱、肛门括约肌松弛等导致肠道控制能力下降,从而出现排便功能异常。

3. 饮食因素 饮食是影响排便的主要因素,摄入富含纤维的饮食可提供必要的粪容积,有助于增加排便反射。如果摄入量过少,食物中缺少纤维素或摄入的液体不足等,均会引起排便困难或便秘。

4. 排便习惯 日常生活中,许多人都有自己规律的排便习惯,如排便时间、排便姿势以及环境等,一旦日常生活的规律性无法维持时,可能会影响正常排便。

5. 社会文化因素　人们普遍认为排便属个人隐私,当个体因排便问题需要求助于他人而丧失隐私时,个体就可能压抑排便的需要而造成排便功能异常。

6. 疾病　肠道本身的疾病或身体其他系统的病变均可影响正常排便。如大肠癌、结肠炎可使排便次数增加;脊髓损伤、脑卒中等可致排便失禁。

7. 药物　某些药物能影响排便形态。如缓泻药可刺激肠蠕动,减少肠道水分吸收,促使排便;如长时间服用抗生素,可抑制肠道正常菌群而导致腹泻;麻醉药或镇痛药能使肠运动能力减弱而导致便秘。

8. 治疗与检查　某些治疗和检查会影响个体的排便活动,如腹部、肛门部位手术,会因为肠壁肌肉的暂时麻痹或伤口疼痛而造成排便困难;胃肠 X 线检查常需灌肠或服用钡剂,也可影响排便。

二、排便异常的护理

(一) 便秘患者的护理

1. 健康教育　帮助患者及家属正确认识维持正常排便习惯的意义和获得有关排便的知识。

2. 帮助患者重建正常的排便习惯　指导患者选择适合自己排便的时间(一般是饭后,早餐后最佳,因此时胃-结肠反射最强),每日固定在此时间排便,不随意使用缓泻剂、栓剂及灌肠等方法。

3. 合理安排膳食　多摄取可促进排便的食物和饮料。如多食用蔬菜、水果、粗粮等高纤维食物;餐前饮用开水、柠檬汁等热饮料,促进肠蠕动,刺激排便反射;适当服用轻泻食物如梅子汁等促进排便;多饮水,病情允许时每日液体摄入量不少于 2 000 ml;适当食用油脂类的食物。

4. 鼓励患者适当运动　按个人需要拟订规律的活动计划并协助患者进行运动,如散步、做操、打太极拳等。卧床患者可进行床上活动。此外,还应指导患者进行增强腹肌和盆底部肌肉的运动,以增强肠蠕动和肌张力,促进排便。

5. 提供适当的排便环境　提供患者单独隐蔽的环境及充裕的排便时间。如拉窗帘或用屏风遮挡,避开查房、治疗护理和进餐时间,以消除紧张情绪,利于排便。

6. 选取适宜的排便姿势　床上使用便盆时,除非有特别禁忌,最好采取坐姿或抬高床头,利用重力增加腹内压促进排便。病情允许时让患者下床如厕排便。对手术患者,在手术前应有计划地训练其在床上使用便器。

7. 腹部环形按摩　排便时用手沿结肠解剖位置自右向左环形按摩,可促使降结肠的内容物向下移动,并可增加腹内压,促进排便。指端轻压肛门后端也可促进排便。

8. 遵医嘱给予口服缓泻药物　缓泻剂可使粪便中的水分含量增加,刺激肠蠕动,加速肠内容物的运行,发挥导泻的作用。对于老人、小孩应选择作用缓和的泻剂,慢性便秘的患者可选用蓖麻油、番泻叶、酚酞(果导)、大黄等接触性泻剂。使用缓泻剂可暂时解除便秘,但不可长期使用或滥用,否则可使患者形成对缓泻剂的依赖,导致慢性便秘的发生。

9. 使用简易通便剂　常用开塞露、甘油栓等。其作用机制是软化粪便,润滑肠壁,刺激肠蠕动,促进排便。

10. 以上方法均无效时,遵医嘱给予灌肠。

(二)粪便嵌塞患者的护理

1. 早期措施　可使用栓剂、口服缓泻剂来润肠通便。

2. 必要时　先行油类保留灌肠,2~3h 后再做清洁灌肠。

3. 人工取便　通常在清洁灌肠无效后进行。操作者戴上手套,将涂润滑剂的示指慢慢插入患者直肠内,触到粪便时机械地破碎粪块,一块一块地取出。操作中如患者出现心悸、头晕时须立刻停止。操作者应注意动作轻柔,避免损伤直肠黏膜。人工取便易刺激迷走神经,故心脏病、脊椎受损者须慎重使用。

4. 健康教育　向患者及家属讲解相关排便知识,协助患者重建并维持正常的排便习惯,防止便秘的发生。

(三)腹泻患者的护理

1. 去除原因　如立即停食可能被污染的食物和饮料,肠道感染时应遵医嘱给予抗生素治疗。

2. 卧床休息　卧床休息(可减少肠蠕动),注意腹部保暖。对不能自理的患者应及时给予便盆,消除焦虑不安的情绪,使其身心充分休息。

3. 膳食调理　鼓励患者饮水,酌情给予清淡的流质或半流质食物,避免油腻、辛辣、高纤维食物。严重腹泻时可暂禁食。

4. 防治水和电解质的紊乱　注意补充水、电解质,按医嘱给予止泻剂、口服补液盐或静脉输液。

5. 皮肤护理　做好肛周皮肤护理,维持皮肤完整性,每次便后用软纸轻擦肛门,温水清洗,并在肛门周围涂油膏保护局部皮肤。

6. 密切观察病情　观察记录排便的性质、次数等,必要时留取标本送检。病情危重者,注意生命体征的变化。如疑为传染病按肠道隔离原则护理。

7. 心理支持　粪便异味及玷污的衣裤、床单、被套、便盆均会给患者带来不适,因此要及时协助患者清洗、沐浴,更换衣裤、床单、被套,使患者感到身心舒适。便盆清洗干净后,置于易取处,方便患者取用。

8. 健康教育　向患者讲解有关腹泻的知识,指导患者注意饮食卫生,养成良好的卫生习惯。

(四)排便失禁患者的护理

1. 心理护理　排便失禁的患者心情紧张而窘迫,常感到自卑和忧郁,期望得到理解和帮助。护理人员应尊重理解患者,给予心理安慰和支持。帮助其树立信心,配合治疗和护理。

2. 保护皮肤 床上铺橡胶(或塑料)单和中单或一次性尿布,每次便后用温水洗净肛门周围及臀部皮肤,保持皮肤清洁干燥。必要时,肛门周围涂搽软膏以保护皮肤,避免破损感染。及时更换污湿的衣裤、被单,保持床褥、衣服清洁。注意观察骶尾部皮肤变化,定时按摩受压部位,预防压力性损伤的发生。

3. 环境 定时开窗通风,除去不良气味。

4. 帮助患者重建控制排便的能力 了解患者排便的习惯,掌握排便规律,定时给予便器,促使患者按时自己排便;与医生协调定时应用导泻栓剂或灌肠,以刺激定时排便;教会患者进行肛门括约肌及盆底部肌肉收缩锻炼。指导患者取立、坐或卧位,试做排便动作,先慢慢收紧肌肉,然后再慢慢放松,每次 10 s 左右,连续 10 次,每次锻炼 20~30min,每日数次,以患者感觉不疲乏为宜。

(五)肠胀气患者的护理

1. 指导患者 养成细嚼慢咽的良好饮食习惯。做好心理护理,向患者解释引起肠胀气的原因,以缓解其紧张、焦虑的心理。

2. 去除引起肠胀气的原因 如勿食产气食物和饮料,积极治疗肠道疾病等。

3. 鼓励患者适当活动 协助患者下床活动如散步,卧床患者可做床上活动或变换体位,以促进肠蠕动,减轻肠胀气。

4. 轻微肠胀气时 可行腹部热敷或腹部按摩、针灸疗法。严重胀气时,遵医嘱给予药物治疗或行肛管排气。

三、协助排便的护理技术

(一)大量不保留灌肠

视频:大量
不保留灌肠法

灌肠法是将一定量的液体由肛门经直肠灌入结肠,以帮助患者清洁肠道,排便、排气或由肠道供给药物或营养,达到确定诊断和治疗目的的方法。

根据灌肠的目的可分为不保留灌肠和保留灌肠。不保留灌肠又根据灌入的液量分为大量不保留灌肠和小量不保留灌肠。为了达到清洁肠道的目的而反复进行的大量不保留灌肠称为清洁灌肠。

【目的】

1. 排便排气 软化和清除粪便,驱除肠内积气。

2. 清洁肠道 为肠道手术、检查或分娩做准备。

3. 减轻中毒 稀释并清除肠道内的有害物质。

4. 高热降温 灌入低温溶液,为高热患者降温。

【评估】

1. 患者的病情、意识状态、排便及治疗情况,肛周皮肤、黏膜情况。

2. 患者的心理状态,对灌肠的认识及合作程度。

【计划】

1. 护士准备 衣帽整洁,剪指甲,洗手,戴口罩。

2. 患者准备 患者了解大量不保留灌肠的目的、操作方法、注意事项及配合操作的要求。灌肠前排尿。

3. 用物准备

(1)治疗盘内准备:灌肠筒一套(橡胶管连接玻璃接管,全长约120 cm,筒内盛满灌肠液)、肛管、血管钳(或液体调节开关)、润滑剂、棉签、弯盘、卫生纸、橡胶单、治疗巾、水温计、一次性手套。也可使用一次性灌肠包。

(2)便盆、便盆巾、输液架、屏风。

(3)灌肠溶液:常用0.1%~0.2%的肥皂液、生理盐水。成人每次用量为500~1 000 ml,小儿200~500 ml。溶液温度一般为39~41℃,降温时用28~32℃,中暑者用4℃生理盐水。

4. 环境准备 整洁,室温适宜,隐蔽,关门窗,必要时用屏风遮挡,请无关人员回避。

【实施】 大量不保留灌肠术操作见表3-2-5。

表3-2-5 大量不保留灌肠术操作

操作流程	操作说明	注意点
1. 核对解释	携用物至床旁,核对患者并解释操作目的和方法 嘱患者排尿	使患者理解、取得合作
2. 安置体位	取左侧卧位,双膝屈曲,脱裤至膝部,臀部移至床沿 如肛门括约肌失去控制能力者可取仰卧位,臀下放便盆 垫巾:垫橡胶单和治疗巾于臀下,弯盘置于臀边。盖好被子,只暴露臀部	该体位使乙状结肠和降结肠处于下方,利用重力作用使灌肠液顺利流入 保护床褥,保暖,保护患者隐私
3. 挂灌肠筒	将灌肠筒或袋挂于输液架上,调节压力(筒内液面距肛门40~60 cm,图3-2-9)	压力过大,液体流入速度过快,不易保留,而且易造成肠道损伤
4. 润管排气	戴手套,连接肛管,润滑肛管前端,排尽管内气体后,用血管钳夹闭肛管	减轻插管阻力 防止气体进入直肠
5. 插入肛管	左手垫卫生纸分开臀部,暴露肛门,嘱患者深呼吸,右手将肛管轻轻插入直肠7~10 cm,(小儿插入深度为4~7 cm),固定肛管	顺应肠道解剖,勿用力,以免损伤肠黏膜 如插入受阻,可退出少许,旋转后缓缓插入
6. 灌入溶液	松开血管钳,使溶液缓慢流入	

操作流程	操作说明	注意点
7. 观察	观察液面下降情况和患者反应 　　如液面下降过慢或停止,多由于肛管前端被阻塞,可移动肛管或挤捏肛管 　　如患者感觉腹胀或有便意时嘱深呼吸以放松腹肌,并适当降低灌肠筒高度以减慢流速 　　如患者出现脉速、面色苍白、出冷汗、剧烈腹痛、心慌气促,应立即停止灌肠,与医生联系,给予处理	挤捏肛管可使堵塞管孔的粪块脱落 　　转移患者的注意力,减轻腹压,减少灌入溶液的压力 　　患者可能发生肠道剧烈痉挛或出血
8. 拔管	溶液将流完时夹紧橡胶管,用卫生纸包裹肛管轻轻拔出,放入弯盘内,擦净肛门,脱手套,弯盘移至护理车下层	避免空气进入肠道及灌肠液、粪便随管脱出
9. 安置患者	协助患者取舒适卧位,嘱其尽量保留 5~10 min 再排便 　　对不能下床的患者,给予便盆,协助患者排便 　　撤去橡胶单和治疗巾置于护理车下层 　　协助患者穿裤	充分软化粪便,利于排出 　　降温灌肠,液体要保留 30 min,排便后 30 min,测量体温并记录
10. 整理记录	整理床单位,开窗通风,处理用物,洗手 在体温单大便栏内记录灌肠结果	灌肠后排便一次记为 1/E;灌肠后无大便为 0/E

【评价】

1. 患者及家属理解灌肠的意义,能配合操作,达到目的。

2. 护士操作正确,护患沟通良好,患者及家属满意。

【注意事项】

1. 保护患者自尊,尽量少暴露,防止受凉。

2. 根据医嘱准备灌肠溶液,掌握溶液的温度、浓度、压力和量。降温灌肠应保留 30 min 后再排便,排便后 30 min 再测体温,并做记录;肝性脑病患者禁用肥皂水灌肠,以减少氨的产生与吸收;充血性心力衰竭或水钠潴留的患者禁用生理盐水灌肠;伤寒患者灌肠液量不得超过 500 ml,压力要低(液面不得高于肛门 30 cm)。

3. 灌肠过程中密切注意观察患者的病情变化,如患者出现脉速、面色苍白、出冷

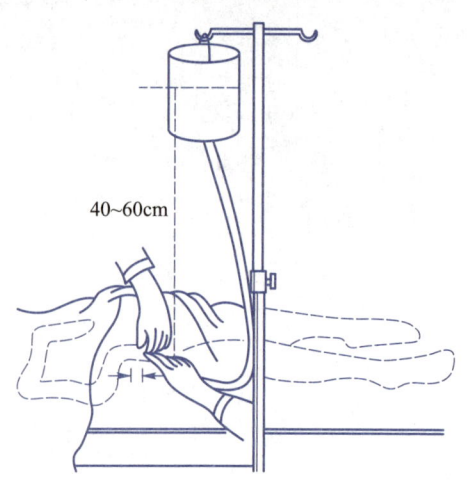

40~60cm

图 3-2-9　大量不保留灌肠

汗、剧烈腹痛、心慌气促,应立即停止灌肠,与医生联系,给予处理。

4. 急腹症、消化道出血、妊娠、严重心血管疾病等患者禁忌灌肠。

(二) 小量不保留灌肠

小量不保留灌肠适用于腹部或盆腔手术后及危重患者、年老体弱、小儿、孕妇等,能帮助患者软化粪便,解除便秘,排出肠道积气,减轻腹胀。

【目的】

1. 软化粪便,解除便秘。

2. 排出肠道内的气体,减轻腹胀。

【评估】

1. 患者的病情、意识状态、排便及治疗情况,肛周皮肤、黏膜情况。

2. 患者的心理状态,对灌肠的认识及合作程度。

【计划】

1. 护士准备　衣帽整洁,修剪指甲,洗手,戴口罩。

2. 患者准备　患者了解小量不保留灌肠的目的、操作方法、注意事项及配合要求。患者排尿。

3. 用物准备

(1) 治疗盘内备:注洗器,量杯或小容量灌肠筒,肛管,温开水 5~10 ml,灌肠液(药物及剂量遵医嘱准备)、血管钳(或液体调节开关)、润滑剂、棉签、卫生纸、橡胶单、治疗巾、水温计、一次性手套。也可使用一次性灌肠包。

(2) 便盆、便盆巾、输液架、屏风。

(3) 常用灌肠液:"1、2、3"溶液(50%硫酸镁 30 ml、甘油 60 ml、温开水 90 ml);甘油或液状石蜡 50 ml 加等量温开水;各种植物油 120~180 ml。溶液温度为 39~41℃。

4. 环境准备　整洁,室温适宜,隐蔽,关门窗,必要时用屏风遮挡,请无关人员回避。

【实施】　小量不保留灌肠术操作见表 3-2-6。

表 3-2-6　小量不保留灌肠术操作

操作流程	操作说明	注意点
1. 核对解释	携用物至床旁,核对患者并解释操作目的和方法 嘱患者排尿	使患者理解,取得合作
2. 安置体位	取左侧卧位,双膝屈曲,脱裤至膝部,臀部移至床沿,垫橡胶单和治疗巾于臀下,弯盘置于臀边	保护床褥
3. 吸药润管	戴手套,用注洗器抽吸药液,连接肛管,润滑肛管前端,排气夹管	如用小容量灌肠筒,液面距肛门低于 30 cm

操作流程	操作说明	注意点
4. 插肛管	左手垫卫生纸分开臀裂显露肛门,嘱患者深呼吸,右手将肛管轻轻插入直肠 7~10 cm(图 3-2-10)	
5. 注入溶液	固定肛管,松开血管钳,缓缓注入溶液,注毕夹管,取下注洗器再吸溶液,松夹后再注入,如此反复直至溶液注完 注入温开水 5~10 ml,抬高肛管尾端,使管内溶液全部流入	注入速度不得太快太猛,以免刺激肠黏膜,引起排便反应
6. 拔管	夹管或反折肛管尾端,用卫生纸包住肛管轻轻拔出放入弯盘中,擦净肛门,脱手套,弯盘移至护理车下层	避免直肠内液体反流
7. 安置患者	协助患者取舒适卧位,嘱其尽量保留 10~20 min 再排便 对不能下床的患者,给予便盆,协助患者排便 撤去橡胶单和治疗巾置于护理车下层 协助患者穿裤	充分软化粪便,利于排出
8. 整理记录	整理床单位,开窗通风,处理用物,洗手 在体温单大便栏内记录灌肠结果	

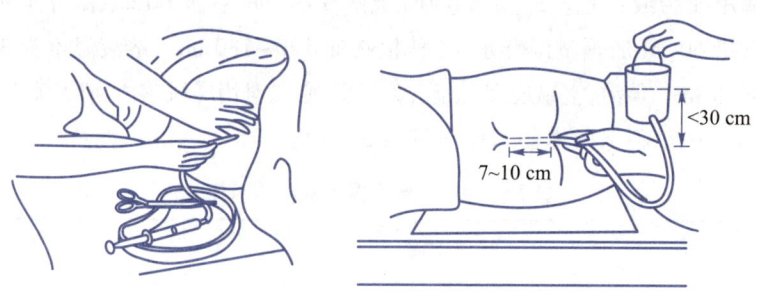

图 3-2-10 小量不保留灌肠

【评价】

1. 护患沟通良好,患者理解灌肠的目的,能配合操作。

2. 患者能排出肠道内积气和粪便,腹胀减轻,感觉舒适。

【注意事项】

1. 正确选用灌肠溶液,掌握溶液的温度、浓度和量。

2. 动作轻柔,以防损伤肠黏膜。

3. 每次抽吸灌肠液时,左手应反折肛管尾段,防止空气进入肠道,引起腹胀。

4. 注入速度不得过快过猛,以免刺激肠黏膜,引起排便反射。如用小容量灌肠筒,液面距肛门少于 30 cm。

（三）清洁灌肠

【目的】 彻底清除肠道内粪便,为直肠、结肠检查和手术做肠道准备。

【评估】 同"大量不保留灌肠"。

【计划】 同"大量不保留灌肠"。

【实施】 反复多次进行大量不保留灌肠,首次用肥皂水,以后用生理盐水,直到排出液澄清无粪便为止。

【评价】 操作方法正确,患者一般情况良好,无不适及不良反应,达到清洁肠道的目的。

【注意事项】 注意灌肠时压力要低,液面距肛门高度不超过 40 cm。

附:

高渗口服溶液清洁肠道

1. 目的　利用高渗溶液在肠道内不被吸收而形成的高渗环境,使肠道内水分大量增加,从而软化粪便,刺激肠蠕动,加速排便,达到清洁肠道的目的。

2. 方法

（1）甘露醇法:患者术前 3 日进半流质饮食,术前 1 日进流质饮食,术前 1 日 14:00—16:00 口服甘露醇溶液 1 500 ml(20%甘露醇 500 ml+5%葡萄糖 1 000 ml 混匀)。一般服用后15~20 min 即反复排便。

（2）硫酸镁法:患者术前 3 日进半流质饮食,每晚口服 50%硫酸镁 10~30 ml。术前 1 日进流质饮食,术前 1 日 14:00—16:00 口服 25%硫酸镁 200 ml(50%硫酸镁 100 ml+5%葡萄糖盐水 100 ml),然后再口服温开水 1 000 ml。一般服后 15~30 min,即可反复自行排便,2~3 h 内可排便 2~5 次。

服药速度不宜过快,以免引起呕吐。服药中护士应观察患者的一般情况,注意排便次数及粪便性质,以确定是否达到清洁肠道的目的并记录。

（四）保留灌肠

【目的】 将药液灌入直肠或结肠内,通过肠黏膜吸收达到治疗的目的。常用于镇静、催眠和治疗肠道感染。

【评估】

1. 患者的病情、意识状态、排便及治疗情况,肛周皮肤、黏膜情况。

2. 患者的心理状态,对保留灌肠的认识及合作程度。

【计划】

1. 护士准备　衣帽整洁,剪指甲,洗手,戴口罩。

2. 患者准备　患者了解保留灌肠的目的、操作方法、注意事项及配合要求。患者排尿、排便。

3. 用物准备

（1）治疗盘内备：注洗器，量杯或小容量灌肠筒，肛管（20号以下），温开水5～10 ml，灌肠液（药物及剂量遵医嘱准备），血管钳（或液体调节开关），润滑剂，棉签，弯盘，卫生纸，橡胶单，治疗巾，水温计，一次性手套。

（2）便盆、便盆巾、屏风、小垫枕。

（3）常用溶液：镇静催眠用10%水合氯醛；肠道抗感染用2%小檗碱、0.5%～1%新霉素或其他抗生素溶液。量不超过200 ml，溶液温度为39～41℃。

4. 环境准备　整洁，室温适宜，隐蔽，关门窗，必要时用屏风遮挡，请无关人员回避。

【实施】　保留灌肠术操作见表3-2-7。

表3-2-7　保留灌肠术操作

操作流程	操作说明	注意点
1. 核对解释	携用物至床旁，核对患者并解释操作目的和方法 嘱患者排尿、排便	使患者理解，取得合作 利于药物保留
2. 安置体位	根据病情选择不同卧位 如为慢性细菌性痢疾患者，病变部位多在直肠或乙状结肠，取左侧卧位；若是阿米巴痢疾患者，病变部位多在回盲部，取右侧卧位以提高疗效 抬高臀部：脱裤至膝部，臀部移近床沿，小垫枕垫于臀下，使臀部抬高10 cm 垫巾：垫橡胶单和治疗巾，弯盘置于臀边	肠道抗感染以晚上睡眠前灌肠为宜，因此时活动减少药液易于保留吸收，达到治疗目的 抬高臀部防止药液溢出 保持床褥清洁
3. 插管注液	戴手套，连接肛管，润滑肛管前端，排气夹管，轻轻插入肛管15～20 cm 缓慢注入药液，注毕再注入温开水5～10 ml 若用小容量灌肠筒（袋）灌肠，液面距肛门低于30 cm，100 ml药液宜16～20 s灌入，以利于药液保留	为保留药液，减少刺激，肛管应细，插入宜深，注入药液速度宜慢，量宜少
4. 拔管	药液注入完毕，拔管，擦净肛门，用卫生纸在肛门处轻轻按揉，脱手套，弯盘移至护理车下层	
5. 安置患者	协助患者屈膝仰卧，抬高臀部，嘱其尽量保留1 h以上 撤去橡胶单和治疗巾，置于护理车下层 协助患者穿裤	使药物充分吸收，达到治疗目的
6. 整理记录	整理床单位，开窗通风，处理用物，洗手 观察患者反应，记录	

【评价】

1. 护患沟通有效,患者能够配合,临床症状减轻或消失。

2. 护士操作正确,灌肠筒的高度及肛管插入的深度合适。

【注意事项】

1. 操作前必须了解灌肠目的和病变部位,以便对症施治。

2. 灌肠前一定要让患者先排便。肛管要细,插管要深,压力要低,速度要慢,使药液保留时间在 1 h 以上,以利于肠黏膜的吸收。

3. 肛门、直肠、结肠等手术后患者,排便失禁者均不宜做保留灌肠。

(五)简易通便法

使用简易通便剂,通过软化粪便、润滑肠壁、刺激肠蠕动而促进排便。此法简单易行,经济有效,通便剂通常为高渗液和润滑剂所制成。适用于老人、体弱和久病卧床患者。

1. 开塞露法　开塞露用甘油或山梨醇制成,装在塑料容器内。使用时将封口端剪去,先挤出少许液体润滑开口处。患者取左侧卧位,放松肛门外括约肌,将开塞露的前端轻轻插入肛门后再将药液全部挤入直肠内(图 3-2-11),保留 5~10 min 后排便。

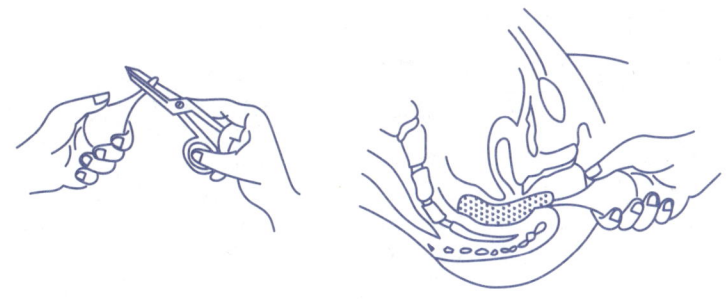

图 3-2-11　开塞露通便法

2. 甘油栓法　甘油栓是用甘油和明胶制成的栓剂。使用时手垫纱布或戴手套捏住甘油栓底部,轻轻插入肛门至直肠内,抵住肛门处轻轻按摩,保留 5~10 min 后排便。

3. 肥皂栓法　将普通肥皂削成圆锥形(底部直径约 1 cm、长 3~4 cm),使用时手垫纱布或戴手套,将肥皂栓蘸热水后轻轻插入肛门。有肛门黏膜溃疡、肛裂及肛门剧烈疼痛者,不宜使用肥皂栓通便。

(六)肛管排气法

肛管排气法是将肛管从肛门插入直肠,以排出肠腔内积气的方法。

【目的】　排出肠腔积气,减轻腹胀。

【评估】

1. 患者的病情、意识状态、腹胀情况,肛周皮肤、黏膜情况。

2. 患者的心理状态,对肛管排气法的认识及合作程度。

【计划】

1. 护士准备　衣帽整洁,剪指甲,洗手,戴口罩。

2. 患者准备　患者了解肛管排气的目的、操作方法、注意事项及配合要求。

3. 用物准备　治疗盘铺治疗巾,内备肛管、玻璃接头、橡胶管、玻璃瓶(内盛清水 3/4 满)及瓶口系带、润滑油、棉签、胶布(1 cm×15 cm)、别针、卫生纸、弯盘、一次性手套,必要时准备屏风。

4. 环境准备　整洁,室温适宜,隐蔽,关门窗,必要时用屏风遮挡,请无关人员回避。

【实施】　肛管排气操作见表 3-2-8。

表 3-2-8　肛管排气操作

操作流程	操作说明	注意点
1. 核对解释	携用物至床旁,核对患者并解释操作目的和方法 嘱患者排尿	使患者理解、取得合作
2. 安置体位	取左侧卧位或平卧位,脱裤至膝部,臀部移至床沿 垫巾:垫橡胶单和治疗巾于臀下,弯盘置于臀边。盖好被子,暴露臀部	保护床褥
3. 系瓶连管	将玻璃瓶系于床边,橡胶管一端插入玻璃瓶液面下,另一端与肛管相连(图 3-2-12),戴手套	防止空气进入直肠内,加重腹胀,并观察气体排出情况
4. 插管固定	润滑肛管前端,嘱患者张口呼吸,将肛管轻轻插入直肠 15~18 cm,用胶布将肛管固定于臀部,橡胶管留出足够长度用别针固定在床单上	减少肛管对直肠的刺激 便于患者翻身
5. 观察	观察排气情况 如排气不畅,帮助患者更换体位或按摩腹部	若有气体排出,瓶内有水泡逸出
6. 拔管	保留肛管不超过 20 min,拔出肛管,清洁肛门,脱手套	长时间留置肛管,会降低肛门括约肌的反应,甚至导致肛门括约肌永久性松弛
7. 整理记录	协助患者取舒适卧位,询问患者腹胀是否减轻 整理床单位,处理用物,洗手 记录排气情况	必要时 2~3 h 后再行排气 1 次

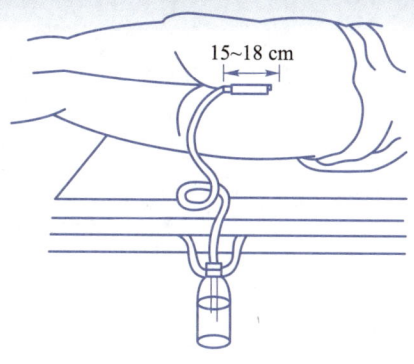

15~18 cm

图 3-2-12　肛管排气

【评价】

1. 护患沟通有效,患者能够配合,患者腹胀减轻或消失。

2. 护士操作正确,肛管插入的深度合适,留置时间正确。

【注意事项】

1. 插管时要防止外界空气进入直肠,以免加重腹胀。

2. 保留肛管时间不宜太长,20 min 左右拔出肛管。因为长时间留置肛管,会降低肛门括约肌的反应,甚至导致肛门括约肌永久性松弛。必要时可间隔 2~3 h 再插管排气 1 次。

思考题

1. 何谓尿失禁、尿潴留? 其护理要点有哪些?

2. 哪些情况下需行导尿术? 导尿及导尿管留置后应注意什么?

3. 对腹泻和排便失禁的患者应如何护理?

4. 如何指导患者建立良好的排便习惯?

5. 请列表比较各种灌肠法的异同点。

赛证聚焦

请扫描二维码完成在线测试。

（陈细曲）

在线测试：
排泄护理

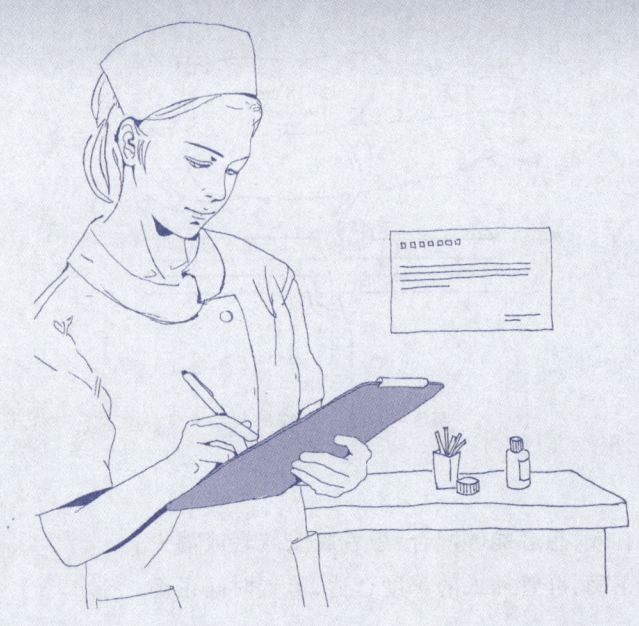

项目三　促进呼吸功能护理

思维导图：
促进呼吸
功能护理

学习目标

◇ **知识目标**

1. 能够正确判断缺氧的程度。
2. 能够正确叙述氧疗、雾化吸入、吸痰的目的。
3. 能够正确描述氧疗过程、吸痰技术的注意事项。
4. 能够描述雾化吸入常用药物的作用。
5. 能够正确理解氧气雾化吸入器、超声波雾化吸入器使用中的注意事项。

◇ **技能目标**

1. 能熟练运用氧疗技术改善患者缺氧状态。
2. 能够运用氧气雾化吸入及超声波雾化吸入法进行呼吸道治疗护理。
3. 能熟练运用各种技术排出患者呼吸道分泌物,如体位引流、吸痰技术。
4. 能运用人工呼吸器改善患者的呼吸状况。

◇ **素质目标**

在操作过程中始终保持认真、专业的态度;全面、准确、高效地完成相应任务。

呼吸是机体与外界环境进行气体交换的总过程。保持呼吸道通畅,保证机体氧气的供给是维持机体新陈代谢和其他功能所必需的基本生理过程。

任务一 氧气吸入护理

氧为生命活动所必需,如组织得不到足够的氧或不能充分利用氧,组织的代谢、功能,甚至形态结构都可能发生异常改变,这一过程称为缺氧。氧气疗法是指通过给氧,提高动脉血氧分压(PaO_2)和动脉血氧饱和度(SaO_2),增加动脉血氧含量(CaO_2),纠正各种原因造成的缺氧,促进组织的新陈代谢,维持机体生命活动的一种治疗方法。

一、缺氧的分类

缺氧的分类见表 3-3-1。

表 3-3-1　缺氧的分类

缺氧类型	PaO_2	SaO_2	动-静脉氧压差	常见原因
低张性缺氧	降低	降低	降低或正常	慢性呼吸衰竭,先天性心脏病
血液性缺氧	正常	正常	降低	贫血、CO 中毒、高铁血红蛋白症,输入大量库存血液
循环性缺氧	正常	正常	升高	休克、心力衰竭、心肌梗死、脑血管意外
组织性缺氧	正常	正常	降低或升高	氰化物、硫化物、磷等引起的中毒,大量放射线照射

二、缺氧的程度及用氧流量

对缺氧程度的判断,除根据临床表现外,主要根据氧分压(PaO_2)和二氧化碳分压($PaCO_2$)进行判断(表 3-3-2)。血气分析检查是用氧的客观指标,动脉血氧分压(PaO_2)正常值为 12.6~13.3 kPa。

表 3-3-2　缺氧程度的判断及用氧流量

程度	发绀	呼吸困难	神志	血气分析		用氧流量
				PaO_2/kPa	SaO_2	
轻度	不明显	不明显	清楚	>6.67	>80%	1~2 L/min
中度	明显	明显	正常或烦躁	4.0~6.67	60%~80%	2~4 L/min
重度	显著	严重,"三凹"征明显	昏迷或半昏迷	<4.0	<60%	4~6 L/min

三、氧气吸入疗法

【目的】　通过给氧提高动脉血氧含量及动脉血氧饱和度,纠正各种原因所造成的缺氧,维持机体生命活动。

【评估】

1. 患者的年龄、病情、意识、治疗等情况。

2. 患者缺氧程度,血气分析结果。

3. 患者的心理状态、合作程度。

【计划】

1. 护士准备　衣帽整洁,洗手,戴口罩。

2. 患者准备　了解吸氧的目的、意义及方法;体位舒适,情绪稳定,愿意合作,接受治疗。

3. 用物准备　供氧装置,治疗盘内备治疗碗(内盛冷开水)、纱布、鼻塞或鼻导管(酌情备面罩、头罩、氧气枕、氧气帐等)、棉签。用氧记录单、笔、弯盘、胶布、安全别针、扳手。

供氧装置有氧气筒及氧气表装置和管道氧气装置(中心供氧装置)两种。

(1) 氧气筒及氧气表装置(图3-3-1):

氧气筒:氧气筒是一圆柱形无缝钢筒,筒内可耐高压达14.7 MPa(150 kg/cm^2),容纳氧气6 000 L。氧气筒的顶部有一总开关,控制氧气的进出。氧气筒颈部的侧面,有一气门与氧气表相连,是氧气自筒中输出的途径。

图3-3-1　氧气筒及氧气表

氧气表:由压力表、减压器、流量表、湿化瓶、安全阀组成。

1) 压力表:可测知氧气筒内的压力,以MPa(kg/cm^2)表示。压力越大,说明储存氧气越多。

2) 减压器:是一种弹簧自动减压装置,将来自氧气筒内的压力减至0.2~0.3 MPa(2~3 kg/cm^2)。使氧流量平稳,保证用氧安全。

3) 流量表:用来测量每分钟氧气的流出量,流量表内有浮标,从浮标上端平面所指的刻度,可知每分钟氧气的流出量。

4) 湿化瓶:内装1/3或1/2冷开水或蒸馏水,用于湿化氧气,以免呼吸道黏膜被干燥的气体所刺激。

5) 安全阀:当氧流量过大、压力过高时,安全阀内部活塞自行上推,过多的氧气由四周小孔流出来,以确保安全。

$$氧气筒内氧气可供应的时间 = \frac{(压力表压力-5)(kg/cm^2) \times 氧气筒容积(L)}{1 \ kg/cm^2 \times 氧流量(L/min) \times 60 \ min}$$

氧浓度和氧流量的关系为：

吸氧浓度（%）＝21＋4×氧流量（L/min）

（2）管道氧气装置（中心供氧装置）：医院氧气集中由供应站负责供给，设管道至病房、门诊、急诊。供应站有总开关控制，各用氧单位配氧气表，打开流量表即可使用。此法方便、迅速，目前大多数医院使用（图3-3-2）。

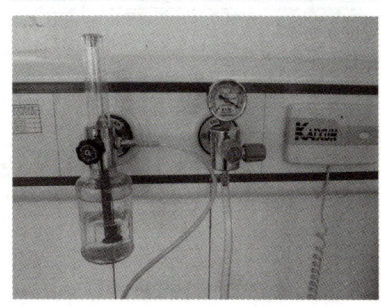

视频：中心供氧装置氧气吸入技术

4. 环境准备　整洁、安静、安全。

【实施】　氧气吸入操作见表3-3-3。

图3-3-2　中心供氧装置

表3-3-3　氧气吸入操作

操作流程	操作说明	注意点
1. 装氧气表	① 氧气筒：去钢帽，打开总开关，使小量气体从气门流出，随即迅速关好总开关，以达到清洁该处的目的，避免灰尘吹入氧气表内。将表接于氧气筒的气门上，用手初步旋紧，然后将表稍后倾，再用扳手旋紧，使氧气表直立于氧气筒旁，接好湿化瓶：将橡胶管一端接氧气表，将氧气表下的流量调节阀关好后，旋开总开关，再旋开流量调节阀，检查氧气流出是否通畅、有无漏气以及全套装置是否适用，最后关上流量调节阀，推至病室备用	不可浪费氧气 氧气表与气门口衔接紧密
	② 氧气管道装置：将流量表、湿化瓶及氧气导管连接后，安装在氧气管道的面板上	认真检查管道是否通畅及有无漏气现象
（1）核对解释	将准备好的用物及装好的氧气筒推至床边，认真核对患者并做好解释，选择插管鼻孔、清洁鼻孔	确认患者，取得合作 观察鼻腔情况，用湿棉签清洁鼻孔
（2）给氧	连接给氧导管，打开流量表的调节阀，调节所需氧流量，将导管送入所需部位。根据病情决定给氧的流量，轻度缺氧1~2 L/min，中度缺氧2~4 L/min，重度缺氧4~6 L/min，小儿1~2 L/min ① 鼻导管给氧法 A. 单侧鼻导管：润滑鼻导管前端，测量长度（一般为鼻尖至耳垂的2/3）后轻轻插入鼻腔。用胶布固定鼻导管于鼻翼、面颊部（图3-3-3），别针固定橡胶管于被单上 B. 双侧鼻导管：插入双侧鼻腔1 cm，将导管环绕患者耳部，向下放置，根据患者情况，调整其松紧度	此法节约氧气，但可刺激鼻腔黏膜，长时间使用患者感觉不适

操作流程	操作说明	注意点
（2）给氧	② 鼻塞给氧法：鼻塞塞入鼻前庭内给氧，将尾部挂于耳部放妥，导管用安全别针固定于患者肩部衣服上（图3-3-4）	此法刺激小，但氧气用量大，较浪费 注意检查一次性鼻塞的包装和有效期
	③ 面罩给氧法：将面罩置于患者的口鼻处，用松紧带固定。由口腔及双侧鼻腔吸入氧气，效果较好（图3-3-5）	此法用于躁动不安或鼻塞给氧不佳的患者。给氧时必须有足够的氧流量：成人 6~8 L/min，小儿 1~3 L/min
	④ 头罩给氧法：连接流量表导管与头罩的导管，将患儿头部置于透明的头罩里（图3-3-6）	此法用于新生儿、婴幼儿供氧
	⑤ 漏斗给氧法：连接给氧导管和漏斗管，将漏斗放于距患者的口鼻部1~3 cm 的地方，并用绷带或细线适当固定，以防移动	适应于婴幼儿及气管切开的患者
（3）记录	记录用氧时间及流量	
（4）整理	清理用物，整理床单位，洗手	
（5）观察	患者用氧期间观察缺氧改善情况和鼻导管是否通畅	用氧过程中观察疗效，不断询问患者的感觉，告诉患者在用氧期间勿随意调节流量，注意用氧安全
（6）停氧	认真核对患者并做好解释，停用氧气时，先取下给氧导管，然后关总开关，再关流量表上的调节阀	停氧前先取下鼻导管，以免一旦关错开关，因气流过大而损伤肺组织
（7）记录	记录停氧时间	
（8）整理	清理用物，整理床单位，洗手	若有胶布痕迹先用松节油去痕迹，再用乙醇擦拭
2. 卸氧气表		
（1）检查	检查氧气装置是否处于密闭状态	关紧大小开关
（2）卸表	先卸下湿化瓶和橡胶导管，左手托表，右手用扳手将表的螺帽向上方推松 再用手旋开，将表卸下归位备用，套上钢帽	握紧氧气表，不可损坏
（3）整理	湿化瓶和橡胶导管放入消毒液中浸泡 将氧气筒推到指定位置，清洁双手	氧气筒固定妥当，防倾倒

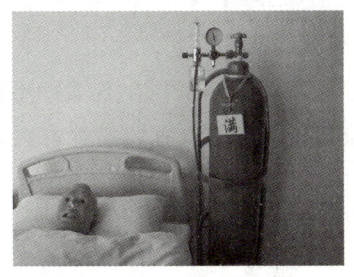

图 3-3-3　单侧鼻导管给氧

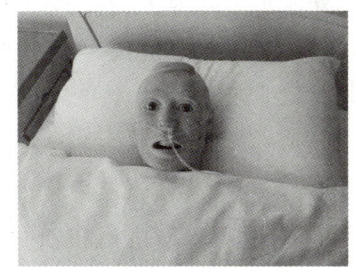

图 3-3-4　鼻塞给氧

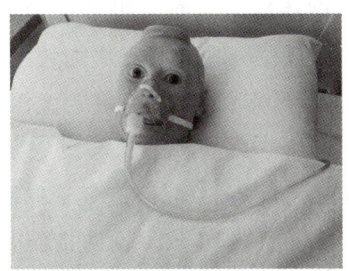

图 3-3-5　面罩给氧

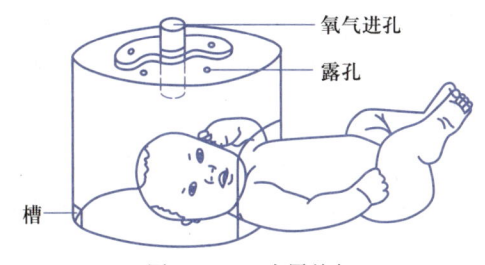

图 3-3-6　头罩给氧

【评价】

1. 患者能配合并了解安全用氧的知识,缺氧症状得到改善。

2. 护士操作正确规范,能安全用氧,未发生呼吸道损伤及其他意外。

【注意事项】

1. 注意用氧安全　做到"四防",即防火、防震、防油、防热。氧气筒应放在阴凉处,离暖气 1 m 以上,离明火 5 m 以上;筒上应标有"严禁烟火"标识;搬运时,避免倾斜、撞击;氧气表及螺旋口上勿涂油,也不要用带油的手装卸,避免燃烧;有氧气筒的病室内严禁吸烟。

2. 严格遵守操作规程　使用氧时,应先调节流量后插管;停用氧时,先拔出导管再关闭氧气开关;中途改变流量时,先将氧气管与鼻导管(鼻塞)分离,调节好流量后再接上,以免错误操作使大量氧气突然冲入呼吸道而损伤肺组织。

3. 观察氧疗效果　用氧中观察患者的脉搏、血压、精神状态、皮肤颜色及湿度、呼吸方式、血气分析等,以判断用氧的疗效。

4. 保持鼻导管通畅　持续吸氧者,每日更换鼻导管 2 次,更换时从另一侧鼻孔插入。使用面罩者每 4~8 h 更换 1 次。湿化液应每日更换,湿化瓶应定期消毒。

5. 妥善管理氧气筒　氧气筒内氧气不得用空,压力表指针至 0.5 MPa 时,即不可再用,以防灰尘入内,再次充气时,引起爆炸。对未用或已用空的氧气筒,应分别标"满"或"空"的标识,以免用时搬错,延误抢救。

【氧疗监护】

1. 观察病情　患者由烦躁不安转为安静、心率变慢、血压上升、呼吸平稳、皮肤红

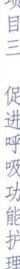

润温暖、发绀消失,说明缺氧症状改善。

2. 监测实验室检查指标　可作为氧疗监护的客观指标,如动脉血氧分压(PaO_2)、二氧化碳分压($PaCO_2$)、动脉血氧饱和度(SaO_2)等。

3. 副作用　当氧浓度高于60%、持续使用时间超过24 h可出现氧疗不良反应。

（1）氧中毒:其特点是肺实质的改变,如肺泡壁增厚、出血。氧中毒患者常表现为胸骨后灼热感、干咳、恶心、呕吐、烦躁不安、进行性呼吸困难,继续增加吸氧浓度仍不能使其动脉血氧分压上升。预防措施是避免长时间的高浓度氧气吸入,定期做血气分析。

（2）肺不张:如患者呼吸道被分泌物完全堵塞,堵塞下段的空气被逐渐吸收。患者吸入高浓度氧气后,肺泡内氮气被大量置换,肺泡内的氧气被肺循环血液迅速吸收,导致肺泡塌陷,引起吸入性肺不张。患者可表现为烦躁、呼吸及心率加快、血压升高,甚至出现呼吸困难、发绀、昏迷。预防措施是控制吸氧浓度,鼓励患者做深呼吸、多咳嗽和经常更换体位,防止分泌物阻塞。

（3）呼吸道分泌物干燥:持续吸入未经湿化且浓度较高的氧气,支气管黏膜则因干燥气体的直接刺激而产生损害,使分泌物黏稠、结痂、不易咳出。预防措施是加强吸入气体的湿化,定期做雾化吸入。

（4）眼晶状体后纤维组织增生:仅见于新生儿,尤其是早产儿。在早期出现的视网膜血管收缩尚属可逆。如持续数小时,则造成视网膜血管不可逆地阻塞、纤维化甚至失明。预防措施是维持吸氧浓度在40%以下,控制PaO_2在13.3～16.0 kPa(100～120 mmHg)。

（5）呼吸抑制:多见于Ⅱ型呼吸衰竭者(PaO_2降低、$PaCO_2$增高),如低氧血症伴二氧化碳潴留的患者由于$PaCO_2$长期处于高水平,呼吸中枢失去了对二氧化碳的敏感性,呼吸的调节主要依靠缺氧对周围化学感受器的刺激来维持,吸入高浓度氧气之后,解除缺氧对呼吸的刺激作用,使呼吸中枢抑制加重,甚至呼吸停止。预防措施是Ⅱ型呼吸衰竭者应给持续低浓度、低流量给氧,维持PaO_2在8 kPa(60 mmHg)。

附:

其他供氧方法

1. 氧气枕法　氧气枕是一长方形橡胶枕,枕的一角有一橡胶管,上有调节器可调节氧流量,氧气枕充入氧气,清洁鼻腔,连接鼻导管或鼻塞给氧(图3-3-7)。此法用于家庭氧疗、患者转运途中或氧气筒准备不及时。让患者头枕氧气枕,借重力使氧气流出。新购置的氧气枕首次使用时,应先用水反复冲洗、揉搓,直至洁净,以免患者吸入氧气枕内的粉尘,引起吸入性肺炎,甚至窒息。

2. 氧气帐法　是用透明塑料薄膜制成的帐膜,将患者的头部及胸部严密罩在帐膜里,用特制的仪器控制氧流量,保持帐内的氧浓度和温、湿度(图3-3-8)。因为价格高、耗氧量大,一般只适用于大面积烧伤患者及新生儿抢救。

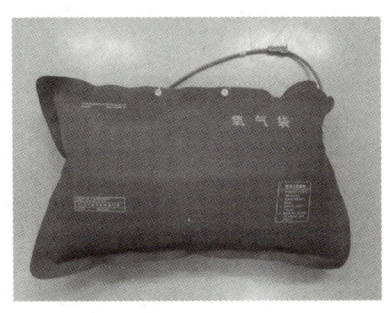

图 3-3-7 氧气枕

图 3-3-8 氧气帐

3. 高压氧舱疗法　高压氧疗的过程分为加压、高压下供氧、减压三个阶段。在加压阶段,将压缩气体输入舱内,以升高舱内压。一般以 10~15 s 速度加至预定的压力 2~3 kg/cm² 。舱内患者通过呼吸面罩间歇吸入高压氧,即吸氧 30 min 后,休息 10 min,吸氧时间不超过 90 min,进入减压阶段,应注意减压表检测,并观察患者的全身情况,确保安全(图 3-3-9)。

图 3-3-9　高压氧舱

4. 家庭用氧

(1)氧立得:是一种便携式制氧器,于 1990 年问世。原理为制氧剂 A 和催化剂 B 在反应舱中与水产生化学反应制造出氧气。优点:① 制氧纯度高,完全符合医用标准,纯度>99.0%;② 供氧快:即用即得,方便快捷;③ 易操作:制氧器结构简单,易学易会;④ 好携带:制氧器小巧轻灵(加水后仅 500 g),便于携带。缺点:维持时间短(一次反应制出氧气仅维持 20 min),因此患者如需反复用氧,要不断更换制剂。

(2)小型氧气瓶:小型瓶装医用氧,同医院用氧一样,是天然纯氧,具有安全、小巧、经济、实用、方便等特点。有各种不同容量的氧气瓶,如 2 L、2.5 L、4 L、8 L、10 L、12 L、15 L 等。适用于冠心病、肺源性心脏病、哮喘、支气管炎、肺气肿等慢性疾病患者的家庭氧疗。

任务二　雾化吸入护理

雾化吸入法是指用雾化装置将药液分散成细小的雾滴,雾滴悬浮在气体中通过鼻或口吸入呼吸道,达到防治疾病作用的方法。吸入的药物除了对呼吸道产生局部作用外,还可通过肺组织吸收对全身产生疗效。

由于雾化吸入用药具有奏效快、药物用量少、不良反应轻等优点,故临床应用日渐广泛。临床常用的雾化器种类较多,本书介绍氧气雾化吸入、超声雾化吸入、压缩雾化吸入三种常用的雾化吸入法。

一、目的

1. 湿化呼吸道　常用于痰液黏稠、气道不畅以及呼吸道湿化不足者,或作为气管切开术后的常规治疗手段。

2. 治疗呼吸道感染　消除炎症,减轻呼吸道黏膜水肿,稀释痰液,帮助祛痰。常用于咽喉炎、支气管炎、支气管扩张、肺炎、肺结核、肺脓肿等患者。

3. 改善通气功能　解除支气管痉挛,保持呼吸道通畅。临床上常用于支气管哮喘等患者。

4. 预防呼吸道感染　常用于胸部手术前后的患者。

二、常用药物与作用

1. 抗生素类　常用庆大霉素、阿米卡星等,以控制呼吸道感染,消除炎症。

2. 祛痰类药　常用 α-糜蛋白酶、乙酰半胱氨酸(痰易净)等,可稀释痰液,帮助祛痰。

3. 平喘类药　常用氨茶碱、沙丁胺醇(舒喘灵)等,可解除支气管痉挛。

4. 糖皮质激素　将地塞米松与抗生素同时使用,可增强消炎效果,减轻呼吸道黏膜的水肿。

三、常用雾化吸入法

(一) 氧气雾化吸入法

氧气雾化吸入是借助氧气高速气流,破坏药液表面张力,使药液形成雾状,随吸气进入呼吸道的方法。其目的是改善通气功能,治疗呼吸道感染。氧气雾化吸入器(图 3-3-10)的作用原理是借助高速氧气通过毛细管时在管口产生负压,将药液由接邻的小管吸出,而所吸出的药液又被毛细管口急速的气流撞击吹散成细小的雾滴,形成气雾微粒后喷出。

图 3-3-10　氧气雾化吸入器

【评估】

1. 患者的病情、呼吸系统状况、自理能力以及用药情况。

2. 患者对接受吸入治疗的认识、心理反应及合作程度。

3. 氧气雾化装置的性能。

【计划】

1. 护士准备　洗手,戴口罩,着装整洁规范。

2. 患者准备　向患者解释操作方法及时间以取得合作,取坐位、半坐卧位或侧卧位。

3. 用物准备　一次性氧气雾化吸入器、氧气装置、弯盘、治疗巾,根据评估情况及医嘱选择合适的药物,用0.9%氯化钠注射液进行稀释。

4. 环境准备　环境安静、整洁,光线、温湿度适宜,避免明火。

【实施】　氧气雾化吸入操作见表3-3-4。

表3-3-4　氧气雾化吸入操作

操作流程	操作说明	注意点
1. 准备	洗手,戴口罩 遵医嘱将药液稀释至5 ml注入雾化器的药杯内,不超过规定刻度	使用前检查雾化吸入器连接是否完好,有无漏气
2. 核对解释	携用物至床旁,核对并向患者解释	严格执行查对制度
3. 连接氧气	将氧气装置和雾化器相连接 调节氧流量至6~8 L/min	氧气湿化瓶内勿放水,以免液体进入雾化吸入器内稀释药液
4. 吸入气雾	协助患者取舒适卧位 将氧气吸入器面罩置于患者的口鼻处,用松紧带固定	指导患者深呼吸,使药液充分到达支气管、肺部,更好地发挥疗效
5. 观察疗效	观察氧气雾化吸入的效果	注意安全用氧
6. 治疗结束	取出雾化器,关闭氧气开关 协助清洁口鼻面部	关闭氧气装置
7. 整理用物	整理用物,洗手并记录	用物处理按消毒隔离原则进行,一次性雾化吸入器用后按规定处理

265

知识链接

玻璃制品雾化吸入器

玻璃氧气雾化吸入器为一特制的玻璃管,有A、B、C、D、E五个管口(图3-3-11)。A管连接氧气,球形管内注入药液。操作方法:将药液稀释后注入雾化器内,携物至床旁,连接雾化器的A管口于氧气装置的输氧管上,调节氧流量至6~8 L/min。嘱患者手持雾化器,将E管口放入口中,吸气时示指堵住B管口,紧闭嘴唇,用鼻深吸气;呼气时松开示指,反复进行直至药液吸完。

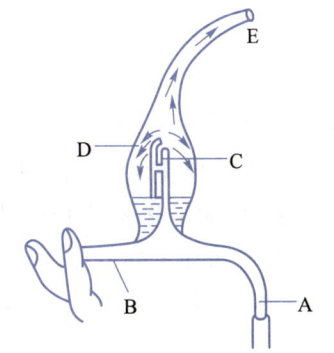

图3-3-11　玻璃氧气雾化吸入器

1. 患者理解氧气雾化吸入的目的,积极配合治疗。

2. 患者感觉轻松、舒适,痰液较易咳出,症状缓解。

【注意事项】

1. 严格遵守查对制度,遵守消毒隔离原则。

2. 使用前检查雾化器各部件是否完好、有无松动、脱落等异常情况。

3. 用氧前湿化瓶内勿放水。用氧过程中注意安全,严禁接触烟火、易燃品。

(二) 超声波雾化吸入法

超声波雾化吸入技术是利用超声波的声能将药液变成细微的气雾由呼吸道吸入,以达到改善呼吸道通气功能和防治呼吸道疾病的治疗方法。多数超声波雾化吸入器可产生直径 5 μm 以下的均匀气雾颗粒,随深呼吸可到达终末细支气管和肺泡。

【评估】

1. 患者面部、口腔黏膜有无伤口和溃疡。

2. 患者的病情、意识状况、呼吸道通气情况。

3. 患者对超声波雾化吸入法的认识、心理反应及合作程度。

【计划】

1. 护士准备　着装整洁,洗手,戴口罩。

2. 患者准备　向患者解释操作方法及时间以取得合作,取坐位、半坐卧位或侧卧位。

3. 用物准备　治疗车上放超声波雾化吸入器 1 套(图 3-3-12);治疗盘内放药液、冷蒸馏水、水温计、量杯、10 ml 注射器、弯盘等。

(1) 超声波雾化吸入器结构:由超声波发生器、水槽、晶体换能器、雾化罐、透声膜、螺纹管和口含管或面罩组成。

(2) 作用原理:超声波发生器通电后输出高频电能,通过水槽底部晶体换能器发出超声波声能,超声波声能透过雾化罐底部的透声膜,作用于雾化罐内的药液,破坏药液的表面张力和惯性,成为细微的雾滴喷出,通过导管随患者呼吸进入终末细支气管和肺泡。

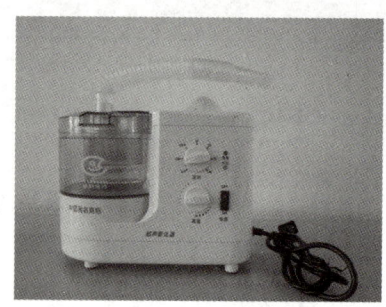

图 3-3-12　超声波雾化吸入器

(3) 超声波雾化吸入法的特点:雾量大小可以调节;雾滴细小而均匀;雾化器电子部分产热,对雾化液可加温,使患者感觉温暖舒适,治疗效果好。

4. 环境准备　病室整洁、安静,空气新鲜,根据季节调节室温。

【实施】　超声波雾化吸入操作见表 3-3-5。

表 3-3-5　超声波雾化吸入操作

操作流程	操作说明	注意点
1. 连接装置	将雾化器主机与各附件连接 选择口含管	使用前检查雾化器各部件是否完好,确保性能良好
2. 水槽加水	水槽内加入冷蒸馏水约 250 ml,水量应浸没雾化罐底部的透声膜	水槽内不可加温水或热水,以免损伤热敏元件
3. 雾化罐加药	将药液稀释至 30~50 ml 加入雾化罐内 将雾化罐放入水槽,盖紧水槽盖	检查有无漏液
4. 核对解释	将用物携至床旁,核对患者,解释操作目的 协助患者取舒适卧位	严格执行查对制度,防止发生差错
5. 开机调节	接通电源,打开电源开关,预热 3~5 min 打开雾化开关,调节,定时	根据需要调节雾量,一般定时 15~20 min
6. 吸入气雾	当气雾喷出时,将口含管放入患者口中,进行雾化吸入	嘱患者做深而慢的呼吸,使气雾进入呼吸道深部
7. 观察疗效	观察患者治疗效果及装置情况	随时调节雾量,注意水槽水温及药量
8. 关机	治疗毕,取下口含管 关雾化开关,再关电源开关	连续使用需间隔 30 min
9. 整理用物	擦干患者面部,安置舒适卧位 倒掉水槽内的水并擦干 雾化罐、螺纹管、口含管浸泡于消毒液内,洗手并记录	防止交叉感染,雾化罐、螺纹管、口含管浸泡在消毒液中 1 h 后,再洗净、晾干、备用

267

【评价】

1. 患者达到预期疗效,无不良反应。

2. 护士操作正确,机器性能良好,护患沟通有效。

【注意事项】

1. 水槽底部晶体换能器和雾化罐底部的透声膜膜薄质脆,清洗时勿用力按压,以免损坏。

2. 水槽和雾化罐内切忌加温水或热水,使用时注意测量水槽内水温,超过 50℃ 时应关机更换冷蒸馏水。如需加入药液时,不必关机,直接从盖上的小孔内注入药液即可。水槽内无水时不可开机,以免损坏机器。

3. 连续使用时应间隔 30 min,以免过热损坏机器。

4. 治疗中密切观察患者有无呛咳、支气管痉挛等不适反应。

(三) 压缩气体雾化吸入法

压缩气体雾化吸入法是应用压缩雾化吸入器产生的压缩气体,使药液形成细微的雾状,随吸气进入呼吸道而达到治疗目的。

【评估】

1. 患者面部、口腔黏膜有无伤口和溃疡。

2. 患者的病情、意识状况、呼吸道通气情况。

3. 患者对压缩气体雾化吸入法的认识、心理反应及合作程度。

【计划】

1. 护士准备　着装整洁,洗手,戴口罩。

2. 患者准备　向患者解释操作方法及时间以取得合作,取坐位、半坐卧位或侧卧位。

3. 用物准备　压缩雾化吸入器(图 3-3-13)按医嘱准备药液,5~10 ml 注射器。

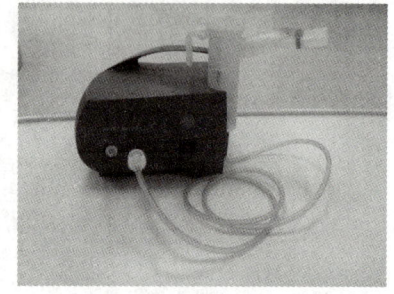

图 3-3-13　压缩雾化吸入器

(1) 压缩雾化吸入器结构:由压缩机和喷雾器两部分组成。压缩机:面板上有电源开关、空气过滤器、空气导管接口和电源插线等。喷雾器:空气导管接口、下半部分、带呼气活瓣的口含管或面罩、上半部分和进气活瓣。

(2) 压缩气体雾化吸入法特点:压缩雾化器所产生的雾量能够满足患者的潮气量;气雾量可以自动调节,与患者的呼吸容量相匹配;可安全用药并能确保药物疗效,操作简单方便。目前已在临床广泛应用。

4. 环境准备　病室安静、整洁,空气新鲜,用物放置有序。

【实施】　压缩气体雾化吸入操作见表 3-3-6。

表 3-3-6　压缩气体雾化吸入操作

操作流程	操作说明	注意点
1. 准备用物	连接压缩机空气导管,取下喷雾器的上半部分和进气活瓣,注入药液(2~8 ml)后再安装好,喷雾器与压缩机上空气导管相连接	使用前认真检查机器性能,正确连接
2. 核对解释	携用物至床旁,确认患者并做好解释 协助患者取舒适的坐位	严格执行查对制度 教会患者使用压缩雾化吸入器
3. 吸入气雾	打开压缩机开关,指导患者手持雾化器,紧闭双唇含住口含管,进行呼吸 当听到指示信号响,表明药物雾化完毕	嘱患者进行深而慢的呼吸 喷雾器冒出的雾气变得不规则时,立即停止治疗
4. 观察疗效	观察患者治疗情况及反应	
5. 治疗结束	吸入完毕,取下口含管或面罩 关电源开关,拔下空气导管	
6. 整理用物	用纱布擦干患者面部,帮助患者取舒适体位,并协助排痰 拆开压缩雾化吸入器的所有部件,口含管放入消毒液内浸泡。洗手并记录	防止交叉感染,口含管浸泡完,清洗擦干,备用

【评价】

1. 患者理解压缩雾化吸入的目的,积极配合治疗。

2. 患者感觉轻松、舒适,痰液较易咳出,症状缓解。

【注意事项】

1. 压缩雾化吸入器应放在光滑、稳定的平坦处,防止粗糙的表面堵塞压缩机底部的通风口。

2. 在治疗过程中,指导患者深呼吸,在慢慢深吸气后,屏气 1~2 s,再缓慢呼气。

3. 喷雾器使用后必须先消毒后清洗,用清洁无绒的干布擦拭,晾至完全干燥后组装备用。

附:

手压式雾化器雾化吸入法

手压式雾化器雾化吸入法是利用手压法将预置于雾化器内的送雾器中的药液喷洒到口腔和咽部的方法。

【目的】 主要用于吸入拟肾上腺素类药、氨茶碱或沙丁胺醇等解痉药,适用于支气管哮喘和喘息性支气管炎的对症治疗。

【作用原理及特点】 药液预置于雾化器内的送雾器中,送雾器内腔为高压,将其倒置,用拇指按压雾化器顶部时,其内的阀门即打开,药液便会以雾滴的形式从喷嘴内直接喷洒到口腔及咽部黏膜,经黏膜吸收。雾滴平均直径为 2.8~4.3 μm,其喷出的速度甚快,80%的雾滴会被吸收。其特点是操作简单,有自理能力的患者可学会自行使用。

【操作程序】

1. 洗手,戴口罩,准备手压式雾化吸入器。

2. 携用物至患者处,查对并解释。

3. 取下雾化器的保护盖,充分摇匀药液。

4. 协助患者取舒适卧位,将雾化器倒置,接口端放入口中。在吸气开始时按压雾化器顶部,喷药、屏气、呼气,如此 1~2 次。

5. 取出雾化器,协助清洁口腔,整理床单位,清理用物。

6. 观察雾化吸入的效果,洗手并记录。

【注意事项】

1. 严格执行查对制度,使用前检查雾化吸入器连接是否完好。

2. 紧闭嘴唇尽可能地延长屏气时间(10 s),用物按有关规定处理。

知识链接

流行性感冒

流行性感冒(简称流感)是流感病毒引起的急性呼吸道感染,也是一种传染性强、传播速度快的疾病。其主要通过空气中的飞沫、人与人之间的接触或与被污染物品的接触传播。典型的临床症状:急起高热、全身疼痛、显著乏力和轻度呼吸道症状。

一般秋冬季节是其高发期,所引起的并发症和死亡现象非常严重。该病是由流感病毒引起,可分为甲(A)、乙(B)、丙(C)三型,甲型病毒经常发生抗原变异,传染性大,传播迅速,极易发生大范围流行。甲型 H1N1 也就是甲型流感病毒的一种。本病具有自限性,但婴幼儿、老年人和存在心肺基础疾病的患者容易并发肺炎等严重并发症而导致死亡。

1. 一般单纯性流感可不住院,可按照以下几个方面进行家庭护理。

(1) 将患者安置在单人房间,以防止飞沫传播。

(2) 要求房间通风良好,并定时用食醋熏蒸消毒空气,照料患者时应戴口罩,对患者呼吸道分泌物、污物(如咳出的痰等)应进行消毒。

(3) 对有高热者应指导家属运用物理降温的方法和正确使用退热药物。

(4) 给予富有营养、易消化的清淡饮食,应鼓励患者多饮水以减轻中毒症状和缩短病程。

(5) 如有高热不退、咳嗽、脓痰、呼吸困难等,应及时送医院。

2. 对于住院的流感患者,护理人员应做到以下几点。

(1) 发热期应嘱卧床休息,多饮温开水,定期监测体温,按医嘱给予服用中成药类或抗病毒药类。

(2) 对全身酸痛或头痛明显者,可协助患者采取舒适的体位,必要时给予服用解热镇痛药。

(3) 伴有肺部炎症或心肺功能不全者应严密监测生命体征,呼吸困难或发绀者应取半卧位,给予吸氧,及时清除呼吸道分泌物,加强支持治疗,注意维护心血管功能,中毒症状明显时按医嘱采用有效的抗生素药物或激素治疗等。

(4) 对患者可按呼吸道隔离至热退后 48 h,室内要加强通风,对患者呼吸道分泌物要及时消毒,对食具、用具及衣服可采用煮沸或日光曝晒等方法消毒。

任务三　保持呼吸道通畅护理

一、胸、背部叩击

胸、背部叩击术指用手叩击胸、背部,借助振动,使呼吸道分泌物松脱而易于排出体外的技术。

操作方法:患者取坐位或侧卧位,操作者将手固定成背隆掌空状态,即手背隆起,手掌中空,手指弯曲,拇指紧靠示指或示指和拇指并拢,手掌弓成杯形,以手腕的力量,从肺底自下而上、由外向内轻轻叩打胸、背部。叩击力量要适中,以患者不感到疼痛为宜,边叩边鼓励患者咳嗽。注意不可在裸露的皮肤、肋骨上下、脊柱、乳房等部位叩击。

二、促进有效咳嗽

咳嗽是一种防御性呼吸反射,可排出呼吸道内的异物、分泌物,具有清洁、保护和维持呼吸道通畅作用。

操作方法:患者取坐位或半卧位,屈膝,上身略前倾,双手抱膝,先轻咳几下,再深吸气后屏气几秒(有伤口者,护理人员应将双手压在其切口的两侧),然后嘱患者腹肌用力,做爆破性咳嗽,将痰咳出。

三、体位引流

将患者置于特殊体位,借助重力作用,使肺与支气管所存积的分泌物,引流入大气管并咳出体外,称体位引流。适用于支气管扩张、肺脓肿等患者,对高血压、心力衰竭、极度衰弱的患者禁用。

操作方法:将患者患肺处于高位,其引流的支气管开口向下,便于分泌物顺体位引流而排(咳)出。嘱患者间歇深呼吸并尽力咳痰,护理人员轻叩相应部位,提高引流效果,每日 2~4 次,每次 15~30 min,宜选择在空腹时进行。引流时应观察患者的反应和引流液的色、质、量,并予以记录。

四、吸痰

吸痰是指利用负压导管经口、鼻腔、人工气道将呼吸道的分泌物吸出,以保持呼吸道通畅。临床上主要用于年老体弱、危重、昏迷、麻醉未清醒前等各种原因引起的不能有效咳嗽者。

视频:经鼻、口腔吸痰技术

(一)电动吸引器吸痰法

电动吸引器由马达、偏心轮、气体过滤器、压力表、安全瓶、储液瓶组成(图3-3-14)。安全瓶和储液瓶可储液 1 000 ml,瓶塞上有两个玻璃管,并由橡胶管相互连接。接通电源后马达带动偏心轮,从吸气孔吸出瓶内空气,并由排气孔排出,这样不断地循环转动,使瓶内产生负压,将痰液吸出。

【目的】 清除呼吸道分泌物,保持呼吸道通畅,预防肺不张、坠积性肺炎等并发症发生。

【评估】

1. 患者的年龄、病情、意识、治疗等情况。

2. 患者是否有将呼吸道分泌物排出的能力。

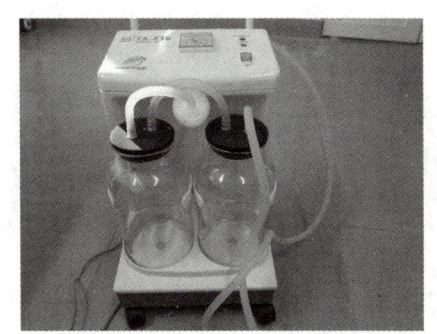

图 3-3-14　电动吸引器

项目三　促进呼吸功能护理

3. 患者的心理状态、合作程度。

【计划】

1. 护士准备　衣帽整洁,洗手,戴口罩。

2. 患者准备　体位舒适,愿意合作,接受治疗,取下义齿。

3. 用物准备　电动吸引器;治疗盘内备有盖罐2个(内盛无菌生理盐水)、一次性吸痰管数根、弯盘、消毒纱布、镊子或一次性手套。必要时备压舌板、开口器、舌钳、电插板等。

4. 环境准备　整洁、安静、安全。

【实施】　电动吸引器吸痰操作见表3-3-7。

表 3-3-7　电动吸引器吸痰操作

操作流程	操作说明	注意点
1. 核对解释	将用物携至床边,认真核对患者并做好解释	意识不清者,应向家属解释
2. 检查性能	将盛消毒液的玻璃瓶系于床头放置吸引器的一侧 连接各导管,接通电源,打开开关,检查吸引器性能	也可系于吸引器一侧 检查性能是否良好、电压是否相符、各导管连接是否正确
3. 调节负压	一般成人吸痰负压为 40.0~53.3 kPa(300~400 mmHg),小儿为 33.0~40.0 kPa(250~300 mmHg)	
4. 患者准备	检查口腔、鼻腔,协助患者取舒适体位,头偏向操作者一侧,略向后仰,取下活动义齿	
5. 试吸盐水	将吸引器橡胶管与一次性吸痰管连接,先试吸少量生理盐水	检查负压及导管是否通畅,同时润滑导管
6. 抽吸痰液	(1)经口腔或鼻抽吸:一手将导管末端折叠(在接管处),另一手戴一次性手套(或用无菌镊)持导管前端插入患者口腔或鼻腔至咽喉部,放松吸痰管末端,先吸净口咽部分泌物,另外换管后,再吸深部气管分泌物,抽吸气管痰液,应从深部左右旋转,向上提拉(图3-3-15) (2)经人工气道抽吸:为气管插管或气管切开患者吸痰,应注意无菌操作,作间歇性吸引。吸痰管由插管或套管内插入,快速地开启吸引阀门,左右旋转吸痰管边吸边退,一次抽出痰液,切忌上下多次抽动	帮助昏迷患者张口,若口腔吸痰有困难,可从鼻腔吸引。颅底损伤患者禁从鼻腔吸痰,以防吸出脑脊液 插管时不可有负压,以免损伤呼吸道黏膜 每次吸引时间不超过15 s,以免造成缺氧,如痰未吸尽,间隔3~5 min再吸,吸引压力要低(成人为 10.67~16.00 kPa,婴幼儿为 8.00~10.67 kPa),时间要短(不超过10 s) 吸痰前后吸入高浓度氧2 min,预防缺氧

操作流程	操作说明	注意点
7. 冲洗导管	退出吸痰管,抽吸生理盐水冲洗导管	每一次抽吸痰液后均应冲洗,以免痰液阻塞吸痰管
8. 重复吸痰	反复吸引至痰液吸净	必要时更换吸痰管 随时擦净患者面部分泌物
9. 观察反应	观察气道是否通畅,病情好转后可暂停吸引	观察患者的面色、呼吸是否改善,黏膜有无损伤,以及痰液的性状、颜色和量 必要时做口腔护理
10. 整理用物	帮助患者取舒适卧位,整理床单位,清理用物 分离吸痰管,将橡胶接管插入盛有消毒液的玻璃瓶中浸泡消毒。洗手	吸痰用物每班更换,分类浸泡 吸痰管重新清洗消毒或统一处理后丢弃
11. 及时记录	记录吸痰时间、次数与效果;痰液性状、颜色、量;呼吸改善情况等	

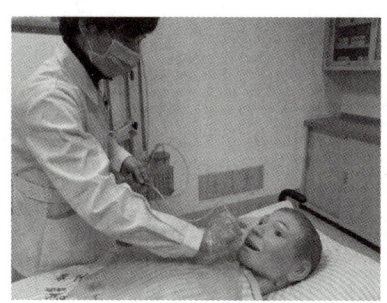

图 3-3-15 经鼻腔吸痰

【评价】

1. 患者呼吸道通畅,呼吸功能改善。

2. 护士操作规范,呼吸道黏膜未见损伤。

3. 护患沟通有效,患者能有效配合,吸痰后患者感觉舒适。

【注意事项】

1. 严格执行无菌操作,治疗盘内吸痰用物应每日更换 1~2 次,吸痰导管每次更换,气管切开者,每次进入气管抽吸要更换 1 根导管。

2. 鼻腔、口腔、气管切开处需同时吸痰者,抽吸顺序为鼻腔—口腔—气管切开处。每个部位吸痰均应更换吸痰管。

3. 如痰液黏稠、吸出不畅时可拍胸、叩背或行超声波雾化吸入,也可缓缓滴入生理盐水或化痰药物,使痰液稀释,便于吸出。禁止增加吸引器的负压。

4. 电动吸引器连续使用不超过 2 h。储液瓶内的液体应及时倾倒。一般不应超

273

过瓶的 2/3,以免痰液吸入损坏机器。

(二)中心吸引装置吸痰法

目前,各大医院均设有中心负压吸引装置,吸引管道连接到各病床单位,使用时只要连接吸痰管,打开吸引开关,试吸生理盐水检查管道是否通畅,调节好负压后即可进行吸痰,其余步骤同电动吸引器吸痰(图3-3-16)。

(三)注射器吸痰法

一般可用 50 ml 或 100 ml 注射器连接吸痰管抽吸,以保持呼吸道通畅,仅用于家庭或无吸引装置的紧急情况。

图 3-3-16　中心吸引器吸痰装置

知识链接

促进呼吸方法

(一)腹式呼吸

腹式呼吸法是指吸气时让腹部凸起,呼气时让腹部凹入的呼吸法。

1. 腹式呼吸方法

(1)取仰卧或舒适的坐姿,放松全身。

(2)右手放在腹部肚脐,左手放在胸部。

(3)吸气时,最大限度地向外扩张腹部。

(4)呼气时,最大限度地向内收缩腹部。

2. 腹式呼吸要点

应请医生根据患者所患疾病为其选择立位、坐位或平卧位进行练习。初学者以半卧位最适合。两膝半屈(或在膝下垫一个小枕头)使腹肌放松,两手分别放在前胸和上腹部,用鼻子缓慢吸气时,膈肌松弛,腹部的手有向上抬起的感觉,而胸部的手原位不动;呼气时,腹肌收缩,腹部的手有下降感。需要注意的是,呼吸要深长而缓慢,尽量用鼻吸气,用口呼气;一呼一吸掌握在 15 s 左右,即深吸气(鼓起肚子)3~5 s,屏息 1 s,然后慢呼气(回缩肚子)3~5 s,屏息 1 s,每次 5~15 min,做 30 min 最好,每日练习 1~2 次。身体好的人,屏息时间可延长,呼吸节奏尽量放慢加深。身体差的人,可以不屏息,但气要吸足。

(二)缩唇呼吸

缩唇呼吸指的是吸气时用鼻子,呼气时嘴唇呈缩唇状施加一些抵抗,慢慢呼气的方法。

1. 缩唇呼吸方法

(1)吸气时用鼻子。

（2）呼气时缩唇轻闭，慢慢轻轻呼出气体。

（3）吸气和呼气的比例在1：2进行，慢慢地呼气，吸气和呼气的比例达到1：4作为目标。

2. 缩唇呼吸要点

（1）患者取端坐位，双手扶膝。

（2）吸气时，让气体从鼻孔进入，这样吸入肺部的空气经鼻腔黏膜的吸附、过滤、湿润、加温可以减少对咽喉、气道的刺激，并有防止感染的作用。

（3）每次吸气后不要忙于呼出，宜稍屏气片刻再进行缩唇呼气。缩唇呼吸要点：呼气时，舌尖放在下颌牙齿内底部，舌体略弓起靠近上颌硬腭、软腭交界处，以增加呼气气流的阻力，缩拢口唇呈"吹口哨"状，使气体通过缩窄的口形徐徐将肺内气体轻轻吹出，每次呼气持续4~6 s，然后用鼻子轻轻吸气。

任务四　人工呼吸器使用护理

人工呼吸器是进行人工呼吸最有效的方法之一，可通过人工或机械装置产生通气，对无呼吸患者进行强迫通气，对通气障碍的患者进行辅助呼吸，达到增加通气量，改善换气功能，减轻呼吸肌做功的目的。常用于各种原因所致的呼吸停止或呼吸衰竭的抢救及麻醉期间的呼吸管理。

【目的】　维持和增加机体通气量，纠正威胁生命的低氧血症。

【评估】

1. 患者病情、有无自主呼吸及呼吸型态。

2. 患者生命体征、意识状态、血气分析等情况。

3. 患者的心理状态、合作程度。

【计划】

1. 护士准备　着装整洁，洗手，戴口罩。

2. 患者准备　患者去枕仰卧于床上或地面上，取下活动义齿，开放呼吸道；解开患者的领扣、领带、腰带。

3. 用物准备

（1）简易呼吸器：由呼吸囊、呼吸活瓣、面罩及衔接管构成（图3-3-17）。

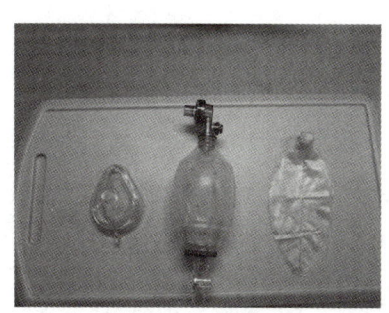

图3-3-17　简易呼吸器

（2）人工呼吸机：分为定容型、定压型、混合型。

4. 环境准备　整洁、安静、安全，温度和相对湿度适宜。

【实施】　人工呼吸器的操作见表3-3-8。

表 3-3-8　人工呼吸器的操作

操作流程	操作步骤	要点说明
1. 核对解释	将用物携至床边，认真核对患者并做好解释	确认患者，取得合作，意识不清者，应向家属解释
2. 检查性能	检查简易呼吸器或人工呼吸机性能	
3. 清理气道	清理呼吸道分泌物	有活动义齿应取下
4. 辅助呼吸	(1) 使用简易呼吸器（图 3-3-18）：开放气道，解开衣领、腰带，使患者平卧，头向后仰，托起下颌，扣紧面罩；挤压呼吸囊，使空气和氧气通过呼吸活瓣进入肺部；放松气囊时，肺内气体经活瓣排出；挤压频率以 16~20 次/分为宜，反复有规律地挤压与放松。每次挤压后能进入 500~1 000 ml 气体 (2) 使用人工呼吸机（图 3-3-19） 检查：通电开机，开氧气阀门，检查机器有无漏气和启动运转情况 调节参数：根据需要调节各预置参数（表 3-3-9） 连接气道：呼吸机与患者气道紧密相连 观察：观察病情及呼吸机运行情况	用于危重患者，需长期进行循环、呼吸支持者，可采用面罩法、气管插管法、气管切开法 观察呼吸机运转是否正常 观察生命体征及意识等变化，定期进行血气分析 观察呼吸机有无漏气、脱落 根据病情需不断调节各参数
5. 停机准备	自主呼吸恢复，准备停用呼吸机前，先要适当减少呼吸机通气量，将呼气末正压（PEEP）降至最低水平 根据病情循序渐进延长脱机时间	使自主呼吸发挥作用，减少患者对呼吸机的依赖
6. 撤离呼吸器	(1) 使用简易呼吸器：分离各衔接管，撤下面罩 (2) 使用人工呼吸机：撤离呼吸机后，呼吸机和急救物品应暂留置床边，以备急用	简易呼吸器需浸泡消毒 开始撤离呼吸机时，避免使用镇静剂 要严密观察，防止病情突变
7. 整理记录	整理床单位及用物，洗手，记录呼吸机参数、时间、效果及患者反应	做好清洁和消毒工作

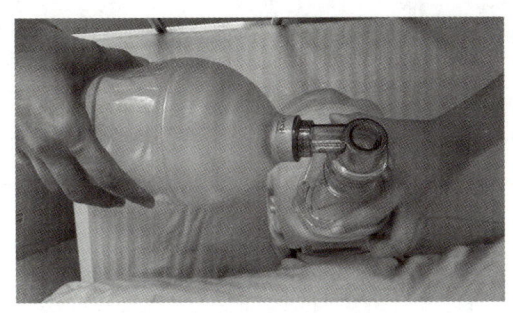

图 3-3-18　简易呼吸器使用

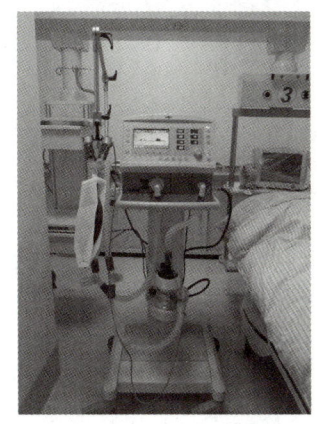

图 3-3-19　人工呼吸机

表 3-3-9　呼吸机主要参数选择

项目	数值	项目	数值
呼吸频率(R)	10~16 次/分	通气压力(EPAP)	0.147 ~ 1.96 kPa (< 2.94 kPa)
每分通气量(VE)	8~10 L/min		
潮气量(Vr)	10 ~ 15 ml/kg(范围在 600~800 ml)	呼气末正压(PEEP)	0.49~0.98 kPa(渐增)
吸呼比值(1/E)	1：(1.5~3.0)	供氧浓度	30%~40%(一般<60%)

【评价】

1. 患者呼吸道保持通畅,能维持有效的呼吸,循环得以支持。

2. 护士能正确地使用人工呼吸器。

【注意事项】

1. 密切观察病情变化　监测患者生命体征和意识变化,定期进行血气分析和电解质测定。观察患者有无自主呼吸,并调整呼吸机与之保持同步。

2. 监测呼吸机工作情况　注意呼吸机运转情况,有无漏气,各接头连接处有无脱落,各参数是否符合患者情况。

3. 观察通气量是否合适　若通气量合适,吸气时能看到胸廓起伏,双肺呼吸音清楚,生命体征恢复并稳定;若通气量不足,出现二氧化碳潴留时,患者烦躁不安、皮肤潮红、多汗、血压升高、脉搏加速;若通气量过度,患者可出现昏迷、抽搐等碱中毒症状。

4. 加强呼吸道湿化　鼓励患者咳嗽、深呼吸。协助危重患者定期翻身、拍背,必要时吸痰,以促进痰液排出;同时湿化吸入气体,在病情允许的情况下,注意补充水分,每日保证入水量在 1 500 ml 以上,维持适宜的室温与湿度。

5. 预防感染发生　严格执行无菌吸痰技术,保持面部清洁,做好口腔护理;做好呼吸机接口、螺纹管、面罩等的消毒工作;定期进行空气消毒,保持病室清洁。

人工呼吸机的类型

人工呼吸机的种类繁多,不同种类和型号的人工呼吸机安装、使用方法不同,但一般可分为以下三大类。

1. 定压型　该型机送气的压力是一定的,通过压力的预定值自动控制吸气、呼气运动的转换。即呼吸机将一定压力的气体送入肺内,使肺泡扩张而形成吸气;当压力升到预定值后,送气中断,肺弹性回缩而形成呼气。多有同步装置,有无自主呼吸均可应用。但不能保证通气量,故较少使用。

2. 定容型　该型机送气量恒定。是将预定潮气量的气体送入肺内,使肺泡扩张而形成吸气;停止送气后,利用肺的弹性回缩而形成呼气。此机多无同步装置,常用于无自主呼吸或自主呼吸微弱的患者。

3. 混合型　属于电控、电动、时间转换型,能提供多种通气方式,以间歇正压方式提供通气,即在通气时以正压将气体送入肺内,压力为零时形成呼气。潮气量较恒定,兼有定压和定容两种类型的特点。

思考题

1. 用电动吸引器为患者吸痰时你应该如何调节负压?

2. 患者李某,男性,70 岁,意识模糊,谵妄、躁动,右侧肢体感觉、运动障碍,大小便失禁。T 38℃,P 104 次/分,R 26 次/分,BP 25/15.5 kPa。诊断为"出血性脑卒中",为该患者给氧时应注意哪些问题?

3. 简述氧气表安装方法。

4. 雾化吸入目的是什么?

5. 保持呼吸道通畅的方法有哪些?

6. 为什么对缺氧并存二氧化碳潴留者,应以低流量、低浓度持续给氧为宜?

7. 试述使用人工呼吸器时的注意事项。

赛证聚焦

请扫描二维码完成在线测试。

(陈细曲)

在线测试:
促进呼吸
功能护理

第三模块　治疗护理

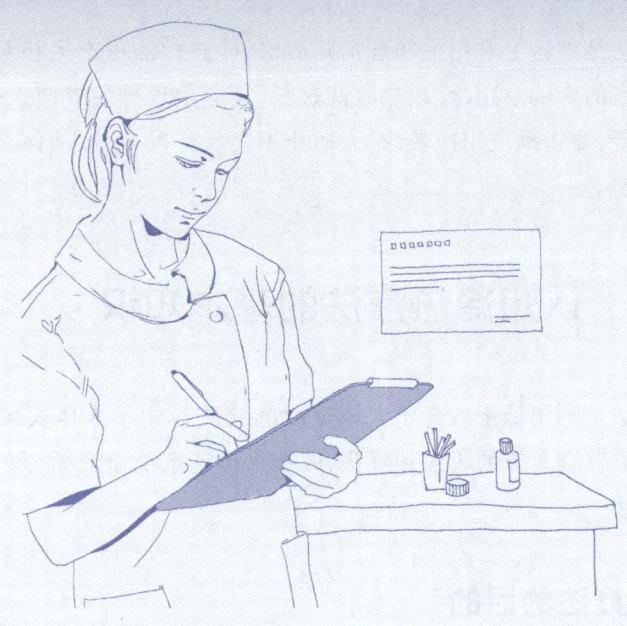

项目四　冷热疗法

思维导图：
冷热疗法

学习目标

◇ **知识目标**

1. 能正确解释冷热疗法的概念。

2. 能正确理解冷热疗法的目的。

3. 能正确理解冷热疗法的生理效应和继发效应的含义及特点。

4. 能正确识别冷热疗法的禁忌证。

5. 能正确陈述使用冰袋、冰帽,冷湿敷、乙醇拭浴等常用冷疗法的目的、注意事项、健康教育等内容。

6. 能陈述使用热水袋、红外线灯及烤灯,热湿敷、热水坐浴等常用热疗法的目的、注意事项、健康教育等内容。

◇ **技能目标**

1. 能运用所学知识,正确选择并实施常用冷疗法。

2. 能运用所学知识,正确选择并实施常用热疗法。

◇ **素质目标**

实施操作过程中注意体现人文关怀,关心患者,保护隐私,注意安全。

冷热疗法是临床上常用的物理治疗方法，冷热疗法可产生相对的生理效应，同时受到多种因素的影响。用冷、用热时间过长，还会出现继发效应。护理人员作为冷热疗法的执行者，要正确应用冷热疗法，防止不良反应发生，以确保患者的安全，满足患者的身心需要。

任务一　认知冷热疗法的基本知识

冷热疗法是利用低于或高于人体温度的物质作用于人体表面，通过神经传导引起皮肤和内脏器官血管的收缩和舒张，改变人体各系统血液循环和新陈代谢，达到治疗目的的方法。

一、冷热疗法的目的

（一）冷疗法的目的

1. 减轻局部充血或出血　冷疗可使毛细血管收缩，血管通透性降低，减轻局部组织充血；冷疗还可使血液黏稠度增加，血流减慢，促进血液凝固而控制出血。适用于鼻出血、扁桃体摘除术后等。

2. 控制炎症扩散　冷疗可使局部血管收缩、血流减少，细菌的活动力和细胞代谢率降低，从而控制炎症扩散。适用于炎症早期。

3. 减轻疼痛　冷疗可抑制组织细胞的活动，使神经末梢敏感性降低，从而减轻疼痛；同时冷疗后血管收缩，血管通透性降低，渗出减少，从而减轻由局部充血、肿胀压迫神经末梢引起的疼痛。适用于急性损伤的早期、牙痛、烫伤等。

4. 降低体温　冷直接与皮肤接触，通过传导作用散热，降低体温，适用于高热、中暑的患者等。头部用冷，还可降低脑细胞的代谢，减少脑细胞的需氧量，有利于脑细胞功能的恢复。适用于脑外伤、脑缺氧患者。

（二）热疗法的目的

1. 促进炎症消散和局限　热疗可使局部血管扩张，血流加速，促进组织中毒素的排出；血量增多，白细胞数量增加，新陈代谢加快，吞噬能力增强，使机体局部或全身的抵抗力和修复力增强。因而炎症早期用热，可促进炎性渗出物吸收和消散；在炎症后期用热，可促进白细胞释放蛋白溶解酶，溶解坏死组织使炎症局限。

2. 减轻疼痛　热疗可降低感觉神经的兴奋性，改善血液循环，加速组织胺等致痛物质的排出，减轻水肿，解除对局部神经末梢的压力。热疗还可使肌肉、肌腱、韧带等组织松弛，增强肌肉组织伸展性，减少肌肉痉挛和关节强直，增加关节的活动范围。

3. 减轻深部组织充血　热疗可使体表血管扩张，皮肤血流量增加，由于全身循环血量的重新分布，深部组织血流量减少，从而减轻深部组织充血。

4. 保暖 热疗可使局部血管扩张,促进血液循环,体温升高,使患者感到舒适。适用于末梢循环不良、年老体弱、早产儿、危重的患者。

二、冷热疗法的效应

1. 生理效应 热疗时,皮肤血管扩张,血液流速增快、血管通透性增强、血液黏滞度降低;热能加速炎症过程与局限;热还可使肌肉松弛,解除肌肉痉挛,提高痛阈从而能暂时解除疼痛;同时,热疗还可增加机体的基础代谢率,使体温升高。用冷时,机体的生理效应与用热时产生的生理效应正好相反。

2. 继发效应 指用冷或用热超过一定时间,所产生的与生理效应相反的作用,这种现象称为继发效应。如冷疗可使血管收缩,但持续用冷 30~60 min 后,则血管扩张;热疗可使血管扩张,持续用热 30~45 min 后,则血管收缩。继发效应是机体避免长时间用冷或用热对组织产生损伤而引起的防御反应。因此,冷热疗法应有适当的时间,以 20~30 min 为宜,如需反复使用,中间必须给予 1 h 的休息时间,让组织有一个复原过程,防止用冷、用热时间过长产生继发效应而抵消应有的生理效应。

三、影响冷热疗效果的因素

1. 方式 冷热疗法均有湿法和干法两大类,冷、热应用方式不同效果也不一样。水是良导体,其导热性能、渗透力比空气强,所以同样的温度,湿冷、湿热比干冷、干热疗法的效果好。在临床应用中应根据病变部位和治疗要求进行选择,同时注意防止冻伤、烫伤。

2. 面积 冷热疗法的效果与应用冷疗或热疗面积的大小有关。冷、热应用面积越大,机体的反应越强;冷、热应用面积越小,效果就越弱。但冷疗或热疗面积越大,患者的耐受性就越差,且会引起全身的反应。

3. 时间 冷热应用的时间对治疗效果有直接影响,在一定时间内其效应是随着时间的增加而增强,以达到最大的治疗效果。一般用冷时间为 15~30 min,用热时间为 10~30 min。如果时间过长,则会产生继发效应而抵消治疗作用,甚至还可引起不良反应的发生,如寒战、面色苍白、冻疮、烫伤等。

4. 温度 冷热疗法的温度与机体体表的温度相差越大,机体对冷热刺激的反应越大。反之,则越小。其次,环境温度也可影响冷热疗效果。如果环境温度过低时用热,则散热快,热效会减弱。反之,如果环境温度过高时用热,散热被抑制,热效会增强。

5. 部位 人体皮肤的薄厚分布不均,对冷热反应的效果不同。皮肤薄或经常不暴露的部位,如前臂内侧、颈部,对于冷、热的敏感性强,冷热疗法效果比较好;而皮肤较厚的部位,如足底、手心,对冷、热的耐受性强,冷热疗法效果比较差。血液循环情况也会影响冷热疗法的效果,血液循环良好的部位,能增强冷热应用的效果。因此,在临床上为高热患者降温时,将冰袋放置在腋下、腹股沟等皮肤薄且有大血管流经处。

6. 个体差异 年龄、性别、身体状况、精神状态、居住环境等影响冷热治疗的效果。通常婴幼儿体温调节中枢发育未成熟,对冷、热的适应能力有限;老年人神经功能退化,对冷、热感觉迟钝;女性对冷、热的刺激较男性敏感;身体虚弱、意识障碍、循环不良的患者,对冷、热的敏感性降低,要注意防止冻伤或烫伤。

四、应用冷热疗的禁忌

(一)冷疗的禁忌

1. 血液循环障碍 局部组织血液循环不良、大面积组织受损、微循环明显障碍、感染性休克、糖尿病、水肿等患者,因循环不良,组织营养不足,如使用冷疗可使血管进一步收缩,加重血液循环障碍,导致组织缺血、缺氧而变性坏死。

2. 组织损伤 冷疗可使血液循环障碍加重,增加组织损伤,且影响伤口愈合,尤其大范围组织损伤者,应禁止用冷疗。

3. 慢性炎症或深部化脓病灶 因寒冷可使局部血流减少,妨碍炎症的吸收。

4. 冷过敏者 对寒冷过敏者应用冷疗可出现过敏症状,如荨麻疹、关节疼痛、肌肉痉挛等。

5. 冷疗的禁忌部位

(1)枕后、耳郭、阴囊处:冷疗易引起冻伤。

(2)心前区:冷疗可导致反射性心率减慢、心房纤颤、心室纤颤及房室传导阻滞。

(3)腹部:冷疗易引起腹泻。

(4)足底:冷疗可导致反射性末梢血管收缩而影响散热或一过性冠状动脉收缩。

(二)热疗的禁忌

1. 未明确诊断的急腹症 热疗可缓解疼痛,但易掩盖病情真相而贻误诊断和治疗,有引发腹膜炎的危险。

2. 面部危险三角区感染 该处血管丰富且无静脉瓣,又与颅内海绵窦相通,热疗会使血管扩张,导致细菌及毒素进入血循环,促进炎症扩散,造成严重的颅内感染和败血症。

3. 各种脏器出血、出血性疾病 热疗可使局部血管扩张,增加脏器的血流量和血管的通透性从而加重出血。

4. 软组织挫伤或扭伤早期 凡扭伤、挫伤后48h内禁用热疗,因热疗可促进血液循环,加重皮下出血、肿胀和疼痛。

5. 恶性肿瘤 治疗部位有恶性肿瘤时不可用热疗。因热会加速细胞活动、分裂及生长,从而加重病情。

6. 金属移植物 治疗部位有金属移植物者禁用热疗。因为金属是热的良导体,局部用热有可能引起埋置部位烫伤。

7. 其他 皮肤湿疹、细菌性结膜炎、牙龈炎等禁忌热敷。因热敷后可使局部温度升高,有利于细菌繁殖和分泌物增多而加重病情。

任务二　冷疗技术的运用

冷疗法可分为局部冷疗法和全身冷疗法。局部冷疗法包括使用冰袋、冰囊、冰帽、冰槽、冷湿敷法和化学制冷袋等;全身冷疗法包括温水拭浴、乙醇拭浴等。

一、局部冷疗技术

(一) 冰袋(冰囊)的使用

【目的】　降温、局部消肿、止血、消炎、减轻疼痛。

【评估】

1. 患者的年龄、病情、意识、体温及治疗情况。

2. 患者局部皮肤状况,如颜色、温度、有无硬结、淤血等,有无感觉障碍及对冷过敏。

3. 患者对使用冰袋(冰囊)的心理反应及合作程度。

【计划】

1. 护士准备　衣帽整洁,修剪指甲,洗手,戴口罩。

2. 患者准备　患者了解冰袋(冰囊)使用的目的、方法及注意事项。

3. 用物准备　冰袋或冰囊(图 3-4-1)及布套、木槌、帆布袋或木箱、脸盆及勺、毛巾,冰块适量。

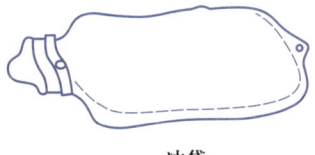　　

冰袋　　　　　　　　　　冰囊

图 3-4-1　冰袋和冰囊

4. 环境准备　病室整洁,温湿度适宜,光线明亮。

【实施】　冰袋(冰囊)的使用见表 3-4-1。

表 3-4-1　冰袋(冰囊)的使用

操作流程	操作说明	注意点
1. 准备冰袋	备冰:将冰块放入帆布袋内,用木槌敲成核桃大小,放入盆中用冷水冲去棱角 装袋:将冰块装入冰袋至 1/2~2/3 满 驱气:排气后扎紧袋口,擦干冰袋外壁水迹 检查加套:倒提冰袋检查无漏水后装入布套内备用	以防患者不适,避免冰块棱角损坏冰袋发生漏水 空气可加速冰的融化,排气后可使冰袋外壁紧贴患者皮肤 布套可避免冰袋直接与皮肤接触发生冻伤

操作流程	操作说明	注意点
2. 核对解释	备齐用物携至床旁,做好核对、解释	取得患者合作
3. 放置冰袋	将冰袋放至所需部位,降温一般放于前额(图 3-4-2)和体表大血管分布处,如颈部、腋下、腹股沟等;扁桃体摘除术后应将冰囊置于颈前颌下(图 3-4-3)	
4. 观察	在使用冰袋的过程中应注意观察局部皮肤变化、患者的感觉及冰袋情况	局部皮肤出现发紫、麻木感,应停止使用
5. 撤掉冰袋	用冷 30 min 后,撤掉冰袋,协助患者取舒适卧位,整理床单位	防止产生继发效应。长时间使用,需间隔 60 min 后再重复使用
6. 处理用物	将冰袋倒空,倒挂晾干,吹入少量空气,夹紧袋口备用;冰袋布套清洁后晾干备用	
7. 洗手记录	洗手,记录用冷的部位、时间、效果、反应	便于评价

【评价】

1. 患者体温有所下降或不适减轻、出血得到控制。

2. 局部皮肤无发紫、麻木及冻伤发生。

【注意事项】

1. 随时观察冰袋有无漏水、冰块是否融化,及时更换。应检查冰块融化情况,及时更换与添加,冰袋完整、无漏水,布套干燥。

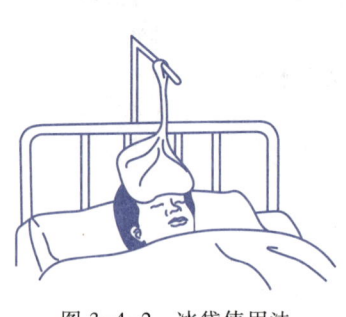 

图 3-4-2 冰袋使用法　　　　图 3-4-3 冰囊使用法

2. 随时观察用冷部位的血液循环情况,如出现苍白、青紫等不良反应,应立即停止。

3. 为防止发生继发效应,用冷时间最长不得超过 30 min,若需继续使用,中间应间隔60 min 后再使用,给予局部组织复原时间。

化学冰袋

化学冰袋是用硝酸铵和硝酸钾制作。原理是硝酸铵溶解于水时产生吸热反应。在室温18℃时,1 g分子硝酸铵溶于200 g分子水中,可吸收6.332 kcal热量;硝酸钾溶于水中也产生吸热反应。在硝酸铵中加入一定比例的硝酸钾,可增加冰袋的吸热能力,水溶液中有硝酸钾较易结冰,可延长低温持续时间,将硝酸铵350 g和硝酸钾100 g装入塑料袋中封口制成冰袋,化学冰袋分以下两型。

(1) 甲型:袋长22 cm,宽16 cm,厚2~3 cm。袋内除装有化学试剂外,还装入一个盛有200 ml的小塑料袋。使用时,把盛水塑料袋管口的盖拔开,把水挤到外袋中,摇动3~5次使药品溶于水中,即有降温作用。

(2) 乙型:袋长21 cm,宽11.5 cm,厚3.5 cm,袋内只装化学试剂。使用时,拔开塑料管口的盖,从管口向袋内加水至袋上的刻度线(及200 ml),塞紧管口,振摇3~5次,即可用于降温。

在气温30℃时,加水200 ml后,冰袋内温度可降到-4℃(乙型)和2.8~4℃(甲型)。在使用化学冰袋时,要注意不可接触明火,以防引起爆炸。用过的冰袋水分蒸发后,药品可以回收。

(二) 冰帽(冰槽)的使用

【目的】 头部降温,预防脑水肿。

【评估】

1. 患者的年龄、病情、意识、体温及治疗情况,头部状况。

2. 患者对使用冰帽(冰槽)的心理反应及合作程度。

【计划】

1. 护士准备 衣帽整洁,修剪指甲,洗手,戴口罩。

2. 患者准备 患者了解冰帽(冰槽)使用的目的、方法及注意事项。

3. 用物准备 冰帽或冰槽(图3-4-4)、帆布袋(木箱)、木槌、冰块、盆及冷水、勺、海绵垫3块、水桶、肛表,冰槽降温时备治疗碗、不脱脂棉球、凡士林纱布2块。

4. 环境准备 病室整洁,温度适宜,酌情关闭门窗。

【实施】 冰帽(冰槽)的使用见表3-4-2。

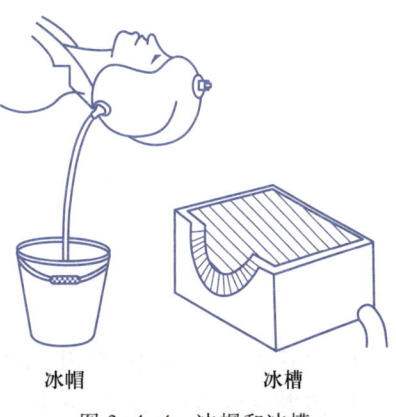

冰帽　　　　　冰槽

图3-4-4 冰帽和冰槽

表 3-4-2　冰帽(冰槽)的使用

操作流程	操作说明	注意点
1. 准备冰袋	方法同冰袋法	
2. 核对解释	备齐用物携至床旁,做好核对、解释	取得患者合作
3. 放置冰帽	患者后颈部和接触冰块的部位及双耳外面垫海绵垫,戴上冰帽;使用冰槽者,将患者头部置于冰槽中,患者外耳道内塞不脱脂棉球。双眼不能闭合者,用凡士林纱布覆盖眼睛	以防冰槽内冰水流入患者耳内 保护角膜
4. 观察	在降温过程中,注意观察局部皮肤变化及体温情况	保持肛温在 33℃ 左右,当肛温低于 30℃,则有可能导致心房、心室颤动或房室传导阻滞
5. 撤掉冰袋	用冷疗 30 min 后,撤掉冰袋,协助患者取舒适卧位,整理床单位	防止产生继发效应。长时间使用,需间隔 60 min 后再重复使用
6. 处理用物	冰帽处理同冰袋,冰槽将冰水倒空以备用	
7. 洗手记录	洗手,记录用冷的部位、时间、效果、反应	便于评价

【评价】

1. 用冷的时间正确,维持肛温在 33℃,生命体征稳定。

2. 操作方法正确,患者未发生不良反应。

【注意事项】

1. 观察冰帽有无破损、漏水,冰块融化后,应及时更换或添加。

2. 用冷时间最长不得超过 30 min,防止发生继发效应。

3. 用冷过程中加强巡视,注意观察局部皮肤变化,防止冻伤发生。注意监测肛温,肛温不得低于 30℃。

(三) 冷湿敷法

【目的】　降温、止血、消炎、镇痛。

【评估】

1. 患者的年龄、病情、意识、体温、治疗情况,局部皮肤状况。

2. 患者对冷湿敷的心理反应,活动能力及合作程度。

【计划】

1. 护士准备　衣帽整洁,修剪指甲,洗手,戴口罩。

2. 患者准备　患者了解冷湿敷的目的、方法及注意事项。

3. 用物准备　盆内盛冰水、敷布 2 块、长钳 2 把、小橡胶单及治疗巾、弯盘、凡士林、棉签、纱布,必要时备换药盘、屏风。

4. 环境准备　病室整洁,温度适宜,酌情关闭门窗。

【实施】　冷湿敷操作见表 3-4-3。

表 3-4-3　冷湿敷操作

操作流程	操作说明	注意点
1. 核对解释	备齐用物携至床旁,做好核对、解释	取得患者合作
2. 患处准备	暴露患处,垫小橡胶单和治疗巾于冷敷部位下,冷敷部位涂凡士林后盖 1 层纱布。必要时用屏风遮挡,保护患者隐私	保护皮肤及床单位 保护皮肤免受过冷的刺激
3. 冷敷	双手各持 1 把钳子将浸在冰水中的敷布拧干,抖开敷布,折叠后敷在患处(图 3-4-5) 每 3~5 min 更换 1 次敷布,一般冷湿敷时间为 15~20 min	敷布须浸透,拧至不滴水为宜 如冷敷部位为开放性伤口,须按无菌技术处理伤口 保证冷敷效果,防止产生继发效应
4. 撤敷布	敷毕,撤掉敷布和纱布,擦去凡士林,协助患者取舒适卧位,整理床单位	
5. 处理用物	清洁、消毒后备用	
6. 洗手记录	洗手,记录用冷部位、时间、效果、反应	便于评价

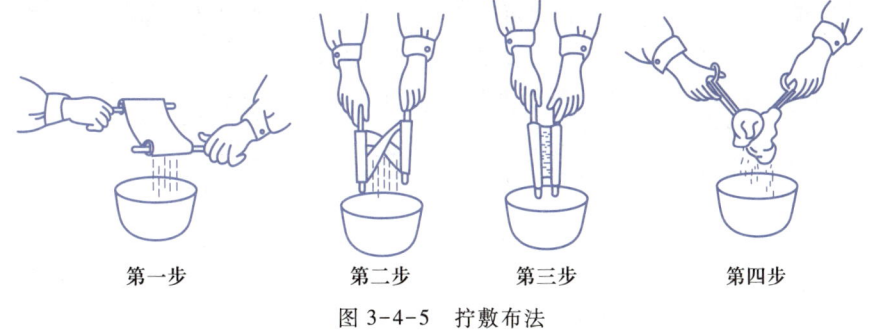

第一步　　　　第二步　　　　第三步　　　　第四步
图 3-4-5　拧敷布法

【评价】

1. 用冷时间正确,患者无不适。

2. 局部皮肤无发紫、麻木及冻伤发生。

【注意事项】

1. 冷湿敷过程中,应注意局部皮肤变化及患者反应。

2. 如冷敷部位为开放性伤口,须按无菌技术处理伤口。

3. 敷布湿度得当,以不滴水为度。

4. 若为降温,则使用冷湿敷 30 min 后应测量体温,并将体温记录在体温单上。

二、全身冷疗技术（乙醇拭浴或温水拭浴）

乙醇和温水拭浴是通过蒸发和传导而增加机体散热，用于高热患者的降温。乙醇是一种挥发性液体，拭浴时在皮肤上迅速蒸发，吸收和带走机体大量的热，并刺激皮肤血管扩张，因此散热效果较强。

【目的】 为高热患者降温。

【评估】

1. 患者的年龄、病情、意识、体温、治疗情况，局部皮肤状况，有无乙醇过敏史。

2. 患者对温水拭浴或乙醇拭浴的心理反应，活动能力及合作程度。

【计划】

1. 护士准备　衣帽整洁，修剪指甲，洗手，戴口罩。

2. 患者准备　患者了解乙醇拭浴和温水拭浴的目的、方法、注意事项，愿意配合、接受治疗。

3. 用物准备　乙醇拭浴另备25%～35%的乙醇200～300 ml；盆内盛32～34℃温水2/3满、小毛巾2块、大浴巾、热水袋及套、冰袋及套；必要时备清洁衣裤、便器、屏风。

4. 环境准备　病室整洁，温度适宜，酌情关闭门窗，必要时用屏风遮挡。

【实施】 温水拭浴（乙醇拭浴）操作见表3-4-4。

表 3-4-4　温水拭浴（乙醇拭浴）操作

操作流程	操作说明	注意点
1. 核对解释	携用物至床旁，认真核对患者并解释操作目的及配合方法，取得患者合作，关门窗、用屏风遮挡	认真查对，防止发生差错事故
2. 松被脱衣	松开床尾盖被，协助患者脱去上衣，松解裤带	便于拭浴
3. 置冰袋、热水袋	冰袋置于头部，热水袋置于足底	头部置冰袋，以助降温并防止头部充血；热水袋置于足底，足底血管扩张，促进降温，使患者感觉舒适
4. 拭浴	方法：暴露拭浴部位，将大浴巾垫于拭浴部位下，以浸湿的小毛巾拧至半干缠于手上成手套状，以离心方向拍拭，每侧部位擦拭3 min，拭毕用大毛巾擦干皮肤，拭浴的全程不宜超过20 min。 拭浴顺序： （1）双上肢：患者取仰卧位 ① 颈外侧→肩→上臂外侧→前臂外侧→手背 ② 侧胸→腋窝→上臂内侧→前臂内侧→手心	尽量少暴露患者 拭浴的过程中注意观察病情如出现寒战、面色苍白、脉搏和呼吸异常等情况，应停止拍拭，及时处理 颈部、腋窝、肘窝、手心处稍用力并适当延长擦拭时间，以促进散热；禁擦后颈、前胸、腹部

操作流程	操作说明	注意点
4. 拭浴	（2）腰背部：患者取左侧卧位,拍拭腰背部,拭浴毕,穿好上衣 （3）双下肢：患者取仰卧位,脱裤,拭浴毕穿好裤子 ① 髋部→大腿外侧→足背 ② 腹股沟→大腿内侧→内踝 ③ 臀下沟→大腿后侧→腘窝→足跟	腹股沟、腘窝处稍用力并适当延长擦拭时间,以促进散热;禁擦阴囊、足底部位
5. 撤热水袋	拭浴完毕,取出热水袋	
6. 整理记录	协助患者取舒适体位,整理患者床单位 洗手,记录拭浴的时间、效果及反应	
7. 观察处置	拭浴后 30 min 测量体温,并将体温绘制于体温单上	如体温降至 39℃ 以下取下冰袋

289

【评价】

1. 患者局部皮肤无发紫、麻木及冻伤及感觉异常。

2. 患者自觉身体舒适,30 min 后体温有所下降。

【注意事项】

1. 新生儿、血液病、高热患者及乙醇过敏者禁用乙醇拭浴。

2. 禁忌拍拭后颈、胸前区、腹部、足底。拍拭腋窝、手心、腹股沟、腘窝等处稍用力,并延长拍拭时间,以促进散热。

3. 拭浴时,以拍拭方式进行,避免摩擦方式,因摩擦易生热。

4. 拭浴的过程中注意观察病情如出现寒战、面色苍白、脉搏和呼吸异常等情况,应停止拍拭,及时处理。

任务三　热疗技术的运用

热疗技术分为干热法和湿热法。干热法包括热水袋、烤灯等;湿热法包括热湿敷、热水坐浴等。

一、干热法

（一）热水袋的使用

【目的】　保暖、解痉、镇痛。

【评估】

1. 患者的年龄、病情、体温、意识、治疗等情况。

2. 患者局部皮肤、循环状况,有无感觉障碍及对热的耐受程度。

3. 患者对热疗的心理反应、表达能力、合作程度等。

【计划】

1. 护士准备　衣帽整洁,修剪指甲,洗手,戴口罩。
2. 患者准备　患者了解热水袋使用的目的、方法及注意事项。
3. 用物准备　热水袋及布套、水温计、热水(温度为60~70℃)、量杯、干毛巾。
4. 环境准备　病室整洁,温度适宜,酌情关闭门窗。

【实施】　热水袋的使用见表3-4-5。

表3-4-5　热水袋的使用

操作流程	操作说明	注意点
1. 准备热水袋	备热水:测量水温,调节至60~70℃ 装袋:检查热水袋,放平热水袋,去掉塞子,一手持热水袋袋口的边缘,另一手灌入热水至1/2~2/3满(图3-4-6) 驱气:逐渐放平热水袋,驱除袋内气体后旋紧塞子 检查加套:擦干热水袋外壁水迹,倒提热水袋并轻轻抖动无漏水后装入布套内	成人60~70℃,对老年人、小儿、昏迷、循环不良、麻醉未清醒者,水温应调至50℃ 边灌边提高热水袋以防热水外溢 排尽空气,以防影响热的传导 布套可避免热水袋直接与皮肤接触发生烫伤
2. 核对解释	备齐用物携至床旁,做好核对、解释	取得患者合作
3. 置热水袋	置热水袋于所需位置	特殊患者使用热水袋,应再包一块大毛巾或置于两层毛毯之间,防止烫伤
4. 观察	在使用热水袋的过程中应注意观察局部皮肤变化、患者的感觉及热水袋水温情况	出现皮肤潮红、疼痛,应停止使用,并在局部涂上凡士林保护皮肤
5. 撤掉热水袋	用热疗30 min后,撤掉热水袋,协助患者取舒适卧位,整理床单位	用热不超过30 min,防止产生热的继发效应(保暖除外)
6. 处理用物	将热水袋倒空,倒挂晾干,吹入少量空气,旋紧塞子;布套清洁后晾干备用	
7. 洗手记录	洗手,记录用热的部位、时间、效果、反应	便于评价

【评价】

1. 患者局部循环良好,无烫伤发生。
2. 患者感觉温暖舒适。

【注意事项】

1. 严格执行交接班制度,使用中加强巡视,定期检查局部情况,如皮肤

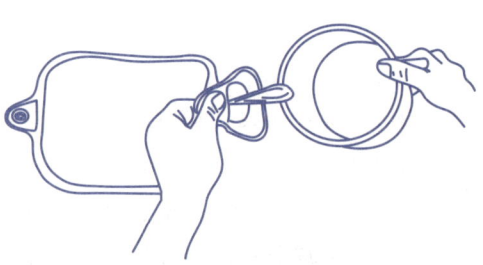

图3-4-6　灌热水袋法

有潮红,立即停止使用,防止烫伤发生。

2. 经常检查热水袋有无破损,热水袋与塞子是否配套,以防漏水,持续用热要及时检查水温并更换热水。

3. 昏迷、感觉障碍、循环不良、老人及婴幼儿使用热水袋时,水温应调至50℃以下,并在布套外面再包裹一层毛巾,加强巡视,以防烫伤。

(二)烤灯的使用

【目的】 消炎、解痉、镇痛,促进创面干燥、结痂和肉芽组织的生长。

【评估】

1. 患者的年龄、病情、意识、治疗情况。

2. 患者局部皮肤状况,如颜色、温度、有无硬结、淤血及开放伤口等,有无感觉障碍及对热的耐受情况等。

3. 患者对烤灯的心理反应及合作程度等。

【计划】

1. 护士准备 衣帽整洁,剪指甲,洗手,戴口罩。

2. 患者准备 患者了解烤灯使用的目的、方法及注意事项。

3. 用物准备 鹅颈灯或红外线灯,按需要备不同功率灯泡:胸、腹、腰、背部选择500~1 000 W 灯泡,手、足部选择250 W 灯泡,亦可用鹅颈灯(40~60 W);必要时备有色眼镜或纱布。

4. 环境准备 病室整洁,温度适宜,酌情关闭门窗。

【实施】 烤灯操作见表3-4-6。

表 3-4-6 烤 灯 操 作

操作流程	操作说明	注意点
1. 核对解释	备齐用物携至床旁,做好核对、解释	取得患者合作
2. 暴露患处	暴露热疗部位,必要时用屏风遮挡	注意保护患者隐私
3. 照射患处	将烤灯对准患处,调节灯距,距离治疗部位一般为 30~50 cm 如照射面颈部及前胸部,用湿纱布遮盖眼睛或让患者戴有色眼镜	温度以温热为宜 保护眼睛
4. 观察	在照射的过程中随时观察患者有无过热、心慌、头晕感觉及皮肤反应	皮肤出现桃红色红斑点为适宜热度,若出现紫红色应停止照射,并涂上凡士林保护皮肤
5. 撤除烤灯	每次照射 20~30 min;照射完毕,关闭开关;协助患者取舒适卧位,整理床单位	嘱患者休息 15 min 后再离开,以防感冒
6. 洗手记录	洗手,记录烤灯照射部位、时间、效果、反应	便于评价

【评价】

1. 患者感觉舒适,无过热、心慌、头晕等感觉。

2. 照射患者颈部和胸前时,患者眼睛未受伤害。

【注意事项】

1. 根据治疗部位选择不同功率灯泡:胸、腹、腰、背部选择 500~1 000 W 灯泡,手、足部选择 250 W 灯泡。

2. 胸前、面颈照射时,应让患者戴有色眼镜或用纱布遮盖,以保护眼睛。

3. 照射过程中随时观察皮肤反应,皮肤出现桃红色均匀红斑为合适剂量,若出现紫红色应停止照射,并涂上凡士林保护皮肤。

4. 嘱患者在室内休息 15 min 后方可外出,防止感冒。

二、湿热法

(一)热湿敷法

【目的】 消炎、消肿、解痉、镇痛。

【评估】

1. 患者的年龄、病情、意识、治疗情况。

2. 患者局部皮肤状况,如颜色、温度、有无硬结、淤血及开放伤口等,有无感觉障碍及对热的耐受情况等。

3. 患者对热湿敷的心理反应及合作程度等。

【计划】

1. 护士准备 衣帽整洁,剪指甲,洗手,戴手套,戴口罩。

2. 患者准备 患者了解热湿敷的目的、方法及注意事项。

3. 用物准备 小锅或小水盆内盛温水(水温 50~60℃)、水温计、敷布 2 块、长钳 2 把、凡士林、纱布、弯盘、无菌棉垫、毛巾、小橡胶单及治疗巾。酌情备热水瓶或热源、热水袋、屏风,有伤口者需备换药用物。

4. 环境准备 病室整洁,温度适宜,酌情关闭门窗。

【实施】 热湿敷操作见表 3-4-7。

表 3-4-7 热湿敷操作

操作流程	操作说明	注意点
1. 核对解释	备齐用物携至床旁,做好核对、解释	取得患者合作
2. 暴露患处	暴露热疗部位,其下垫橡胶单和治疗中,局部涂凡士林,盖单层纱布,以保护皮肤,必要时用屏风遮挡	注意保护患者隐私

操作流程	操作说明	注意点
3. 热敷	双手各持1把钳子将浸在热水中的敷布拧干,护士可在手腕掌侧皮肤试温,以不烫手为宜,抖开敷布,折叠后敷在患处 可在敷布上加无菌棉垫或热水袋,再盖上毛巾 每3~5 min更换1次敷布,一般热敷时间为15~20 min	敷布须浸透,拧至不滴水为宜 如果患者感到烫热,可揭开一角散热 保证热敷效果,防止产生继发效应
4. 观察	热湿敷过程中注意局部皮肤变化,全身情况,以防烫伤	
5. 撤敷布	敷毕,撤掉敷布和纱布,擦去凡士林,协助患者取舒适卧位,整理床单位,处理用物	若热敷部位有伤口,须按无菌技术操作原则处理伤口
6. 洗手记录	洗手,记录热湿敷部位、时间、效果、反应	便于评价

【评价】

1. 患者无不适感觉,无烫伤等不良反应发生。

2. 热湿敷后,患者局部的炎症和疼痛情况好转。

【注意事项】

1. 热敷部位有伤口或创面者,应按无菌操作进行,热敷后按换药法处理伤口。

2. 面部热敷者,敷后15 min方可外出,以防感冒。

3. 热敷过程中,注意观察患者反应及局部皮肤状况,防止烫伤。

(二)热水坐浴法

【目的】 消炎、消肿、镇痛,常用于会阴部、肛门疾病及手术后。

【评估】

1. 患者的年龄、病情、意识、治疗情况。

2. 患者局部皮肤状况,有无感觉障碍及对热的耐受情况等。

3. 患者对热水坐浴的心理反应及合作程度等。

【计划】

1. 护士准备 衣帽整洁,剪指甲,洗手,戴口罩。

2. 患者准备 患者了解热水坐浴的目的、方法及注意事项。

3. 用物准备 坐浴椅、坐浴盆(图3-4-7)、药液(按医嘱备)、水温计、无菌纱布、热水瓶及热水,必要时备屏风、换药用物。

4. 环境准备 病室整洁,温度适宜,关闭门窗,必要时用屏风遮挡。

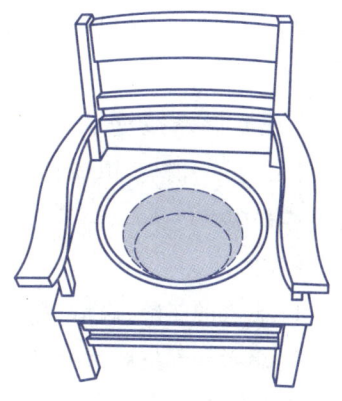

图3-4-7 坐浴椅、坐浴盆

293

【实施】 热水坐浴操作见表3-4-8。

表 3-4-8　热水坐浴操作

操作流程	操作说明	注意点
1. 核对解释	备齐用物携至床旁,做好核对、解释;嘱患者排尿、排便	防止热水刺激引起排尿、排便反射
2. 配药	配制药液置于坐浴盆内1/2满,调节水温,将坐浴盆置于坐浴椅上	药液按医嘱配制,若为高锰酸钾,其浓度为1:5 000;水温40~45℃
3. 协助坐浴	协助患者脱裤至膝部,暴露患处,嘱患者先试水温,坐于浴盆内 坐浴过程中,护士应随时按需添加热水	坐姿舒适,臀部完全泡入水中 保证坐浴治疗效果
4. 观察	坐浴过程中,密切观察患者的情况	若出现面色苍白、脉搏加快、晕眩、软弱无力,应停止坐浴
5. 停止坐浴	坐浴时间为15~20 min;坐浴完毕擦干臀部,协助患者穿好衣裤卧于舒适卧位	保证热疗效果,防止产生继发效应
6. 洗手记录	洗手,记录坐浴时间、效果和患者反应	便于评价

【评价】

1. 患者感觉舒适、安全,未发生烫伤。

2. 热水坐浴后,局部的炎症和肿胀疼痛减轻,疮面得到清洁。

【注意事项】

1. 女性患者在经期、妊娠后期、产后2周内、阴道出血和盆腔急性炎症期不宜坐浴,以免引起感染。

2. 坐浴部位有伤口者,应备无菌的坐浴盆、溶液;坐浴后应按无菌技术处理伤口。

3. 坐浴过程中,注意观察面色、脉搏、呼吸,倾听患者主诉,如有乏力、眩晕应停止坐浴。

4. 热水坐浴有镇静、催眠作用,在实施中应注意患者安全,防止跌倒。

（三）温水浸泡法

【目的】 消炎,镇痛,清洁、消毒伤口。用于手、足、前臂、小腿部位的感染早期,使炎症局限。

【评估】

1. 患者的年龄、病情、意识、治疗情况。

2. 患者局部皮肤状况,如颜色、温度、有无硬结、淤血及开放伤口等,有无感觉障碍及对热的耐受情况等。

3. 患者对使用温水浸泡法的心理反应及合作程度。

【计划】

1. 护士准备　衣帽整洁,修剪指甲,洗手,戴口罩。

2. 患者准备　患者了解温水浸泡的目的、方法及注意事项。

3. 用物准备　浸泡盆内盛 43~46℃ 热水 1/2 满、药液(按医嘱备)、纱布 2 块,镊子 1 把。

4. 环境准备　病室整洁,温度适宜,酌情关闭门窗。

【实施】　温水浸泡操作见表 3-4-9。

表 3-4-9　温水浸泡操作

操作流程	操作说明	注意点
1. 核对解释	备齐用物携至床旁,做好核对、解释	取得患者配合
2. 配药	配制药液置于浸泡盆内 1/2 满,调节水温	水温 43~46℃,可依据患者习惯调节,但应防止烫伤患者
3. 协助浸泡	暴露患处,将肢体慢慢放入浸泡盆,必要时用长镊子夹纱布轻擦创面(图 3-4-8)	镊子尖端勿接触创面
4. 观察	观察局部皮肤有无发红、疼痛	
5. 停止浸泡	浸泡时间为 30 min;浸泡完毕,用纱布擦干肢体;协助患者躺卧舒适,整理患者床单位	有伤口者按无菌技术换药
6. 洗手记录	洗手,记录温水浸泡部位、时间、效果、反应	便于评价

【评价】

1. 患者感到舒适、安全、无烫伤及不良反应。

2. 治疗局部肿胀、疼痛减轻,无感染发生。

【注意事项】

1. 浸泡部位有伤口者,应备无菌的浸泡盆、溶液及用物;浸泡后应按无菌技术处理伤口。

2. 浸泡过程中,注意观察局部皮肤,倾听患者主诉,随时调节水温。

3. 如中途需添加热水,应先将肢体移出盆外,以防烫伤。

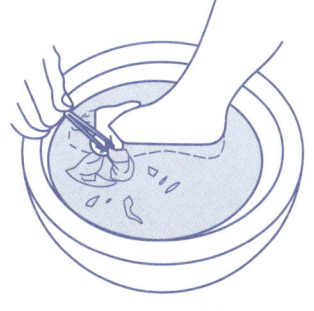

图 3-4-8　温水浸泡

思考题

1. 影响冷热疗效果的因素有哪些?

2. 比较冷热疗法治疗作用的异同点。

3. 冷热疗法的禁忌证各有哪些？

在线测试：
冷热疗法

赛证聚焦

请扫描二维码完成在线测试。

（陈细曲）

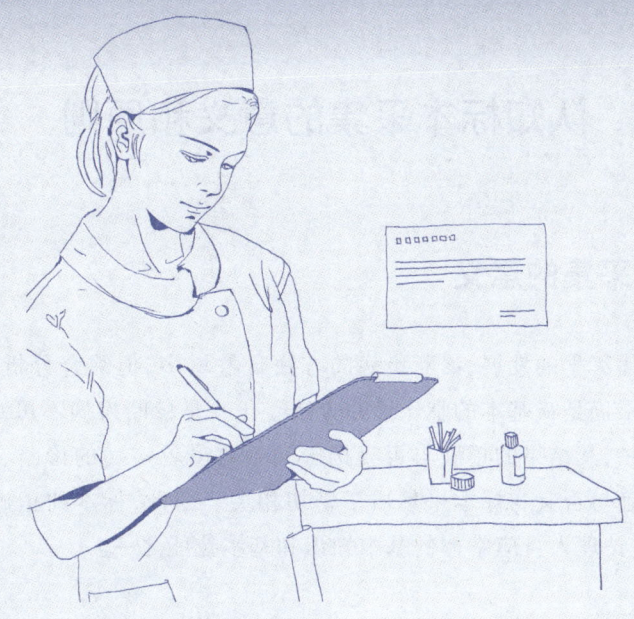

项目五　标本采集

思维导图:
标本采集

学习目标

◇ 知识目标

1. 能正确陈述标本采集的基本原则及意义。

2. 能正确描述血液标本、尿液标本、粪便标本采集的目的及注意事项。

3. 能正确说出留取痰液标本及咽拭子标本、12 h 或 24 h 尿标本常用防腐剂的种类、作用与用法。

◇ 技能目标

能正确准备各种标本容器,按照正确的操作规程,规范地进行各种标本的采集。

◇ 素质目标

能树立严谨求实的工作态度,遵守指南要求,规范执业意识与良好的职业行为。

任务一　认知标本采集的意义和原则

一、标本采集的意义

虽然现代医学的发展，诊断疾病的方法日益增多，但综合分析临床症状、体征和化验检查结果仍是最基本的临床诊断方法。化验是诊断疾病不可缺少的依据和重要检查方法之一，其结果的正确与否直接影响到对患者疾病的诊断、治疗和抢救，而化验结果的正确与否又与标本采集质量密切相关。因此，标本的正确采集和及时送检极为重要，是护理人员应掌握的基本知识和基本技能之一。

二、标本的种类

临床上常见的送检标本有血液、体液(脑脊液、胸腹腔积液、前列腺液、阴道液及精液)、分泌物(痰、鼻咽分泌物)、排泄物(尿、粪)等。

三、标本采集的原则

1. 遵医嘱采集标本　采集各种标本均应按医嘱执行。认真填写检验申请单，字迹清楚，目的明确，并签全名。对有疑问的检验申请单应核实清楚后才执行。

2. 采集前做好充分准备　采集标本前应明确检验项目、检验目的及注意事项。向患者解释留取标本的目的和要求，以取得合作。应根据检验目的选择合适的容器，容器外必须贴上标签，注明患者姓名、科室、床号、住院号、检查物性质、检查目的和送检日期时间。

3. 严格查对　采集前应认真查对医嘱、核对申请项目、患者姓名、床号、住院号等。采集完毕以及送检前应重复查对，以保证标本收集无误。

4. 正确采集标本　为了保证送检标本的质量，必须掌握正确的采集方法。采集标本要及时，采集量要准确。凡需细菌培养的标本，均应放入无菌容器内，采集时严格执行无菌操作技术、应在使用抗生素前采集。若已使用抗生素应按抗生素的半衰期计算，在血药浓度最低时采集标本，并在检验单上注明。如做妊娠试验要留晨尿，因为晨尿内绒毛膜促性腺激素的含量高，容易获得阳性检验结果。

5. 及时送检标本　标本采集后应及时送检，不宜放置过久，以免标本变质影响检验结果。特殊标本还应注明采集时间。

任务二 各种标本的采集

一、血液标本的采集

血液不断流动于循环系统中,与人体所有组织发生联系,参与人体的每一项功能活动,对保证机体的新陈代谢、功能调节和维持机体内、外环境的平衡有着重要作用。血液发生病理变化时常影响全身的组织、器官,组织病变又可致血液成分改变。故血液检查是最重要,也是最常用的检验项目,不仅可反映血液系统本身的病变,协助诊断全身性疾病,也可为判断患者病情进展程度和疾病治疗提供参考。

临床收集的血液标本分静脉血液标本和动脉血液标本。

【目的】

1. 静脉血液标本

(1)全血标本:用于红细胞沉降率(简称血沉)、血常规检查和测定血液中某些物质的含量,如尿素氮、肌酐、肌酸、尿酸、血氨、血糖等。

(2)血清标本:用于测定血清酶、脂类、电解质、肝功能等。

(3)血培养标本:用于查找血液中的病原菌,如伤寒杆菌培养等。

2. 动脉血液标本　用于血液气体分析。

【评估】

1. 了解患者的诊断。

2. 明确患者需做的检查项目,决定采血量及抗凝剂(表 3-5-1)。

表 3-5-1　常用血标本检查项目、抗凝剂及采血量

检查项目	抗凝剂	采血量/ml
血气分析(PaO_2、$PaCO_2$、pH 等)	肝素	1.0
全血图(WBC、RBC、HGB、PCT)	EDTA-K_2	2.0
凝血试验(PT、APTT、凝血因子等)	109 mmol/L 枸橼酸钠 0.2 ml	1.8
血沉	109 mmol/L 枸橼酸钠 0.4 ml	1.6
肿瘤标志物	无	3.0
生化试验(电解质、肾功能、肝功能、血糖、心肌酶学)	无	2.0~4.0
乙肝标志物("三对")	无	3.0
甲状腺功能	无	4.0

注:① 肝功能标本需空腹抽血。② 全血标本均需充分混匀,及时送检。

真空采血管封口处的颜色标志

用真空采血管采血时,试管封口处的不同颜色表示不同的化验目的:生化检测——红或黄色;全血试验——紫色;凝血测定——蓝色;红细胞沉降率测定——黑色(图3-5-1)。

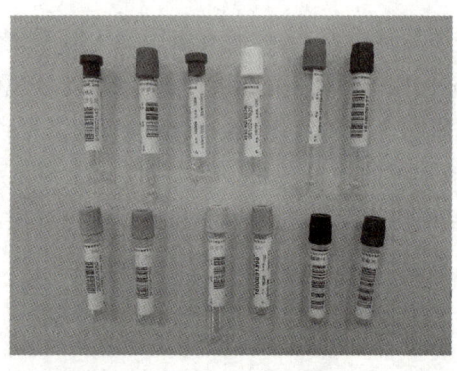

图 3-5-1 真空采血管

3. 明确需做检查项目的注意事项并事先告之患者。例如,肝功能检查宜在晨起空腹时采血,应事先告诉患者禁食,避免因进食而影响检查结果。

4. 患者穿刺部位皮肤及血管情况。

【计划】

1. 护士准备 衣帽整洁,洗手,戴口罩。

2. 患者准备 了解采血的目的,取舒适体位。

3. 用物准备

(1) 静脉血液标本采集法:注射盘内放置5%碘伏或2%碘酊,70%乙醇,棉签,止血带,干燥注射器(5 ml 或 10 ml),采血针头(7 号),标本容器(干燥试管、抗凝管或血培养瓶),写有患者科室、床号、姓名和检查名称的化验单。酒精灯和打火机(采集血培养标本用)。

(2) 动脉血液标本采集法:按静脉血液标本采集法准备用物,另备无菌干燥的1 ml注射器、肝素、无菌纱布、橡皮塞,必要时备一次性无菌手套。

4. 环境准备 整洁、安静,温度、湿度适宜。

【实施】 血标本采集操作见表3-5-2。

表 3-5-2 血标本采集操作

操作流程	操作说明	注意点
1. 准备容器	查对医嘱,根据检验目的选择适当容器 检查容器是否完好,在容器外贴上标签(或条形码),注明科别、床号、姓名、检验目的和送检日期	若需抽空腹血,应提前告知

操作流程	操作说明	注意点
2. 核对解释	携用物至床旁,认真核对患者并解释操作目的及配合方法,取得患者合作	认真查对,防止发生差错事故
3. 采集血标本	(1)采集静脉血液标本:戴上手套,选择合适静脉,在穿刺点上方 6 cm 处扎止血带,常规消毒皮肤,嘱患者握拳 1)注射器采血:手持注射器,按静脉注射法穿刺血管,见回血后抽所需血量;松开止血带,嘱患者松拳,用干棉签按压穿刺部位上方,快速拔针,按压 1~2 min。将血液注入所需标本瓶 ① 全血标本:取下针头,将血液沿试管壁缓缓注入盛有抗凝剂的试管内,轻轻摇匀,使血液与抗凝剂充分混匀 ② 血清标本:取下针头,将血液沿试管壁缓缓注入干燥试管内 ③ 血培养标本:抽取血 5 ml,去除密封培养瓶铝盖的中心部,常规消毒瓶盖,更换针头后将血液注入瓶内,轻轻摇匀 2)真空采血器采血(图 3-5-2):手持真空采血针,采血针与手臂成 30°左右的角度,按静脉穿刺法穿刺血管,见回血后立即固定穿刺针头,将采血针另一端插入真空采血管,自动留取够所需血量,取下真空采血管 如需继续采集,置换另一支真空采血管。当最后一支采血管采血即将完毕时,松开止血带,嘱患者松拳,以干棉签按压穿刺点,迅速拔出针头,使采血针内血液被采血管剩余负压吸入管内,嘱患者屈肘按压穿刺点 1~2 min (2)采集动脉血液标本:协助患者取适当体位,暴露穿刺部位 选择动脉:桡动脉穿刺点为前臂掌侧腕关节上 2 cm,动脉搏动明显处;股动脉穿刺点在腹股沟动脉搏动明显处,穿刺时患者取仰卧位,下肢略外展,充分暴露穿刺部位。常规消毒皮肤。取出一次性注射器并检查,抽吸肝素 0.5 ml,湿润注射器管腔后弃去余液。戴无菌手套或常规消毒左手示指和中指,在欲穿刺动脉的搏动最明显处固定动脉	止血带尾端向上,避免污染穿刺点;使静脉充盈,便于穿刺及抽血 不可拍打穿刺部位,以免影响检验结果 注意拔针按压的部位和时间,避免发生皮下出血或淤血 注意无菌操作,防止污染 防止血液凝固 勿将泡沫注入 防溶血选用干燥注射器 勿将泡沫注入、避免振荡 亚急性细菌性心内膜炎患者,为提高细菌培养的阳性率,采血量可增至 10~15 ml 严格执行无菌操作原则 有出血倾向者,应谨慎 止血带使用时间不宜超过 1 min 防止皮下出血或淤血

301

操作流程	操作说明	注意点
3. 采集血标本	于两指间,右手持注射器,在两指间垂直或与动脉走向成45°刺入动脉,见有鲜红色血液涌进注射器,即以右手固定穿刺针,抽取所需血量0.5~1 ml 采血毕,迅速拔出针头,用无菌纱布加压止血5~10 min。立即将针头斜面刺入软木塞或橡胶塞,以隔绝空气并轻轻搓动注射器使血液与肝素混匀	防止空气进入注射器,而影响检验结果
4. 整理用物	安置患者,再次核对,清理用物。将用过的注射器、针头或真空采血针放入指定的容器内	防止交叉感染
5. 送检血标本	洗手、记录,将血标本连同检验单立即送检	以免影响检验结果

【评价】

1. 患者采集部位无血肿、感染发生。

2. 护士无菌观念强,所采集的血标本符合检查的项目要求。

【注意事项】

1. 严格执行无菌技术,以防交叉感染。

2. 血标本做生化检验,应在患者空腹时采集,至少禁食8 h,以12~14 h

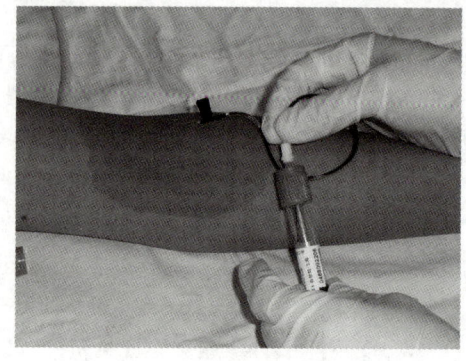

图3-5-2 真空采血器采血

为宜,宜在上午7:00—9:00采血,此时血液的各种化学成分处于相对恒定状态,检验结果比较正确。因此,应事先通知患者,避免因进食而影响检验结果。

3. 抽血清标本须用干燥注射器、针头和干燥试管。用真空管采血时,注意止血带扎的时间不宜过长,以免血管压力增大,出血速度太快造成溶血。

4. 同时采集多种血标本时,应先将血液注入血培养瓶,再注入抗凝试管,最后注入干燥试管。

5. 严禁在输液、输血的针头处抽取血标本,应在对侧肢体采集。

6. 采血用的注射器应经消毒液浸泡消毒后再处理。

7. 静脉采血时,成人首选手臂肘前区静脉,优先顺序依次为肘正中静脉、头静脉及贵要静脉;婴儿常用颈部静脉或股静脉。

二、尿标本的采集

尿液由肾产生，是人体代谢的产物，其理化性质和有形成分的改变，不仅与泌尿系统疾病直接相关，而且受人体各系统功能状态的影响。临床上常收集尿标本做物理、化学、细菌学和显微镜等检查，以了解病情，协助诊断和治疗。

尿标本分为三种：常规标本、培养标本和 12 h 或 24 h 标本。

【目的】

1. 尿常规标本　用于检查尿液的色泽、透明度、比重、细胞、管型、蛋白质和尿糖定性等。

2. 尿培养标本　取未被污染的尿液查找致病菌或做细菌敏感试验。

3. 12 h 或 24 h 尿标本　做尿的各种定量检查，如钠、钾、氯、17-羟类固醇、17-酮类固醇、肌酸、肌酐、尿糖定量或尿浓缩查结核杆菌等。

【评估】

1. 患者的年龄、病情、诊断及治疗情况。

2. 检验项目和目的。

3. 患者的认知水平、理解程度和合作能力。

【计划】

1. 护士准备　衣帽整洁，洗手，戴口罩。

2. 患者准备　了解采集尿标本的目的，掌握留取尿液方法。

3. 用物准备

（1）尿常规标本：清洁尿杯（容量为 50～100 ml），检验申请单（注明科室、床号、姓名、检查项目），标签，必要时备便器。

（2）尿培养标本：导尿用物，消毒外阴用物，屏风，无菌有盖标本瓶，长柄试管木夹，酒精灯，火柴，检验申请单（注明科室、床号、姓名、检查项目），标签等。

（3）12 h 或 24 h 尿标本：容量为 3 000～5 000 ml 清洁带盖广口瓶，防腐剂，检验申请单（注明科室、床号、姓名、检查项目），标签等。

4. 环境准备　整洁、安静、隐蔽，注意遮挡患者。

【实施】　尿标本采集操作见表 3-5-3。

表 3-5-3　尿标本采集操作

操作流程	操作说明	注意点
1. 准备容器	查对医嘱，根据检验目的选择适当容器。检查容器是否完好，在容器外贴上化验单附联，注明科别、床号、姓名、检验目的和送检日期	防止发生差错事故
2. 核对解释	携用物至床旁，认真核对患者并解释操作目的及配合方法，取得患者合作	确认患者，消除患者的紧张情绪取得合作

操作流程	操作说明	注意点
3. 留取尿标本	（1）尿常规标本采集法：留取晨起第一次尿于标本容器内，量约 100 ml。因晨尿浓度较高，未受饮食的影响，故检验结果准确，更具有参考意义。病情轻者，嘱其自行如厕排尿，留取中段尿约 30 ml。危重、行动不便者，协助其床上排尿，留取足量尿液于尿杯中。留置导尿者，先夹住导尿管 15~30 min，然后接取尿液于尿杯中或于集尿袋下方引流孔处打开橡胶塞收集尿液 （2）尿培养标本采集法： ① 留取中段尿法：用屏风遮挡，协助患者取舒适卧位，放好便盆。打开导尿包，戴上清洁手套，按导尿术清洁、消毒外阴和尿道口。嘱患者将前段尿排在便盆内，用试管夹夹持试管于酒精灯火焰上消毒试管口后，接取中段尿 5~10 ml 于无菌标本瓶内，酒精灯火焰消毒试管口和盖子，随即盖紧试管，熄灭酒精灯 ② 导尿术留取法：按无菌技术插入导尿管引出尿液，留取尿标本 5~10 ml 送检 ③ 12 h 或 24 h 尿标本采集法：请患者于清晨 7:00 排空膀胱后，开始留尿，至次晨 7:00 最后一次尿液。若为 12 h 尿标本，则于 19:00 排空膀胱后留取尿液至次晨 7:00。请患者将尿液先排在便盆或便壶内，再收集到集尿瓶内。于收集时间结束前，再请患者排尿，留取最后一次尿液后，测总量	会阴部分泌物过多时，应先清洗，再收集尿液。注意用屏风遮挡患者，保护自尊 严格执行无菌操作 此次尿液为检查前存留在膀胱 方便收集尿液 按检验要求在尿中加入防腐剂（表 3-5-4）
4. 标本送检	再次核对，清理用物，洗手，记录，标本及时送检	及时送检，保证结果准确

表 3-5-4 常用防腐剂的名称、作用、用法及适用范围

名称	作用	用法	适用范围
甲醛	固定尿中有机成分，防腐	每 100 ml 尿液中加 400 mg/L 甲醛 0.5 ml	艾迪斯（Addis）计数
浓盐酸	防止尿中激素被氧化，防腐	每升尿液中加 10 ml	17-羟类固醇、17-酮类固醇

名称	作用	用法	适用范围
甲苯	延缓尿液中化学成分的分解,防腐。保持尿液的化学成分不变	每 100 ml 加甲苯 0.5 ml(甲苯应在第一次尿液倒入后再加,使之形成薄膜覆盖于尿液表面,防止细菌污染)	尿液中蛋白、糖、钠、钾、氯、肌酐、肌酸的定量检查

【注意事项】

1. 女患者月经期不宜留取尿标本,以免影响检验结果。

2. 做早孕诊断试验应留晨尿。因为晨尿内绒毛膜促性腺激素的含量高,容易获得阳性结果。

3. 留置导尿的患者留取常规尿标本,可打开集尿袋下方引流口的橡胶塞进行收集。

三、粪便标本的采集

正常粪便由已消化和未消化的食物残渣、消化道分泌物、大量细菌和水分组成。临床上常通过检验粪便判断消化道有无炎症、出血和寄生虫感染,并根据粪便的性状和组成了解消化功能。

粪便标本分四种:常规标本、细菌培养标本、隐血标本和寄生虫及虫卵标本。

【目的】

1. 常规标本　检查粪便的一般性状、颜色、混合物等。

2. 细菌培养标本　检查粪便中的致病菌。

3. 隐血标本　检查粪便中是否存在肉眼不能观察到的微量血液。

4. 寄生虫及虫卵标本　检查寄生虫成虫、幼虫及虫卵。

【评估】

1. 患者的病情、诊断和治疗情况,留取粪便标本的目的。

2. 患者的理解程度和合作能力。

【计划】

1. 护士准备　衣帽整洁,洗手,戴口罩。

2. 患者准备　了解采集粪便标本的目的,掌握留取粪便的方法。

3. 用物准备

(1)常规标本:蜡纸盒,竹签,检验申请单(注明科室、床号、姓名、检查项目)。

(2)细菌培养标本:消毒便盆,无菌生理盐水,培养试管或无菌蜡纸盒,无菌长棉签和长拭子,检验申请单(注明科室、床号、姓名、检查项目)。

(3)隐血标本:蜡纸盒,竹签或特制标本盒,检验申请单(注明科室、床号、姓名、检查项目)。

(4)寄生虫及虫卵标本:带盖的便器,蜡纸盒,竹签,透明胶带,载玻片,检验申请单(注明科室、床号、姓名、检查项目)。

4. 环境准备　安静、安全、隐蔽。

【实施】　粪便标本采集操作见表3-5-5。

表3-5-5　粪便标本采集操作

操作流程	操作说明	注意点
1. 准备容器	查对医嘱,贴检验单附联于检便盒上,携用物至床旁	防止差错发生
2. 核对解释	核对患者并解释操作目的和方法	使患者理解,取得合作
3. 采集粪标本	(1) 常规标本:用屏风遮挡,嘱患者排空膀胱,排便于清洁便盆内。用清洁竹签取少量异常部分或黏液脓血部分约5 g,置于标本容器内 (2) 培养标本:用无菌棉签取中央部分粪便或脓血黏液部分2~5 g置于培养瓶内,塞紧瓶塞。患者无便意时,用长棉签蘸无菌生理盐水由肛门插入4~5 cm(幼儿2~3 cm),顺一个方向轻轻旋转后退出,将棉签置于培养管内 (3) 寄生虫标本: ① 检查寄生虫:在粪便不同部位取带血或黏液部分5~10 g ② 检查蛲虫:嘱患者睡觉前或清晨起床前,将透明胶带贴在肛门周围。取下粘有虫卵的透明胶带粘贴在载玻片上或将透明胶带对合,立即送检 ③ 检查阿米巴原虫:将便盆加温至接近人的体温,排便后,将标本连同便盆立即送检 (4) 隐血标本:按常规标本留取	避免排便时尿液排出 水样便应盛于容器中送检 患者服用驱虫药或做血吸虫孵化检查应留取全部粪便 蛲虫常在午夜或清晨爬到肛门产卵 保持阿米巴原虫的活动状态及时送检,防止阿米巴原虫在低温下失去活动力或死亡 嘱患者检查前3日禁食肉类、动物肝、血、绿色蔬菜和含铁剂的药物,3日后采集标本
4. 标本送检	清洁、消毒便盆,放回原处,洗手,记录,标本及时送检	避免交叉感染 记录粪便的形状、颜色、气味等

【评价】　护患沟通有效,患者能正确采集大便标本。

【注意事项】

1. 查阿米巴原虫时,在收集标本前几日,不可给患者服用钡剂、油质、含金属的泻剂等,以免影响阿米巴原虫卵或包囊显露。

2. 虚弱、行动不便者,协助其排便后留取标本。

四、痰标本的采集

痰液系气管、支气管和肺泡的分泌物,正常情况下分泌甚少不引起咳嗽。呼吸道黏膜受刺激时分泌增多,形成痰液。痰主要由黏液和炎性渗出物组成。痰液检查的主要目的是协助诊断某些呼吸系统疾病,如支气管哮喘、支气管扩张、肺部感染、肺结核、肺癌、肺吸虫病等。

临床上收集的痰标本可分为三种:常规标本、培养标本和 24 h 标本。

【目的】

1. 常规标本　检查痰的一般性状,涂片查细胞、细菌、虫卵,协助诊断某些呼吸系统的疾病。

2. 培养标本　检查痰液中的致病菌,确定病菌类型。

3. 24 h 标本　检查 24 h 痰液的量及性状,协助诊断。

【评估】

1. 患者的一般情况、意识状态、理解能力与合作程度。

2. 患者的病情与治疗情况。

【计划】

1. 护士准备　衣帽整洁,洗手,戴口罩。

2. 患者准备　了解采集痰标本的目的,掌握收集痰标本的要求。

3. 用物准备

(1) 常规标本:患者能自行留痰者备标本容器(痰培养标本备无菌容器及朵贝尔漱口液,24 h 痰标本备 500 ml 广口集痰器),检验申请单(注明科室、床号、姓名、检查项目);患者无法咳痰或不合作者备集痰器,检验申请单(注明科室、床号、姓名、检查项目),吸痰用物(吸引器、吸痰管),生理盐水,手套。

(2) 痰培养标本:患者能自行留痰者备无菌集痰器,漱口液 200 ml,检验申请单(注明科室、床号、姓名、检查项目);患者不能自行咳痰或不合作者连接无菌集痰器,防止污染标本。痰培养标本须备无菌用物。

(3) 24 h 痰标本:广口集痰器(容量约 500 ml),检验申请单(注明科室、床号、姓名、检查项目)。

4. 环境准备　整洁,温湿度适宜,光线明亮。

【实施】　痰标本采集操作见表 3-5-6。

表 3-5-6　痰标本采集操作

操作流程	操作说明	注意点
1. 准备容器	按医嘱填写检验单,在检验单附联上注明科别、床号、姓名,根据目的选择适当容器,检查容器有无破损,贴上标签	防止差错发生

操作流程	操作说明	注意点
2. 核对解释	备齐用物携至床旁,做好核对、解释	取得患者合作
3. 采集痰标本	(1)痰常规标本:能自行咳痰者嘱患者清晨睡醒后先漱口,数次深呼吸后用力咳出气管深处的痰液,盛于痰盒内;无法咳痰或不合作者,协助取适当卧位,由下向上叩击患者背部,使痰液松脱后在吸痰器吸管中段连接集痰器按吸痰法将痰液吸入集痰器内,加盖	去除口腔中的杂质 有效呼吸可助患者咳出痰液 集痰器开口高的一端接吸引器,低的一端接吸痰管
	(2)痰培养标本:能自行留取痰液者,嘱患者清晨起床后先用朵贝尔漱口,再用清水漱口,数次深呼吸后用力咳出气管深处的痰液于无菌集痰器(图3-5-3)内,盖好瓶盖;无法咳痰或不合作者,协助取适当卧位,由下向上叩击患者背部,戴好无菌手套,无菌集痰器分别连接吸引器和无菌吸痰管。按吸痰法将痰液吸入集痰器内,加盖	严格无菌操作,避免因操作不当污染标本,影响检验结果
	(3)24 h痰标本:注明留痰起止时间。从清晨醒来进食前漱口后第一口痰开始留取(7:00),次晨醒来漱口后第一口痰结束(7:00),全部收集于集痰器内	勿将唾液、鼻涕、漱口液等混入痰标本,使患者感觉舒适 观察痰的外观、性状
4. 标本送检	洗手、记录、连同化验单及时送检	24 h痰标本应记总量

【评价】

1. 护患沟通有效,患者能正确采集痰标本。

2. 痰培养标本采集方法正确、无污染。

【注意事项】

1. 痰标本应于晨起收集,查找癌细胞者用95%乙醇或10%甲醛固定后送检。

2. 24 h痰标本容器应加盖,玻璃容器应加套遮盖,避免造成不良刺激。同时应减去所加清水的量。

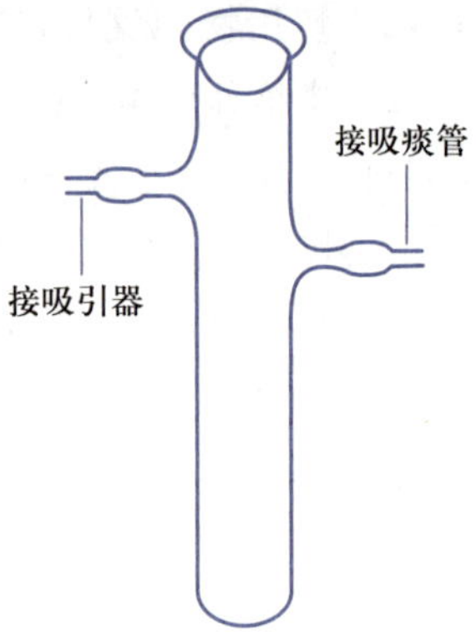

五、咽拭子标本的采集

图3-5-3 集痰器示意

【目的】 从咽部和扁桃体取分泌物做细菌培养或病毒分离,协助诊断、治疗和护理。

【评估】

1. 患者的诊断、治疗。

2. 了解患者的进食时间,避免在进食后 2 h 内取标本以防呕吐。

3. 患者的理解合作能力。

【计划】

1. 护士准备　衣帽整洁,洗手,戴口罩。

2. 患者准备　了解咽拭子标本采集的目的,积极配合。

3. 用物准备　咽拭子培养管,酒精灯,打火机,压舌板,手电筒,检验申请单(注明科室、床号、姓名、检查项目)。

4. 环境准备　病室整洁,温湿度适宜,光线明亮。

【实施】　咽拭子标本采集操作见表 3-5-7。

【评价】　采集的标本无污染,患者无不舒适感觉。

【注意事项】　做真菌培养时,须在口腔溃疡面上采取分泌物;若做病毒分离,应将标本保存于冰箱内。

表 3-5-7　咽拭子标本采集操作

操作流程	操作说明	注意点
1. 准备容器	核对医嘱,贴检验单附联于咽拭子培养管上	防止发生差错
2. 核对解释	携用物至床旁,核对患者,解释目的	避免进食后 2 h 内进行
3. 采集咽拭子标本	点燃酒精灯,嘱患者张口发"啊"音 用培养管内的无菌长棉签拭腭弓两侧、咽、扁桃体的分泌物 在酒精灯火焰上消毒试管口,棉签插入试管,塞紧	暴露咽喉部,必要时使用压舌板 动作应轻柔敏捷
4. 标本送检	整理床单位,洗手,记录,将咽拭子标本及时送检	防止污染标本,影响检验结果

六、呕吐物标本的采集

【目的】　取患者呕吐物送检以协助诊断、治疗。

【评估】

1. 患者的临床诊断、治疗情况。

2. 评估患者的理解合作能力。

【计划】

1. 护士准备　衣帽整洁,洗手,戴口罩。

2. 患者准备　了解采集的目的,掌握留取呕吐物方法。

3. 用物准备　弯盘或痰杯,检验申请单(注明科室、床号、姓名、检查项目)。

4. 环境准备　整洁,温湿度适宜,光线明亮。

【实施】　呕吐物标本采集操作见表 3-5-8。

表 3-5-8 呕吐物标本采集操作

操作流程	操作说明	注意点
1. 准备容器	查对医嘱,贴化验单附联于弯盘或痰杯上,携用物至床旁	
2. 核对解释	核对患者并解释取呕吐物的目的和方法	取得患者合作
3. 采集呕吐物标本	患者呕吐时,用弯盘或痰杯接取	量适当
4. 标本送检	助患者漱口,标本送检,整理床单位,洗手	使患者舒适,预防交叉感染

【评价】 采集的标本及时送检,患者不舒适感减轻。

【注意事项】 避免将痰液、唾液混入呕吐物标本内,要体现出关心、体贴患者的工作态度。

七、体液标本采集法

体液学检验有广泛的前途和应用前景,开展体液学检验对临床诊断与治疗有重要的价值和意义。体液学检验包括脑脊液、胸腹腔积液、前列腺液、阴道液及精液等标本的检查。

1. 脑脊液标本采集 脑脊液由临床医生进行腰椎穿刺采集,必要时可从小脑延脑池或侧脑室穿刺获得。将脑脊液分别收集于 3 个无菌试管中,第一管做细菌培养,第二管做化学分析和免疫学检查,第三管做一般性状及显微镜检查。每管收集 1~2 ml。脑脊液标本必须立即送检,及时检查。

2. 胸腹腔积液标本采集 一般由临床医生根据需要在无菌条件下,对各积液部位进行穿刺而收集。标本应分装在两个容器内,一个加 1/10 标本量的 10^6 mmol/L 枸橼酸钠抗凝药,并立即送检。

3. 前列腺液标本采集 前列腺液标本应由临床医生进行前列腺按摩术采集。液量少时可直接滴在载玻片上,量多时可收集在洁净干燥的试管内。

4. 阴道分泌物标本的采集 阴道标本采集前 24 h,禁止性交、盆浴、阴道检查、阴道灌洗及局部用药等,以免影响检查结果。取材所用消毒的刮板、吸管或棉拭子必须清洁干燥,不粘有任何化学药品或润滑剂。

5. 精液标本的采集 在采集精液标本前必须禁欲。25 岁以下禁欲 3 日,25~35 岁禁欲 5 日,35~45 岁禁欲 7 日。标本采集后,应立即送检,不得超过 2 h。在实验室存放或在转送过程中,其温度应保持在 25~35℃。

思考题

1. 临床上经常采集的标本有哪些? 护士应如何正确采集?
2. 采集标本的原则有哪些?

3. 采集血标本的注意事项有哪些？

4. 采集 12 h 或 24 h 尿标本时可加入哪些防腐剂？它们的作用分别是什么？

请扫描二维码完成在线测试。

在线测试：
标本采集

（陈小晶　林晓琼）

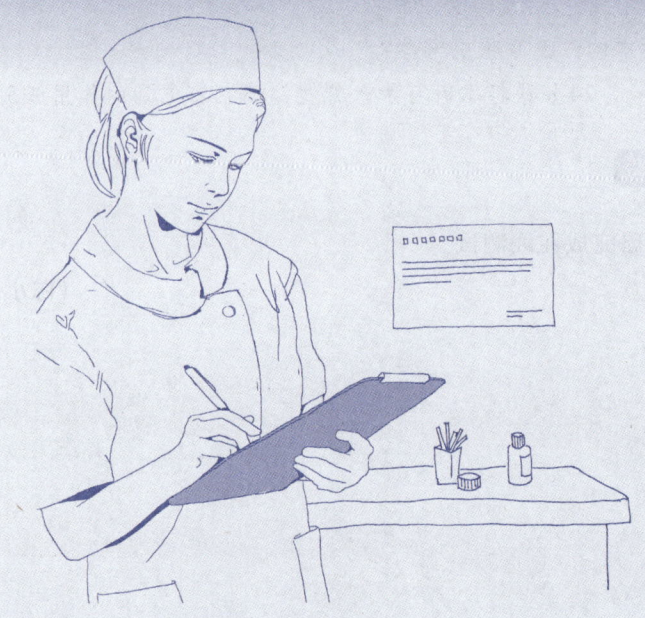

项目六　临终护理

思维导图：
临终护理

学习目标

◇ **知识目标**

1. 能解释临终、临终关怀、脑死亡的概念。

2. 能正确陈述脑死亡的诊断标准。

3. 能正确描述死亡过程各期的表现和特点。

4. 能正确理解临终患者的生理变化。

5. 能正确识别临终患者的心理变化。

◇ **技能目标**

1. 能正确运用心理学知识做好临终患者的心理护理。

2. 能为临终患者家属提供有效的关怀。

3. 能为死亡患者进行尸体护理。

◇ **素质目标**

1. 能尊重临终患者,并为患者及家属提供身心支持,体现人道主义精神。

2. 能保护患者隐私,引导患者建立正确的死亡观。

生、老、病、死是人生的自然发展过程,临终是人生必然的发展阶段,在人生的最后旅途中最需要的是关爱和帮助。护理人员在临终护理中发挥着重要作用,在患者临终前从身心两方面照顾好患者使其处于宁静、安详状态,走完人生的最后旅程。

任务一　认知临终关怀的基本知识

一、临终关怀

临终关怀,又称为善终服务、安宁照顾等,是向临终患者及其家属提供缓和性和支持性的照顾,使临终患者症状得到控制,生命得到尊重,能够安宁无痛苦地走完人生的最后旅程,家属的身心健康得到维护和增强。临终关怀不仅是一种服务,而且也是一门以临终患者的生理、心理发展和为临终患者提供全面照料、减轻患者家属精神压力为研究对象的新兴学科。

二、濒死及死亡的定义

(一)濒死

濒死即临终,是指患者接受治疗性和姑息性的治疗后,虽然患者意识清楚,但病情加速恶化,各种迹象显示生命即将终结。因此,濒死是生命活动的最后阶段。

(二)死亡

自古以来,人们把心脏视为维持生命的中心,进而把呼吸、心搏停止作为判断死亡的标准。随着医学科学的发展,尤其是生物工程技术的发展和复苏术、器官移植术的广泛应用,使一些心肺功能停止的患者,可借助药物和呼吸机来维持生命,只要大脑功能保持完整性,一切生命活动都有恢复的可能。因此,传统死亡概念受到挑战,目前医学界人士提出了新的、比较客观的死亡标准,即脑死亡标准。脑死亡即全脑死亡,包括大脑、中脑、小脑和脑干的不可逆死亡。不可逆的脑死亡是生命活动结束的象征,包括:① 大脑功能的停止,除运动、感觉之外,思考、感情等精神活动功能,即意识也都永久性丧失,脑电波消失。② 脑干功能停止:脑干有网状结构、脑神经核、延髓血管运动中枢、呼吸中枢等重要结构。因此,脑干功能丧失意味着上述结构功能停止。网状结构功能丧失导致昏迷,脑神经功能丧失则引起对光反射、角膜反射、眼球反射、前庭反射、咽反射、咳嗽反射的消失;延髓功能停止,则自发呼吸停止,血压急剧下降,直至脑死亡。如果脑干功能尚存,有自发呼吸,则不能称为脑死亡,只能说是处于"植物状态"。

脑死亡的判断标准如下。

（1）不可逆的深度昏迷。

（2）自发呼吸停止。

（3）脑干反射消失。

（4）脑电波平直。

附：

安　乐　死

安乐死，起源于希腊文，意思是"幸福"地死亡。它包括两层含义：① 安乐的无痛苦死亡；② 无痛致死术。现在安乐死是指患"不治之症"的患者在危重濒死状态时，由于精神和躯体的极端痛苦，在自己或其家属的要求下，经过医生的鉴定和法律的许可，用人为的方法使患者在无痛苦状态下度过死亡阶段而结束生命的全过程。

根据采取的方式不同，可将安乐死分为主动安乐死和被动安乐死两种形式。

主动（积极）安乐死是指采取某种人为的措施主动导致病痛者的死亡，必须符合下列条件：① 从现代医学知识和技术上看，患者患不治之症并已临近死期。② 患者极端痛苦，不堪忍受。③ 必须是为解除患者死前痛苦，而不是为亲属、国家、社会利益而实施。④ 必须有患者意识清醒时真诚嘱托或同意。⑤ 原则上必须由医生执行。⑥ 必须采用社会伦理规范所承认的妥当方法。

安乐死的提出反映了人类无痛苦死亡的愿望，有利于卫生资源的合理应用，是对生命质量的重视和对人选择死亡方式权利的尊重。安乐死的问题不仅限于医学范围，它涉及社会经济、伦理道德、传统习俗、哲学法律、宗教信仰、人的价值观等一系列问题，因而在世界范围内引起广泛的关注。2007 年 2 月，荷兰通过一项完全允许安乐死的法案，从而成为世界上首个承认安乐死合法化的国家。我国至今尚未为之立法。

三、死亡过程的分期

死亡并不是生命的骤然结束，而是一个连续进展的过程，是一个从量变到质变的过程。一般将死亡分为濒死期、临床死亡期和生物学死亡期三个时期。

（一）濒死期

濒死期又称为临终状态，此期机体各系统的功能发生严重障碍，中枢神经系统脑干以上部位的功能丧失或深度抑制，患者表现为意识不清，循环衰竭，呼吸衰竭，代谢紊乱，各种反应迟钝，肌张力丧失等。濒死期的持续时间可因患者机体状况及死亡原因而异，年轻强壮者及慢性病患者较年老体弱者及急性病患者濒死期长；猝死、严重颅脑损伤者可不经此期直接进入临床死亡期。濒死期生命处于可逆阶段，若得到积极有效的救治，生命可复苏，反之，则进入临床死亡期。

（二）临床死亡期

临床死亡期又称为个体死亡或躯体死亡,此期中枢神经系统的抑制过程已由大脑皮质扩散到皮质下部分,延髓处于极度抑制状态,患者表现为心搏、呼吸完全停止,瞳孔散大,各种反射消失,但各种组织细胞仍有微弱而短暂的代谢活动。此期一般持续5~6 min,超过这个时间,大脑将发生不可逆的变化。但在低温条件,尤其是头部降温脑细胞耗氧量降低时,临床死亡期可延长达1 h或更久。临床上失血、窒息、触电等致死患者,及时采取积极有效的急救措施仍有复苏的可能,因为此期重要器官代谢过程尚未停止。

（三）生物学死亡期

生物学死亡期是死亡过程的最后阶段,又称为全脑死亡、细胞死亡或分子死亡。从大脑皮质开始整个神经系统以及各器官的新陈代谢相继停止,并出现不可逆的变化,机体已不能复活。随着生物学死亡期的进展,相继出现尸体现象。

1. 尸冷　是最先发生的尸体现象,死亡后尸体温度逐渐降低称尸冷。死亡后尸体温度的下降有一定的规律,一般死亡后10 h内尸温下降速度约为每小时1℃,10 h后为每小时0.5℃,大约24 h,尸温与环境温度相同。测量尸温常以直肠温度为准。

2. 尸斑　死亡后血液循环停止,由于地心引力,血液向身体的最低部位坠积,透过皮肤呈现的斑痕称为尸斑。尸斑的出现时间是死亡后2~4 h,若患者死亡时为侧卧,则应将其转为仰卧位,应注意头下置枕,以防面部颜色改变。

3. 尸僵　尸体肌肉僵硬,关节固定称为尸僵。形成机制主要是死亡后肌肉中三磷腺苷分解而不能再合成所致,致使肌肉收缩,尸体变硬。尸僵先由咬肌、颈肌开始,向下至躯干、上肢和下肢,尸僵一般在死亡后1~3 h开始出现,4~6 h扩展到全身,12~16 h发展至高峰,24 h后尸僵开始减弱,肌肉逐渐变软,称为尸僵缓解。

4. 尸体腐败　死后人体组织的蛋白质、脂肪和糖类在腐败细菌作用下分解的过程称为尸体腐败。一般在死亡24 h后出现,并与环境温度有关,表现为尸臭、尸绿等。

任务二　临终患者的护理

一、临终患者躯体变化与护理

（一）评估

临终患者的生理变化是一个渐进的过程,濒死期各器官功能均已衰竭。

1. 循环衰竭　表现为皮肤苍白、湿冷、大量出汗、脉搏快而弱、不规则、四肢发绀、斑点,血压下降或测不出。

2. 呼吸功能减退　表现为呼吸频率由快变慢,呼吸深度由深变浅,出现鼻翼扇动、潮式呼吸、张口呼吸等,最终呼吸停止。由于分泌物在支气管内积聚,出现痰鸣音及鼾声呼吸。

3. 胃肠道功能紊乱　表现为恶心、呕吐、腹胀、食欲减退、腹泻、便秘、脱水、口干等。

4. 肌肉张力丧失　表现为大小便失禁,吞咽困难,肢体软弱无力,被动体位,脸部改变呈希氏面容(外观消瘦,面部铅灰色,眼眶凹陷、双眼半睁半闭、下颌下垂、嘴微张)。

5. 感知觉、意识改变　表现为视觉逐渐减退,由视觉模糊发展到只有光感,到最后视力消失,听觉常最后消失。意识改变可表现为嗜睡、意识模糊、昏睡、昏迷等。

6. 疼痛　表现为烦躁不安、痛苦面容、皱眉、咬牙、呻吟、哭泣、尖叫等。

(二)护理措施

1. 促进患者舒适

(1)预防并发症:维持良好、舒适的体位,定时翻身,促进血液循环,预防压力性损伤发生。

(2)加强皮肤护理:对于大小便失禁者,注意会阴、肛门周围的皮肤清洁,保持干燥;大量出汗者,应及时擦干,勤换衣裤,保持床单位清洁、干燥、平整、无渣屑。

(3)加强口腔护理:每日观察患者的口腔黏膜是否干燥、疼痛等;在晨起、餐后和睡前协助患者漱口、刷牙、口腔护理,保持口腔清洁;口唇干裂者可涂液状石蜡;有溃疡者或真菌感染者酌情涂药;口唇干燥者可适当喂水,也可用湿棉签湿润口唇。

(4)保暖:患者四肢冰冷不适时,应加强保暖,必要时给予热水袋。

2. 改善呼吸功能

(1)保持室内空气清新,定时通风换气,阳光充足,温湿度合适。

(2)神志清醒者可采用半卧位,改善呼吸困难;昏迷者可采用仰卧位并头偏向一侧或侧卧位,防止呼吸道分泌物误入气管引起窒息或肺部并发症。

(3)保持呼吸道通畅:拍背协助排痰,或应用雾化吸入,必要时吸痰。

(4)根据呼吸困难程度给予氧气吸入,纠正缺氧状态,改善呼吸功能。

3. 加强营养,增进食欲

(1)充分了解患者的饮食习惯,提供喜爱的食谱,鼓励自食。创造良好的就餐环境。

(2)注意食物的色、香、味,少食多餐,增进食欲。

(3)给予流质或半流质饮食,便于患者吞咽,必要时采用鼻饲法或完全胃肠外营养,保证患者营养供给。

4. 减轻感、知觉改变的影响

（1）及时用湿纱布拭去眼部分泌物，如患者眼睑不能闭合，可涂金霉素、红霉素眼膏或覆盖凡士林纱布，以保护角膜，防止角膜干燥发生溃疡或结膜炎。

（2）听力常是人体最后消失的感觉，护理中应避免在患者周围窃窃私语，以免增加患者的焦虑。

（3）可采用触摸患者的非语言交流方式，配合柔软温和的语调、清晰的语言进行交谈，使临终患者感到即使在生命的最后时刻，也并不孤独。

5. 减轻疼痛

（1）晚期癌症患者常伴有疼痛，护理中应注意观察疼痛的性质、部位、程度及持续时间。

（2）护理人员应同情、安慰、鼓励患者，多与患者交谈，稳定患者情绪，并适当引导分散患者注意力，从而减轻患者疼痛。

（3）协助患者选择减轻疼痛最有效的方法。若患者选择药物镇痛，可根据 WHO 建议的三阶梯疗法控制疼痛。注意观察用药后的反应，把握好用药的阶段，选择恰当的剂量和给药方式，达到控制疼痛的目的。

知识链接

三阶梯疗法

对癌症疼痛的处理，目前临床普遍推行 WHO 所推荐的三阶梯疗法。

第一阶段：主要针对轻度疼痛的患者，选用非阿片类药物、解热镇痛药、抗炎类药，如阿司匹林、布洛芬、对乙酰氨基酚等。

第二阶段：主要适用于中度疼痛的患者。如用非阿片类药物镇痛无效，可选用弱阿片类药物，如氨酚待因、可待因、曲马多等。

第三阶段：主要用于重度和剧烈性癌痛的患者。选用强阿片类药，如吗啡、哌替啶等。

辅助用药：在癌症疼痛治疗中，常常采取联合用药的方法，即加用一些辅助用药以减少主药的用量和不良反应。常用辅助药物：非甾体抗炎药，如阿司匹林类；弱安定药，如艾司唑仑和地西泮等；强安定药，如氯丙嗪；抗抑郁药，如阿米替林等。

（4）采用其他镇痛方法：如松弛术、音乐疗法、外周神经阻断术、针灸疗法、生物反馈法。

二、临终患者心理变化与护理

（一）临终患者心理变化

临终患者接近死亡时其心理反应是十分复杂的。美国精神病学家伊丽莎白·库勒·罗斯（Elisabeth Kubler Ross）观察 400 位临终患者，将身患绝症者从获知病情到临终整个阶段的心理反应过程总结为五个阶段：否认期、愤怒期、协议期、忧郁期、接受期。罗斯认为临终患者心理发展过程的五个阶段并非完全按顺序发生和发展,这个心理发展过程有着较大的个体差异,有的可以重合,有的可以提前,有的可以推后,各个阶段持续时间也不同。

1. 否认期　当患者得知自己病重将面临死亡时,其心理反应是"不,这不会是我,那不是真的!"极力否认、拒绝接受事实,他们怀着侥幸的心理四处求医,希望是误诊,无法接受任何对病情的解释和说明。这种反应是一种防卫机制,可以减少不良信息对患者的刺激,以使患者躲避现实的压迫感,有较多的时间来调整心态,面对死亡。这段时间的长短因人而异,大部分患者能很快停止否认,而有些人会持续到死亡。

2. 愤怒期　当否认无法再继续下去,患者常表现为生气与激怒,产生"为什么是我,这不公平"的心理,往往将愤怒的情绪向身边的人发泄。患者会经常斥责医护人员和家属,或者对医院的制度、治疗等方面表示不满,以发泄他们的苦闷和无奈。

3. 协议期　当病情越来越重,患者不得不接受事实,愤怒的心理逐渐消失。患者为了尽量延长生命,做出许多承诺作为交换条件,出现"请让我好起来,我一定……"的心理。有的患者认为许愿或做善事能扭转死亡的命运,有的患者则对过去做的错事表示悔恨,患者变得很和善,对自己的病情抱有希望,能很好地配合治疗。

4. 忧郁期　随着病情的日益加重,患者明明白白地感到自己正接近死亡,任何努力都无济于事,因此他不得不承认这一事实"好吧,那就是我",表现出明显的忧郁、悲伤、退缩、情绪低落、沉默、哭泣等反应,要求与亲朋好友见面,希望有他喜爱的人陪伴照顾。

5. 接受期　这是临终的最后阶段,在一切的努力、挣扎之后,患者变得平静,出现"好吧,既然是我,那就去面对吧"的心理,患者此时接受面临死亡的事实。患者的恐惧、焦虑、悲哀也许都已消失,精神与肉体均极度疲劳衰弱,情感减退,并且很平静、喜欢独处,常处于嗜睡状态。

(二) 临终患者心理护理

1. 否认期护理

(1) 护理人员应具有真诚、关爱、理解的态度,不要急于揭穿患者的防卫机制,可以暂时顺从患者意愿给予必要的复查,借以缓冲患者突然遭受的心理创伤。耐心回答患者的询问,并且要注意医护人员对病情言语的一致性。

(2) 经常陪伴在患者身旁,注意应用语言和非语言沟通技巧与患者沟通,满足患者心理需要,让患者感到他并没有被抛弃,时刻受到护理人员的关心。

(3) 在与患者沟通中,护理人员要注意自己的言行,可以主动地表示愿意和患者一起讨论死亡,在交谈中因势利导、循循善诱,使其建立正确的生死观。

2. 愤怒期护理

(1) 护理人员应给予患者一定的时间和空间,让患者尽情地发泄内心的苦闷和怨恨。采取耐心倾听,不责怪、不阻止,静静地陪伴,表达同情与谅解等方式,均可以缓解患者的愤怒情绪。

(2) 当患者有破坏性行为时,护理人员应予以制止并采用安全防卫措施和动员家属或好友给予相劝,预防意外性事件的发生。

（3）做好患者家属的工作，给予患者宽容、关爱和理解。

3. 协议期护理

（1）这一时期患者对治疗是积极的，对于患者提出的种种协议或"乞求"，护理人员可以采取适当的方法，尽量允诺其要求。提供给患者更细致的照护，从而减轻痛苦，控制症状。

（2）临终期的患者有些行为是隐匿性的，护理人员应鼓励患者说出内心的感受，满足其心理要求，尊重患者的信仰，积极引导，减轻压力。

4. 忧郁期护理

（1）此期护士应多给予同情和照顾，经常陪伴患者，护理人员可以通过言语性和体态性语言（如表情、手势等）与患者交流，给予安慰和鼓励，增加其希望感。

（2）护理人员允许患者用不同方式宣泄情感，如哭泣。给予精神支持，尽量满足患者的合理要求，安排亲朋好友见面、相聚，并尽量让家属陪伴身旁。注意安全，预防患者自杀。可以辅以音乐疗法、娱乐活动等转移其注意力，疏散抑郁情绪。

5. 接受期护理

（1）为临终患者创造一个安静、清洁、舒适、明亮、单独的环境，减少外界干扰。尊重患者，不要强迫与其交谈。

（2）护理人员尽力帮助患者了却未尽的心愿，如遗嘱处理，欲见的亲人，交代重要的工作事宜等。

（3）继续保持对患者关心、支持，加强生活护理，让其安详、平静地离开人间。

可以按照患者要求在房间内适当放置一些绿色植物和鲜花，摆放一些装饰物品，如装饰画、照片、慰问卡、宗教物件等，摆在患者看得见的地方，增加病房中的温馨气氛，减轻患者焦虑、绝望的心理。

三、临终患者家属的护理

（一）临终患者家属的心理反应

临终患者家属一般都很难接受亲人濒临死亡的事实，家属从患者生病到濒死阶段直到死亡，也有非常复杂的心理反应。常出现以下心理及行为的改变。

1. 个人需要的推迟或放弃　一人生病，牵动全家，尤其是面对临终患者，更会造成经济条件的改变，平静生活的失衡，精神支柱的倒塌，他们不得不放弃或改变自己既定的人生目标，如升学、就业、结婚、出国等。

2. 家庭角色的调整与适应　临终患者在家庭中角色缺如，家庭必须重新调整有关成员的角色，如慈母兼严父、长姐如母、长兄如父，以保持家庭的稳定。

3. 压力增加　社会互动减少，照料临终患者期间，家属因精神的哀伤，体力、财力的消耗，而感到心力交瘁，可能对患者产生欲其生，又欲其死的矛盾心理，这也常引起家属的内疚与罪恶感。由于东西方文化的差异，我们倾向于向患者隐瞒病情，所以家属不得不压抑自我的哀伤。家属长期照料患者，与亲友、同学、朋友间的社会互动减少，内心的苦恼无处宣泄。这些，都加重了家属的身心压力。

（二）临终患者家属的护理

1. 满足家属照顾患者的需要　1986 年,费尔斯特(Ferszt)和霍克(Houck)提出临终患者家属的七大需要。

（1）了解患者病情、照顾等相关问题的发展。

（2）了解临终关怀医疗小组中哪些人会照顾患者。

（3）参与患者的日常照顾。

（4）知道患者受到临终关怀医疗小组良好的照顾。

（5）被关怀与支持。

（6）了解患者死亡后相关事宜(处理后事)。

（7）了解有关资源,如经济补助、社会资源、义工团体等。

2. 教育指导家属参与患者的生活照料　耐心向家属指导、解释、示范有关的护理技术,使家属在照料亲人的过程中获得心理慰藉。

3. 鼓励家属表达感情　护理人员要理解、同情家属,并与之建立情感联系,取得家属的信任。倾听家属内心的焦虑与担忧,并进行疏导。

4. 协助维持家庭的完整性　协助家属在医院环境中,安排平时的家庭活动,如共进晚餐、看电视、下棋等娱乐活动,以增进患者的心理调适能力,保持家庭完整性,使其能与亲人共享天伦之乐。

5. 满足家属的身心需求　对家属多关心体贴,帮助其安排陪伴期间的生活,尽量解决实际困难。指导家属掌握一些减轻心理压力的自我疏导方法,如松弛术、气功、饮食调理等。

任务三　死亡后的护理

一、尸体护理

死亡后护理包括死亡者的尸体护理和死者家属的护理。尸体护理是对临终患者实施整体护理的最后步骤,也是临终关怀的重要内容之一。做好尸体护理是对死者生前良好护理的继续,不仅是对死者人格的尊重,而且是对家属心灵的安慰,体现人道主义精神和崇高的护理职业道德。尸体护理应在确认患者死亡,医生开出死亡诊断书后尽快进行,以防尸体僵硬,同时也避免死者对其他患者产生不良的影响。护理人员应以严肃认真的态度尽心尽力做好尸体护理工作。

【目的】

1. 保持尸体整洁,表情安详,姿势良好,易于辨别。

2. 避免体液外流及疾病的传播。

3. 安慰家属,减轻哀痛。

【评估】

1. 核对医嘱,医生确定患者死亡,开具医嘱或死亡诊断书。

2. 死者评估。

(1)全身情况:死者生前的诊断、治疗、抢救过程、死亡原因及时间。

(2)局部情况:尸体清洁程度,有无伤口、引流管及医疗器械等。

3. 死者家属的社会背景、心理状况及对死亡的态度。

【计划】

1. 护士准备　衣帽整洁,修剪指甲,洗手,戴口罩。

2. 用物准备　衣裤、尸单、尸体识别卡3张(图3-6-1)、血管钳、医用棉球、剪刀、梳子、松节油、绷带、擦洗用具、屏风,有伤口者备换药敷料,必要时备隔离衣、手套。

```
姓名_____    住院号_____    年龄_____    性别_____

病室_____    床　号_____    籍贯_____    诊断_____

住址_____

死亡时间_____年_____月_____日_____时_____分


                                        护士签名_____
                                        _____医院
```

图 3-6-1　尸体识别卡

3. 环境准备　尸体放单独房间,用屏风遮挡。

【实施】　尸体护理操作见表3-6-1。

表 3-6-1　尸体护理操作

操作流程	操作说明	注意点
1. 准备用物	填写尸体识别卡,备齐用物携至床边,必要时用屏风遮挡	维护死者隐私,减少对同病室其他患者的影响
2. 劝慰家属	请家属暂离病房或共同进行尸体护理	如家属不在医院,应尽快通知死者亲属来医院探视遗体
3. 撤除用物	撤去所有治疗用物	便于尸体护理
4. 安置体位	将床支架放平,使尸体仰卧,头下垫一枕头;用大单遮盖尸体	防止面部淤血变色
5. 清洗整理	洗脸,有义齿代为装上,闭合口眼 如眼睑不能闭合,可用毛巾湿敷或在上睑下垫少许棉花,使上睑下垂闭合 嘴不能闭者,轻揉下颌或用绷带托住 梳理头发	维持尸体外观

操作流程	操作说明	注意点
6. 填塞孔道	用血管钳将棉花填塞口、鼻、耳、阴道及肛门等孔道	防止体液外溢 棉花避免外露
7. 清洁身体	脱去衣裤,依次洗净上肢、胸、腹、背、臀、下肢 如有胶布痕迹用松节油擦净;有创口者应更换敷料;有引流管应拔出后缝合创口或用蝶形胶布封闭,再用纱布盖上包扎	保护尸体清洁,无渗液,维持良好的尸体外观
8. 包裹尸体	穿上尸衣裤,系第一张尸体识别卡在死者的手腕部。用大单包裹尸体,绷带在胸、腰、踝部固定,系第二张尸体识别卡于死者胸或腰前的尸单上	便于识别及避免认错尸体
9. 运送尸体	移尸体于平车上,盖上大单,送太平间,置于停尸屉内,将第三张尸体识别卡放尸屉外面	
10. 处理床单位	按一般出院患者方法处理病床单位	如为传染病患者按传染病患者终末消毒方法处理
11. 记录	填写死亡通知单,完成各项记录,整理病历、归档,办理结账	体温单上记录死亡时间,注销各种执行单
12. 整理遗物	整理患者遗物交家属	若家属不在,应由两人清点后,列出清单交护士长保管

【评价】

1. 尸体整洁,表情安详,姿势良好,易于辨别。

2. 家属对尸体护理表示满意。

【注意事项】

1. 患者经过抢救无效,由医生开出死亡医嘱,方能进行尸体护理。

2. 态度要严肃认真,注意维护死者的隐私,不可暴露尸体。

3. 清点遗物交给家属。若家属不在时,应由两名护士共同清点,将贵重物品列出清单,两人签全名后交护士长保存,以便交还死者家属或工作单位。

4. 非传染病患者按一般出院患者方法处理,传染病患者按传染病患者终末消毒方法处理。

二、丧亲者的护理

丧亲者即死者家属,主要指失去父母、配偶、子女者(直系亲属)。死亡对患者来讲是痛苦的结束,对亲属来说是悲哀的延续,是一件重大的生活事件,直接影响丧亲者的身心健康,因此护理人员应理解和帮助他们,尽力做好丧亲者的护理工作。

(一)丧亲者的心理反应

美国社会学家帕克斯(M. Parkes)提出,悲伤的过程可分成不同的阶段并且是循序进展的,而每个阶段的转换是逐渐推进的,中间并无明显界限。他将失去亲人的家属所产生的悲伤反应分成四个阶段。

1. 麻木震惊阶段 丧失亲人的第一个反应是麻木和震惊,将死亡事件暂时拒之门外,让自己有充分的时间加以调整,此期在意外死亡事件中表现得最为突出。

2. 渴望阶段 麻木之后的反应是悲伤、渴望和思念已逝去的亲人,希望死去的人能够回来,哭泣常是此期的特征。反复回忆死者在世时的情形,检视自己以往对死者的过错。有时,家属会强烈感觉死者的存在,看到影子或听到声音就以为死者已经回来。

3. 颓丧阶段 寻求死者复生的努力失败,家属开始接受这个永久的损失,痛苦的程度和次数随着时间渐渐削减,但人会变得颓丧,感到人生的空虚及平淡,对一切事物不感兴趣。

4. 复原阶段 随着时间的流逝,家属逐渐接受现实,能从悲哀中得以解脱,重新对新生活产生兴趣,将逝者永远怀念。

据帕克斯的观察,丧亲者经历上述四个阶段,需要一年左右的时间,有时候丧亲者在许多年之后,会偶然触景生情,思念失去的亲人,这种思念会成为丧亲者新生活的一个组成部分。

(二)影响丧亲者调适的因素

1. 对死者的依赖程度 家属对死者经济上、情感上依赖性越强,面对患者死亡后的调适越困难,常见于配偶关系。

2. 病程的长短 急性死亡病例,由于家人对突发事件毫无思想准备,易产生自责、内疚心理;慢性死亡病例,家人已有心理准备,则较能调适。

3. 死者的年龄 死者如为高龄年长死亡,一般会认为是自然规律,民间称之为"老喜丧"。对这样的死者,亲人悲痛时间较短,悲伤的程度也较轻。死者如为中壮年或青少年去世,"白发人送黑发人"历来是最悲哀的感觉,那么死者的配偶、父母或其他亲友自然会悲痛欲绝。

4. 家属的支持系统 家属存在其他支持系统,且能提供支持援助,则较易度过哀伤期。

5. 失去亲人后的生活改变 失去亲人后的生活改变越大越难调适,如中年丧夫、老年丧子。

(三)丧亲者的护理

1. 做好尸体护理 以严肃认真的态度做好尸体护理,用无声的行动去安抚家属,让他们节哀。

2. 陪伴鼓励家属　死亡是患者痛苦的结束,而对丧亲者则是悲哀的高峰,必将影响其身心健康和生存质量,护理人员对家属关怀的方法是陪伴、鼓励及认真倾听,诱导他们把痛苦的感情全部宣泄出来,再做出全面评估,针对不同心理反应制订护理措施。

3. 加强心理疏导　根据丧亲者的不同心理问题采取心理疏导,协助其表达内心痛苦、悲伤、愤怒、罪恶等各种情绪,疏导过程中尊重家属的宗教信仰及文化差异。护理人员可采用移情与解释相结合的方式使家属能正视现实,正确认识疾病及其他问题,从而平衡自己的心理状态。观察发现临终患者家属中的"坚强者",鼓励他们互相安慰,使其尽快度过悲伤期。

4. 提供生活指导　护理人员深入了解家属的实际困难,根据具体情况和不同对象予以指导,如经济问题、家庭组合、社会支持系统等,使丧亲者感受人世间的情谊。

5. 追踪随访家属　对死者家属进行追踪式服务和照护,可通过信件、电话、访视形式开展随访工作。鼓励家属参加社会活动,建立新的生活方式。

思考题

1. 试述脑死亡的判断标准。
2. 对临终患者的疼痛应采取哪些办法进行控制?
3. 简述死亡过程及临床表现。
4. 如何做好临终患者家属的护理?
5. 如何做好尸体护理?

赛证聚焦

请扫描二维码完成在线测试。

（陈细曲）

在线测试:
临终护理

第三模块　治疗护理

第四模块 给药护理

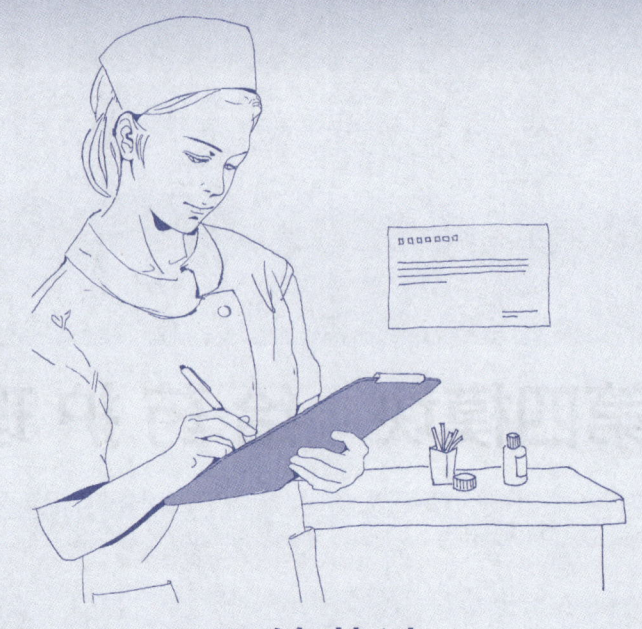

项目一　口服给药法

思维导图：
口服给药法

学习目标

◇ **知识目标**

1. 能正确描述药品的管理。

2. 能正确说出给药途径。

3. 能正确阐述药疗原则。

4. 能正确描述药物疗法的影响因素。

5. 能举例说明不同性能药物口服时的注意事项。

◇ **技能目标**

能应用口服给药技术正确指导患者服药。

◇ **素质目标**

实施操作过程中注意体现人文关怀,关心患者,具备慎独精神。

任务一　认知给药的基本知识

在临床护理工作中,药物疗法是最常采用的一种治疗手段,执行药物治疗是护士的重要职责之一。为了保证患者准确、安全、有效地用药,最大程度地发挥药物的治疗作用,护士除了熟练掌握正确的药疗技术外,同时应了解有关用药的基本知识,指导患者安全合理用药,并在用药后评估疗效及反应。因此,给药护理技术是护士必须掌握的重要技能。

一、药品管理

（一）药物的种类

1. 内服药　片剂、丸剂、胶囊、溶液、合剂、酊剂、散剂及纸型等。
2. 注射药　水剂、油剂、粉剂、结晶、混悬液等。
3. 外用药　软膏、酊剂、粉剂、搽剂、滴剂、栓剂、洗剂、涂膜剂等。
4. 其他类　新颖剂型粘贴敷片、植入慢溶药片、胰岛素泵等。

（二）药物的领取

药物的领取各医院规定不一,通常门诊患者按医生处方在门诊药房自行领取药物;住院患者的日常治疗用药由中心药房根据医生处方专人配备、核对,病区护士负责再次核对并领取;病区内设有药柜,存放一定基数的常用药物,由专人负责,按期根据消耗量填写领药本,到药房领取补充;贵重药、剧毒药、麻醉药须凭医生处方领取。

（三）药物的保管

1. 药柜位置与整洁　药柜应放在通风、干燥、光线明亮处,避免阳光直射,保持清洁,由专人负责,定期检查药品质量,以确保安全。

2. 药物应分类放置　药品应按内服、外用、注射、剧毒等分类放置,并按有效期的先后有计划地使用,以免失效。剧毒药、麻醉药应有明显标记,加锁保管,班班交接。

3. 药瓶标签应明确　药瓶应贴有明显的标签,一般内服药用蓝色边标签,外用药用红色边标签,剧毒药和麻醉药用黑色边标签。标签上的药名用中英文对照书写,字迹清晰,并注明剂量和浓度。当标签脱落或辨认不清时应及时处理。

4. 药物质量须保证　按规定定期检查药品质量以确保安全,如药物有沉淀、混浊、异味、变色、潮解、变性等,立即停止使用。

5. 药物须妥善保存

（1）根据药物的不同性质妥善保存。

1）易挥发、潮解、风化的药物,如乙醇、过氧乙酸、干酵母、糖衣片等须装瓶盖紧。

2）易燃、易爆的药物，如环氧乙烷、乙醚、乙醇等须密闭，并单独存放于阴凉低温处，远离明火，以防意外。

3）易氧化和遇光变质的药物，如维生素 C、氨茶碱、盐酸肾上腺素等用深色瓶子盛装，或放在黑纸遮光的纸盒内，置于阴凉处。

4）遇热易破坏的药物应置于干燥阴凉（约20℃）处或按要求冷藏于2~10℃的冰箱内，如各种疫苗、免疫球蛋白、青霉素皮试液等。

（2）患者个人专用药，应单独存放并注明床号、姓名。

二、药疗原则

（一）根据医嘱给药

给药是一种非独立性的护理操作，因此护士给药前必须查对医嘱，清楚明确的医嘱必须严格执行，不得擅自更改；对有疑问的医嘱，应及时向医生提出，确认无误后方可给药，切不可盲目执行。对医院常用的外文缩写及中文译意，应掌握并熟练运用（表4-1-1）。

表4-1-1 医院常用的外文缩写及中文译意

外文缩写	中文译意	外文缩写	中文译意
qh	每1小时1次	ac	饭前
q2h	每2小时1次	pc	饭后
q4h	每4小时1次	st	即刻
q6h	每6小时1次	prn	需要时（长期）
qd	每日1次	sos	需要时（临时）
bid	每日2次	Dc	停止
tid	每日3次	qod	隔日1次
qid	每日4次	biw	每周2次
qm	每晨1次	ID	皮内注射
qn	每晚1次	H	皮下注射
am	上午	IM/im	肌内注射
pm	下午	IV/iv	静脉注射
12n	中午12点	ivgtt	静脉滴注
12mn	午夜12点	po	口服
hs	睡前		

（二）严格执行查对制度

1. 三查　操作前查、操作中查、操作后查。

2. 八对　对床号、对姓名、对药名、对浓度、对剂量、对用法、对时间、对药品有效期。

3. 检查药物的质量　以确保药物在有效期内并且没有变质。

（三）正确实施给药

1. 做到"五准确" 即准确的给药时间、准确的药物剂量、准确的药物浓度、准确的给药途径和准确的用药患者。同时，药物备好后及时分发使用，避免久置引起药物污染或药效降低。对易发生过敏反应的药物，使用前应了解患者的药物过敏史，按需要进行过敏试验，结果阴性者方可使用，使用过程中加强观察。

2. 与患者进行有效的沟通 加强与患者的交流沟通，应用熟练的技术减轻患者的痛苦，并指导患者相关的用药知识，以提高患者正确用药的能力。

（四）观察疗效与反应

用药后要注意观察药物疗效和不良反应，对易引起过敏反应及毒副作用较大的药物，更应加强用药前的询问和用药后的观察，并做好相应记录。

三、影响药物疗效的因素

（一）药物方面对药物疗效的影响

1. 药物剂量 药物剂量与药物效应有着密切的关系，药物必须达到一定的剂量才能产生效应，在一定范围内剂量增加，效应也随之增强。但效应的增强是有限度的，达到最大效应后，剂量若再增加不但效应不会增强，反而可能导致药物毒性作用增加。

2. 药物剂型 由于药物制剂不同，其生物利用度也不同，药物作用的强度和速度也不同，就吸收速度而言，一般情况下，注射液＞溶解剂＞散剂＞颗粒剂＞胶囊＞片剂。

3. 给药时间 药物的给药时间取决于药物的半衰期和人体的生理节奏，以维持药物在血液中的有效血药浓度为最佳选择，如青霉素 G 肌内注射间隔 6~8 h，而复方新诺明则需间隔 12 h。给药时间缩写与时间安排见表 4-1-2。

4. 给药途径 不同的给药途径可以影响药物吸收的速度和生物利用度。就吸收速度而言，由快到慢比较：静脉＞吸入＞肌内＞皮下＞直肠黏膜＞口服＞皮肤。某些情况下，不同的给药途径还会产生不同的药物效应，如硫酸镁口服产生导泻与利胆作用，注射给药产生镇静和降血压的作用，外敷则可消肿。

表 4-1-2 给药时间缩写与时间安排

缩写	时间安排	缩写	时间安排
qm	6:00	q2h	6:00,8:00,10:00……
qd	8:00	q3h	9:00,12:00,15:00……
bid	8:00,16:00	q4h	8:00,12:00,16:00……
tid	8:00,12:00,16:00	q6h	8:00,14:00,20:00……
qid	8:00,12:00,16:00,20:00	qn	20:00

5. 联合用药　联合用药主要是发挥药物的协同作用,增强治疗效果,有时可使彼此的剂量相应减少从而减少不良反应。但也可能因药物的拮抗作用而使药物的预期疗效降低,甚至出现毒性反应。因此,给药中应熟悉药物的相互作用,注意药物的配伍禁忌,合理用药。

(二) 个体因素对药物疗效的影响

1. 年龄与体重　一般药物用量与体重成正比,通常所说的药物"常用量"是针对14~60岁的个体而言。但儿童和老年人对药物的反应与成年人不同,除体重因素外,还与生长发育和身体的功能状态有关。小儿的神经系统、内分泌系统以及许多脏器发育尚未完善,新陈代谢又特别旺盛,因而对药物的敏感性较成年人高,易造成中毒。老年人器官功能减退,尤其影响药物的代谢、排泄,因而对药物的耐受性降低。

2. 性别　男女性别不同对药物的反应一般无明显的差异。值得注意的是,女性在月经期和妊娠期,子宫对泻药、子宫收缩药及刺激性较强的药物较敏感,容易造成月经过多、早产或流产。此外,某些药物可能导致畸胎或经哺乳进入婴儿体内引起中毒,故妇女在妊娠期和哺乳期应用药物需谨慎。

3. 身体状况　疾病可影响人体对药物的敏感性,也可影响药物的体内过程,从而影响药物的效应。如发热患者比体温正常的患者对解热镇痛药物敏感;当肝肾功能受损时,药物代谢排泄慢,易导致药物中毒。

4. 心理因素、行为　药物疗效并非单靠其理化性质,心理因素在一定程度上可影响药物的效应,其中以患者的情绪、对药物的信赖程度、医护人员的语言、暗示作用等最为重要。所以护士应建立良好的护患关系,以便对患者进行心理疏导,引导患者及其家属建立遵医行为,保持乐观开朗的情绪,提高药物治疗的效果。

5. 个体差异　在年龄、性别、体重等基本相同的情况下,个体对同一药物的反应仍有不同。如有些个体对药物敏感性高,很小剂量即可引起中毒;有些个体对药物敏感性低,需要较大剂量才能达到同等疗效。

知识链接

药物动力学

药物动力学是研究药物进入人体内吸收、分布、代谢及排泄之过程,护理人员通过对药物动力学的认识,可了解药物作用时间的长短,提升给药安全(表4-1-3)。

表4-1-3　药物的吸收、分布、代谢、排泄

	含义	影响因素
吸收	药物由给药部位进入血液循环的过程称为药物吸收	① 药物的脂溶性、药物的解离度、分子量 ② 药物的剂型:片剂、胶囊剂、混悬剂、注射剂、栓剂、溶解剂、散剂、丸剂、洗剂 ③ 制剂工艺:相同药物不同厂商的制备工艺不同,吸收作用也会不同

含义	影响因素
吸收	④ 首过消除：口服给药 ⑤ 吸收环境：胃排空、肠蠕动的快慢、胃内容物多少和性质都会影响药物吸收 ⑥ 给药途径：直肠给药、吸入给药、舌下给药、注射给药、皮肤注射、口服给药
分布	药物吸收后随血液循环到各组织液和细胞内液的过程	① 血浆蛋白结合率 ② 细胞膜屏障 ③ 体液的 pH ④ 再分布现象
代谢	药物分子被身体吸收后，在身体作用下发生的化学结构转化	① 给药途径与给药剂量 ② 酶促及酶抑作用 ③ 生理因素：性别、年龄、体重、疾病、饮食
排泄	进入体内的药物以及代谢产物从体内排出体外的过程	① 肾（肾小球滤过，肾小管重吸收，肾小管主动分泌） ② 肝和胆汁及肠壁（肝肠循环）

任务二　口服给药护理

　　口服给药是最常用、最方便，又较安全的给药方法，药物经口服后被胃肠黏膜吸收进入血液循环，以达到局部或全身的治疗作用。但口服给药吸收慢而不规则，疗效易受胃肠功能、胃内容物的影响；有的药物还要经过肝代谢，使药效受到破坏。因此，口服给药不适用于急救患者，对意识不清、吞咽功能障碍、呕吐不止、禁食等患者也不宜用此法给药。

一、口服给药的程序

　　【目的】　通过口服给药，达到减轻症状、治疗疾病、维持正常生理功能、协助诊断、预防疾病的目的。

　　【评估】

　　1. 评估患者的病情、年龄、治疗情况，有无口腔、食管疾病，有无吞咽困难，是否留置鼻饲管，有无呕吐等。

　　2. 患者对服药的认识、心理反应及合作程度，有无药物过敏史。

　　【计划】

　　1. 护士准备　洗净双手，戴口罩，工作服清洁整齐。熟悉药物的药理作用及用法。

　　2. 患者准备　做好服药准备，理解用药目的，了解所服药物的相应知识并能积极配合。

3. 用物准备　发药车、药盘、药物、药匙、量杯、滴管、研钵、包药纸、药杯、饮水管、治疗巾、小药卡、湿纱布、服药本、水壶等。

4. 环境准备　清洁，光线适宜，用物放置整齐。

【实施】　口服给药操作见表4-1-4。

表 4-1-4　口服给药操作

操作流程	操作说明	注意点
1. 备物	备齐用物：核对小药卡与服药本，按床号顺序将小药卡插入药盘内，放好药杯。对照服药本上床号、姓名、药名、浓度、剂量、时间进行配药	严格执行"三查八对"制度，防止差错发生
2. 取药	根据药物剂型不同，采取不同的取药方法 ①固体药：用药匙取药。一手取药瓶，瓶签朝向自己，另一手用药匙取出所需药量，放入药杯	粉剂、含服药需另用包药纸包好；婴幼儿、鼻饲或上消化道出血患者将药物研碎并用包药纸包好
	②液体药：用量杯量取。先摇匀药液，打开瓶盖，使其内面向上放置，一手持量杯，拇指置于所需刻度，并使其刻度与视线相平。另一手持药瓶(标签放于手心)，倒药液至所需刻度处(图4-1-1)。倒毕用湿纱布擦净瓶口，放药瓶回原处	避免药液内溶质沉淀影响给药浓度
	更换药液品种时，量杯应洗净擦干，药液应分装药杯	以免更换药液时发生化学变化
	所取药液不足 1 ml 时，须用滴管吸取，滴管应稍倾斜，每 1 ml 以 15 滴计算	
	油剂药液或不足 1 ml 药液要确保剂量准确，先在小药杯中加冷开水，然后加放药液，以免药液附着杯壁，影响服药剂量	
	摆药完毕，将物品归还原处，备药者按服药本重新查对一次，请另一名护士再次核对，以保准确无误后待发	一位患者的药摆好后，再摆另一位患者的药，以免发生差错
3. 发药	根据服药本，再次与另一名护士核对无误 携带服药本，备温开水，按床号顺序发药 核对床号、姓名、药名、剂量、浓度、时间、方法并解释服药目的 协助患者取舒适体位，指导患者正确服药 再次核对，交代注意事项 服药后收回小药杯，消毒备用，清洁药盘	按规定时间发药 同一患者的药物应一次取出药盘，不同患者的药物不可同时取出，避免发错药物
4. 整理	观察服药后的效果和不良反应 未发药物应做好交接班工作	一次性药杯经集中消毒后按规定处理

【评价】

1. 患者用药安全、有效,不良反应减低到最低限度。

2. 护士操作中每个环节注意认真查对,做到准确给药。

3. 护患沟通有效,患者能积极主动配合服药。

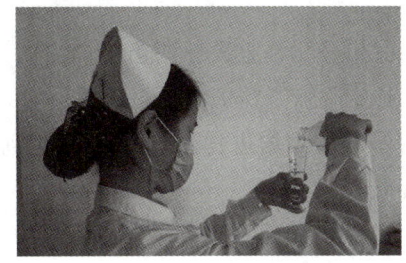

图 4-1-1　倒药液法

【注意事项】

1. 发药前　应了解患者的有关资料,如患者因特殊检查或手术而禁食,或患者不在,不能当时服药,应将药物带回保管,适时再发或进行交班。

2. 发药时　如患者提出疑问,应重新核对,确认无误,再耐心解释,协助服药;如更换药物或停药,应及时告知患者。

3. 发药后　应密切观察药物疗效和不良反应。

二、各类患者口服给药方法

(一)合作的患者

护士认真查对后,为患者倒水,待患者服药后方可离开。若为麻醉药、催眠药、抗肿瘤药更应注意观察。

(二)不合作的患者

1. 危重患者　不能自行服药的危重患者应喂服,鼻饲者将药研碎,用温开水溶解后从胃管内灌入,再注入少量温开水冲净。

2. 儿童患者

(1)婴儿:用塑胶滴管或塑胶注射器给药,抬高婴儿头及肩,用拇指压下颌以使口张开,将滴管或注射器置于舌中央,轻滴药物至舌上,给药速度宜慢避免呃噎,婴儿哭时不可喂药,以免呛入气管及呕吐。不可将药与乳汁混合哺喂。

(2)幼儿:可直接用药杯或汤匙喂药,从患儿嘴角顺口颊方向慢慢倒入,如患儿不合作,可将小匙留在口中片刻,待咽下后再取下,或轻轻捏动双颊,使之吞咽。切勿捏住双侧鼻孔喂药,以免药液吸入呼吸道,造成气管内异物,甚至发生窒息。也可让患儿自行服药,无禁忌证的情况下,服药后可给患儿喜爱的饮料。

(3)年长儿:应训练其自愿服药,耐心说服,不可粗暴强迫,并尽量改善药物的苦涩味。

3. 沟通障碍的患者　若患者听力不佳或语言不通,护士与患者难以进行沟通时,要求发药护士除进行药物查对外,还必须要确认患者,并用非语言交流技巧帮助患者服药。

三、安全用药指导

对患者尤其是慢性病患者和出院后需继续服药的患者,做好有关药物使用的指导是护士临床工作的重要职责之一。

1. 健胃及增进食欲的药物,宜饭前服,可刺激味觉感受器,使消化液分泌增多,增加食欲。

2. 助消化药和对胃黏膜有刺激的药物宜饭后服,利于食物消化,减少药物对胃壁的刺激。

3. 服强心苷类药物前应先测脉率(心率)及心律,脉率低于 60 次/分或节律不齐,应停服并报告医生。

4. 对牙齿有腐蚀作用或使牙齿染色的药物,如酸剂、铁剂,服用时可用吸水管吸入,避免药液与牙齿接触,服后及时漱口。

5. 止咳糖浆对呼吸道黏膜起安抚作用,服后暂不饮水,以防降低疗效,若同时服用多种药物,则最后服用止咳糖浆。

6. 磺胺类和发汗类药,服后多饮水,可减少磺胺类结晶引起肾小管堵塞,并可增强发汗药的疗效。

7. 服用铁剂时忌饮茶,以免形成铁盐,妨碍铁剂的吸收。

8. 服用利尿剂需记录出入量。

9. 口服药物常用温开水(40~60℃)送服,一般不用茶、牛奶等代替温开水。

10. 饮酒会影响药物疗效的发挥,服药前后禁忌饮酒。

附:

全自动口服药品摆药机的应用

药房应用全自动口服药品摆药机提高了医院药学服务水平,已成为医院药房的发展趋势。全自动口服药品摆药机摆药流程:医生下达电子医嘱,医嘱信息通过医院的 HIS 系统发送到药房,中央控制系统自动接收、监控信息,并将信息发送到摆药机,当摆药机接收到信息后开始自动摆药,将一次药量的药片或胶囊自动包入同一个药袋内。同时,还可根据用药要求进行药品的分类单独包装,如中药、西药分开包装,有备注信息的药品分开包装等。包装机打印出来的药袋上有患者的姓名、病区、床号、药品名称、用药日期、服用数量、服用时间等信息,护士只需要按药袋上的说明进行药品的发放,减少了核对医嘱环节。其优点如下:① 摆药机能够快速、集中处理医嘱,并将摆药和核对同时进行,大大地节省了时间,提高了工作效率。② 药品包装提高发药准确率,为患者用药安全提供了保证。③ 患者更加明确药品的服用方法。④ 有效地避免了摆药过程中的二次污染,使住院患者避免二次感染。

思考题

1. 药疗的原则有哪些？
2. 如何指导患者安全用药？

赛证聚焦

请扫描二维码完成在线测试。

在线测试：
口服给药法

（叶景芳）

335

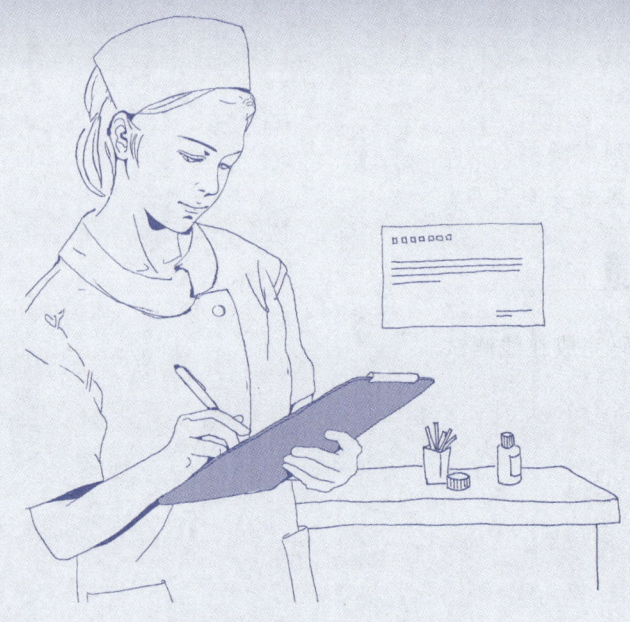

项目二　注射给药法

思维导图：
注射给药法

学习目标

◇ 知识目标

1. 能正确理解并解释下列概念：注射给药法、皮内注射法、皮下注射法、肌内注射法、静脉注射法。

2. 能正确阐述注射原则。

3. 能正确描述各种注射方法的目的、常用部位及注意事项。

4. 能举例说明静脉注射失败的原因。

◇ 技能目标

1. 能运用药物抽吸技术正确抽吸药液。

2. 能运用皮内注射技术、皮下注射技术、肌内注射技术、静脉注射技术正确为患者给药。

◇ 素质目标

1. 具有慎独精神，避免用药差错对患者造成的身心损害。

2. 善于沟通、动作轻柔、注意保护患者隐私。

3. 能够保持严谨、细致的工作态度，准确配制药物。

任务一　认知注射基本知识

注射给药法是将无菌药液或生物制剂注入体内的方法。其优点是药物吸收快，血药浓度升高迅速，能较快地发挥疗效，适用于因各种原因不宜口服给药的患者。但注射给药会造成组织一定程度的损伤，可引起疼痛及某些潜在并发症的发生。此外，由于药物吸收快，某些药物的不良反应也出现迅速，处理比较困难。临床上根据注射器针头进入的不同组织，将注射方法分为皮内注射、皮下注射、肌内注射、静脉注射、动脉注射。

一、注射原则

1. 严格遵守无菌操作原则

（1）注射环境整洁，符合无菌操作要求。

（2）注射前护士必须洗手，戴口罩，保持衣帽整洁。

（3）注射器空筒的内壁、活塞、乳头和针头的针尖、针梗、针栓内壁必须保持无菌。

（4）注射前必须按要求进行注射部位皮肤的消毒，并保持无菌。常规皮肤消毒方法：用消毒液棉签以注射点为中心向外螺旋式旋转涂擦，直径在 5 cm 以上，待干（图4-2-1）。若用 2% 碘酊消毒，待干后，需用 75% 乙醇同法脱碘，且消毒范围应大于碘酊消毒范围；若使用 0.5% 碘伏或安尔碘消毒液消毒，则以棉签同法涂擦消毒两遍即可，无须脱碘；若是皮肤过敏试验，则不用含碘消毒液消毒。

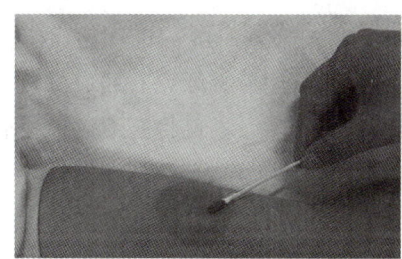

图 4-2-1　皮肤消毒方法

2. 严格执行查对制度　严格执行"三查八对"原则，仔细检查药物的质量，如发现药物过期、变质、变色、混浊、沉淀或药瓶瓶身有裂痕、瓶口有松动等现象，不可使用。同时，注射多种药物时，应注意有无配伍禁忌。

3. 严格执行消毒隔离制度　注射时做到一人一套物品，包括注射器、针头、止血带、棉垫。所用物品须按消毒隔离制度和一次性用物处理原则进行处理，不能随意丢弃。一次性针头、安瓿瓶等锐器应置于锐器盒中，医疗垃圾置于医疗垃圾桶中。一次性注射器使用后针帽不能回套，以免造成针刺伤。集体注射时，护士应做到一人一消毒，避免交叉感染。

4. 选择合适的注射器和针头　根据药物的剂量、黏稠度和刺激性的强弱或注射部位选择合适的注射器和针头。注射器应完整无损，不漏气；针头锐利、无钩、无弯曲，型号合适；注射器和针头应衔接紧密。一次性注射器须包装密封且在有效期内。

5. 选择合适的注射部位　根据注射需要选择注射部位,避开神经、血管处(动、静脉注射除外),局部皮肤应无炎症、损伤、瘢痕、硬结、皮肤病。需长期注射的患者,应有计划地经常更换注射部位。

6. 药液应现配现用　药液应在规定注射时间前临时抽取,及时注射,以防药效降低或被污染。

7. 注射前排尽空气　注射前必须排尽注射器内空气,特别是静脉、动脉注射,防止空气进入血管形成空气栓塞。排气时应防止浪费药液。

8. 掌握合适的进针角度和深度　根据注射的方法选择进针的角度和深度(图4-2-2),进针时不可把针梗全部刺入注射部位,避免针梗折断后难以取出。

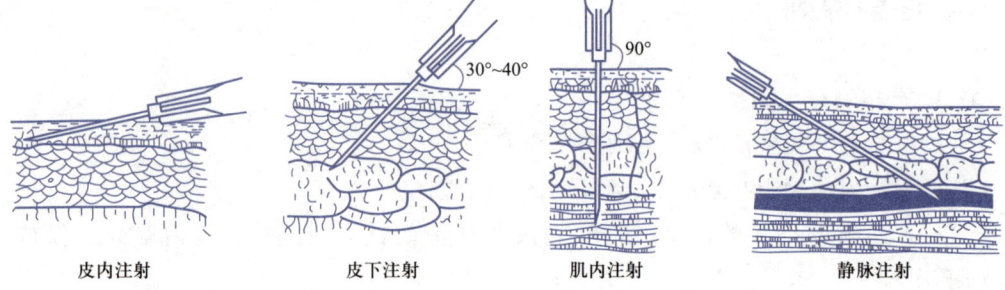

皮内注射　　　　皮下注射　　　　肌内注射　　　　静脉注射

图 4-2-2　各种注射法的进针角度和深度

9. 注射前检查回血　进针后,注射药液前,应回抽注射器活塞,检查有无回血。动脉注射、静脉注射必须见有回血方可注射药物;皮下注射、肌内注射如有回血,必须拔出针头重新进针,不可将药液注入血管内。

10. 掌握无痛注射技术

(1) 解除患者思想顾虑,分散患者的注意力。

(2) 取合适的体位,使注射部位肌肉放松,便于进针。

(3) 注射时做到"两快一慢",即进针快、拔针快,推药慢,且推药速度要均匀。

(4) 注射刺激性较强的药物,应选用粗长针头,且进针要深。如需同时注射多种药物,须注意配伍禁忌,一般先注射刺激性较弱的药物,再注射刺激性较强的药物,以减轻疼痛。

二、注射用物

(一) 注射盘

注射盘是指放置注射用物的治疗盘。常规放置下列物品:无菌持物镊及罐、皮肤消毒液(2%碘酊、75%乙醇或0.5%碘伏、安尔碘)、砂轮、无菌棉签、弯盘、开瓶器,静脉注射时加止血带,注射用小垫枕。

（二）注射器及针头

1. 注射器由空筒和活塞组成，空筒前端为乳头，空筒上有刻度，活塞后部为活塞轴、活塞柄。注射器分为玻璃和塑料两种，其中塑料注射器属于一次性使用注射器，目前临床上广泛应用。

2. 针头由针尖、针梗和针栓三部分组成。静脉注射或静脉采血时还可使用相应规格的一次性头皮针。

3. 注射器规格和针头型号有多种，临床使用时应遵循注射原则选择相应的注射器和针头（图 4-2-3）。

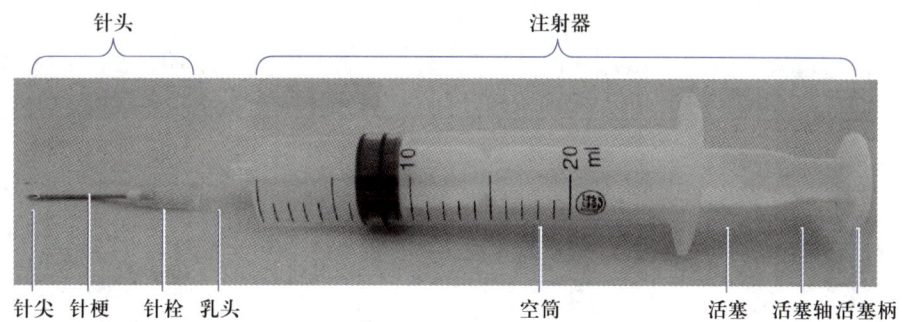

图 4-2-3　注射器及针头的构造

视频：药液
抽吸法

4. 注射药物　按医嘱准备。常用注射药物的剂型有溶液、油剂、混悬液、结晶和粉剂，结晶和粉剂需溶解后方可注射。

5. 注射本　根据医嘱准备注射本或注射卡，是注射给药的依据，便于"三查八对"，避免给药差错的发生。

三、药液抽吸法

（一）操作方法

药液抽吸操作方法见表 4-2-1。

表 4-2-1　药液抽吸操作方法

操作流程	操作说明	注意点
1. 查对药物	根据医嘱准备药物，检查药物的名称、浓度、剂量、有效期以及药物的质量	按查对无菌溶液的要求查对药物
2. 吸取药液	选择合适的注射器与针头，调整针栓，松动活塞 （1）自安瓿瓶吸取药液：轻弹安瓿瓶颈使顶端药液流入体部，用砂轮在瓶颈处划一环形锯痕，再用 75% 乙醇擦拭锯痕后折断（图 4-2-4），一手持安瓿，一手持注射器，将针头斜面向下置入安瓿内的液面下，持活塞柄部，抽动活塞，吸取药液（图 4-2-5、图 4-2-6）	若安瓿颈部有标记，则不需划痕，环形消毒颈部后直接折断安瓿 针头不可触及安瓿外口，针栓不可进入安瓿内，抽药的手不可触及活塞体部

操作流程	操作说明	注意点
2. 吸取药液	（2）自密封瓶吸取药液：用开瓶器开启密封瓶铝盖中心部分，常规消毒，待干。注射器内回抽与所需药液等量的空气，将针头刺入瓶内，注入空气，倒转（小瓶）或倾斜（大瓶）药瓶，使针头在液面下，吸取所需药量，以示指固定针栓，拔出注射器（图4-2-7）	以增加瓶内压力，利于吸取药液
3. 排尽空气	抽药毕，一手持注射器，使针头竖直朝上，另一手回抽活塞使针梗内药液流入注射器，并使空气聚于乳头口，轻轻推动活塞，使药液进入注射器乳头，排尽空气	如注射器乳头偏向一边，排气时，使注射器乳头向上倾斜，气泡集中于乳头根部，驱出气体
4. 妥善放置	排气毕，将安瓿或药瓶套在针头上，再次核对后置于无菌盘内备用	不可回套针帽，以免发生针刺伤

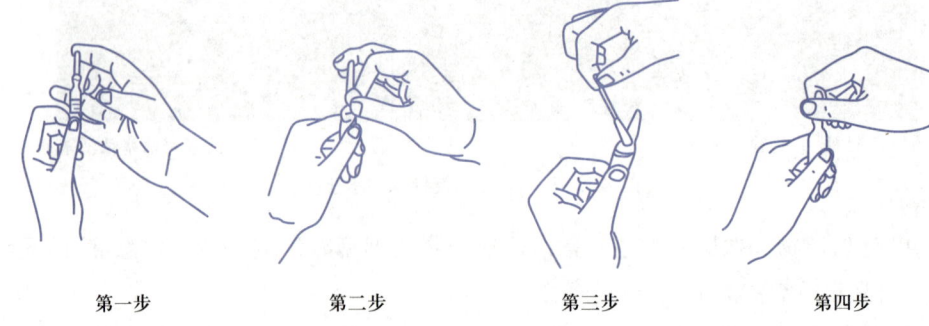

第一步　　　　　　第二步　　　　　　第三步　　　　　　第四步

图 4-2-4　消毒及折断安瓿

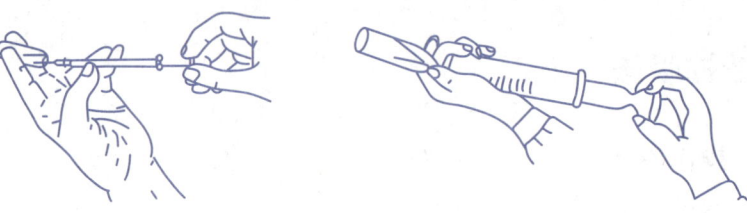

图 4-2-5　自小安瓿内吸取药液　　　　图 4-2-6　自大安瓿内吸取药液

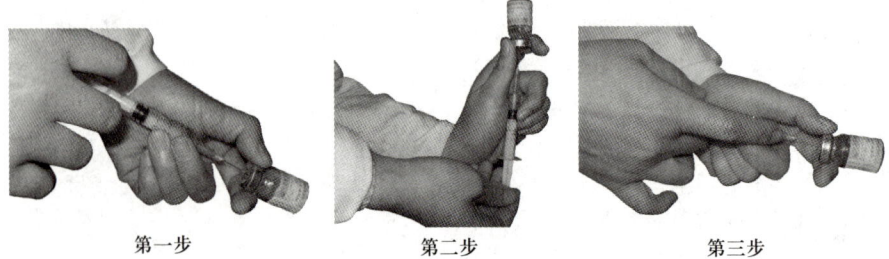

第一步　　　　　　　　第二步　　　　　　　　第三步

图 4-2-7　自密封瓶内吸取药液

（二）注意事项

1. 严格执行无菌操作原则和查对制度。

2. 抽药时不可用手握住活塞体部,以免污染药液,排气时不可浪费药液。

3. 根据药液的性质抽吸药液:粉剂和结晶应用注射用水或专用溶媒将其充分溶解后再吸取;混悬液摇匀后立即吸取;油剂可稍加温或双手对搓药瓶(易被热破坏者除外)后,用稍粗针头吸取。

4. 药液应现用现抽吸,避免药液被污染和效价降低。

任务二　各种注射给药

341

视频:皮内、皮下、肌内注射法

一、皮内注射法

皮内注射法(ID)是将少量无菌药液或生物制品注入表皮和真皮之间的方法。

【目的】

1. 进行各种药物过敏试验,以观察有无过敏反应。

2. 用于预防接种,如卡介苗。

3. 用于局部麻醉的起始步骤。

【部位】　根据皮内注射的目的选取不同的部位:药物过敏试验常选择前臂掌侧下段,该处皮肤较薄,颜色较浅,易于注射,且易辨认局部反应;预防注射常选取上臂三角肌下缘;局部麻醉常选取实施局部麻醉处。

【评估】

1. 患者病情、治疗情况、用药史、药物过敏史、家族史。

2. 患者意识状态、对给药计划的认识程度及合作程度。

3. 患者注射部位的皮肤状况。

【计划】　(以药物过敏试验为例)

1. 护士准备　着装整齐,洗手,戴口罩,熟悉药物的用法及药理作用,询问患者药物过敏史并解释皮内注射的目的及注意事项。

2. 患者准备　患者理解注射的目的,获得有关皮内注射的一般知识,能积极配合,取舒适体位并暴露注射部位。

3. 用物准备　注射盘内加放 1 ml 注射器、4 号针头、4 号半针头、5 号针头、注射卡、药液(按医嘱准备);如为药物过敏试验,另备 0.1% 盐酸肾上腺素 1 支、2 ml 注射器、6 号针头。

4. 环境准备　备药的环境按无菌操作要求进行,注射环境安静、整洁、光线适宜。必要时遮挡患者。

【实施】 皮内注射操作见表4-2-2。

表4-2-2 皮内注射操作

操作流程	操作说明	注意点
1. 查药备药	根据医嘱准备药物	严格执行查对制度
2. 核对解释	携用物至患者处,做好核对、解释,取得合作	再次询问药物过敏史
3. 选择部位	选择前臂掌侧下段皮肤,用75%乙醇消毒注射部位皮肤,待干	忌用含碘消毒剂消毒,避免影响试验结果的观察
4. 抽药注射	抽吸药物,排尽空气 再次查对无误后,一手绷紧皮肤,另一手平持注射器,针尖斜面朝上,与皮肤成5°进针(图4-2-8A),针尖斜面完全进入皮内后,放平注射器,松开绷紧皮肤的手,用拇指固定针栓,推注药液,使局部皮肤形成一隆起的半圆形皮丘,变白并显露毛孔(图4-2-8B) 注射毕迅速拔针	严格执行无菌操作原则 加强与患者的沟通 通常皮内注射注入的药液剂量是0.1 ml 勿按压,嘱患者勿揉搓局部
5. 整理记录	再次核对,安置患者并询问患者感觉 分类整理用物,洗手,记录	若为药物过敏试验,15~20 min后观察局部反应并做出判断 严格按消毒隔离原则进行用物处理

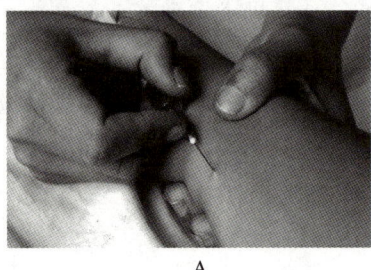
A

B

图4-2-8 皮内注射法

【评价】

1. 患者理解皮内注射的目的,愿意接受并配合。

2. 注射过程严格按注射原则进行,未发生感染。

3. 患者获得预防药物过敏的一般知识。

【注意事项】

1. 严格执行无菌操作原则和查对制度,严格遵守消毒隔离原则。

2. 注射前应详细询问患者的家族史、用药史、药物过敏史,如患者对所要注射的药物有过敏史则不可做皮试,应与医生联系,更换其他药物并做好标记。

3. 忌用含碘消毒剂消毒,以免影响对局部反应的判断及与碘过敏反应相混淆。

4. 把握好进针角度和深度,针头斜面全部进入皮内即可,以免药液注入皮下或药液漏出。

5. 拔针后切勿按压皮丘,并嘱患者勿揉搓局部以免影响试验结果的观察。

6. 若药物过敏试验需同时做对照试验时,可用另一注射器及针头,在另一侧前臂相应部位注入 0.9%氯化钠溶液 0.1 ml。

二、皮下注射法

皮下注射(H)是将小量无菌药液注入皮下组织的方法。

【目的】

1. 用于不宜经口服给药,而需在一定时间内发挥药效时。

2. 预防接种。

3. 局部麻醉用药。

【部位】 常选用上臂三角肌下缘、两侧腹壁、后背、大腿前侧和外侧(图 4-2-9)。

【评估】

1. 患者病情、治疗情况、用药史、药物的药理作用。

2. 患者意识状态、肢体活动能力,对给药计划的认识程度及合作程度。

3. 患者注射部位的皮肤及皮下组织状况。

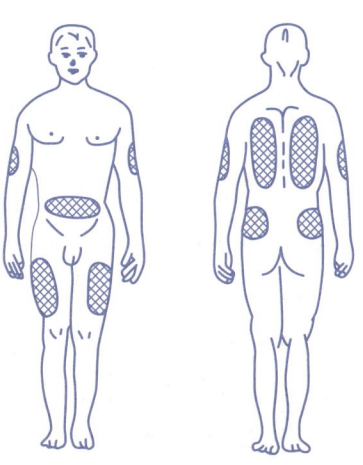

图 4-2-9　常用的皮下注射部位

【计划】

1. 护士准备　着装整齐,洗手,戴口罩,熟悉药物的用法及药理作用,解释皮下注射的目的及注意事项。

2. 患者准备　患者理解注射的目的,获得有关皮下注射的一般知识,能积极配合,取舒适体位并暴露注射部位。

3. 用物准备　注射盘内加放 1~2 ml 注射器、5 号半或 6 号针头、注射卡、药液(按医嘱准备)。

4. 环境准备　备药的环境按无菌操作要求进行,注射环境安静、整洁、光线适宜,必要时遮挡患者。

【实施】 皮下注射操作见表 4-2-3。

表 4-2-3　皮下注射操作

操作流程	操作说明	注意点
1. 查药备药	根据医嘱准备药物	严格执行查对制度
2. 核对解释	携用物至患者处,做好核对、解释,取得合作	对皮肤有刺激的药物一般不做皮下注射

操作流程	操作说明	注意点
3. 选择部位	选择上臂三角肌下缘为注射部位,常规消毒皮肤,待干	
4. 抽药注射	抽吸药物,排尽空气 再次查对无误后,一手绷紧局部皮肤,一手侧握式持注射器,示指固定针栓,针尖斜面向上,与皮肤成30°~40°进针,快速将针梗的1/2~2/3刺入皮下 松开绷紧皮肤的手,抽动活塞,如无回血,缓慢注射药液(图4-2-10) 注射毕,置干棉签于针刺处上方,迅速拔针后按压片刻	注射少于1 ml的药液用1 ml注射器 进针不宜过深,以免刺入肌层 确认针头未刺入血管内 压迫至不出血为止
5. 整理记录	再次核对,安置患者并询问患者感觉 分类整理用物,洗手并记录	加强与患者的沟通 严格按消毒隔离原则进行用物处理

【评价】

1. 患者理解皮下注射的目的及药物作用的相关知识,愿意接受并配合。

2. 注射过程严格按注射原则进行,注射部位未出现硬结,未发生感染。

【注意事项】

1. 严格执行无菌操作原则和查对制度,严格遵守消毒隔离原则。

2. 详细询问患者的用药史,长期皮下注射者,应有计划地更换注射部位,以免局部产生硬结,保证药物的充分吸收。

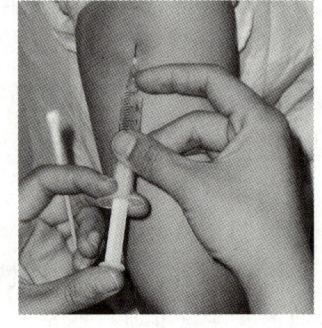

图4-2-10　皮下注射法

3. 进针角度不宜超过45°,以防刺入肌层,对于过于消瘦者,可捏起局部组织,适当减小穿刺角度。

三、肌内注射法

肌内注射法(IM)是将一定量无菌药液注入肌肉组织的方法。

【目的】　用于不宜或不能口服、皮下注射、静脉注射,但要求迅速发生疗效时。

【部位】　一般选择肌肉丰厚且距大血管、大神经较远处。其中最常用的部位为臀大肌,其次为臀中肌、臀小肌、股外侧肌及上臂三角肌。

(1)臀大肌注射定位法:臀大肌起自髂后上棘与尾骨尖之间,肌纤维平行向外下方止于股骨上部。坐骨神经起自骶丛神经,自梨状肌下孔出骨盆至臀部,在臀大肌深部,约在坐骨结节与大转子之间中点处下降至股部,其体表投影为自大转子尖至坐骨结节中点向下至腘窝。注射时注意避免损伤坐骨神经。臀大肌注射定位方法有以下两种。

1)十字法:从臀裂顶点向左或向右划一水平线,然后从髂嵴最高点作一垂直线,将一侧臀部划分为四个象限,其外上象限(避开内角)为注射区(图4-2-11A)。

2)连线法:从髂前上棘至尾骨作一连线,其外上1/3处为注射部位(图4-2-11B)。

(2)臀中肌、臀小肌注射定位法:该处血管、神经分布较少,且脂肪组织较薄,目前临床应用日趋广泛,常用的定位方法有以下两种。

1)构角法:以操作者示指尖和中指尖分别置于髂前上棘和髂嵴下缘处,在髂嵴、示指、中指之间构成一三角形区域,其示指与中指构成的内角为注射区(图4-2-12)。

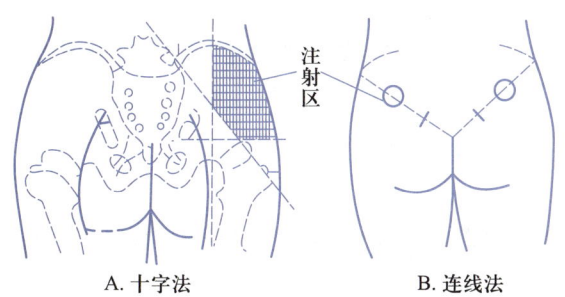
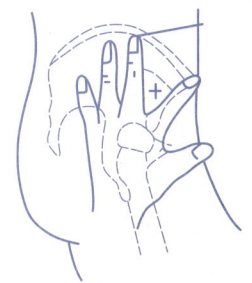

A.十字法　　　B.连线法

图4-2-11　臀大肌注射定位法

图4-2-12　臀中肌、臀小肌注射定位法

2)三横指法:髂前上棘外侧三横指处为注射区域(以患者的手指宽度为准)。

(3)上臂三角肌注射定位法:取上臂外侧,肩峰下2~3横指处。此处肌肉较薄,只可做小剂量注射(图4-2-13)。

(4)股外侧肌注射定位法:大腿中段外侧。一般成人可取髋关节下10 cm至膝关节上10 cm约7.5 cm的范围。此处大血管、神经干很少通过,且注射范围较广,可供多次注射,尤其适用于2岁以下幼儿(图4-2-14)。

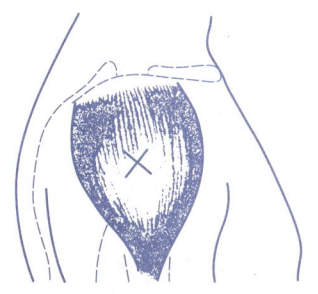
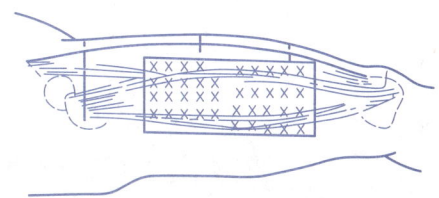

图4-2-13　上臂三角肌注射定位法

图4-2-14　股外侧肌注射定位法

【评估】

1. 患者病情、治疗情况、用药史、药物的药理作用。

2. 患者意识状态、肢体活动能力,对给药计划的认识程度及合作程度。

3. 患者注射部位的皮肤及肌肉组织状况并准确定位。

【计划】

1. 护士准备　着装整齐,洗手,戴口罩,熟悉药物的用法及药理作用,解释肌内注射的目的及注意事项。

2. 患者准备　患者理解注射的目的,获得有关肌内注射的一般知识,能积极配合,取舒适体位并暴露注射部位。为使臀部肌肉放松,减轻痛苦与不舒适感,可取坐位或卧位,常用体位如下。

(1) 侧卧位时上腿伸直,下腿稍弯曲。

(2) 俯卧位时足尖相对,足跟分开,头偏向一侧。

(3) 仰卧位常用于危重患者及不能自行翻身的患者,以采用臀中肌、臀小肌注射较为方便。

(4) 坐位常用于门急诊患者,可供上臂三角肌或臀部肌内注射。如为后者,患者坐的位置应稍高一些,以方便操作。

3. 用物准备　注射盘内加放 2~5 ml 注射器、6~7 号针头、注射卡、药液(按医嘱准备)。

4. 环境准备　备药的环境按无菌操作要求进行,注射环境安静、整洁,光线适宜,必要时遮挡患者。

【实施】　肌内注射操作见表 4-2-4。

表 4-2-4　肌内注射操作

操作流程	操作说明	注意点
1. 查药备药	根据医嘱准备药物	严格执行查对制度
2. 核对解释	携用物至患者处,做好核对、解释,取得合作	
3. 选择部位	协助患者取合适体位,选择注射部位,定位,常规消毒皮肤,待干	充分暴露注射部位,方便操作 定位要准确,避免损伤血管、神经
4. 抽药注射	抽吸药物,排尽空气 再次查对无误后,一手绷紧皮肤,另一手握笔式持注射器,中指固定针栓,针头朝下,与皮肤垂直,快速将针梗的 1/2~2/3 刺入肌肉层(图 4-2-15) 松开绷紧皮肤的手,抽动活塞,如无回血,缓慢注射药液 注射毕,置干棉签于针刺处上方,迅速拔针后按压片刻	严格执行无菌操作原则 消瘦者及患儿的进针深度酌减 体现"两快一慢" 压迫至不出血为止
5. 整理记录	再次核对,安置患者并询问患者感觉 分类整理用物,洗手,记录	加强与患者的沟通 严格按消毒隔离原则进行用物处理

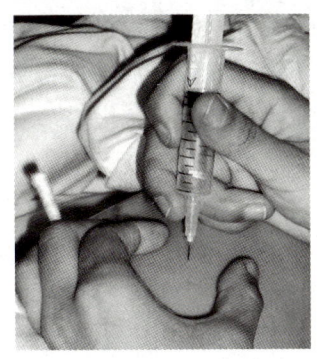

图 4-2-15　肌内注射法

【评价】　注射过程严格按注射原则进行,注射部位未发生硬结、感染。

知识链接

肌内注射技巧

为了减轻注射局部的疼痛,利于药液的吸收,在实施肌内注射的过程中还可配合使用以下技巧:Z形注射法,注射前将皮肤和皮下组织向一侧牵拉后按常规将注射器刺入注射部位并推注药液,推药完毕拔出针头,并使被牵拉于一侧的皮肤和皮下组织复位,针刺通道随即闭全。本法适用于注射刺激性较强的药物,可防止药液外渗以免刺激皮下组织或沾染皮肤,能减轻患者注射时和注射后的疼痛,尤其适用于需长期接受肌内注射者。

【注意事项】

1. 严格执行无菌操作原则和查对制度,严格遵守消毒隔离原则。

2. 2岁以下婴幼儿不宜选用臀大肌注射,因其臀大肌尚未发育好,注射时有损伤坐骨神经的危险。应选用臀中肌、臀小肌注射。

3. 若注射过程中针头折断,嘱患者保持原位不动,以防断针移位,再做处理。

4. 对需长期肌内注射者,应交替使用注射部位,并用细长针头,避免或减少硬结的发生。如长期多次注射引起局部硬结时,可采用热敷、理疗等处理。

5. 两种药物同时注射时,须注意配伍禁忌。

四、静脉注射

静脉注射(IV)是药液自静脉注入体内的方法。

【目的】

1. 用于药物不宜口服、皮下、肌内注射,或需迅速发生药效时。

2. 注入药物做某些诊断性检查,如肝、肾、胆囊等X线摄片检查等。

3. 输液或输血。

4. 静脉营养治疗。

【部位】 静脉注射常用的部位有四肢浅静脉和股静脉。

1. 四肢浅静脉 常用的上肢浅静脉有肘部浅静脉(贵要静脉、正中静脉、头静脉)及腕部、手背浅静脉网;下肢浅静脉有足部大隐静脉、小隐静脉、足背部浅静脉网(图4-2-16)。

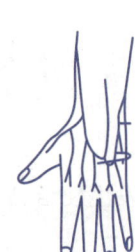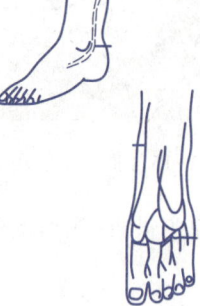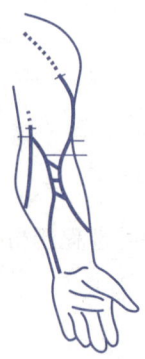

图 4-2-16 四肢浅静脉

2. 股静脉 股静脉位于股三角区,在股动脉的内侧约 0.5 cm 处(图4-2-17)。

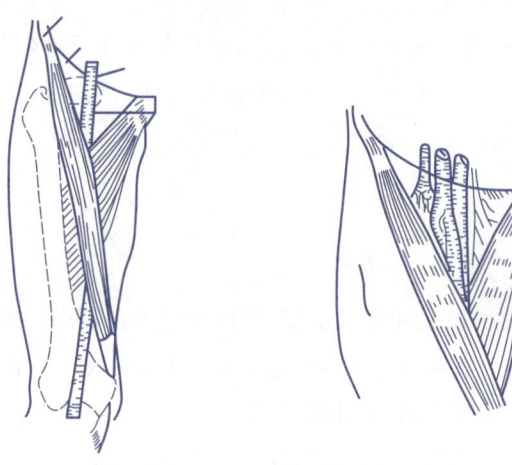

图 4-2-17 股静脉解剖位置

【评估】

1. 患者病情、治疗情况、用药史、药物的药理作用。

2. 患者意识状态、肢体活动能力,对给药计划的认识程度及合作程度。

3. 患者注射部位的皮肤状况、静脉充盈度及管壁弹性。

【计划】

1. 护士准备 着装整齐,洗手,戴口罩,熟悉药物的用法及药理作用,解释静脉注射的目的及注意事项。

2. 患者准备 患者理解注射的目的,获得有关静脉注射的一般知识,能积极配合,取舒适体位并暴露注射部位。

3. 用物准备 注射盘内加放注射器(规格视药量而定)、6~9号针头(或4号半至 9 号头皮针）、止血带、注射用小垫枕、胶布、注射卡、药液（按医嘱准备）。

4. 环境准备　备药的环境按无菌操作要求进行，注射环境安静、整洁，光线适宜。必要时遮挡患者。

【实施】　静脉注射操作见表 4-2-5。

表 4-2-5　静脉注射操作

操作流程	操作说明	注意点
1. 查药备药	根据医嘱准备药物	严格执行查对制度
2. 核对解释	携用物至患者处，做好核对、解释，取得合作	
3. 静脉穿刺	根据病情选择合适的静脉注射 （1）四肢浅静脉注射：选择合适的静脉，在穿刺部位下方垫小枕，在穿刺部位上方（近心端）约 6 cm 处扎紧止血带，常规消毒皮肤，待干。抽吸药物，排尽空气。再次查对无误后，一手绷紧静脉下端皮肤并固定静脉，另一手平持注射器，示指固定针栓（如为头皮针，则持针翼），针尖斜面向上，与皮肤成 15°~30°自静脉上方或侧方刺入皮下再刺入静脉，见回血，视情况再顺静脉进针少许，松开止血带，固定针头（如为头皮针，用胶布固定针翼）（图4-2-18） （2）股静脉注射：协助患者取仰卧位，穿刺侧下肢伸直略外展外旋，常规消毒局部皮肤，待干。抽吸药物，排尽空气。再次查对无误后，按无菌操作原则戴上无菌手套，一手示指和中指于腹股沟处扪及股动脉搏动最明显部位并固定，另一手持注射器，针头和皮肤成 90°或40°，在股动脉内侧 0.5 cm 处刺入，抽动活塞见有暗红色血，固定针头	选择粗直、弹性好、易于固定的静脉，避开关节和静脉瓣 止血带末端向上 严格执行无菌操作原则 按需将针头更换为头皮针 穿刺时应沉着，如不见回血，可将针退出少许，调整角度和方向再次进针，一旦出现局部血肿，立即拔出针头，按压局部，另选他处静脉 见回血表明针头已刺入血管内 必要时穿刺侧腹股沟下可垫小枕以充分暴露注射部位 抽出暗红色血，提示针头已进入股静脉
4. 推注药液	缓慢推注药液	推药过程中如有局部疼痛或肿胀隆起，抽无回血，应拔出针头，更换部位，重新穿刺
5. 拔针压迫	注射毕，置干棉签于针刺处上方，迅速拔针后按压片刻	拔针后局部应加压止血3~5 min，直至无出血为止
6. 整理记录	再次核对，安置患者并询问患者感觉 分类整理用物，洗手并记录	加强与患者的沟通 严格按消毒隔离原则进行用物处理

1. 患者理解静脉注射的目的及药物作用的相关知识,愿意接受并配合。

2. 注射过程严格按注射原则进行,未发生感染。

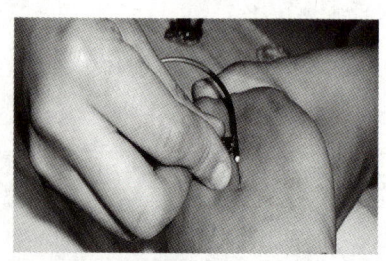

图 4-2-18　静脉注射法

【注意事项】

1. 严格执行无菌操作原则和查对制度,严格遵守消毒隔离原则。

2. 选择适宜的静脉,对需长期静脉注射者要保护血管,注意有计划地使用静脉,由远心端到近心端选择静脉进行注射。

3. 根据患者的年龄、病情及药物性质,掌握推药的速度,观察注射局部情况及病情变化,并随时听取患者主诉。

4. 注射对组织有强烈刺激性的药物时,应另备一盛有无菌生理盐水的注射器和头皮针(临床上称为引针),注射穿刺成功后先注入少量生理盐水,确认针头在静脉内后再换上抽有药液的注射器进行推药,以免药液外溢而致组织坏死。

5. 在股静脉穿刺时如抽出血液为鲜红色,提示针头进入股动脉,应立即拔针,用无菌纱布按压穿刺处 5~10 min,直到无出血为止。

6. 静脉注射失败的常见原因

(1) 针头斜面未完全刺入静脉,部分在血管外,抽吸虽有回血,但注射时药液溢至皮下,局部隆起并有痛感(图 4-2-19A)。

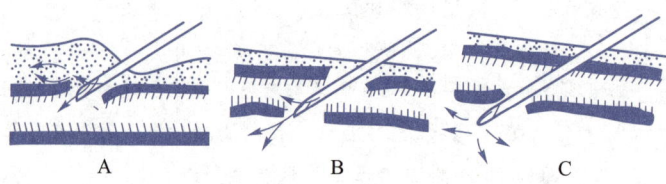

图 4-2-19　静脉注射失败原因

(2) 针头刺入较深,斜面一半穿破对侧血管壁,抽吸有回血,注射少量药液,局部可无隆起,但因部分药液溢出至深层组织,患者有痛感(图 4-2-19B)。

(3) 针头刺入过深,穿破对侧血管壁,抽吸无回血(图 4-2-19C)。

【静脉穿刺技巧】

根据不同患者的状况,掌握以下技巧可有效地提高静脉穿刺成功率。

1. 肥胖患者　肥胖者皮下脂肪较厚,静脉较深,难以辨认,但较固定。注射时,在摸清血管走向后由静脉上方进针,进针角度稍加大。

2. 水肿患者　水肿患者可沿静脉走行位置,用手按揉局部,以暂时驱散皮下水分,使静脉形态显露,然后尽快消毒皮肤,扎止血带后进针。

3. 脱水患者　脱水患者血管充盈不良,穿刺困难。可在扎止血带后,从远心端向近心端方向反复推揉,或可做局部热敷,待血管充盈后再穿刺。

4. 老年患者　老年患者皮下脂肪较少,静脉易滑动且脆性较大,针头难以刺入或易穿破血管对侧。注射时,可用手指分别固定穿刺段静脉上下两端,再沿静脉走向穿刺。同时,注意穿刺不可过猛,以防血管破裂。

五、动脉注射

动脉注射是药液自动脉注入体内的方法。

【目的】

1. 加压输入血液或高渗葡萄糖,以迅速增加有效血容量,用于抢救重度休克患者,尤其是创伤性休克患者。

2. 注入造影剂,用于实施某些特殊检查,如脑血管造影、下肢动脉造影等。

3. 注射抗癌药物做区域性化疗。

【部位】 常用的动脉注射部位有:股动脉、桡动脉。做区域性化疗时,头面部疾患选用颈总动脉;上肢疾患选用锁骨下动脉;下肢疾患选用股动脉。

【评估】

1. 患者病情、治疗情况、用药史、过敏史、所用药物的药理作用。

2. 患者意识状态、肢体活动能力,对给药计划的认识程度及合作程度。

3. 患者注射部位的皮肤及血管情况。

【计划】

1. 护士准备 着装整齐,洗手,戴口罩,熟悉药物的用法及药理作用,解释动脉注射的目的及注意事项。

2. 患者准备 患者理解注射的目的,获得有关动脉注射的一般知识,能积极配合,取舒适体位并暴露注射部位。股动脉注射时,患者取仰卧位,两大腿稍分开,穿刺侧大腿外展,沙袋垫于腹股沟下,以充分暴露注射部位。

3. 用物准备 注射盘内加放注射器(规格视药量而定)、6~9号针头、无菌纱布、无菌手套、无菌洞巾(必要时)、沙袋、注射卡、药液(按医嘱准备)。

4. 环境准备 备药的环境按无菌操作要求进行,注射环境安静、整洁,光线适宜。必要时遮挡患者。

【实施】 动脉注射操作见表4-2-6。

表4-2-6 动脉注射操作

操作流程	操作说明	注意点
1. 查药备药	根据医嘱准备药物	严格执行查对制度
2. 核对解释	携用物至患者处,做好核对、解释,取得合作	
3. 选择部位	协助患者取合适体位,选择并显露穿刺部位,常规消毒皮肤(范围大于6 cm),待干	必要时铺无菌洞巾 桡动脉穿刺的穿刺点为前臂掌侧腕关节上2 cm,动脉搏动明显处;股动脉穿刺点在腹股沟股动脉搏动明显处

操作流程	操作说明	注意点
4. 抽药注射	抽吸药物,排尽空气,再次查对 按无菌操作的要求戴无菌手套,在欲穿刺动脉的搏动最明显处固定动脉于两指之间,一手持注射器,在两指之间垂直或与动脉走向成40°刺入动脉,见有鲜红色血液涌进注射器,即固定穿刺针的方向和深度,同时尽可能快地推注药物 注射毕,迅速拔针,局部用无菌纱布加压止血 5~10 min	严格执行无菌操作 也可用沙袋加压止血
5. 整理记录	再次核对,安置患者并询问患者感觉 分类整理用物,洗手并记录	加强与患者的沟通 严格按消毒隔离原则进行用物处理

【评价】
1. 患者理解动脉注射的目的及药物作用的相关知识,愿意接受并配合。
2. 注射过程严格按注射原则进行,注射部位无血肿、感染等发生。

【注意事项】
1. 严格执行无菌操作原则和查对制度,严格遵守消毒隔离原则。
2. 新生儿如采用股动脉垂直进针易伤及髋关节,故多选用桡动脉。
3. 有出血倾向者,慎用动脉穿刺。
4. 推注药液过程中随时听取患者主诉,观察局部情况及病情变化。
5. 拔针后局部用无菌纱布或沙袋加压止血,以免出血或形成血肿。

附:

静脉注射泵的使用

静脉注射泵是一种将药物精确、微量、均匀、持续地输入体内的新型仪器,目前在临床上广泛应用(图4-2-20)。具体操作步骤如下。

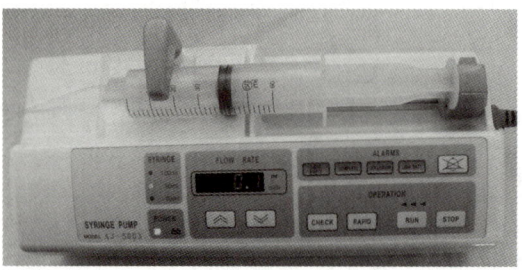

图 4-2-20 静脉注射泵

1. 除按静脉注射的用物准备外,另备注射泵,注射泵延长管、20~50 ml 注射器。
2. 将抽吸药液的注射器与泵管相连,妥善固定于注射泵上。

3. 接通电源，根据医嘱调整好注射速度和注射时间。

4. 将抽吸生理盐水的注射器与头皮针相连，穿刺静脉，成功后固定头皮针。

5. 分离注射器与头皮针，将泵管延长管和头皮针连接，按"开始"键启动注射泵。

6. 使用过程中注意检查液体是否渗漏或脱管，当输液泵报警时，应迅速查找原因，做出相应处理。

7. 加强监护，密切观察病情变化，有效地防止意外发生。

8. 药液推注完毕，按"停止"键。拔针，按压，整理床单位。

9. 关闭注射泵，取下注射器，切断电源，记录。

10. 按消毒隔离原则处理用物。

胰岛素注射笔的使用

胰岛素注射笔是目前注射胰岛素的最新方法，可随身携带，使用简单且注射剂量准确。每次可调剂量是 1 单位，可以从 2~70 单位用量中做选择（图 4-2-21）。

图 4-2-21　胰岛素注射笔

使用注意事项如下。

1. 胰岛素注射笔需爱护使用，谨防坠落，避免撞击坚硬物体；取出盒外时，请注意防尘并保持清洁。

2. 安装连接机械装置部分和笔芯架前，应确认活塞杆已经完全回复到机械装置部分之内；一直保持机械部分与笔芯架之间结合紧密，不出现松脱。

3. 注射笔开启后应放在 2~8℃冰箱中冷藏保存，使用前 1 h 取出，使药液恢复到室温，避免过冷引起注射部位脂肪萎缩。

4. 注射悬浮型胰岛素（云雾状胰岛素）制剂量，注射前应查看笔芯架上的检查窗，如从该视窗中已可看到笔芯橡皮活塞，请勿再进行注射。

5. 每次注射之前，应充分摇匀胰岛素并查看笔芯中胰岛素余量是否够本次注射，针尖朝上，排尽空气。

6. 注射后不要立刻拔针，最好停留 10 s 以上，拔出针头之前，应一直紧按注射推键不放松，使药液充分进入皮下避免拔针时药液随针流出，造成注射剂量不准，影响疗效。

7. 注射之后，应检查剂量显示窗，确认读数已回零。

8. 每次注射完后，立即卸下针头，否则温度变化会导致针头滴液；而当所注射剂型为悬浮制剂量时，针头滴液可导致笔芯中剩余量胰岛素浓度的改变。

9. 一套用物只能供一人使用，以防交叉感染。

思考题

1. 如何为患者进行无痛注射？
2. 静脉注射失败常见的原因有哪些？

赛证聚焦

请扫描二维码完成在线测试。

（叶景芳）

在线测试：
注射给药法

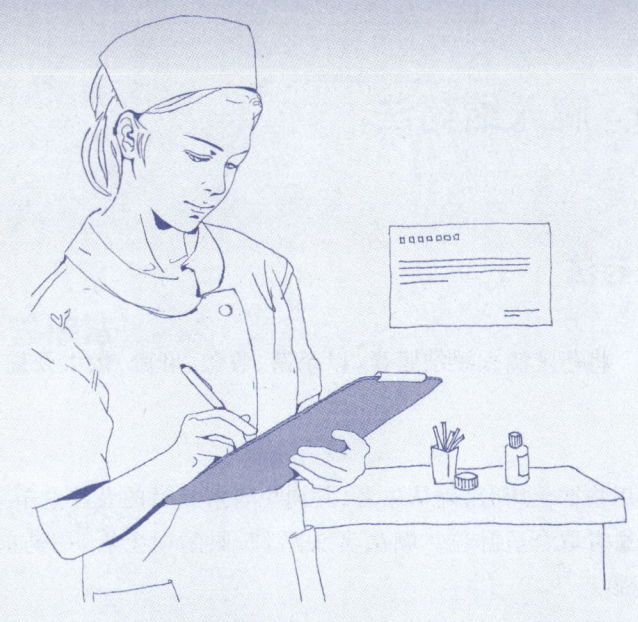

项目三　其他给药法

思维导图：

其他给药法

学习目标

◇ **知识目标**

能正确描述滴入给药法、栓剂给药法、皮肤给药法、舌下给药法的概念。

◇ **技能目标**

能运用滴入给药技术、栓剂给药技术、皮肤给药技术、舌下给药技术正确为患者给药。

◇ **素质目标**

1. 具有慎独精神,避免用药差错对患者造成身心损害。

2. 善于沟通、动作轻柔、注意保护患者隐私。

任务一　滴入给药法

一、滴眼药法

【目的】　将药液滴入眼结膜囊,以杀菌、收敛、麻醉,散大及缩小瞳孔,也可做某些诊断检查。

【方法】

1. 备齐用物携至床旁,确认患者,并向患者解释目的及注意事项。

2. 协助患者取合适卧位。嘱患者头后仰,眼睛向上看,用药前用干棉球拭去眼泪,以免冲淡眼药。

3. 用无菌棉签拭净患者眼部分泌物,左手将患者的下睑轻轻向下牵拉,右手持滴管(瓶),手掌根部固定于患者前额上,滴管口(瓶口)距离结膜 1~2 cm,将药液滴入结膜囊内 1~2 滴,轻轻提起上睑,使药液均匀地散布于球结膜表面,嘱患者闭眼1~2 min后,用棉球紧压泪囊部 1~2 min。整理用物。洗手,记录。

【注意事项】

1. 严格执行无菌操作规程,预防交叉感染。

2. 认真核对,注意检查眼药水的质量和药液的性质。

3. 滴药时,一般先左后右,防止遗漏和差错。

4. 应用散瞳药或有致痛的眼药,应事先告之患者以消除紧张。

5. 滴药的动作要轻柔,以防伤及眼球。

二、滴耳药法

【目的】　将药液滴入耳道,以清洁耳道并治疗炎症。

【方法】

1. 备齐用物携至床旁,确认患者,并向其解释用药目的及注意事项。

2. 协助患者取坐位或仰卧位,头偏向健侧,以 3%过氧化氢卷棉子拭除外耳道分泌物。

3. 操作者左手向上、向后牵拉患者耳郭,使耳道变直,右手持滴管或滴瓶,将药液顺外耳道后壁缓缓滴入 2~3 滴,并轻压耳屏使药液流入耳腔。

4. 嘱患者保持原来体位数分钟,用无菌干棉球拭去外流的药液,协助患者取舒适体位。整理用物。洗手,记录。

【注意事项】

1. 滴管口不可触及患者皮肤,防止交叉感染。

2. 滴入的药液温度要适宜,以免刺激内耳引起眩晕。

3. 如昆虫类进入耳道,可选用油剂药液,滴药后 2~3 min 便可取出。

4. 为清除耳内耵聍而滴入软化剂时可有胀感,告诉患者耵聍取出后即消失,不必紧张。

三、滴鼻药法

【目的】 治疗鼻窦炎,滴入血管收缩剂,减少分泌物,减轻鼻塞症状。

【方法】

1. 备齐用物携至床旁,确认患者,并向患者解释目的及注意事项。

2. 协助患者取坐位或仰卧位,头向后仰,解开衣领。

3. 左手轻轻推鼻尖暴露鼻腔,右手持滴管向鼻孔内滴入药液 3~5 滴,嘱患者保持原来体位 3~5 min。

4. 观察患者用药后反应,整理用物。洗手,记录。

【注意事项】

1. 注意观察患者用药后是否出现黏膜充血加剧。

2. 血管收缩剂连续使用时间不可过长。

任务二 栓剂给药法

一、直肠栓剂给药法

【目的】

1. 润滑肠道,软化粪便,向直肠内插入甘油栓。

2. 直肠给药,药物的有效成分被直肠黏膜吸收,产生局部或全身治疗作用。

【方法】

1. 携用物至床旁,确认患者,向患者解释目的及操作过程,用屏风遮挡患者。

2. 协助患者取侧卧位,暴露肛门。

3. 戴上手套或指套,将栓剂插入肛门,嘱患者深呼吸,放松,以示指沿直肠壁送入直肠深处。

4. 嘱患者保持侧卧位 15 min,协助患者穿好衣裤,整理用物。洗手,记录。

【注意事项】

1. 应确定栓剂贴在直肠黏膜表面上才能被黏膜吸收,若插入粪便内则不起作用。

2. 动作轻柔,减少对患者的不良刺激。

二、阴道栓剂给药法

【目的】

1. 促进阴道、子宫颈炎症的吸收。

2. 插入消炎、抗菌栓剂,达到局部治疗作用。

【方法】

1. 备齐用物携至床旁,确认患者,解释目的及操作过程。

2. 协助患者取屈膝仰卧位,两腿分开,暴露会阴部。

3. 操作者戴无菌手套或指套,一手分开阴唇,另一手示指或中指将阴道栓剂沿阴道下后方向送入阴道后穹。嘱患者保持仰卧位 15 min。

4. 观察用药效果,整理用物。洗手,记录。

5. 为延长药物作用时间,应尽量晚上用药。

6. 指导患者治疗期间避免性生活及盆浴。

7. 保持内裤的清洁。

任务三 皮肤给药法

【目的】 将药物直接涂抹于皮肤,以起到局部治疗的作用。

【方法】

1. 将用物携至床旁,确认患者并向其解释用药的目的和注意事项。

2. 涂搽药物前,用温水与中性肥皂清洁皮肤,擦干皮肤。

3. 根据不同剂型的药物,采用相应的方法护理。

(1)软膏:用搽药棒或棉签将软膏涂于患处,具有保护、润滑及软化痂皮等作用。

(2)糊剂:用棉签将药糊直接涂于患处,不宜太厚,也可先将糊剂涂在纱布上,贴在皮损处,外部包扎。

(3)乳膏剂:用棉签将乳膏剂涂于患处,具有止痒、保护、消除轻度炎症的作用。

(4)溶液剂:用塑料布垫于患部下面,用无菌镊子夹持浸有药液的棉球洗抹患部,清洁后用干棉球拭干,也可采用湿敷法给药。用于急性皮炎伴有大量渗液或感染者。

(5)酊剂:用棉签蘸酊剂涂于患处,具有杀菌、消炎、止痒作用。

4. 涂药完毕,协助患者休息,保护好局部,防止污染被服,整理用物。洗手,记录。

任务四 舌下给药法

【目的】 舌下给药是将药物放在舌下,通过口腔黏膜的毛细血管吸收,可减少对胃肠道的刺激、吸收不全和首过消除等作用,并且迅速发挥疗效。

【**方法**】 舌下给药法常用于冠心病患者心绞痛发作时。由于病情较急,事前应教会患者自行用药,嘱患者将药片放于舌下,使药片自然溶解,并使患者了解此类药物不可嚼碎咽下,而需要自然溶化,被口腔黏膜吸收,否则会降低药效。

【**注意事项**】

1. 目前,最常用的是硝酸甘油片剂,舌下含服一般 2~3 min 即可显效,患者心前区压迫感或疼痛感减轻或消除。

2. 应教会患者如何评价药效,用药后症状不缓解可重复用药,但在服药同时应及时就医。

思考题

1. 简述阴道栓剂给药法的注意事项。
2. 如何指导患者正确地舌下给药?

赛证聚焦

请扫描二维码完成在线测试。

（叶景芳　汪美华）

在线测试:
其他给药法

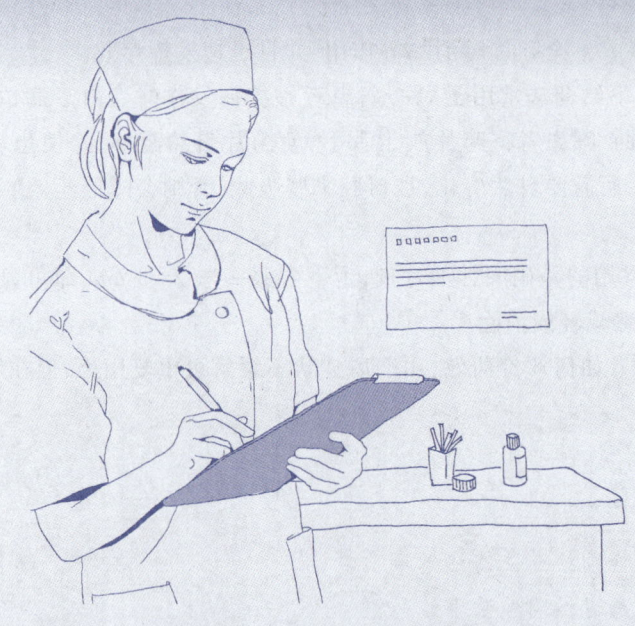

项目四　药物过敏试验法

思维导图：
药物过敏
试验法

学习目标

◇ **知识目标**

1. 能正确理解药物过敏反应的特点。

2. 能正确说出青霉素过敏反应发生的原因、临床表现及预防措施。

3. 能正确说出常用过敏试验液配制溶度、注入剂量和试验结果判断。

4. 能正确理解破伤风抗毒素脱敏注射的原理。

◇ **技能目标**

1. 能准确配制青霉素、头孢菌素类药物、普鲁卡因、链霉素皮内试验液，并能正确判断试验结果。

2. 能准确识别青霉素过敏性休克的临床表现，并对过敏性休克患者正确实施抢救措施。

◇ **素质目标**

尊重患者，善于沟通、动作轻柔、注意保护患者隐私，具有慎独精神。

任务一　青霉素过敏试验法及过敏反应的护理

过敏体质的患者,在使用某些药物时,常可引起不同程度的过敏反应,甚至发生过敏性休克,危及生命。因此,使用易产生过敏反应的药物前,除需详细询问用药史、过敏史外,还需做药物过敏试验。护士应掌握正确的试验液配制和试验方法,认真观察,正确判断试验结果,同时要熟练掌握过敏反应的急救处理,以防意外的发生。

一、药物过敏反应的特点

药物过敏反应主要是由患者的过敏性体质,在抗原抗体的作用下,细胞活性介质的释放引起的。其特点如下:通常不发生于首次用药;必须有致敏过程,即患者机体内产生的 IgE,转移和结合到靶细胞的过程;过敏反应的发生不因为药物的药量、剂型及途径不同而改变;通常是指药物在正常治疗情况下发生一些不正常的反应症状,有别于药物的不良反应和毒性反应。

二、青霉素过敏反应的原因

青霉素是常用的抗生素之一,具有疗效高、毒性低,但较易发生过敏反应的特点。人群中有 5%~6% 对青霉素过敏。对青霉素过敏的人接触该药后,无论是何年龄、性别、给药途径(注射、口服、外用等)、剂量和制剂(钾盐、钠盐、长效、半合成青霉素等)均可发生过敏反应。因此,在使用各种剂型的青霉素制剂前,必须先做过敏试验。试验结果阴性者方可用药,同时需加强青霉素使用前后的监测,及时发现过敏反应并处理。

青霉素过敏反应是由抗原和抗体在致敏细胞上相互作用引起的。青霉素是一种半抗原,本身不具有抗原性,进入机体后其降解物与组织蛋白结合形成全抗原,使 T 淋巴细胞致敏,刺激 B 淋巴细胞的分化增殖而产生特异性抗体 IgE,IgE 黏附于某些组织的肥大细胞上及血液中的嗜碱性粒细胞,使机体处于致敏状态。当机体再次接受类似的抗原刺激时,抗原即与特异性的 IgE 结合,导致细胞破裂,释放组胺、慢反应物质、缓激肽等血管活性物质,这些物质分别作用于效应器官,使平滑肌收缩,毛细血管扩张及通透性增高,从而产生一系列过敏反应的临床表现。

三、青霉素过敏反应的预防

1. 使用各种制剂的青霉素前必须做皮肤过敏试验,试验前应详细询问用药史、过敏史和家族史,对有青霉素过敏史者禁止做过敏试验。凡初次用药、停药 3 日后再用者,以及用药中更换青霉素批号,均须按常规重新做过敏试验,结果阴性者方可使用。

2. 试验结果为阴性者方可给药,阳性者禁用青霉素,并在"两单四卡"(医嘱单、体温单、病历卡、床头卡、门诊卡、注射卡)上醒目地注明青霉素阳性反应,并告知患者及家属。

3. 青霉素水溶液必须现配现用,因为青霉素水溶液在室温下易产生降解产物导致过敏反应发生,还可使药物效价降低,影响治疗效果。

4. 正确实施过敏试验,准确地判断试验结果,严密观察患者反应,倾听患者主诉,并做好急救准备工作。

5. 护士应加强工作责任心,严格执行"三查八对"制度。首次注射青霉素者需观察 30 min 以上,以防迟发性过敏反应的发生。

四、青霉素过敏试验法

【目的】 预防青霉素过敏反应。

【评估】

1. 患者的用药史、过敏史,包括是否用过青霉素类药物,有无青霉素过敏史和其他药物过敏史。有青霉素过敏史者禁做过敏试验,有其他药物过敏史者慎做过敏试验。

2. 患者病情、目前治疗情况,包括患者目前的用药情况,如果曾应用青霉素但已停药 3 日需再次用药,或在使用青霉素过程中更换青霉素批号,均需重做过敏试验。

3. 患者心理、意识状态,对青霉素过敏试验的认识程度及合作程度。

【计划】

1. 护士准备 着装整齐,洗手,戴口罩,熟悉药物的用法及药理作用,熟练掌握青霉素过敏试验法,解释过敏试验的目的及注意事项。

2. 患者准备 患者理解青霉素过敏试验的目的,无空腹,获得有关青霉素过敏试验的一般知识,能积极配合,取舒适体位并暴露注射部位。

3. 用物准备 注射盘内加放 1 ml 注射器、4 号半针头、注射卡、生理盐水、青霉素药液,0.1%盐酸肾上腺素 1 支、2 ml 注射器、5 ml 注射器、6~7 号针头。

4. 环境准备 按无菌操作要求进行,注射环境安静、整洁,光线适宜。

【实施】

1. 青霉素皮试液的标准 以每毫升皮试液含青霉素 500 U 为标准。

2. 青霉素皮试液的配制 见表 4-4-1。

表 4-4-1 青霉素皮试液的配制

青霉素	加生理盐水/ml	每毫升药液青霉素含量/U	注意点
80 万 U	4	20 万	溶解
0.1 ml 上液	0.9	2 万	摇匀
0.1 ml 上液	0.9	2 000	摇匀
0.1 ml 上液/0.25 ml 上液	0.9/0.75	200/500	摇匀

3. 青霉素过敏试验法　见表4-4-2。

表 4-4-2　青霉素过敏试验法

操作流程	操作说明	注意点
1. 询问过敏史	询问患者的用药史、过敏史和家族史	
2. 配制试验液	详见"青霉素皮试液的配制"	配制过程应确保试验药液浓度与剂量的准确性
3. 过敏试验	详见"皮内注射法"	
4. 观察结果	15～20 min后观察并判断皮肤试验结果 阴性：皮丘大小无改变，周围无红肿、红晕，无自觉症状，无不适表现 阳性：皮丘可见隆起，出现红晕硬块，直径大于1 cm或红晕周围出现伪足，有痒感，可有头晕、胸闷、心慌、恶心等不适，严重者可发生过敏性休克	如试验结果判断不清时，需在对侧前臂皮内注射生理盐水0.1 ml，以做对照
5. 记录结果	将皮试结果记录在"两单四卡"上，并告知患者及家属	两单为医嘱单、体温单，四卡为床头卡、病历卡、门诊卡、注射卡

363

【评价】

1. 患者能叙述青霉素皮肤过敏试验的目的，愿意接受并正确配合。

2. 操作过程严格遵守注射原则，未发生意外情况。

【注意事项】

1. 用药前详细询问用药史、过敏史和家族史，对有青霉素过敏史者禁止做过敏试验。

2. 凡初次用药、停药3日后需再用者，以及更换青霉素批号，均须按常规做过敏试验。

3. 试验药液必须现配现用，浓度与剂量准确。

4. 严密观察患者反应，首次注射青霉素者需观察30 min，并备好急救药品，如盐酸肾上腺素等。

5. 若需做对照试验，则用另一注射器及针头，在另一侧前臂相应部位注入0.1 ml生理盐水。

6. 过敏试验结果阳性者禁用本药，在体温单、医嘱单、病历卡、床头卡、门诊卡、注射卡上做醒目标识，同时告知患者和家属。

五、青霉素过敏反应的临床表现

1. 过敏性休克　可发生于青霉素过敏试验过程中，或用药后呈闪电式发生，也可发生在用药后数秒或数分钟内，甚至30 min后，极少数患者发生于连续用药过程中。主要临床表现如下。

（1）呼吸道阻塞症状：由喉头水肿和肺水肿引起，表现为胸闷、气促伴濒死感。

（2）循环衰竭症状：周围血管扩张，导致有效循环血容量不足，表现为面色苍白、冷汗、发绀、脉细弱、血压下降、烦躁不安等。

（3）中枢神经系统症状：由脑组织缺氧所致，表现为头晕目眩、面部及四肢麻木、意识丧失、抽搐、大小便失禁等。

（4）皮肤过敏症状：患者出现瘙痒、荨麻疹及其他皮疹。

2. 血清病型反应 一般于用药后 7～12 日发生，临床表现和血清病相似，有发热、关节肿痛、皮肤发痒、荨麻疹、全身淋巴结肿大、腹痛等。

3. 各器官或组织的过敏反应

（1）皮肤过敏反应：可引起皮肤瘙痒、荨麻疹，皮炎严重者可发生剥脱性皮炎。

（2）呼吸道过敏反应：可引起哮喘或诱发原有的哮喘发作。

（3）消化系统过敏反应：可引起过敏性紫癜，以腹痛和便血为主要症状。

上述症状既可单独出现，也可同时存在，常最早出现的是呼吸道症状和皮肤瘙痒，故必须注意倾听患者的主诉。

六、青霉素过敏性休克的急救措施

1. 立即停药，就地抢救，使患者平卧，注意保暖，同时通知医生。

2. 立即注射盐酸肾上腺素。按医嘱立即皮下注射 0.1% 盐酸肾上腺素 0.5～1 ml，患儿酌减。如症状不缓解可每隔 30 min 皮下或静脉注射 0.5 ml，也可气管内给药，直至患者脱离危险。此药具有收缩血管、增加血管外周阻力、兴奋心肌、提升血压、增加心输出量及松弛支气管平滑肌等作用。

3. 立即给予氧气吸入，保持呼吸道通畅，改善缺氧症状。当呼吸受抑制时，应立即进行口对口人工呼吸，并肌内注射尼可刹米或洛贝林等呼吸兴奋剂。喉头水肿影响呼吸时，应立即配合医生准备气管插管或配合施行气管切开术。

4. 根据医嘱给药

（1）抗过敏：立即给予地塞米松 5～10 mg 静脉注射，或氢化可的松 200 mg 加 5% 或 10% 葡萄糖溶液 500 ml 静脉滴注。

（2）改善微循环：根据病情给予升压药物，如多巴胺、间羟胺等。

（3）纠正酸中毒：应用抗组胺类药物，如肌内注射盐酸异丙嗪 25～50 mg。

5. 如发生心搏骤停，立即进行心肺复苏术。

6. 加强病情观察和基础护理，密切观察患者的生命体征、尿量及其他病情变化，注意保暖，并做好病情动态记录。患者未脱离危险期时，不宜搬动。

附：
头孢菌素类药物过敏试验法及过敏反应的护理
头孢菌素类药物属于高效、低毒、广谱的抗生素。由于抗原抗体的相互作用会引起身体的过敏反应，近年来，头孢菌素类药物导致的过敏反应越来越引起重视，所以用药前应做皮肤过敏试验,皮试结果阴性者方可使用该药。

1. 过敏试验液的配制　以每毫升试验药液含头孢拉定 $500 \mu g$ 为标准(表4-4-3)。

表 4-4-3　头孢拉定试验药液配制法

头孢拉定	加生理盐水/ml	每毫升药液头孢拉定含量/$(U \cdot ml^{-1})$	注意点
0.5g	2	250 mg	溶解
取上液 0.2 ml	0.8	50 mg	摇匀
取上液 0.1 ml	0.9	5 mg	摇匀
取上液 0.1 ml	0.9	500 μg	摇匀

2. 试验方法　皮内注射头孢拉定 0.1 ml(含 50 μg), 20 min 后判断结果并记录。结果判断的方法同青霉素过敏试验法。

任务二　链霉素过敏试验法及过敏反应的护理

链霉素本身的毒性作用(以损害第四对脑神经为主)及所含杂质(链霉素胍和二链霉胺)具有释放组胺的作用,均可引起中毒反应和过敏反应,因此使用该药前应进行皮肤过敏试验并加强观察。

一、链霉素过敏试验法

1. 链霉素皮试液的配制
(1) 链霉素皮试液的标准为每毫升试验液含链霉素 2 500 U。
(2) 链霉素皮试液的配制见表4-4-4。

表 4-4-4　链霉素皮试液的配制

链霉素	加生理盐水/ml	每毫升药液链霉素含量/$(U \cdot ml^{-1})$	注意点
100 万 U	3.5	25 万	溶解
0.1 ml 上液	0.9	2.5 万	摇匀
0.1 ml 上液	0.9	2 500	摇匀

2. 链霉素过敏试验法　皮内注射链霉素试验液 0.1 ml(含链霉素 250 U), 20 min后判断结果并记录。结果判断的方法同青霉素过敏试验法。

二、过敏反应的表现及处理

链霉素过敏反应的临床表现及处理与青霉素过敏反应相似。链霉素毒性反应较过敏反应更常见、更严重,主要表现为全身麻木、抽搐、眩晕、耳鸣、耳聋、运动失调等。可静脉注射葡萄糖酸钙或氯化钙,因钙离子可与链霉素络合,而使毒性症状减轻或消失。

任务三 破伤风抗毒素过敏试验法及脱敏注射法

破伤风抗毒素(TAT)是破伤风类毒素免疫马血浆经物理、化学方法精制而成,能中和患者体内的破伤风毒素,使机体产生被动免疫,从而有效地控制病情发展或起到预防疾病的作用。TAT 是马的免疫血清,对人体是一种异种蛋白,具有抗原性,注射后容易出现过敏反应。因此用药前须做皮肤过敏试验。曾用过 TAT 但超过 1 周者,如需再用,应重做过敏试验。

一、破伤风抗毒素过敏试验法

1. 皮试液的配制

(1)破伤风抗毒素皮试液的标准:以每毫升试验液含 TAT 150 IU 为标准。

(2)破伤风抗毒素试验药液具体配制方法:取每毫升含 TAT 1 500 IU 的药液 0.1 ml,加生理盐水至 1 ml(每毫升含 TAT 150 IU)即可。

2. 试验方法　皮内注射 TAT 试验液 0.1 ml(含 TAT 15 IU),20 min 后观察结果。阴性:局部皮丘大小无改变,周围无红肿、红晕、全身无反应。阳性:局部皮丘红肿硬结,直径>1.5 cm,红晕直径>4 cm,有时出现伪足、痒感。全身过敏反应与青霉素过敏反应相似。

二、破伤风抗毒素脱敏注射法

TAT 过敏试验阴性者,可将所需剂量一次注射完毕;TAT 过敏试验阳性患者,需采用脱敏注射疗法。即小量多次注射药液,每隔 20 min 注射 1 次,每次注射后均需密切观察。其机制是小量抗原进入人体后,同吸附于肥大细胞或嗜碱性粒细胞上的 IgE 结合,使其逐步释放出少量的组胺等活性物质。机体本身有一种组胺酶释放,它可使组胺分解,不致对机体产生严重损害,因此临床上可不出现症状。经过多次小量的反复注射后,可使细胞表面的 IgE 抗体大部分甚至全部被结合而消耗掉,最终可以全部注入所需药量而不发生过敏反应。TAT 脱敏注射步骤见表 4-4-5。

表 4-4-5　TAT 脱敏注射步骤

次数	TAT/ml	生理盐水/ml	注射途径
1	0.1	0.9	肌内注射
2	0.2	0.8	肌内注射
3	0.3	0.7	肌内注射
4	余量	稀释至 1 ml	肌内注射

每隔 20 min 注射 1 次,每次注射后均需密切观察。如发现患者有气促、发绀、荨麻疹等不适或发生过敏性休克时应立即停止注射,并迅速处理。如反应轻微,待反应消退后,酌情增加注射次数,减少每次注射剂量,以达到顺利注入余量的目的。

任务四　普鲁卡因试验法及过敏反应的护理

普鲁卡因是一种麻醉药,凡首次应用普鲁卡因或注射普鲁卡因青霉素者均须做过敏试验。

1. 普鲁卡因试验液的标准　以每毫升试验液含 0.25% 普鲁卡因为标准,即每毫升含普鲁卡因 2.5 mg。

2. 普鲁卡因试验液的配制　以一支 1% 普鲁卡因(1 ml,10 mg)为例,取出 0.25 ml 药液加 0.9% 氯化钠溶液稀释到 1 ml,则每毫升含 2.5 mg。

3. 过敏试验方法　皮内注射 0.25% 普鲁卡因液 0.1 ml,20 min 后观察试验结果并记录。

4. 结果的判断和过敏反应的处理　同青霉素过敏试验及过敏反应的处理。

任务五　细胞色素 c 过敏试验法及过敏反应的护理

细胞色素 c 是一种辅酶,可引起过敏反应,在用药前应先做过敏试验。

一、皮试液的配制

1. 细胞色素 c 皮试液的标准　每毫升含细胞色素 c 0.75 mg。

2. 细胞色素 c 皮试液的配制　以一支 2 ml 细胞色素 c(含 15 mg)为例,取出 0.1 ml 药液,加 0.9% 氯化钠溶液稀释至 1 ml,则每毫升含 0.75 mg,即成细胞色素 c 皮试液。

二、试验方法

1. 皮内试验　按皮内注射的方法在前臂掌侧下段注射细胞色素 c 皮试液 0.1 ml (含细胞色素 c 0.075 mg),20 min 后进行观察、判断,并正确记录皮试结果。

2. 划痕试验　取细胞色素 c 原液(每毫升含 7.5 mg),在前臂掌侧下段皮肤上滴 1 滴,并用无菌针头在表皮划痕两道,长约 0.5 cm,深度以微量渗血为宜;20 min 后观察、判断,并正确记录试验结果。

三、试验结果判断

同青霉素皮试结果的判断。

任务六　碘过敏试验法及过敏反应的护理

临床上常用碘化物造影剂做肾、胆囊、心脑血管等造影检查,此类药物也可发生过敏反应。凡首次用药者应在碘造影前 1～2 日做过敏试验,结果为阴性者方可做碘造影检查。

一、过敏试验方法及结果判断

1. 口服法　口服 5%～10%碘化钾 5 ml,每日 3 次共 3 日,观察结果。结果判断: 阴性者无任何不适症状。阳性者出现口麻、头晕、心悸、恶心、呕吐、流泪、流涕、荨麻疹等症状。

2. 皮内注射法　皮内注射碘造影剂 0.1 ml,20 min 后观察结果。结果判断:阴性者局部无反应;阳性者局部有红肿硬块,且皮丘直径超过 1 cm。

3. 静脉注射法　静脉注射碘造影剂 1 ml(常用 30%泛影葡胺),5～10 min 后观察结果。结果判断:阴性者无任何不适,阳性者血压、脉搏、呼吸和面色等有改变。

二、注意事项

1. 在静脉注射造影剂前,必须先做皮内注射,阴性者再行静脉注射试验,静脉注射阴性者方可进行碘剂造影。

2. 有少数患者过敏试验阴性,但在注射碘造影剂时发生过敏反应,故在造影时仍需备好急救药品。

3. 过敏反应的处理同青霉素过敏反应的处理。

思考题

1. 如何预防青霉素过敏反应的发生?

2. 患者洪某,男,30 岁。青霉素过敏试验阴性,遵医嘱肌内注射青霉素,10 min 后突然感到胸闷、气急,同时面色苍白,出冷汗,血压 68/52 mmHg,请问发生了什么现象,如何处理?

赛证聚焦

请扫描二维码完成在线测试。

(陈小晶)

在线测试:
药物过敏
试验法

第四模块　给药护理

368

项目五　静脉输液法与输血法

学习目标

◇ **知识目标**

1. 能正确解释静脉输液的原理。

2. 能正确识别静脉输液常用溶液的种类及作用。

3. 能正确陈述静脉输液的目的。

4. 能正确说明周围静脉输液法、小儿头皮静脉输液法、颈外静脉输液法的注意事项。

5. 能正确计算静脉输液的速度和时间。

6. 能正确解释输液过程中溶液不滴的原因。

7. 能正确陈述常见输液反应的原因及相应的护理措施。

8. 能正确陈述静脉输血的目的。

9. 能正确识别血液制品的种类及作用。

10. 能正确陈述常见输血反应的原因及相应的护理措施。

11. 能正确理解血型和相容性检查。

◇ **技能目标**

1. 能应用静脉输液技术为患者输液。

2. 能应用静脉输血技术为患者输血。

◇ **素质目标**

1. 尊重患者、关心患者、保护患者隐私。

2. 能遵守静脉输液、静脉输血相关法律法规和行业标准,树立严谨求实的工作态度。

3. 树立关爱生命、全心全意为患者服务的职业态度。

思维导图:
静脉输液法
与输血法

静脉输液和输血在临床上常用于纠正人体水、电解质紊乱及酸碱平衡失调、增加循环血量,维持内环境稳定,通过输入药物达到治疗疾病的目的。护士应熟练掌握输液与输血的有关知识和操作技术,正确判断和及时处理输液和输血过程中的反应,以保证患者获得安全、有效的治疗。

任务一　静脉输液护理

静脉输液法是利用大气压和液体静压的原理将一定量无菌液体或药物直接滴入静脉的方法。

一、常用溶液及作用

(一) 晶体溶液

晶体溶液的分子小,在血管内存留时间短,对维持细胞内外水分的相对平衡起着重要作用,可有效纠正体内水、电解质紊乱。

1. 葡萄糖溶液　用于补充水分和热量。常用溶液有 5% 葡萄糖溶液和 10% 葡萄糖溶液。

2. 等渗电解质溶液　用于补充水分和电解质,维持体液容量和渗透压平衡。常用溶液有 0.9% 氯化钠溶液、5% 葡萄糖氯化钠溶液,复方氯化钠溶液(林格液)等。

3. 碱性溶液　用于纠正酸中毒,调节酸碱平衡。常用溶液有 5% 碳酸氢钠溶液、1.4% 碳酸氢钠溶液和 11.2% 乳酸钠溶液、1.84% 乳酸钠溶液。

4. 高渗溶液　用于利尿脱水,可迅速提高血浆渗透压,回收组织水分进入血管内,消除水肿。同时,可降低颅内压,改善中枢神经系统的功能。常用溶液有 20% 甘露醇、25% 山梨醇、25%～50% 葡萄糖溶液等。

(二) 胶体溶液

胶体溶液的分子大,在血液内存留时间长,能有效地维持血浆胶体渗透压,增加血容量,改善微循环,升高血压。

1. 右旋糖酐　为水溶性多糖类高分子聚合物。常用中分子右旋糖酐和低分子右旋糖酐。中分子右旋糖酐能提高血浆胶体渗透压,扩充血容量;低分子右旋糖酐有降低血液黏稠度,改善微循环和抗血栓形成的作用。

2. 代血浆　作用与低分子右旋糖酐相似,扩容效果良好,输入后可增加循环血量和心输出量,急性大出血时可与全血共用。常用溶液有羟乙淀粉(706 代血浆)、氧化聚明胶、聚维酮等。

3. 血液制品　有白蛋白和血浆蛋白等。输入后能提高血浆胶体渗透压,增加循环血量,补充蛋白质和抗体,有助于组织修复和增强机体免疫力。

（三）静脉高营养液

静脉高营养液能供给患者热能,维持正氮平衡,补充维生素和矿物质。其主要成分由氨基酸、脂肪乳、维生素、矿物质、高浓度葡萄糖及水分等组成。制剂根据患者的病情需要新鲜配制,配制时严格遵守无菌操作原则。

二、常用静脉输液法

临床常用的静脉输液法有周围静脉、头皮静脉、颈外静脉输液法等。

（一）周围静脉输液法

【目的】

1. 补充水分和电解质,维持酸碱平衡。常用于脱水、酸碱平衡失调的患者。

2. 补充营养,供给能量。常用于慢性消耗性疾病,胃肠道吸收障碍及不能由口进食如昏迷、口腔疾病等患者。

3. 输入药物,治疗疾病。常用于中毒、各种感染、脑及组织水肿以及各种需静脉输入药物治疗的患者。

4. 补充循环血量,维持血压,改善微循环。用于严重烧伤、大出血、休克等患者。

5. 输入脱水剂,降低颅内压,达到利尿消肿的目的。

【评估】

1. 患者的状况　患者的年龄、体重、病情、诊断、输液目的、出入液量、心肺肾功能及营养状况等。

2. 患者的认知情况　患者对治疗的态度、对药物的依赖、对输液的认识及合作程度。

3. 患者的用药情况　患者既往用药情况,有无过敏史;患者目前所用的药物的名称、有效期、药物的质量、作用、不良反应及有无药物配伍禁忌。

4. 患者的穿刺部位皮肤及血管情况。

【计划】

1. 护士准备　衣帽整洁,修剪指甲,洗手,戴口罩,熟悉药物的用法及药理作用。

2. 患者准备　理解输液的目的,能积极配合;输液前排空大便、小便;取舒适体位、暴露穿刺部位并做好保暖措施。

3. 用物准备

（1）输液器 1 套,必要时备静脉留置针 1 套。

（2）注射盘 1 套,加治疗巾、小垫枕、止血带、输液贴或无菌纱布与胶布、砂轮、瓶套、启瓶器、输液卡、巡视卡、带秒针的表,必要时备夹板及绷带。

（3）按医嘱准备液体及药物。

（4）洗手液、污物桶、输液架。

4. 环境准备　备药环境按无菌操作要求,输液环境整洁、安静,光线适宜,必要时遮挡。

【实施】

1. 密闭式静脉输液法　是利用原装密封瓶插入输液器进行输液的方法(表4-5-1)。

表4-5-1　密闭式静脉输液法

操作流程	操作说明	注意点
1. 查对备药	根据医嘱及输液卡,准备药液	严格执行无菌操作与查对制度
	仔细核对药液的名称、剂量、浓度、有效期,并检查药液质量。将输液卡倒贴于输液瓶上	认真检查瓶盖有无松动;瓶身有无裂痕;瓶内溶液是否澄清、有无混浊、变质、变色、沉淀或絮状物等
	启开输液瓶铝盖中心部分,常规消毒瓶塞,按无菌原则加药,再次检查药液,并在输液卡上签全名,套上瓶套	加入药物应合理分配,并注意配伍禁忌。加药后检查有无沉淀、混浊等
	检查并打开输液器,将输液管针头插入瓶塞直至针头根部,关闭调节器	检查输液器型号、包装、有效期
2. 核对解释	携用物至病床,先置推车于床尾,准备输液架	认真查对,防止发生差错事故
	认真核对床号、姓名并解释输液目的以及输入药物名称、作用	长期输液一般从远端小静脉开始选择静脉,应避开关节和静脉瓣
	选择穿刺部位,协助患者取舒适卧位,推车至床旁	
3. 挂瓶排气	倒挂输液瓶于输液架上,高度适宜	
	抬高滴管下端的输液管,使滴管倒置,挤压滴管使溶液流至滴管的1/3～1/2满时直立滴管,放低滴管下端输液管,稍松调节器,使液体顺输液管缓慢下降,排尽管内空气至头皮针软管1/3处,关闭调节器	滴管倒置待液面1/3～1/2满时直立滴管,可防止气泡进入滴管下端输液管内,造成排气困难
	检查输液管内有无气泡,将输液管挂在输液架上。备好输液贴	头皮针位置不低于腰部以下,不接触其他物品
4. 消毒皮肤	在穿刺部位下方铺治疗巾与小垫枕,穿刺点上方6 cm处扎上止血带,常规消毒皮肤	扎止血带时间不超过2 min,以免阻断动脉血供,造成患者肢体麻木及静脉过度充盈,在穿刺时导致失败

操作流程	操作说明	注意点
5. 穿刺固定	打开调节器,再次排气至针尖,关闭调节器。检查管内有无气泡,取下护针帽 再次准确核对患者,嘱患者握拳进行静脉穿刺,见回血后将针头再沿静脉平行送入少许 固定针柄,松开止血带,嘱患者松拳,松开调节器(三松),待液体滴入通畅,患者无不适后,用输液贴固定(图4-5-1)	排尽空气,确保滴管下端输液管、针头内无气泡 针头斜面向上与皮肤成15°~30°进针 穿刺针眼处也可用无菌小纱布覆盖再胶布固定,必要时用夹板绷带固定肢体
6. 调节滴数	根据病情、年龄、药物性质调节滴数。一般成年人40~60滴/分,小儿20~40滴/分	对年老、体弱、心肺肾功能不良者、婴幼儿或输注刺激性较强的药物者滴速宜慢;对严重脱水、血容量不足、心肺功能良好者输液速度可适当加快
7. 记录挂卡	再次核对,取下治疗巾、垫枕和止血带,协助患者取舒适卧位,整理床单位 询问感觉并向患者交代注意事项,将呼叫器放置于患者可及位置 整理用物,洗手后记录,签名 输液巡视卡挂于床尾或输液架上	交代患者输液中的注意事项,不可随意调节滴数,注意保护输液部位,如有异常及时呼叫 在输液巡视卡上记录输液的药名、浓度、剂量、输液时间及滴数,并签全名
8. 巡视观察	加强巡视,密切观察患者输液穿刺部位状况以及全身情况,有无输液反应,耐心听取患者主诉	输液过程如出现输液故障及输液反应时应及时处理
9. 更换液体	如需更换液体时,应按医嘱备药,核对无误后常规消毒瓶塞,从上瓶中拔出通气管和输液管插入下一瓶内,调节滴数 再次核对,观察输液通畅后做好记录并签名	持续输液应及时更换输液瓶,以防空气进入。更换时应注意无菌操作,防污染
10. 拔针按压	输液完毕,携拔针用物至床旁,做好核对、解释 揭去敷贴,关闭调节器,快速拔针并用干棉签或小纱布按压片刻至无出血 交代拔针后注意事项,询问患者感觉,协助取舒适卧位	干棉签按压时应同时压迫皮肤穿刺点与静脉穿刺点(即棉签纵行按压),防止皮下出血

操作流程	操作说明	注意点
11. 整理记录	整理用物及床单位,用物分类处理	将针头、安瓿置于锐器盒内,输液管、注射器、药瓶、棉签置于医疗垃圾桶内,统一处理
	洗手,记录。观察患者输液后的反应	在输液巡视卡上记录输液结束的时间,签全名后收回

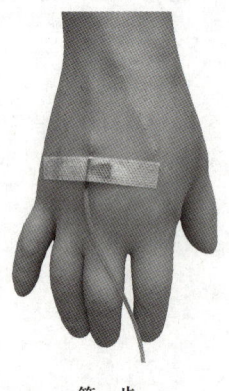

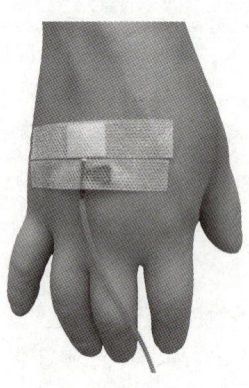
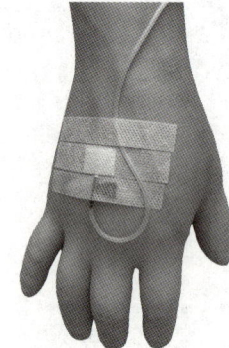

第一步　　　　　　　　　第二步　　　　　　　　　第三步

图 4-5-1　胶布固定法

知识链接

药 物 配 制

目前,临床上部分医院静脉输液药物配制集中在静脉药物集中配置中心进行(图 4-5-2)。静脉药物集中配置(PIVAS)中心是将原来分散在病区治疗室开放环境下进行配制的静脉用液体,集中由专职的技术人员审核处方后在洁净、密闭环境下进行配制。PIVAS 强化用药集中和安全管理,确保药品质量和输液安全,有效地防护职业暴露,提高用药安全性和工作效率。

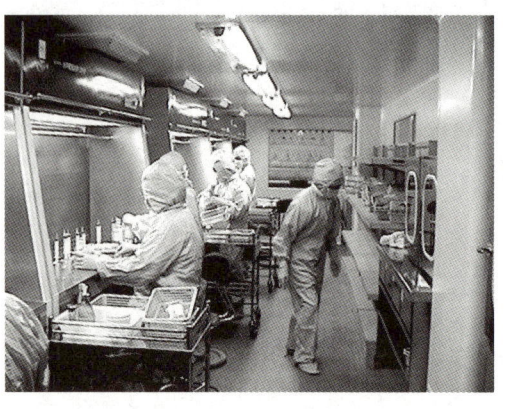

图 4-5-2　PIVAS 中心

2. 静脉留置针输液法　静脉留置针(图 4-5-3)的外套管光滑柔软,对血管壁刺激小,不易脱出血管,便于肢体活动。留置时间一般 3~5 日,可减少患者因反复穿刺而造成的痛苦和血管损伤,保持静脉通畅,利于抢救和治疗。此法适用于需长期输液,静脉穿刺较困难的患者(表 4-5-2)。

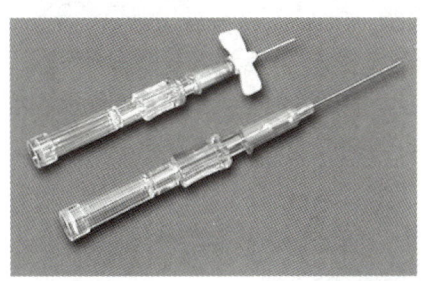

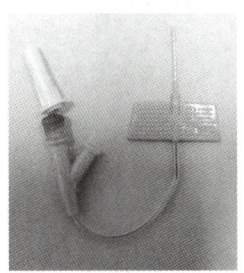 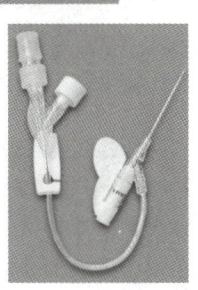

图 4-5-3　临床上常用的留置针

表 4-5-2　静脉留置针输液法

操作流程	操作说明	注意点
1~4. 操作流程	同密闭式输液法	严格执行查对制度和无菌操作
5. 穿刺送管	Y 形静脉留置针法(图 4-5-4) 　　在穿刺部位下方铺治疗巾与小垫枕,穿刺点上方 8~10 cm 处扎上止血带,常规消毒皮肤范围 8 cm×8 cm 　　取出静脉留置针,将输液器头皮针插入肝素帽内至针头根部,取下针套,旋转松动外套管,再次排气至留置针针尖,检查管内有无气泡,关闭调节器	消毒面积大于透明敷贴的面积(敷贴 6 cm×7 cm),保证消毒范围无菌 旋转松动外套管可消除套管与针芯的粘连,并检查针尖斜面及导管边缘情况
6. 撤芯固定	再次核对患者,嘱患者握拳,绷紧皮肤,固定静脉,右手持留置针的针翼,针尖斜面向上成 15°~30°进针,见回血后,放平针翼,压低角度(降低 5°~10°),沿静脉方向再进针 0.2 cm 　　左手持 Y 形接口,右手后撤针芯 0.2~0.3 cm,持针座及白色针翼将外套管全部送入静脉	避免在送管的过程损伤血管,确保外套管在血管内

操作流程	操作说明	注意点
6. 撤芯固定	松开止血带,嘱患者松拳,松开调节器,待液体滴入通畅后,左手固定针座,右手撤出全部针芯 以穿刺点为中心用无菌透明敷贴密闭式固定,延长管U形固定,肝素帽要高于导管尖端,且与血管平行,再次用小胶布固定留置针管,在胶布上记录日期与时间,并固定肝素帽(图4-5-5)	一旦针芯撤出,不得再次插入 保证穿刺部位的无菌,且便于观察穿刺点的情况以及掌握留置时间
7. 调速观察	根据患者的年龄、病情和药物的性质调节滴数 密切观察患者输液穿刺部位状况以及全身情况	注意保护有留置针的肢体,尽量避免肢体下垂,以防血液回流阻塞针头
8. 输毕封管	输液完毕,关闭调节器。拔出部分针头,仅将针尖斜面留在静脉帽内,将抽有封管液的注射器与输液针头相连,边注射药液边退针,推液速度大于退针速度,确保正压封管,直至针头完全退出为止	正压封管可以保持静脉输液通道的通畅,还可将残留的药液冲入到血液中,减少对局部静脉的刺激 常用封管液有两种:无菌0.9%氯化钠溶液;稀释肝素溶液(每毫升0.9%氯化钠溶液含肝素10~100 U,每次用量2~5 ml)
9. 再次输液	常规消毒肝素帽后,将输液头皮针插入,完成输液	每次输液前后均需检查局部静脉有无炎症表现,患者有无不适,如有异常情况应及时拔除导管进行处理

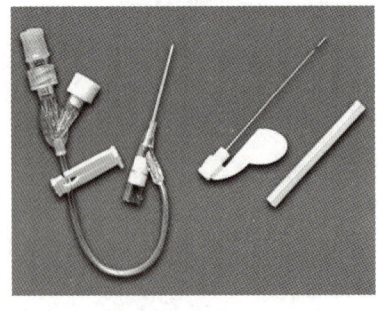

图4-5-4　Y形留置针的组成

图4-5-5　留置针固定法

3. 开放式输液法　是将溶液倒入开放式输液器内进行输液的方法。此方法能灵活变换液体种类和数量,可随时按需要添加药物。适用于危重抢救、手术、儿科等患者,但此法易被污染,应严格无菌操作。

操作流程:按密闭式输液法准备药液→启开密封瓶铝盖,消毒瓶塞及瓶颈→按无
菌要求打开瓶塞→检查并打开输液瓶包→一只手持输
液瓶,并折叠输液管夹于指缝→另一只手按取用无菌溶
液法倒入溶液 30~50 ml(倒入溶液时,溶液瓶不能触及
输液瓶口,以免污染)→冲洗输液瓶和输液管(以减少输
液反应)→再往瓶内倒入所需溶液量(图 4-5-6),盖好
瓶盖→其余按密闭式输液法。

如需加药时应用注射器抽吸药液,取下针头,在距
离输液瓶口 1 cm 处注入瓶内并摇匀,以免针头脱落至
输液瓶内污染药液。

图 4-5-6　开放式输液倒溶液

【评价】

1. 护患沟通有效,患者理解输液目的及有关用药
知识,愿意接受治疗并积极配合。患者无局部及全身
不适反应。

2. 护士执行医嘱正确、严格遵守无菌操作与查对
制度,无差错发生。操作规范,静脉穿刺一次成功。

【注意事项】

1. 严格执行无菌操作原则和查对制度,杜绝差错事故发生。

2. 严格执行医嘱,根据病情、用药原则、药物性质及配伍禁忌合理安排,输液
顺利。

3. 长期输液患者,要注意保护和合理选用静脉,一般从四肢远端小静脉开始,避
开静脉瓣及关节。

4. 需 24 h 持续输液者应每日更换输液器。

5. 输液前应排尽输液管及针头内空气,输液过程中要及时按需更换溶液瓶,输液
结束时应及时拔针,如加压输液者应有人在旁守护,严防造成空气栓塞。

6. 输液过程中要加强巡视,耐心听取患者主诉;严密观察患者全身及局部反应,
及时处理输液故障或输液反应,保证输液顺利进行。

7. 静脉留置针一般可保留 3~5 日,最多不超
过 7 日。如发现静脉留置针管有回血,须立即用稀
释肝素冲注,以免管腔被堵塞。

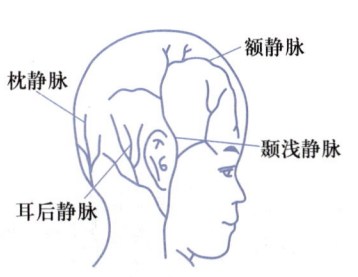

图 4-5-7　小儿
头皮静脉

(二) 小儿头皮静脉输液法

小儿头皮静脉具有分支多,互相沟通交错成网,
浅表易见,不易滑动的特点。进行头皮静脉输液既
不影响患儿保暖,又不影响肢体活动。临床常选择
颞浅静脉、额静脉、耳后静脉、枕静脉(图 4-5-7)。

进行穿刺时,应注意区分头皮动脉、静脉(表 4-5-3)。

表 4-5-3　小儿头皮静脉与动脉的鉴别

鉴别项目	头皮静脉	头皮动脉
外观	浅蓝色	浅红色
搏动	无	有
管壁	薄、易被压瘪	厚、不易被压瘪
活动度	不易滑动	易滑动
血流方向	向心	离心

【评估】

1. 患儿的一般状况　年龄、体重、病情、诊断、输液目的、出入液量、心肺肾功能及营养状况等。

2. 患儿及家属的认知情况　对治疗的态度、对药物的依赖、对输液的认识及合作程度。

3. 患儿的用药情况　既往用药情况、有无过敏史;目前所用的药物的名称、有效期、药物的质量、作用、不良反应以及有无药物配伍禁忌。

4. 患儿头部的皮肤及血管情况。

【计划】

1. 护士准备　衣帽整洁,修剪指甲,洗手,戴口罩,熟悉药物的用法及药理作用。

2. 患儿准备　患儿及家属理解输液的目的,能积极配合;输液前排空大便、小便;取舒适体位,暴露穿刺部位并注意保暖,根据需要剃去局部头发。

3. 用物准备　头皮针 1~2 个、5 ml 注射器 1 支、0.9%氯化钠溶液 5 ml、纱布、剃刀、其他用物与成人静脉输液相同。

4. 环境准备　备药环境按无菌操作要求,输液环境整洁、安静,光线明亮,温度、湿度适宜,必要时遮挡。

【实施】　小儿头皮静脉输液操作见表 4-5-4。

表 4-5-4　小儿头皮静脉输液操作

操作流程	操作说明	注意点
1. 核对解释	携用物至床旁,认真核对床号、姓名并向患儿或家属解释输液目的以及输入药物名称、作用 输液瓶挂于输液架上排气,备输液贴	认真查对,防止发生差错事故
2. 安置体位	患儿仰卧或侧卧,头垫小枕。操作者站于患儿头端	助手站在患儿一侧或足端,固定其躯体、肢体及头部
3. 选择静脉	选择较粗、直的头皮静脉,剃去头部穿刺部位毛发,清洁穿刺局部皮肤	

操作流程	操作说明	注意点
4. 穿刺固定	用 75% 乙醇消毒局部皮肤,用盛有无菌 0.9% 氯化钠溶液的注射器接上头皮针排净空气 再次核对,以左手拇指、示指分别固定静脉两端皮肤,右手持针,在距静脉最清晰点向后移 0.3 cm 处将针头近似平行刺入头皮,见到回血后,再进针少许 推入少许 0.9% 氯化钠溶液,如无异常,用输液贴固定针头	当针头刺入静脉时阻力减少,有滑空感,同时有回血
5. 调速观察	分离注射器,接输液器,调节滴数 加强巡视、观察输液局部与全身情况	小儿 20~40 滴/分
6. 整理记录	再次核对,安置患儿于舒适卧位,整理床单位,清理用物,洗手,做好记录	

379

【评价】

1. 护患沟通有效,患儿或家属明确输液目的,穿刺局部无肿胀、疼痛,未出现输液反应,达到治疗目的。

2. 护士操作规范,严格执行无菌技术操作和查对制度,静脉穿刺成功率高,达到预期目标。

【注意事项】

1. 静脉输液过程中应加强对患儿的病情观察,发现异常及时报告医生,配合处理。

2. 长期输液的患儿应经常更换体位,以防发生坠积性肺炎和压力性损伤。

3. 其余同密闭式静脉输液方法。

(三) 颈外静脉输液法

颈外静脉是颈部最大的浅静脉,由下颌后静脉的后支、耳后静脉和枕静脉汇合而成,沿胸锁乳突肌表面下行,越过胸锁乳突肌后缘,于锁骨上方穿过深筋膜,而后汇入锁骨下静脉。其行径表浅,位置较固定,易于穿刺。

【目的】

1. 需长期输液,周围静脉不易穿刺的患者。

2. 周围循环衰竭需监测中心静脉压的危重患者。

3. 长期静脉内输注高浓度或刺激性较强的药物或需静脉内高营养治疗的患者。

【评估】 同周围静脉输液。另外,询问有无普鲁卡因过敏史,并做好过敏试验。

【计划】

1. 护士准备 除同周围静脉输液外,还需熟悉颈外静脉穿刺的操作方法。

2. 患者准备 同周围静脉输液,并在知情同意书上签名。

3. 用物准备　除同周围静脉输液用物外,还需备以下用物。

（1）无菌穿刺包:内置穿刺针 2 根(长约 6.5 cm,内径 2 mm,外径 2.6 mm)、硅胶管 2 条(长 25~30 cm、内径 1.2 mm、外径 1.6 mm)、注射器 5 ml 和 10 ml 各一支、6 号针头、镊子、纱布、洞巾、弯盘。

（2）注射盘 1 套,加 1% 普鲁卡因注射液、0.9% 氯化钠溶液、无菌手套、弯盘、火柴、酒精灯、肝素帽、透明敷贴或宽胶布(2 cm×3 cm)。

4. 环境准备　备药环境按无菌操作要求,输液环境整洁、安静,光线适宜,必要时遮挡。

【实施】　颈外静脉输液操作见表 4-5-5。

表 4-5-5　颈外静脉输液操作

操作流程	操作说明	注意点
1. 查对备药	同周围静脉输液法	
2. 核对解释	携用物至床旁,认真核对床号、姓名并解释输液目的以及输入药物名称、作用 输液瓶挂于输液架上排尽空气,撕开透明敷贴包装备用	认真查对,防止发生差错事故
3. 安置体位	患者去枕平卧,头偏向对侧后仰,肩下垫一薄枕	使患者颈部伸展平直,充分暴露穿刺部位
4. 准确定位	术者站在患者头端,选择穿刺点并定位 常规消毒,皮肤消毒范围>10 cm,打开无菌穿刺包,戴无菌手套,铺洞巾	即下颌角与锁骨上缘中点连线上 1/3 处,颈外静脉外缘侧为进针点(图 4-5-8)
5. 穿刺固定	助手以手指按压颈静脉三角处 术者用 1% 普鲁卡因在穿刺部位行局部麻醉,一手绷紧穿刺上方皮肤,另一手持穿刺针与皮肤成 45° 进针,入皮肤后成 25° 沿颈外静脉走行向心方向穿刺 见回血后立即用一手拇指按住针栓孔,另一手持硅胶管快速自针孔插入 10 cm 左右,见硅胶管有回血,再进少许,即退出穿刺针。再次抽回血检查是否在血管内,确认无误后移去洞巾,接上输液器及肝素帽 用透明敷贴覆盖穿刺点并固定针栓与肝素帽	使静脉充盈,以利于穿刺 穿刺前可用刀片尖端在穿刺部位刺破皮肤,以减少进针时的阻力 插管动作要轻柔,以防刺破血管,发生意外 在胶布上注明日期与时间。固定要牢固,防止导管脱出
6. 调速观察	同周围静脉输液	
7. 输毕封管	暂停输液时,同静脉留置针输液法封管,并固定妥当	

操作流程	操作说明	注意点
8. 再次输液	检查导管是否在静脉内,常规消毒肝素帽,接上输液器即可	输液前先备好所需的输液器并排尽空气备用
9. 拔管按压	将硅胶管末端接注射器,边抽吸边拔出硅胶管,切忌将血凝块推入血管。拔管后局部加压数分钟,消毒穿刺点皮肤后,无菌纱布覆盖	以防止空气和残留血块进入血管,造成栓塞 拔管动作应轻柔,避免折断硅胶管

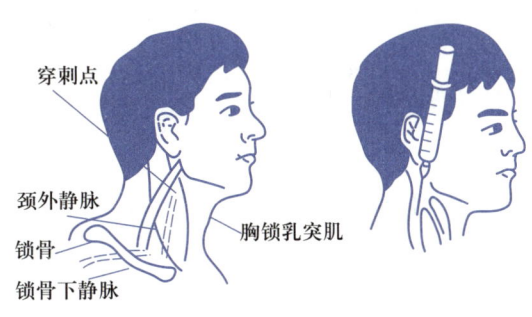

图 4-5-8　颈外静脉穿刺定位

【评价】

1. 护患沟通有效,患者明确输液目的,积极配合。穿刺局部无肿胀、疼痛,未出现输液反应,达到治疗目的。

2. 护士操作规范,严格执行无菌技术操作和查对制度,静脉穿刺成功率高,达到预期目标。

【注意事项】

1. 输液过程中应加强巡视,如发现滴入不畅,应检查硅胶管是否弯曲或滑出血管外;局部皮肤有无红、肿、热、痛等,及时处理。

2. 长期输液者每天常规消毒穿刺点与周围皮肤,用 0.9% 过氧乙酸擦拭消毒硅胶管,并更换敷料。不可用乙醇消毒硅胶管,以防硅胶管老化。

3. 向患者进行健康教育,讲解如何保护穿刺部位及护理要点,如更衣、沐浴时避免导管滑出或折曲。

4. 其余同密闭式静脉输液方法。

三、输液速度与时间的计算

在输液过程中,每毫升溶液的滴数称为该输液器的滴注系数(滴/ml)。临床上常用静脉输液器的滴注系数有 10、15、20 三种。静脉滴注的速度和时间可按下列公式计算。

1. 已知输入液体总量与计划所用输液时间,计算每分钟滴数。

$$每分钟滴数 = \frac{液体总量(ml) \times 滴注系数}{输液时间(min)}$$

如:某患者需输液体 2 000 ml,计划 10 h 时输完,所用输液器滴注系数为 15,求每分钟滴数?

$$每分钟滴数 = \frac{2\ 000(ml) \times 15(滴/ml)}{10(h) \times 60(min)} = 50(滴/min)$$

2. 已知每分钟滴数与输液总量,计算输液所需用的时间。

$$输液时间(h) = \frac{液体总量(ml) \times 滴注系数}{每分钟滴数 \times 60(min)}$$

如:某患者需输液体 1 600 ml,每分钟滴数为 50 滴,所用输液器滴注系数为 15,需用多长时间输完?

$$输液时间(h) = \frac{1\ 600(ml) \times 15(滴/ml)}{50(滴/min) \times 60(min)} = 8(h)$$

四、常见输液故障及排除

1. 溶液不滴

(1) 针头滑出血管外:液体注入皮下组织,可见局部肿胀并有疼痛。应拔出针头另选血管重新穿刺。

(2) 针头斜面紧贴血管壁:妨碍液体滴入。应调整针头位置或适当变换肢体位置,直至输液通畅。

(3) 压力过低:由输液瓶位置过低或输液瓶内液体量少或患者肢体抬举过高所致。应适当提高输液瓶或放低肢体位置。

(4) 针头阻塞:轻轻挤压滴管下端靠近针头处输液管,若感觉有阻力,松手后又无回血,则表明针头阻塞。应更换针头另选静脉重新穿刺。切忌强行挤压导管或用溶液冲注针头,以免凝血块进入静脉内造成栓塞。

(5) 静脉痉挛:由穿刺肢体暴露在冷的环境中时间过久或输入的液体温度过低所致。局部可用热敷方法以缓解静脉痉挛。

2. 滴管内液面过高

(1) 滴管侧壁有调节孔时,先夹紧滴管上端的输液管,再打开调节孔,待滴管内液体降至露出液面,见到点滴时,关闭调节孔,松开滴管上端的输液管即可。

(2) 滴管侧壁无调节孔时,可将输液瓶取下,倾斜瓶身,使插入瓶内的针头露出液面,待溶液缓缓流下直至滴管露出液面,再将输液瓶挂于输液架上继续点滴。

3. 滴管内液面过低

(1) 滴管侧壁有调节孔时,先夹紧滴管下端的输液管,再打开调节孔,当滴管内液面升至所需高度时,关闭调节孔,松开下端输液管即可。

(2) 滴管侧壁无调节孔时,可夹住滴管下端输液管,用手挤压滴管,迫使液体下流至滴管内,当液面升至所需高度时,停止挤压,松开滴管下端的输液管即可。

4. 滴管内液面自行下降　常见原因是滴管上端输液管与滴管的衔接有松动,滴管有漏气或裂隙,应更换输液器。

五、输液反应及护理

（一）发热反应

1. 原因　由输入致热物质引起。多由输液器清洁灭菌不彻底或被污染,输入的溶液或药物制品不纯,消毒保存不良,输液过程中未能严格执行无菌技术操作等所致。

2. 临床表现　是输液中最常见的一种反应。多发生在输液后数分钟至 1 h,表现为畏寒、寒战和发热。轻者体温在 38℃ 左右,停止输液后数小时内可自行恢复正常;严重者初起寒战,继之高热,体温可达 41℃,并伴有头痛、恶心、呕吐、脉速等全身症状。

3. 预防　输液前认真检查药液的质量,输液器包装及灭菌日期、有效期等,防止致热原进入体内;输液过程严格无菌操作。

4. 护理

（1）根据病情减慢滴注速度或停止输液,及时通知医生,并注意观察体温变化。

（2）对症处理:寒战者给予保暖,对高热者给予物理降温。

（3）遵医嘱给予抗过敏药物或激素治疗。

（4）做好记录,并保留剩余溶液和输液器,必要时进行检测,查找发热反应原因。

（二）急性肺水肿（循环负荷过重）

1. 原因

（1）输液速度过快,短时间内输入过多液体,使循环血容量急剧增加,心脏负荷过重。

（2）患者原有心肺功能不良。

2. 临床表现　输液过程中患者突然出现呼吸困难、胸闷、气促、咳嗽、咳粉红色泡沫样痰,严重时痰液可从口鼻涌出,听诊双肺部可闻及湿性啰音,心率快且节律不齐。

3. 预防　输液过程中应严格控制输液速度和输液量,尤其对年老体弱、婴幼儿、心肺功能不良的患者要特别慎重。

4. 护理措施

（1）立即停止输液,及时通知医生并配合抢救。同时安慰患者解除紧张情绪。

（2）病情允许者可取端坐位,两腿下垂,以减少下肢静脉回流,减轻心功能负担。

（3）给予高流量氧气吸入,一般氧流量为 6~8 L/min,可提高肺泡内氧分压,减少肺泡内毛细血管渗出液的产生。同时,向湿化瓶内加入 20%~30%乙醇溶液湿化氧气,因乙醇能降低肺泡内泡沫表面张力,使泡沫破裂消散,从而改善气体交换,减轻缺氧症状。

（4）遵医嘱给予镇静剂，扩血管药物，平喘、强心和利尿剂，以舒张周围血管，加速体液排出，减少回心血量，减轻心脏负荷。

（5）必要时进行四肢轮扎。用止血带或血压计袖带适当加压四肢，以阻断静脉血流，但动脉血仍通畅。每5~10 min轮流放松一侧肢体上的止血带，可有效地减少静脉回心血量。待症状缓解后，逐渐解除止血带。

（三）静脉炎

1. 原因　　长期输注高浓度、刺激性较强的药液，或静脉内放置刺激性强的输液导管时间过长，引起局部静脉壁发生化学炎性反应；也可是输液过程中未严格执行无菌操作，导致局部静脉感染。

2. 临床表现　　沿静脉走向出现条索状红线，局部组织表现为红、肿、热、痛，有时伴有畏寒、发热等全身症状。

3. 预防　　对血管壁有刺激性的药物应充分稀释后再使用，滴注速度宜慢，并防止药物漏出血管外；静脉内置管时，应该选择无刺激性或刺激性小的导管，留置时间不宜过长，有计划地更换输液部位，以保护静脉；严格执行无菌技术操作。

4. 护理

（1）停止此局部静脉输液，将患肢抬高并制动。局部用95%乙醇或50%硫酸镁溶液湿热敷，每日2次，每次20 min。

（2）超短波理疗，每日1次，每次15~20 min。

（3）中药治疗。如将如意金黄散加醋调成糊状，局部外敷，每日2次，具有清热、镇痛、消肿的作用。

（4）如合并感染，遵医嘱给予抗生素治疗。

（四）空气栓塞

1. 原因

（1）输液管内空气未排尽或输液管连接不紧，有漏气，或连续输液过程中未及时更换输液瓶或输液完毕未及时拔针。

（2）加压输液、输血时无人守护，液体输完未及时更换药液或拔针。

空气栓塞的发生是由于空气进入静脉形成气栓，随血流经右心房达到右心室。如空气量少，则随心脏的收缩从右心室压入肺动脉并分散到肺小动脉内，最后经毛细血管吸收，损害较小；如空气量大，空气在右心室内阻塞肺动脉入口（图4-5-9），使血液不能进入肺内，气体交换障碍，引起机体严重缺氧，可危及生命。

2. 临床表现　　患者感到胸部异常不适或有胸骨后疼痛，随之出现呼吸困难和严重发绀，有濒死感。听诊心前区可闻及响亮的、持续的"水泡声"，心电图出现心肌缺血和急性肺源性心脏病的改变。

3. 预防

（1）输液前认真检查输液器的质量，排尽输液导管内的空气。

（2）输液过程中加强巡视，输液中及时更换输液瓶或添加药物，输液完毕及时拔针。

（3）加压输液、输血时应有专人在旁守护。

4. 护理

（1）立即停止输液，及时通知医生并配合抢救。

（2）立即使患者取左侧卧位和头低足高位。该体位可使肺动脉的位置处于低位，有利于气泡漂移至右心室尖部，避开肺动脉入口，随着心脏舒缩，较大的气泡破碎成泡沫，分次小量进入肺动脉内，逐渐被吸收（图4-5-10）。

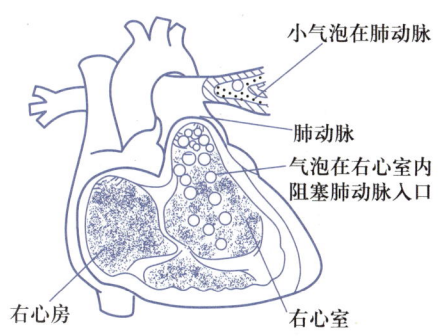

图 4-5-9　气泡在右心室
阻塞肺动脉入口

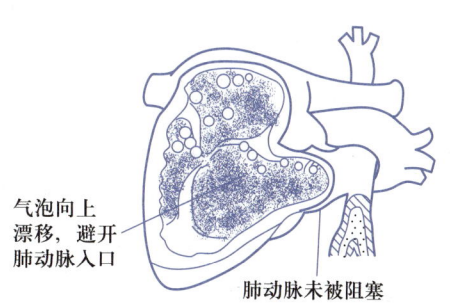

图 4-5-10　置患者于左侧卧位，头低足
高位时，使气泡避开肺动脉入口

（3）给予高流量氧气吸入，提高机体血氧浓度，纠正缺氧状态。

（4）有条件时可通过中心静脉导管抽出空气。

（5）严密观察患者病情变化，如有异常及时对症处理。

附：

经外周中心静脉置管输液法

经外周中心静脉置管输液法（peripherally inserted central catheter, PICC）是从周围静脉导入且导管末端位于中心静脉的深静脉置管技术（图4-5-11）。

此法具有适应证广、创伤小、操作简单、保留时间长、并发症少的优点。常用于中期、长期静脉输液及治疗的患者，深静脉留置导管一般可保留于血管内7日至1年。

【目的】

1. 适用于不同年龄及各种患者，是重要的急救途径。

2. 为中心静脉压（CVP）监测和完全胃肠外营养（TPN）使用的重要通道。

3. 广泛应用于静脉化疗、长期输入高渗性液体和刺激性药物的患者，可保护血管不受损伤。

【部位】　常选择的静脉有贵要静脉、肘正中静脉、头静脉等。

1. 贵要静脉　该静脉直、粗，静脉瓣较少，当手臂与躯干垂直时，为最直和最直接的途径，经腋静脉、锁骨下无名静脉，到达上腔静脉。为 PICC 置管的首选，90% 的 PICC 置管于贵要静脉。

2. 肘正中静脉　此静脉粗直，但个体差异较大，静脉瓣较多。理想情况下，肘正中静脉加入贵要静脉,形成最直接的途径,经腋静脉、锁骨下无名静脉,到达上腔静脉。为 PICC 置管的次选静脉。

3. 头静脉　此静脉前粗后细,且高低起伏。在锁骨下方汇入腋静脉,进入腋静脉处有较大角度,可能有分支与颈静脉或锁骨下静脉相连,使患者的手臂与躯干垂直将有助于导管插入。为 PICC 置管的第三选择。

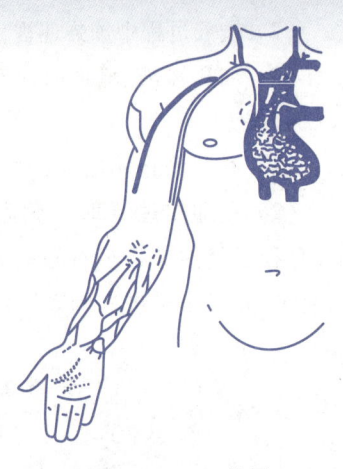

图 4-5-11　经外周中心静脉置管输液法

【评估】

1. 患者的状况　患者的年龄、体重、病情、诊断、输液目的、出入液量、心肺肾功能及营养状况等。

2. 患者的认知情况　对治疗的态度、对药物的依赖、对输液的认识及合作程度。

3. 患者的用药情况　既往用药情况,有无过敏史;患者目前所用的药物的名称、有效期、药物的质量、作用、不良反应,以及有无药物配伍禁忌。

4. 患者的穿刺部位皮肤、血管情况及健侧手臂。

【计划】

1. 护士准备　衣帽整洁,修剪指甲,洗手,戴口罩,熟悉操作程序以及用药情况,并向患者解释操作目的及注意事项。

2. 患者准备　理解 PICC 输液的目的,能积极配合;输液前排空大、小便;取舒适体位并做好保暖。

3. 用物准备

(1) PICC 导管 1 套、输液器 1 套、皮尺、20 ml 注射器、0.9%氯化钠溶液。

(2) 注射盘 1 套,加药注射器及针头、无菌敷贴或无菌纱布、止血带、胶布、治疗巾、小垫枕、瓶套、启瓶器、输液卡、无菌手套、一次性手术衣 2 件、密闭无针正压接头 1 个或肝素帽 1 个。

(3) 按医嘱准备液体及药物。

(4) 洗手液,污物桶,输液架。

4. 环境准备　专用操作间环境符合无菌操作要求,整洁安静,光线明亮,温度、湿度适宜,必要时遮挡。

【实施】　PICC 操作见表 4-5-6。

表 4-5-6　PICC 操作

操作流程	操作说明	注意点
1. 查对备药	同周围静脉输液法	
2. 核对解释	协助患者进入操作间,认真核对并解释操作目的以及输入药物名称、作用 输液瓶挂于输液架上排尽空气,备好透明敷贴	认真查对,防止发生差错事故

操作流程	操作说明	注意点
3. 安置体位	患者取平卧位,手臂外展90°,肘下垫小垫枕	患者手臂伸展平直,充分暴露穿刺部位
4. 准确定位	确定穿刺点:肘窝下两横指处 准确测量静脉长度:从穿刺点沿静脉走向至右胸锁关节处再向下侧至第3肋间 测量两侧上臂中段周长:臂围为肘关节上四横指	打开穿刺包,用皮尺测量置管所需要的长度及测量臂围
5. 消毒皮肤	术者穿好手术衣,打开无菌包,戴无菌手套,铺治疗巾于手臂下,用75%乙醇以穿刺点为中心环形消毒皮肤10 cm×10 cm,再用碘伏消毒待干	消毒范围要大,避免感染
6. 穿刺固定	更换手套,铺无菌孔巾及治疗巾	扩大无菌区
	抽吸0.9%氯化钠溶液,预冲导管以润滑亲水性导丝。撤出导丝至比预计长度短1 cm处	整理包内用物,放入正压接头或肝素帽
	按预计导管长度剪去多余部分导管	注意剪去导管时不可剪到导丝,否则导丝将损坏导管,伤害患者
	剥开导管护套10 cm左右以便使用 扎上止血带(助手),使静脉充盈	不能用戴手套的手直接接触导管,防手套上滑石粉等进入血管
	取出穿刺针、去除针帽,转动针芯成15°~30°进针,见回血后立即降低角度再进0.5 cm,固定针芯,送外套管,松开止血带	如果穿刺不成功,不可将穿刺针再引入外套管,否则将导致套管断裂
	撤出针芯,左手示指固定外套管,避免移位,中指压在套管尖端所处的血管上,减少出血	
	用平镊夹住导管逐渐送入静脉	用力要均匀缓慢,注意不要过紧夹住导管,以免损坏导管
	当导管送入血管10~15 cm之后退出套管,手指压迫套管端血管(固定导管),继续缓慢送导管至预计长度(上腔静脉),撤出导丝,连接注射器,抽回血,注入0.9%氯化钠溶液,确定导管是否通畅	当导管进入肩部时,助手协助患者头转向穿刺侧,下颌靠紧肩部以免导管误入颈内静脉
	连接输液装置,观察滴注速度平稳后,再次消毒导管入口及周围皮肤,穿刺点覆盖无菌小方纱贴透明敷贴固定(图4-5-12)	使用大于10 ml以上的注射器,如果小于10 ml的注射器,可能造成高压,使导管破裂

操作流程	操作说明	注意点
7. 整理记录	撤孔巾,妥善固定针栓与肝素帽 整理用物,观察患者无不适反应,护送患者到放射科接受胸片检查,进一步确定导管尖端位置	确认置管成功后送患者回病室
8. 输毕封管	洗手,记录 输液完毕,进行正压封管。用大于 10 ml 注射器抽取 3~5 ml 封管液,接输液头皮针,边缓慢注射边退出 每次用毕务必封管,不输液的患者每 3 日封管 1 次 拔管时应沿静脉走向,轻柔拔出,并对照穿刺记录以确定有无残留,导管尖端常规送细菌培养	记录导管名称、型号、编号、置入长度,穿刺过程是否顺利及穿刺日期等 使针头在退出过程中导管内始终保持正压状态 输入黏稠性的药物应选用 0.9%氯化钠溶液 10 ml 缓慢注射后再封管,防止导管残留静脉内引起栓塞

【评价】

1. 患者理解 PICC 目的及药物作用的相关知识,了解 PICC 的优点,接受治疗积极配合。

2. 插管顺利,无并发症发生。

【注意事项】

1. 送管过程中,如遇送管不畅,表明静脉有阻塞或导管位置有误,勿强行置入,可向后撤导丝少许再继续送管。

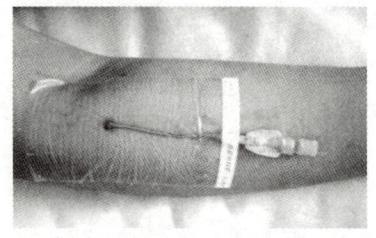

图 4-5-12 PICC 固定法

2. 穿刺后第一个 24 h 更换敷料,以后每周按常规更换敷料 2~3 次,揭去敷料时应顺管的方向往上撕,以免导管拔出。

3. 注意观察封管情况,有无导管阻塞和导管破裂等异常情况。

4. 保护穿刺侧肢体:穿刺侧肢体要避免剧烈运动及用力过度;睡眠时,注意不要压迫穿刺的血管;无输液时,也要避免肢体呈下垂姿势,以免重力作用造成回血堵塞导管。

5. 注意观察有无并发症的发生,PICC 常见的并发症有静脉炎、导管相关性感染、过敏反应等。

输液微粒污染

输液微粒是指输入液体中的非代谢颗粒杂质,其直径一般为 1~15 μm,大的直径可达 50~300 μm。微粒在溶液中存在的多少决定着液体的透明度,可判断液体的质量。

输液微粒污染是指在输液过程中,输液微粒随液体进入人体,对机体造成严重危害的过程。

1. 输液微粒的来源　药液生产制作过程中混入异物与微粒;盛装溶液的容器不

洁净;输液器与注射器不洁净,保存不良;配制与输液环境不洁净,如切割安瓿、启瓶塞、反复穿刺瓶塞,加药液的过程污染等。

2. 输液微粒污染的危害　主要取决于微粒的大小、形状、化学性质以及堵塞血管的部位,血流阻断的程度和人体对微粒的反应。最易受微粒损害的脏器有肺、脑、肝、肾等部位。

输液微粒进入人体可引起的危害:堵塞血管引起局部组织供血不足,缺血缺氧,甚至坏死;形成血栓导致血管栓塞和静脉炎;如微粒进入肺毛细血管,可引起巨噬细胞增殖包围微粒,形成肺内肉芽肿;引起血小板减少症和过敏反应;刺激组织而发生炎症或形成肿块。

3. 预防措施

（1）制剂生产方面:生产车间应安装空气净化装置,选用优质原材料,采用先进生产工艺,严格执行制剂生产操作规程,同时提高检验技术,确保药液质量。

（2）临床操作方面:配制与输液环境应净化空气;认真检查药液与药液质量;药液应现配现用;采用一次性医用输液（血）器,输液器通气管末端使用终端滤器;严格执行无菌操作,遵守操作规程。

视频:微推泵的使用方法

389

输液泵的应用

静脉输液泵是一种电子输液控制装置,能将药液精确、均匀、持续地输入体内,达到控制输液速度的目的。临床上常用于需要严格控制输入液量和药量的情况。如应用升压药、抗心律失常药物、婴幼儿静脉输液及静脉麻醉等。

1. 输液泵的功能　输液泵的种类很多,其主要组成与功能大体相同。临床常用的定容型输液泵（图4-5-13）,它只监测实际输入的液量,不受溶液的浓度、黏度、导管内径的影响,输液滴速可调节在4~88滴/分,速度控制在1~90 ml/h。使用时只选择所需输液总量及每小时的速率,输液泵便自动按设定的方式工作,并自动进行参数监测。

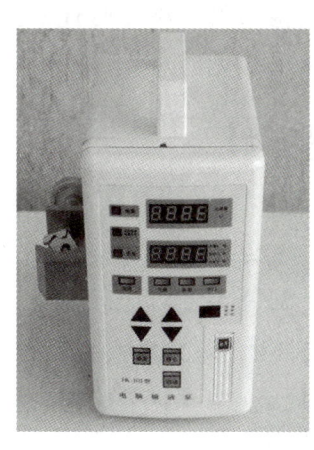

当输液遇到阻力、15 s内无药液滴注或电源被切断时,即自动报警。一旦输液发生故障,电磁开关即将输液管道紧闭,以保证患者安全。

图4-5-13　输液泵

2. 操作要点

（1）将输液泵固定于输液架上。

（2）接通电源,打开电源开关。

（3）按常规排尽输液管内的气体。

（4）打开输液泵门,将输液管放入输液泵的管道槽中,关闭泵门。

（5）设定每毫升滴数和输液总量。

（6）按常规穿刺静脉,穿刺成功后,按压"开始"键,即控制输液。

（7）当输液量接近预先设定值时,输液量显示键闪烁,提示输液即将结束。

（8）需终止输液时，再次按压"停止"键，即停止输液。

（9）按压"开关"键，关闭输液泵，打开泵门，取出输液管。

（10）输液泵消毒处理。

任务二　静脉输血护理

静脉输血法是将血液通过静脉输入体内的方法，是急救和治疗疾病的重要措施之一，在临床上广泛应用。

一、血液制品的种类

（一）全血

全血是将采集的血液未经任何加工而存于保养液中待用的血液。可分为新鲜血和库存血。

1. 新鲜血　是指在4℃冰箱保存1周内的血液。其基本上保留了血液原有的所有成分，可以补充各种血细胞、凝血因子和血小板。适用于血液病患者。

2. 库存血　是指在2~6℃冰箱保存2~3周的血液。其成分以红细胞和血浆蛋白为主，而白细胞、血小板、凝血酶原等成分随着保存时间的延长逐渐被破坏，钾离子含量增多，酸性增高。因此，大量输入库存血时，可引起高钾血症和酸中毒。适用于各种原因引起的大出血或手术患者。

知识链接

血细胞、凝血因子和血小板的保存

保存在4℃冰箱1周内的全血，红细胞存活率在75%以上，凝血物质尚存50%。考虑到5%~10%的凝血物质便可满足人体的需要，尽管凝血物质已损失50%，仍称1周内的保存血为新鲜血。然而，临床上要求的新鲜血通常需要具有活力和功能的血小板及凝血因子，因此若要取得真正新鲜血的效果，宜选用保存24 h内的新鲜血。

（二）成分血

成分输血是指用物理或化学方法将血液的各种成分加以分离，加工成各种高浓度或高纯度的血液制品，根据病情需要输入有关的成分。其优点为一血多用，节约血源，疗效高，不良反应少，又可减少患者经济负担。目前，成分输血是临床上常用的输血类型。

1. 红细胞　经沉淀、离心、洗涤等方法分离血浆后提取。

（1）浓缩红细胞：新鲜全血经离心或沉淀移去血浆后的剩余部分，血细胞比容为

70%±5%。适用于携氧功能缺陷和血容量正常的贫血患者。

（2）红细胞悬液：提取血浆后的红细胞加入等量红细胞保养液制成。适用于战地急救和中小手术患者。

（3）洗涤红细胞：红细胞经 0.9% 氯化钠溶液洗涤数次后，再加入适量的 0.9% 氯化钠溶液。适用于免疫性溶血性贫血、一氧化碳中毒、输全血或血浆过敏的患者等。

2. 白细胞浓缩悬液　新鲜全血经离心后取其白膜层的白细胞，4℃保存，48 h 内有效，适用于粒细胞缺乏伴严重感染的患者。

3. 血小板浓缩悬液　全血离心后所得，20~24℃保存，24 h 内有效，适用于血小板减少或功能障碍性出血的患者。

4. 血浆　全血分离后所得的液体部分。主要成分为血浆蛋白，不含血细胞，无凝集原。可分为以下三种。

（1）新鲜血浆：含正常量的全部凝血因子，适用于凝血因子缺乏者。

（2）保存血浆：适用于血容量及血浆蛋白较低的患者。

（3）冰冻血浆：-30℃保存，有效期 1 年。使用时放在 37℃ 温水中融化。

（4）干燥血浆：冰冻血浆在真空装置下加以干燥制成，有效期 5 年。使用时加适量的 0.9% 氯化钠溶液溶解。

5. 其他血液制品

（1）凝血制剂：如凝血酶原复合物、冷沉淀物、Ⅷ因子、抗血友病因子等，适用于各种原因引起的凝血因子缺乏的疾病。

（2）白蛋白液：从血浆提纯而得，白蛋白液相当稳定，在 2~6℃ 环境下保存，有效期为 5 年。临床上常用的是 20%~25% 白蛋白液，能提高机体血浆蛋白和胶体渗透压，用于低蛋白血症患者。如外伤、肝硬化、肾病及烧伤等。

（3）免疫球蛋白和转移因子：含多种抗体，可增加机体免疫力。

二、血型和相容性检查

（一）血型

血型是指红细胞膜上特异抗原的类型。依据红细胞所含的凝集原不同，将人类的血液分为若干类型。临床上主要应用有 ABO 血型系统及 Rh 血型系统。

1. ABO 血型系统　人类血液红细胞膜表面含有 A、B 两种凝集原，根据所含凝集原不同，将血液分为 A、B、AB、O 四型。另外，人的血清中还含有与凝集原相对抗的凝集素，分别称为抗 A 与抗 B 凝集素（表 4-5-7）。

表 4-5-7　ABO 血型系统

血型	凝集原	凝集素	血型	凝集原	凝集素
A	A	抗 B	AB	A、B	无
B	B	抗 A	O	无	抗 A、抗 B

2. Rh 血型系统　人类血液红细胞除含有 A、B 抗原外,还有 C、c、D、d、E、e 六种抗原,其中 D 抗原的抗原性最强。因此,凡红细胞含有 D 抗原者称为 Rh 阳性,汉族人中,99% 为 Rh 阳性,仅有不足 1% 为 Rh 阴性。Rh 阴性者输入 Rh 阳性血液,或 Rh 阳性胎儿的红细胞从胎盘进入 Rh 阴性的母体,就会使 Rh 阴性者产生抗 Rh 抗体,当再次输入 Rh 阳性血液时,就会出现不同程度的溶血反应。

（二）交叉相容配血试验

该试验的目的在于检查受血者与供血者之间有无不相合抗体。输血前虽已验明供血者与受血者的 ABO 血型相同,为保证输血安全,在确定输血前仍需再做交叉相容配血试验(表 4-5-8)。

表 4-5-8　交叉相容配血试验

对象	直接交叉相容配血试验	间接交叉相容配血试验
供血者	红细胞	血清
受血者	血清	红细胞

1. 直接交叉相容配血试验　用受血者的血清与供血者的红细胞进行配合试验,检查受血者血清中有无破坏供血者红细胞的抗体。

2. 间接交叉相容配血试验　用供血者的血清与受血者的红细胞进行配合试验,检查输入血液的血浆中有无能破坏受血者红细胞的抗体。

如果直接交叉和间接交叉试验均无凝集反应,即为配血相容,方可进行输血。交叉相容配血试验既可检验血型,又能发现红细胞或血清中是否存在其他的凝集原或凝集素,以免引起红细胞凝集反应。

三、静脉输血法

【目的】

1. 补充血容量　增加循环血量,提升血压,促进循环。常用于失血、失液所致的血容量减少或休克患者。

2. 补充血红蛋白　促进血液携氧功能。常用于严重贫血患者。

3. 补充血小板和各种凝血因子　有助于止血。常用于凝血功能障碍患者。

4. 补充抗体、补体　增强机体免疫力。常用于严重感染患者。

5. 补充白蛋白　维持血浆胶体渗透压,减轻组织液渗出和水肿,常用于低蛋白血症患者。

【评估】

1. 患者的状况　患者的年龄、体重、病情、诊断、输血目的、出入液量、心肺肾功能及营养状况等。

2. 患者的血型、输血史及过敏史,必要时遵医嘱给予抗过敏药物。

3. 患者的认知情况　患者的心理状态、对治疗的态度、对输血的认识及合作程度。

4. 患者的穿刺部位皮肤、血管情况　根据病情、输血量及患者年龄选择适宜的输注部位。一般采用四肢浅静脉；急需输血时多采用肘部静脉；周围循环衰竭时，可采用颈外静脉、锁骨下静脉。

5. 患者知情同意　对需输血治疗的患者，应向患者及家属说明输血目的及不良反应。同意输血后，填写"输血治疗同意书"并签字方可实施输血治疗。

【计划】

1. 护士准备　衣帽整洁，洗手，戴口罩，熟悉备血、取血和输血的操作程序及方法，向患者解释输血目的及所输入血液制品的种类。

2. 患者准备　理解输血的目的及相关知识，能积极配合；排空大便、小便；取舒适体位，暴露注射部位并做好保暖。

3. 用物准备

（1）间接静脉输血法：按医嘱准备血液制品，0.9%氯化钠溶液，输血器（滴管内有滤网，9号静脉穿刺针头），遵医嘱备抗过敏药物，其余同密闭式静脉输液。

（2）直接静脉输血法：50 ml注射器数具（根据输血量多少而定），3.8%枸橼酸钠溶液，其余同静脉注射。

4. 环境准备　按无菌操作要求进行，环境整洁、安静，光线适宜，必要时遮挡。

【实施】

1. 输血前准备

（1）备血：根据医嘱抽取患者血标本2 ml，与填写完整的输血申请单和配血单一起送往血库进行血型鉴定和交叉相容配血试验。静脉输全血、红细胞、血小板等血制品必须做血型鉴定和交叉相容配血试验；输入血浆前须做血型鉴定。采血时严禁同时采集两个患者的血标本，以免发生混淆。

（2）取血：凭取血单到血库取血，与血库工作人员共同做好"三查八对"工作。"三查"即查血液的有效期（采血日期）、血液质量和输血装置是否完好；"八对"即核对姓名、床号、住院号、血袋（瓶）号、血型、交叉相容配血试验结果、血液种类和剂量。核对无误后在交叉配血单上签全名。

（3）取血后：勿剧烈振荡血液，以免红细胞被大量破坏而引起溶血。勿将血液加温，防止血浆蛋白凝固变性而引起反应，应在室温下放置15～20 min后再输入，一般应在4 h内输完。

（4）输血前，须经两名护士再次核对，确定无误后方可进行输血。

2. 输血操作步骤

（1）间接输血法：将已备好的血液按静脉输液的方法输给患者。其操作流程及说明见表4-5-9。

表 4-5-9　间接输血法的操作流程及说明

操作流程	操作说明	注意点
1. 核对解释	携用物至床旁,核对床号、姓名,询问患者血型及输血史,并向患者解释输血目的及注意事项	认真核对,严防差错事故的发生
2. 输入液体	按密闭式静脉输液法,先输入少量 0.9%氯化钠溶液	必要时按医嘱给抗过敏药物
3. 再次核对	按"三查八对"内容核对,准确无误后签名	由两名护士共同核对
4. 输入血液	打开贮血袋封口,常规消毒开口处塑料管,将输血器通液针头从 0.9%氯化钠溶液瓶上拔出插入塑料管内,缓慢将血袋倒挂到输液架上,再次查对	轻轻旋转血袋,将血液摇匀
5. 调速观察	输血开始时速度宜慢,严密观察 10~15 min无不良反应,再按病情需要调节滴速。密切观察病情变化 向患者及家属交代输血过程中的有关注意事项并将呼叫器置于可及位置	15 min 内不超过 20 滴/分。一般成年人 40~60 滴/分,老年人及儿童酌减 嘱患者勿随便调节滴数,如有不适及时呼叫
6. 拔针按压	待血液输完,再输入少量 0.9%氯化钠溶液,使输血器内的血液全部输入体内后,拔针按压进针点至不出血	输血穿刺针较粗,拔针后按压时间应长 认真检查静脉穿刺部位有无血肿或渗血现象并做相应处理
7. 整理记录	协助取舒适卧位,整理床单位,分类整理用物。洗手,做好记录	空血袋、输血器需低温保留24 h 记录输血时间、种类、量、血型、血袋号及有无输血反应等

（2）直接静脉输血法：是将供血者血液抽出后立即输给患者的方法。此法适用于无库存血而患者又急需输血时和婴幼儿的少量输血（表 4-5-10）。

表 4-5-10　直接静脉输血法的操作流程及说明

操作流程	操作说明	注意点
1. 核对解释	核对供血者和患者姓名、血型、交叉配血相容试验结果并做好解释工作	严格查对,防止发生差错
2. 抽抗凝剂	将备好的注射器内加入抗凝剂	50 ml 血中加入 3.8% 枸橼酸钠溶液 5 ml

操作流程	操作说明	注意点
3. 抽输血液	选择粗大静脉(一般为肘正中静脉)。将血压计袖带缠于供血者上臂并充气 常规消毒皮肤,待干 此过程需要三位护士配合,一人抽血,另一人传递,第三人输血,如此连续进行	压力维持在 100 mmHg(13.3 kPa)左右,使动脉血能通过 抽血与输注过程均不可过急过快,并注意观察其面色、血压等变化
4. 拔针整理	输血完毕,拔出针头,用无菌纱布按压穿刺点止血 协助取舒适卧位,整理床单位,分类整理用物 洗手,做好记录	连续抽血时,只需更换注射器,不必拔出针,但要放松袖带,并用手指按压穿刺部位前端静脉,以减少出血

【评价】

1. 护患沟通有效,患者理解输血目的及有关输血知识,有安全感,愿意接受并积极配合。患者无局部及全身不适反应。

2. 护士执行医嘱正确,严格遵守无菌操作与查对制度,操作规范,无差错发生,静脉穿刺一次成功。

3. 输血过程中无血制品浪费现象。

【注意事项】

1. 根据输血申请单正确采集血标本,且每次只能为一位患者采集,禁止同时采集两位患者的血标本。

2. 严格执行查对制度和操作程序,输血前须经两人核对无误后方可输血。

3. 认真检查库存血质量,正常血液分为两层,上层血浆呈淡黄色,半透明;下层血细胞呈均匀暗红色,两者之间界限清楚,且无凝块。如血浆变红,血细胞呈暗紫色,两者界限不清或有明显凝块,则不能使用。

4. 输血前后及输入两袋血液之间均须输入少量 0.9%氯化钠溶液,以免发生不良反应。

5. 输入血液内不可随意加入其他药物,如钙剂、酸性或碱性药物、高渗或低渗溶液,以防止血液变质,出现血液凝集或溶解。

6. 输血过程中加强巡视,特别是输血开始后的 15 min 速度宜慢,认真听取患者主诉,严密观察有无输血反应,如发现异常情况及时处理。

7. 输入成分血时须注意:如全血与成分血同时输注,应先输入成分血,其次为新鲜血,最后为库存血,保证成分血新鲜输入;成分血除红细胞外须在 24h 内输完(从采血开始计时);除血浆、白蛋白制剂外均需做交叉配血相容试验;一次输入多个供血者的成分血时,按医嘱给予抗过敏药物。

8. 输完的血袋送回输血科保留 24 h,以备患者发生输血反应时检查分析原因。

四、常见输血反应及护理

（一）发热反应

1. 原因

（1）血液、保养液、贮血器和输血器等被致热原污染。

（2）输血时违反无菌操作原则，造成污染。

（3）多次输血后，受血者血液中产生抗白细胞和血小板的抗体所致的免疫反应。

2. 临床表现　一般在输血过程中或输血后 1~2 h 内发生，表现为畏寒或寒战，继之高热，体温可达 38~41℃，持续时间由 30 min 至数小时不等，伴有头痛、恶心、呕吐、皮肤潮红等全身症状。严重者可出现呼吸困难、血压下降，甚至昏迷。

3. 护理

（1）反应轻者减慢输血速度或暂停输血，一般症状可自行缓解；反应严重者立即停止输血，给予 0.9% 氯化钠溶液静脉滴入，以维持静脉通路。

（2）对症处理：畏寒者注意保暖，高热时给予物理降温，并密切观察生命体征的变化。

（3）遵医嘱给予退热药、抗过敏药或肾上腺皮质激素等。

（4）保留余血与输血装置送检，查明原因。

4. 预防　严格管理血液制品和输血用具，去除致热原；严格执行无菌操作，防止污染。

（二）过敏反应

1. 原因

（1）患者为过敏体质，对输入血液中的某些成分过敏。

（2）输入血液中含有致敏物质，如供血者在采血前服用过可致敏的药物和食物。

（3）多次输血者，患者体内产生过敏性抗体，当再次输血时抗原抗体相互作用引起。

（4）供血者的变态反应性抗体传给患者。

2. 临床表现　表现轻重不一，症状出现越早，反应越严重。

（1）轻度反应：输血后出现皮肤瘙痒，局部或全身出现荨麻疹，轻度血管神经性水肿（眼睑、口唇水肿明显）。

（2）重度反应：喉头水肿出现呼吸困难，两肺可闻及哮鸣音，甚至发生过敏性休克。

3. 护理

（1）轻度反应减慢输血速度，给予抗过敏药物。

（2）重者立即停止输血，通知医生，遵医嘱给药，可皮下注射 0.1% 盐酸肾上腺素 0.5~1 ml 或静脉注射地塞米松等抗过敏药物。

（3）密切观察病情变化，呼吸困难者给予氧气吸入，严重喉头水肿者行气管切开，循环衰竭者给予抗休克治疗，如发生过敏性休克，立即配合抢救。

（4）保留余血与输血装置送检，查明原因。

4. 预防

（1）勿选用有过敏史的供血者。

（2）供血者在采血前 4 h 内不宜进食高蛋白质和高脂肪食物，宜用清淡饮食或饮糖水。

（3）对有过敏史的患者，在输血前给予抗过敏药物。

（三）溶血反应

溶血反应是指输入血中的红细胞或受血者的红细胞发生异常破坏而引起的一系列临床症状，为输血中最严重的反应。

1. 原因

（1）输入异型血：供血者和受血者血型不符造成，反应发生快，输入 10~15 ml 即出现症状，后果严重。

（2）输入变质血：输血前红细胞已被破坏溶解，如血液贮存过久、保存温度过高、血液被剧烈振荡或被细菌污染、血液内加入高渗或低渗溶液或影响 pH 的药物等，均可导致红细胞破坏溶解。

（3）Rh 因子不合：Rh 阴性者首次输入 Rh 阳性血液时不发生溶血反应，但输血 2~3 周后体内即产生抗 Rh 阳性的抗体。如再次接受 Rh 阳性血液，即可发生溶血反应。Rh 因子不合所引起的溶血反应发生较慢，可在输血后几小时至几日后才发生，并较少见。

2. 临床表现　轻者和发热反应相似，重者在输入 10~15 ml 血液时即可出现症状，死亡率高，其临床表现可分为三个阶段。

第一阶段：头胀痛、四肢麻木、腰背部剧痛、胸闷、恶心、呕吐等症状。受血者血浆中凝集素和输入血中红细胞的凝集原发生凝集反应，使红细胞凝集成团，阻塞部分小血管引起。

第二阶段：黄疸和血红蛋白尿，同时伴有寒战、高热、呼吸困难、血压下降等症状。凝集的红细胞发生溶解，大量血红蛋白释放入血浆引起。

第三阶段：少尿或无尿，尿内有管型和蛋白，高钾血症和酸中毒，严重者可致死亡。大量血红蛋白从血浆进入肾小管，遇酸性物质变成结晶体，阻塞肾小管。另外，抗原抗体的相互作用，引起肾小管内皮缺血、缺氧而坏死脱落，也可导致肾小管阻塞，患者出现少尿、无尿等急性肾衰竭症状，严重者可迅速死亡。

3. 护理

（1）立即停止输血，维持静脉输液通道，通知医生紧急处理，并保留余血和患者血标本送化验室重做血型鉴定和交叉配血相容试验。

（2）保护双肾,双侧腰部封闭,并用热水袋敷双侧肾区,以解除肾血管痉挛,改善肾血液循环。

（3）遵医嘱用药,口服或静脉滴注5%碳酸氢钠,以碱化尿液,增加血红蛋白在尿液中的溶解度,避免阻塞肾小管。

（4）严密观察患者生命体征和尿量变化,并做好病情动态记录。对尿少、尿闭者,按急性肾衰竭处理。出现休克症状,立即配合抢救。

（5）必要时行换血疗法,去除循环血内不合的红细胞及其有害物质和抗原抗体复合物。

4. 预防

（1）加强工作责任心,认真做好血型鉴定和交叉配血相容试验。严格执行"三查八对",认真履行操作规程。

（2）严格执行血液保存制度,不使用变质血液。

（3）严格执行查对制度和操作规程,杜绝差错事故的发生。

（四）与大量输血有关的反应

大量输血是指24 h内紧急输血量大于或相当于患者总血量。常见的反应有急性肺水肿、出血倾向、枸橼酸钠中毒反应等。

1. 急性肺水肿　同静脉输液反应。

2. 出血倾向

（1）原因:长期反复输血或短时间内输入库存血较多,由于库存血中的血小板已基本破坏,凝血因子减少而引起出血。

（2）临床表现:皮肤、黏膜瘀点或瘀斑,牙龈出血,穿刺部位可见大块淤血或手术伤口渗血,严重者出现血尿。

（3）护理:在短时间内大量输入库存血时,应密切观察患者意识、血压、脉搏等变化,注意皮肤、黏膜或手术伤口有无出血倾向。

（4）预防:遵医嘱间隔输入新鲜血或血小板悬液,每输3~5个单位库存血,补充1个单位新鲜血液,或根据凝血因子缺乏情况补充相关成分。

3. 枸橼酸钠中毒反应

（1）原因:大量输血随之输入大量枸橼酸钠,若患者肝功能不全,枸橼酸钠未完全氧化和排出,而与血中游离钙结合使血钙降低。

（2）临床表现:患者手足抽搐,血压下降,出血倾向,心率缓慢,心电图出现Q-T间期延长,甚至心搏骤停。

（3）护理:严密观察患者反应,出现症状及时通知医生紧急处理,根据医嘱给药,配合医生采取治疗措施。

（4）预防:每输入库存血1 000 ml,遵医嘱可静脉注射10%葡萄糖酸钙或氯化钙10 ml,预防低血钙发生。

（五）其他反应

如空气栓塞、细菌污染反应以及因输血传染的疾病（病毒性肝炎、疟疾、艾滋病、梅毒）等。

加强对血液及血液制品的严格管理。严格筛选供血员，把握采血、贮血和输血操作的各个环节，是预防输血反应的关键。

附：

自体输血法

自体输血法是指收集患者自身血液，在需要时回输给本人的方法。

（一）优点

1. 节省血源。

2. 不需做血型鉴定和交叉配血相容试验，不会产生抗原抗体反应所致的发热、溶血等输血反应。

3. 避免了因输血而引起的疾病传播。

（二）适应证和禁忌证

1. 适应证

（1）腹腔或胸腔内出血，如异位妊娠破裂出血、脾破裂、肝破裂等。

（2）估计出血量在 1 000 ml 以上的大手术，如肝叶切除术。

（3）手术后引流血液回输，一般仅能回输术后 6 h 内的引流血液。

（4）体外循环或深低温下进行心内直视手术。

（5）择期手术患者血型特殊，难以找到供血员时，适用自体输血。

2. 禁忌证

（1）血液在术中受胃肠道内容物污染者。

（2）血液可能受癌细胞污染者。

（3）合并心脏病、阻塞性肺部疾病或原有贫血者。

（4）有脓毒血症或菌血症者。

（5）凝血因子缺乏者。

（6）胸腹腔开放性损伤达 4 h 以上者。

（三）自身输血的三种方法

1. 贮存式自体输血（术前预存自体血）　即术前 2~3 周内，定期反复采血在低温下保存，待手术时回输给患者。一般每周或隔周采血一次，最后一次采血时间应在手术前 3 日，以利于机体恢复正常的血浆蛋白水平。一次采血量不超过总血量的 12%，血液保存时间不超过 10 日。此法适用于身体情况良好，择期手术，自愿合作者。

2. 稀释式自身输血（术前稀释血液回输）　即手术日手术开始前采集患者血液

的同时,自静脉输入晶体或胶体溶液,借此降低血细胞比容而同时维持血容量。目的是稀释血液,使术中失血时实际丢失的红细胞及其他成分相应减少。采集的血液可在室温下保存 4 h,在术中或术后按先采集的血液先输的原则回输。此法适用于手术的患者。

3. 回收式自身输血(术中失血回收法) 即在手术中收集失血,采用自体输血装置,经抗凝和滤过后回输给患者。自体失血回输的总量应限制在 3 500 ml 以内,大量回输自体血时,应适当补充新鲜血浆和血小板。此法适用于脾破裂、输卵管破裂,血液流入腹腔 16 h 内,无污染和无凝血的患者。

思考题

1. 静脉输液、静脉输血有何目的?

2. 护士在巡视病房时发现李先生在输液中溶液不滴,注射部位无肿胀,挤压无回血,有阻力。应考虑何原因,如何处理?

3. 贾先生,52 岁。因肺炎给予红霉素静脉滴注,用药 3 日后注射部位出现沿静脉走行方向条索状红线,伴红、肿、热、痛等症状。请问:患者发生了什么情况? 应采取哪些护理措施并如何预防?

4. 阎女士,49 岁。因上呼吸道感染入院,遵医嘱上午 9:00 给予输液 2 000 ml 抗感染治疗,滴数为 50 滴/分,滴注系数为每毫升 5 滴。请问何时能输完? 输液时应注意什么?

5. 章先生,60 岁。有肝硬化病史 5 年,因饮食不当出现呕血、黑便 1 日入院。呕血 3 次,量约 600 ml,排黑便 2 次,量约 500 ml。体温 37.7℃,脉率 110 次/分,血压 80/50 mmHg,脉搏细弱,表情淡漠,尿少。遵医嘱输血 600 ml。请问:

(1) 输血前需做好哪些准备工作?

(2) 当血液输入 20 ml 时,患者主诉头胀痛、四肢麻木,腰背部剧烈疼痛,胸闷等症状。请问:患者发生了什么反应? 应立即采取哪些护理措施?

赛证聚焦

请扫描二维码完成在线测试。

(陈小晶)

参 考 文 献

1. 李小寒,尚少梅.基础护理学[M].7版.北京:人民卫生出版社,2022.

2. 崔焱.护理学基础[M].北京:人民卫生出版社,2005.

3. 李小萍.基础护理学[M].2版.北京:人民卫生出版社,2006.

4. 李晓松.护理学基础[M].2版.北京:人民卫生出版社,2010.

5. 姜安丽.新编护理学基础[M].北京:人民卫生出版社,2006.

6. 周春美.护理学基础[M].上海:上海科学技术出版社,2010.

7. 李秀玲.护理技术[M].西安:第四军医大学出版社,2008.

8. 丁言雯.护理学基础学习指导及试题[M].北京:人民卫生出版社,2001.

9. 张景龙.护理学基础[M].北京:人民卫生出版社,2004.

10. 章晓幸.护理学基础[M].北京:高等教育出版社,2010.

11. 徐小兰.护理学基础[M].北京:高等教育出版社,2010.

12. 吴钟琪.医学临床"三基"训练护士分册[M].3版.长沙:湖南科学技术出版社,2006.

13. 章晓幸,张美琴.基本护理技术[M].北京:高等教育出版社,2013.

14. 王洪侠,张小曼.基础护理学[M].南京:南京大学出版社,2014.

15. 周春美.基础护理学[M].北京:人民卫生出版社,2015.

16. 颜文贞,肖洪玲.基础护理学[M].北京:中国医药科技出版社,2016.

17. 全国护士执业资格考试用书编写专家委员会.2024全国护士执业资格考试指导[M].北京:人民卫生出版社,2023.

读者意见反馈

为收集对教材的意见建议，进一步完善教材编写并做好服务工作，读者可将对本教材的意见建议通过如下渠道反馈至我社。

咨询电话　400-810-0598

反馈邮箱　gjdzfwb@pub.hep.cn

通信地址　北京市朝阳区惠新东街4号富盛大厦1座
　　　　　高等教育出版社总编辑办公室

邮政编码　100029

资源服务提示

授课教师如需获取本书配套教辅资源，请登录"高等教育出版社产品信息检索系统"（http://xuanshu.hep.com.cn/）搜索下载，首次使用本系统的用户，请先进行注册并完成教师资格认证。

高教社高职医药卫生教师QQ群：191320409

╳ 医院体温单

姓名 ╳╳　　科别 ╳╳　　病床 3　　入院日期　2022年6月28日　　　住院号　384670

日　　　期	2022.6.28	29	30	7.1	2	3	4
住院日数	1	2	3	4	5	6	7
术后日数		手术(1)	1	2	手术(2)/3	1/4	2/5

时间间隔　2 6 10 | 2 6 10 | 2 6 10 | 2 6 10 | 2 6 10 | 2 6 10 | 2 6 10 | 2 6 10

呼吸脉搏体温
n/min n/min

180	42℃
70	160	41℃
60	140	40℃
50	120	39℃
40	100	38℃
30	80	37℃
20	60	36℃
10	40	35℃

入院六时十分
分娩十时三十分
转入八时三十分
出院十六时四十分

排出量	大便(次)	※	1	0	1/E	0	0	0/E
	小便(ml)	1400/C			1500			
	其他排出物							

入水量(ml)	300/2800	3000					
血压(mmHg)	140/90 132/90	130/90	126/88	120/90	140/90	130/90	130/90
体重(kg)	54					50	
药物过敏			链霉素(+)				

第 1 页